2.0

运营之光

我的互联网运营
方法论与自白

黄有璨 / 著

电子工业出版社
Publishing House of Electronics Industry
北京·BEIJING

内 容 简 介

在互联网行业内，"运营"这个职能发展到一定阶段后，往往更需要有成熟的知识体系和工作方法来给予行业从业者以指引。

本书尤其难得之处在于：它既对"什么是运营"这样的概念认知类问题进行了解读，又带有大量实际的工作技巧、工作思维和工作方法，还包含了很多对于运营的思考、宏观分析和建议，可谓内容完整而全面，同时书中加入了作者亲历的大量真实案例，让全书读起来深入浅出、耐人寻味。

《运营之光》面世后，广受好评，入选了 2016 年度豆瓣"十大商业经管类书籍"，评分高达 8.6 分，也得到了大量忠实读者的热烈反馈。2.0 版结合读者们的需求，在面向用户的运营、企业服务类产品的运营、运营与产品之间的关系、运营职能的发展史等几方面进行了约 7 万余字的内容增补。

从内容的受众来说，它既有面向初入互联网行业的运营从业者的具体工作方法的讲解和建议，又有适合 3～5 年运营从业者阅读的一些案例解析、思考方法分享，也有适合创业者、互联网公司高管阅读的对一些运营体系搭建、不同类型产品所适合的运营方法等更为宏观的问题的解读。

我们希望本书可以成为面向互联网运营从业者和创业者的一本经典读物，并能够在方法论和案例方面做到持续更新。

图书在版编目（CIP）数据

运营之光：我的互联网运营方法论与自白 2.0 / 黄有璨著. —北京：电子工业出版社，2017.4
ISBN 978-7-121-31154-3

Ⅰ. ①运…　Ⅱ. ①黄…　Ⅲ. ①互联网络－应用－企业管理－运营管理　Ⅳ. ①F273-39

中国版本图书馆 CIP 数据核字（2017）第 060472 号

责任编辑：董　英
印　　刷：北京盛通印刷股份有限公司
装　　订：北京盛通印刷股份有限公司
出版发行：电子工业出版社
　　　　　北京市海淀区万寿路 173 信箱　邮编：100036
开　　本：720×1000　1/16　印张：24　字数：455 千字
版　　次：2017 年 4 月第 1 版
印　　次：2017 年 6 月第 3 次印刷
印　　数：18001～26000 册　定价：99.00 元

凡所购买电子工业出版社图书有缺损问题，请向购买书店调换。若书店售缺，请与本社发行部联系，联系及邮购电话：(010) 88254888，88258888。

质量投诉请发邮件至 zlts@phei.com.cn，盗版侵权举报请发邮件至 dbqq@phei.com.cn。

本书咨询联系方式：(010) 51260888-819，faq@phei.com.cn。

本书特别献给黄佐琨小朋友，你的出现，
让我对生活、工作甚至生命都有了很多新的思考，
也让我对一些事情变得更加坚定。

看着你一点点成长，

是件很幸福的事。

目录

专家力荐 /11

推荐序 /16

再版序 /18

自序 /20

第 0 章 引言 /27

0.1 为什么我觉得互联网的下一个时代将是运营驱动的时代 /28
  · 运营行业的现状如何
  · 为什么随着互联网的发展运营越来越重要
  · 大家对运营的认识发生了哪些改变
  · 为什么行业如饥似渴、不惜血本想找的运营很少

0.2 运营这件事的苦与乐 /32
  · 为什么运营的薪水较低
  · 运营乐趣和"美"何在

第 1 章 运营是什么 /37

1.1 极度不标准的"运营" /38
  · 经典的 4 大运营模块：内容运营、用户运营、活动运营和产品运营

- 特别的互联网运营岗位：新媒体运营、APP 商店推广运营、SEO/SEM 运营、广告投放运营/流量运营、淘宝店铺运营、编辑、QQ 群/小组运营等
- 不同业务类型的产品和公司运营工作内容的差异：工具类、社交/社区类、内容类、电商类、平台类、游戏类等

1.2 一个互联网人，到底该如何理解"运营"这个职能 /45
- 为什么在互联网行业中会出现"运营"这样一个职能
- 作为一个运营从业者，到底该怎么定义和理解"运营"这件事
- 一家互联网公司的运营工作流程&全貌是怎样的

1.3 在互联网公司内，"运营"与"市场"的区别与关联 /50

1.4 如何看待"产品"和"运营"之间的关系 /56

1.5 运营的简史——互联网运营的 20 年发展与演变 /59

第 2 章　运营之"光"　/81

2.1 为何超过 80% 的运营始终只能打杂 /82
- 一个人怎样才能做好运营
- 目标导向意识
- 效率意识

2.2 身为一个运营，我最大的竞争力和"信仰" /86
- 一个"不靠谱"的众筹：开放的心态
- 运营的两种逻辑："回报前置"和"回报后置"
- 要做好运营，需要有"信仰"

2.3 "精益"的运营 /92
- 两个在复杂的"不确定"环境下做好运营工作的基本理念
- 一些真实的案例

2.4 运营的"做局"与"破局' /96

2.5 我做运营的 3 个底层工作方法 /101
- 让自己拥有对于新鲜事物的高度敏感
- 让自己拥有对于用户的洞察
- 学会更具有打动力和说服力的表达

2.6 我眼中的 4 个关键性"运营思维" /108

     2.6.1 4 个关键性 "运营思维" 详述 /108

         · 流程化思维

         · 精细化思维

         · 杠杆化思维

         · 生态化思维

     2.6.2 案例：脉脉 "知识裸捐" 霸屏营销背后的逻辑与思考 /116

  2.7 一个优秀的运营，到底需要多懂 "产品" /125

       · 懂 "产品" 到底需要怎么个懂法

       · 懂 "产品" 能给运营工作带来哪些帮助

第 3 章　运营的一些核心技能&工作方法　/130

  3.1 如何才能找到 "掌控" 运营指标的感觉 /131

       · 如何能够真正对运营指标负责

       · 如何才能让事情对自己更加可控

       · 拿到一个目标或运营指标后进行思考并最终落地的步骤

  3.2 一个运营必须具备的数据分析方法和意识 /137

       · 数据对于运营的价值有哪些

       · 如何通过数据来界定问题到底出在哪里

       · 如何通过数据来评估和具体化最佳达成路径

       · 精细的数据分析帮助你深入了解用户

       · 数据中可能隐藏着一些线索和彩蛋

  3.3 关于内容的运营 /148

     3.3.1 内容的定位、调性和基本原则 /149

     3.3.2 UGC 型的内容生产生态如何持续 /154

     3.3.3 PGC 型的内容生产生态如何持续 /157

         · 如何写出好的、用户爱看爱传播的单篇内容

         · 如何长期保证 PGC 内容体系的供应能力和做好长期内容规划

     3.3.4 如何思考内容的 "组织" 与 "流通" /167

  3.4 转化型文案的常见写作方法 /187

       · 什么是转化型文案

       · 短文案怎么写

· 中长型文案怎么写

3.5 为何说"标题党"和"段子手"们都很难成为内容领域的顶尖高手 /195

3.6 "用户运营"的逻辑、策略与工作方法 /203

   3.6.1 为什么会有"用户运营"这个职能存在 /204

   3.6.2 面向较大规模用户的整体运营 /206

      · 针对用户建立优质成长路径

      · 针对现有用户进行用户分级，把运营变得更精细化

      · 针对用户设计面向用户行为的激励体系

      · 将沉默用户转化为活跃用户

      · 通过部分用户带动全体用户

   3.6.3 面向较小规模特定用户的针对性运营 /217

      · 类 Geek、发烧友人群，

      · 目标领域中的顶尖公司、单位、组织等成员

      · 学生党

      · 美女

      · 在某方面的需求强烈程度异于常人的人

      · 中小 V

3.7 关于用户的增长与推广 /223

   · 依靠内容铺设带来的用户增长

   · 依靠第三方渠道推广&广告投放带来的用户增长

3.8 关于撬动用户互动参与意愿的 8 个指导原则 /226

   3.8.1 8 个指导原则详述 /226

      · 物质激励、概率性事件、营造稀缺感、激发竞争意识、赋予用户某种炫耀、猎奇的可能性、营造强烈情绪&认同感、赋予尊崇感&被重视感、通过对比营造超值感

   3.8.2 懂球帝的教科书级运营案例 /233

   3.8.3 简书的"神转折大赛"活动案例 /241

第 4 章 运营的一些宏观规律和逻辑 /251

4.1 运营背后的客观规律：从"层次感"到"非线性" /252

   · 规律一：带着短视的线性思维投入运营工作中，往往很难做好运营

- 规律二：一款产品在其早期过于关注用户增长，甚至出现"爆红"等现象，往往反而会加速其死亡
- 规律三：早期产品的运营，一定要围绕着"口碑"来进行

4.2　4 种不同阶段的产品及其运营侧重点的差异　/257
- 探索期产品
- 快速增长期产品
- 成熟稳定期产品
- 衰退期产品

4.3　如何结合产品业务类型规划运营路径　/262
- 商业逻辑
- 典型用户行为频次
- 用户间是否通过产品结成某种关系

4.4　如何搭建一款成熟产品的运营体系　/271
- 保证基础业务的顺畅运转
- 尽量把产品的"开源"和"节流"变成一些固定动作
- 确保"最关键用户行为"的发生几率
- 核心用户的界定和维系机制的建立
- 阶段性通过活动、事件、营销等实现用户增长

4.5　理解社区/社群的典型运营路径和逻辑　/278
- 创建和初始化
- 信任感与价值确立
- 社区的去中心化
- 社区的"自生长"

4.6　2B 类（面向企业提供服务型）产品的运营逻辑与案例　/282
　　4.6.1　2B 类产品的运营逻辑　/282
- 2B 类产品和 2C 类产品的运营之间存在着什么本质区别
- 一个在 2C 类产品中如鱼得水的运营不一定适合做 2B 类产品的运营
- 到底该怎么做好 2B 类产品的运营

　　4.6.2　跟齐俊元聊 Teambition 的用户增长和运营底层逻辑　/289

第 5 章　一个运营的职业发展与成长　/299

5.1　顶尖运营和普通初级运营的区别到底在哪里　/300

- 通过内容的运营、创意策划、活动、渠道推广等手段获得产出
- 顶尖的运营对于公关、PR、传播的理解
- 产品有各种不同的形态
- 关于节奏感
- 高级运营应具备梳理框架或体系的能力
- 对于用户群体的影响力和控制力

5.2　工作三五年后，一个互联网人的未来该在哪里　/303

- 建议一：关于如何让自己拥有更多机会和选择
- 建议二：关于如何完成个人能力的提升和进阶
- 建议三：面临各种不同选择时该如何选择

5.3　运营人的"择业"　/310

- 我适合哪类运营岗位
- 我适合哪类产品
- 我要避开哪些坑

5.4　一个运营的"不可替代性"和"核心竞争力"应该在哪里　/318

- "能够搭建起来一个生态"的能力
- "懂得如何影响用户"的能力
- "操盘"感

5.5　我的 8 年运营生涯　/324

5.6　互联网运营的能力模型与成长路径　/338

- 新人小白
- 入门型/成长型运营
- 骨干型运营
- 专家型运营
- 高级专家型运营，综合型人才

第 6 章　一个运营人的自省与思考　/346

6.1　未来十年，互联网行业需要什么样的运营　/347

· 需要"能够懂业务"的运营

· 需要有宏观视角，能对产品的成长负责的运营

· 需要"懂产品"的运营

· 需要能够赢得 C 端用户发自内心喜爱的运营

6.2　我的运营观和运营"伦理"　/352

· 运营一定要有"套路"吗

· 基于"触动"的逻辑来做一名有趣的运营

6.3　站在运营的立场上，我对互联网行业的一些建议和思考　/358

尾声　一个运营人眼中的互联网及其未来　/364

附录　以"流量"为中心的运营时代已经结束了　/371

后记&致谢　/381

在互联网产品领域，产品的设计和开发有很多理论与方法，而产品的运营却始终是一个模糊的词，日渐被重视又没有被足够重视。从黄有璨开始撰写运营系列文章开始，我就开始关注他，他是一个优秀的运营人，也是一个优秀的总结者。他所著的这本书从实践的角度对运营的逻辑、核心技能和方法进行了系统总结。总结是实践的跃升，期待他和众多运营人一起，完成产品的闭环，融合产品的设计开发与产品的运营。

创业邦执行总裁　**方军**

2016 年对互联网运营岗位来说，堪比 2010 年的产品经理。6 年前，《人人都是产品经理》与《结网》借势出版，后面产品岗位的火爆大家都知道了。2016 年刚刚过半，光是我认识的朋友，出版的运营相关书籍就不下 5 本，有璨是实战中拼出来、死人堆里爬出来的，听这样的高手说故事，趣味无穷。

而运营与产品这两个"相爱相杀"的角色，未来到底谁更重要，我觉得永远无法有定论，就像婚姻中你没法说丈夫还是妻子更重要一样，但，丈夫多了解妻子、妻子多了解丈夫，却是更加重要的。

《人人都是产品经理》《淘宝十年产品事》作者　**苏杰**

在我的认知中，有璨一直是以运营的节奏感和系统观见长的。运营的节奏感和系统观一直是被很多人或有意或无意忽视的部分，但如果一个运营要成长为一支运营团队的核心甚至是管理者，他就必须具备这样的能力和素质，否则缺乏规划的运营工作是没有办法有层次、有节奏地展开的。非常开心看到有璨的这本书完成出版，在这本书里你会看到有璨在运营节奏感上有多么出色，希望你可以通过本书领略到运营世界中更深层次的一面。

《从零开始做运营》作者　**张亮**

运营，对于互联网创业公司至关重要，决定了企业的发展速度。但，它又是一件概念宽泛并且没有标准答案的事情，不同类型的企业、不同的产品阶段，所需的运营方法可能截然不同，这正是运营人面临的最大挑战。很高兴看到作者将他 10 年的实战经验和深刻思考系统地整理成书。本书有系统的运营方法论，大量的案例解析，还有作者对于运营宏观规律、职业价值观等层面的深度思考，值得互联网行业运营和创业者仔细阅读与收藏。

小饭桌运营 VP　杨志新

曾经有人问过我，互联网到底是应该产品为王、渠道为王，还是运营为王。在经历过新浪微博从千万级用户到 5 亿用户的过程，以及在创新工场看到数以百计的项目的起起落落之后，我意识到一个重要的结论：在行业发展初期是产品为王的，因为并没有对手；在行业发展过程中是渠道为王的，因为谁占领了渠道，谁就赢得了用户；但是，在充分竞争的互联网领域，毫无疑问是运营决胜的。

今天的互联网行业早已经变成了 BAT 布局日趋完善、VC 投资逻辑清晰、创业者只能寻找细分切入点的时代。谁掌握更强大的运营方法论，谁就能更高效地获取和留住用户，就更有机会获得投资人的青睐，并最终占领市场实现垄断。

这也是我写《互联网运营之道》的出发点，也是有璨说"互联网的下一个时代将是运营驱动"的原因。

《互联网运营之道》作者　金璞（@小妍）

在我看来，运营的工作为产品赋予了灵魂，将产品的核心价值传递给用户。在流量为王的今天，无论是传统行业还是互联网，万事皆需流量，而运营就是流量源源不断的法宝。看似一个打杂的角色，背后却隐藏着规律与常识，而有璨的这本书，有他 10 年运营经验总结而来的收获与思考，非常值得一读。

互联网早读课创始人　Reynold

有璨曾是多个产品的运营操盘手，也是运营驱动的倡导者，是真正做事的人。这本书不仅有非常接地气的运营实战经验，还贯穿着有璨对于运营行业的看法，我会买来多读几遍，也推荐给大家。

知名运营专家　韩叙

书作为"慢知识"的载体，似乎正被互联网代表的"快世界"所淘汰。当一位作者以集文成书的严谨，去论述看似并无章法的互联网运营的时候，我想他一定有重要的话要说，一定有沉淀已久的心得不吐不快。何况这位作者，是我相识多年的老友有璨、量产微信"10万+"文章的有璨、连续创业矢志不渝的有璨。这本书总结的，正是繁杂运营中所暗藏的运营规律与价值逻辑。心中有不变之理，才能从容拥抱变化，应对风口之变，笑看市场冷暖。这种醍醐灌顶的愉悦，是我和有璨多年来每每促膝长谈的感受，也是他写的这本书的阅读体验。愿这道诚挚的经验之光，也能照亮读者诸君的前路。

前新浪微博微游戏产品总监、时尚 App "格知" CEO　**叉小包**

当抢马圈地的时代过去之后，随之而来的是精耕细作的时代。无论是早期的 BAT，还是京东、小米、滴滴等新晋巨头，当用户量增长逐步趋缓的时候，下一阶段最重要的任务就是如何将现有流量提升效率，而优化现有流量的很重要手段除了产品，就属运营。

黄有璨是运营的一把好手，除了有足够的实操经验，能为运营从业者提供足够有效的方法论与技巧，还对行业有敏锐的洞察力和前瞻性。一个职业是否有吸引力，在很大程度上要看这个职业的未来趋势，大趋势是往上走的话，整个行业的从业者才能有更多的机会站在行业前沿，而黄有璨的这本书为大家提供了这方面的思考与见解。如果你对运营感兴趣，尤其是如果你的职业生涯与运营密切相关，推荐你好好读读这本书。

正阳公关创始人&CEO　**贾大宇**

运营好比弹钢琴，动手敲击按键，发出声响，谁都会，但要节奏熟稳、运指如飞，就需要大量的技巧和训练。而弹钢琴最难的部分，往往是对音乐（服务）的感悟，对钢琴（产品）的理解，对听众（用户）的洞察。这本书非常妥帖地阐述了这个道理，黄有璨是我心目中的李云迪。

峰瑞资本合伙人　**陈鸣**

很多产品经理总希望设计能够自转的产品，但事实上即使规则最简单、用户驱动逻辑最清晰的产品，也离不开运营的策划和支持。

有璨的这本书站在运营职业的角度，由点及面地讲述了运营中的许多基础理论体系和单点突破技法。既有小产品破局时的精益运营策略，也有成熟产品维护中的数据化、体系化运营方法。

作为一个产品人，读这本书可以从中更加清晰地了解，站在运营角度如何思考，如何开展工作，如何把产品的价值观、态度、甚至性格通过运营的方式表现出来，从而进一步理解产品在设计时需要考虑的很多深层次问题。

支付宝产品经理 **张月光**

在互联网产品的搭建体系中，运营是最容易被低估，同时也是最容易被误读的岗位，由于从业门槛过低，且缺少执业标准，在产品经理文化、工程师文化甚至设计师文化百舸争流大行其道的时候，运营往往都在埋首做着可视度有限的工作。

但是就像各个器官争论谁才是人体最重要的荒诞故事一样，抛开整体的成败单论部分的得失，永远都只是儿童式的嘴仗。运营的价值在于，它是让一款产品从九十分到一百分的最重要的跳板，也是向团队后端反馈产品体验的第一入口，运营少有理论之争，更多的是靠结果服人。

有璨的这本书对于运营的系统化理解相当出色，从抽丝剥茧到严丝合缝，从高山流水到以小见大，从思维拓展到案例解剖，这本书所写的，堪称来自互联网一线的战地笔记。

都说世上人心最难测，运营时刻要与人心打交道，不妨率先做到阅人无数，才能心中有数。

建议各位，开卷有益。

著名互联网自媒体人，逐鹿网创始人 **阑夕**

最早的互联网，是属于技术的，只要别人做不到，我们做得出来，就足以在互联网上占有一席之地。之后的时代，属于产品，我们说体验为王。百团大战，美团的胜利，则标志着运营时代的正式到来。

然而在这个时代里，每个创过业的人都会发现，好的运营决定了企业花钱的效率，好的运营人员却如此稀少。有人说因为好运营是拿钱烧出来的，有人说运营需要数据敏感极强的理性，有人又说运营要拿捏用户、感性为王。

在我认识的运营中，老黄无疑是三者兼备、顶尖运营的其中一员。而这本书，就像是他娓娓道来的一段故事，这段故事是他十年运营经验的积累，既有烧钱得来的经验，也有不花钱的用户增长方法。带你条分缕析如何成长为一个好的运营。

而顶尖运营讲的故事，很好看。

银客集团产品合伙人　于冬琪

"产品"，在互联网时代里，被赋予了另外一个意义，它不再仅仅指代电视机手机之类的实物产品，还包括了软件这种互联网时代里的"实物"。而软件，也不再是一个孤立的产品了——在移动互联网时代，软件产品正在连接所有人……真正以人为本的产品，很难离开"运营"，甚至有时必须通过正确的运营手段才可能发挥作用。在这样一个时代里，运营的价值不言而喻……可惜的是正规教育体系在这方面已经彻底落后，不大可能即时有效地提供这方面的高质量教育，我们正在进入一个全民互助学习的时代，三人行必有我师，这个古老的句子，在这个时代突然有了不一样的光芒。

知名天使投资人　李笑来

运营不全是套路，套路只是运营的"术"，运营更需要某种意义上的"道"。很多运营从业者都在追求套路、方法、技巧，但我认为运营人员更需要有充足的内涵和价值基础在其中。有璨是我认识的互联网运营从业者中，既有玩套路的能力，又有价值关怀的能量的一类人，而且是屈指可数的几位能写、能讲、能做的运营牛人。所以，当他把10年的经验集结成书是十分值得期待的。很多文章我都看过，初看接地气，细看也很值得回味，有深刻的内涵在其中，希望大家细细品味，多多尝试。

三节课 CEO，《产品的视角》作者　Luke

互联网运营和产品经理一样，尚属新兴职业，许多体系化的知识没有尘埃落定、许多观念和方法论也未形成共识，新入行的从业者往往会觉茫然，不知如何开始。这时，像黄有璨老师这样的内容输出者就显得极为重要了。有经验可以分享的前辈并不少，但能够总结出结构化的价值体系、辅以职业且易懂的案例，并愿意持续输出的，却不多见。如今若有人问我，运营该怎么开始入门，我不再需要费尽心思去想怎么跟他解释运营了，直接给他一本《运营之光》就好。

点我达产品专家&《从点子到产品》作者　刘飞

脱不花
罗辑思维 CEO

　　认识黄有璨是因为 2016 年初罗辑思维从一个纯粹的内容型公司学着开始运营一个叫作"得到"的 APP。对于我们来说这是一个全新的挑战。

　　一位朋友很热心地说："介绍一位运营专家给你，你一定会有收获。"

　　于是，我见到了黄有璨。说实话，第一次见面我是挺意外的：

　　一是意外于他如此年轻，二是意外于他所运营的"三节课"表现出的成熟、老辣和充满正念的气场，三是意外于他对自己的职场未来所做出的选择。

　　照我这种俗人想，这么优秀的年轻人，又有惊人的钻研能力，去 BAT 或者一个成长型的互联网公司，一定能坐上一个不错的职位，顺便拿不少期权。但是他却似乎想得很明白，要沿着互联网运营的专业研究这条路走下去，并且借此开始他自己的创业。

　　跟他聊过一次，后来又请他给公司的同事进行过专场的培训交流，再加上作为他长期的读者，我逐渐理解了他的想法：

　　一方面，中国互联网公司的机会在于巨大的人口基数和复杂多层的市场结构，一个产品要想击穿整个市场，除了产品技术的驱动外，在很大程度上还取决于公司是否具备积极多样的运营能力，能否对复杂的用户行为进行响应和引导。看看那些少数国际化成功的中国公司就知道，越是在需要强运营的产品类型中，中国公司就越具有优势。因此，中国互联网公司必然催生出全球最优秀的运营人员。请注意，这里所说的"最优秀"，并非指常规的硬条件，而是指一种主动或者被动形成的积极、多变、擅长应对复杂环境的能力。

另一方面，黄有璨选择了一个最能发挥他本人优势的切入方式。读一段时间他的文章，读者往往会从他的文章里感受到远远超出他的年龄和阅历的见识与思维方式。毫无疑问，他是一个非常善于学习而且掌握了学习方法的人。我的另一位朋友，知乎大神采铜曾经提出过一个概念，叫作"思维的脚手架"。在我看来，黄有璨就是一个在运营体系的研究方面搭建起了"思维脚手架"的人。市场上发生的风吹草动，在别人那里也许是谈资、也许是八卦，但是到了黄有璨手里，往往就会被如庖丁解牛一般解构开来，然后分门别类地架构在"思维脚手架"里，成为重新认知一个事件、一家公司甚至一个行业的素材。

这样的能力，只是去做一个大公司的运营人员肯定是浪费了。他确实很适合作为运营人员们的观察者和鞭策者，爬上他的脚手架，不时地替埋头干活的"运营狗"们抬头看看路。

也许有很多人比黄有璨从事运营岗位的时间更长，职位也许更高，掌握的资源也许更多，但是，他不可多得的研究、总结和提炼能力，更使得他成为一位值得长期关注和交流的顾问。

现在黄有璨的研究成果要汇总成一本书，对此我坚定地认为他如果选择通过"得到"APP来发布他的电子书并且进行亲身语音导读会更酷一些。但是，我对他选择出书这事儿的动机还是非常理解的：作为一个年轻的直男，总要给如我之流的迷妹们创造一个签名的地方，不是吗？

再版序

黄有璨

2017 年 3 月

2016 年 9 月，在许多人的帮助、支持与关怀之下，《运营之光》得以出版，并迅速成为了互联网圈内的一本评价和口碑都还不错的畅销书。到了 2016 年年底，这本书更是得以入选了豆瓣的"年度十大商业经管类好书"的榜单——印象中，这应该是第一次有一本以职业技能为切入点的书能够入选这一榜单。

应该说，这完全出乎我的意料，也让我颇有些诚惶诚恐。

借由这本书的出版，我也结识了很多新朋友，得以进行更多交流，他们当中包括京东、阿里、美团外卖、宜信等公司的运营负责人，在与他们的交流中，我越来越发现，整个互联网行业其实对于"运营"是缺乏一套标准和共识的。

以及，在《运营之光》出版后，我也陆续收到了很多读者的反馈，他们表示，本书第一版中关于如何做好用户的维系和运营的内容似乎提及过少。还有，感觉 2B 类产品（即面向企业提供服务的产品）和 2C 类产品的运营非常不一样，但书中对于 2B 类产品的运营该如何开展似乎也提及得很少。所以，希望能看到我分享更多与此相关的内容。

因此，一方面是出于读者们的强烈呼吁，另一方面，也是在与许多同仁前辈们交流过后，我越来越感觉到，在互联网圈内这种大家对于"运营"缺乏共识的现状已经大大限制了行业的发展，甚至给运营从业者的职业生涯带来了诸多负面影响，再加上电子工业出版社董英编辑的强力推动，我在 2017 年初进行了大约 7 万字的内容补写，完成了这本《运营之光 2.0》的出版。其中，补写的内容主要围绕着以下几个方面：

- 面向用户的运营和维系该如何做，有哪些常见的思路和逻辑？

- 2B 类产品的运营该如何做？

- "运营"职能自互联网诞生以来的发展史是怎样的？

- 优秀的运营从业者具体需要理解哪些与"产品"有关的思考方法和逻辑？

- "运营"工作的侧重点在过去 5～10 年中发生了哪些改变？

- 补充了多个案例。

我希望，补写完成后的《运营之光 2.0》是一本更加全面、对于各行业领域内的商业经营者和互联网从业者都能够带来更多参考启发的一本书。

同时我也希望，可以有更多的高人和前辈在看到这本书后，对于书中的一些观点进行探讨、交流和指正。

在过去 2～3 年，尤其是在写作本书的过程中，我时常会有一种觉得自己的想法和思考也在不断进步和改变的感受。换句话说，其实书中提出的很多观点、逻辑和方法论，我自己也在进行着大量迭代。我觉得，在"运营"这样的新兴职业领域下，一定是不存在什么现成的答案的，更多时候，你都需要借由跟其他人的大量碰撞和交流，再加以思考，才能得到一个属于自己的答案。

在这个意义上来讲，我也希望更多人不要把本书当作一个答案。我觉得它更应该是一种参考。

以及，如果可能的话，我也希望能够在此后陆续把我关于"运营"的一些新的思考不断分享给你们，所以，也许在未来，你还会看到补充了更多新案例和加入了更多新思考的《运营之光 3.0》《运营之光 4.0》……

仍然诚挚期望可以得到大家的鞭策、监督和指正。

是为序。

运营之光
我的互联网
运营方法论
与自白 2.0

自序

黄有璨

2016 年 9 月

我是从 2008 年开始进入互联网行业并接触到 "运营" 这份工作的。那是一个 "运营" 这项职能比现在要模糊得多的年代，于是，在我运营生涯的前 4 年里，我往往对于 "什么是运营" 以及 "运营该怎么做" 这两个问题感到无比困惑。

这样的困惑，在我从 2012 年前后开始了自己的第一次创业过后到达了巅峰。那个时候，我第一次开始对一款产品和一家公司的生死负责，各种压力和问题接踵而来，于是，负责运营的我开始极度迫切地感到，我特别想要找到一种回答来帮助我把 "运营" 这件事情梳理清楚。

从那时开始，大概有一年多的时间，我满世界找人讨教，也结识了不少圈内的大牛和大神们。

然而我同时也发现：很多前辈高手们关于 "运营到底是什么" 和 "运营到底该怎么做" 这两个问题的回答，往往千差万别，甚至完全不同。这让我一度更加困惑。

事情的转折大体出现在 2013 年前后，那个时候，我的第一次创业接近尾声，挂着一个 "COO" 头衔的我算是从头到尾经历了一回把一个项目从 0 做到好几万付费用户，好几百万收入，然后又渐渐死去的过程，除了运营的落地和细节，自己也算是全面经历过了一回运营的策划规划和宏观管理，开始有了一些不同的思考。

并且，借助这次创业的经历，我得以接触到更多不同的创业者和不同的产品，我开始发现，如果产品不一样，"运营" 作用于产品的方式，肯定也会是不一样的。

同期，也开始有包括我的好朋友张亮在内的很多人开始系统输出一些关于自己对于运营的理解，阅读他们的文章和与他们的互动，也帮助我理清了更多的东西。

这之后，又经历了一段时间的梳理和沉淀，我慢慢开始建立起了一套自己对于运营的理解。我认为，或许存在着三种不同维度和层次的"运营"。

第一种，是"微观的运营"。在这个维度上，我们所谈论的运营，更多是具体的运营手段，比如说，如何做好一个活动，如何写好一篇推广文案，如何做好一次推广投放，如何管理好一个用户群，等等。

在很多公司内部，依据产品类型和团队分工的不同，"微观的运营"也往往会被定义为内容运营、用户运营、活动运营等几大工作模块。

但如果抽象一点看，一切运营手段无非两个导向，一是拉新、引流和转化，二是用户维系，应该讲，没有哪个产品的运营工作不是围绕着这样两个目的来进行设计的。

第二种维度的运营，则是"宏观的运营"。在宏观层面上，我们更多关注的，是 N 多具体的运营手段，到底该如何被组织和串联起来，以便更好地作用于一款产品，辅助它的成长。

换句话说，在这个层面上我们关注的应当是运营的策略、规划和资源分配。

我也渐渐发现，对于运营的策略和规划来说，有一些规律是对于所有产品都普遍适用的（例如"产品生命周期"理论），而另一部分，则是需要根据不同的产品类型和业务类型来进行制定和调整的。比如说电商类的产品和工具类的产品，从整体运营策略上而言，天然就应该存在一些差异。也正是这样的差异造成了很多单一领域内的高手们各自谈论的"运营"会是截然不同的东西。

而第三种维度的运营，我认为是"作为一种艺术而存在的运营"。

我在 2012 年那次创业期间曾经有一次让我刻骨铭心的经历——某一次，我们的网站改版上线，我思索良久，给我们全站的用户写了一封数千字的长信讲了一些我们自己的思考和我们觉得应该坚持的东西，然后通过 EDM 发出（很多人应该知道 EDM 邮件的到达率和打开率都是很低的），我原本以为这封邮件会就此渺无音讯，但在它发出后的一周内，我们却意外地收到了近百封用户的回复。

有人说这是他有史以来第一封从垃圾收件箱内找出来居然还看完了的邮件；有人说他们被感动了，后悔没有支持我们更多一点；还有人说他看完这封邮件后二话不说就跑到我们网站上往个人账户里充了几千块钱。这封邮件甚至神奇到，在发出它半年多之后，我到外面去参加活动时都还会听到有人提起它，说对它印象深刻。

那是我第一次被我的用户们如此深深地感动，那种感觉，很奇妙。

那次经历，加上我的更多所见所闻，让我慢慢感觉到，除了面向数据和指标外，运营的另一大导向，是要面向用户，我们需要控制用户的预期，需要建立与用户之间的情感联系，还需要不断去加深和巩固类似的情感联系，不断地打动用户与被用户打动（所谓用户忠诚度，可能就是在这样的过程中得以建立起来的），等等。

《人件》中提到过："管理者的工作不是让大家去工作，而是创造环境，让大家可以顺利开展工作。"我觉得运营在做的事也类似，运营或许不是非要生拉硬拽地把用户们拉过来，而是要搭建和创造一个环境，让用户们可以更愿意来与你发生互动和玩耍。这个时候的运营，可能不一定非得是强目标和强 KPI 导向的。

《人件》中还有一个例子：一个员工拖着病体在加班准备方案，他的上司看到后，转身离开了。几分钟后，上司端着一碗热汤回到办公室。员工喝完热汤，精神一振，然后问这位上司：你的工作如此繁忙，为什么还会有时间来做这些鸡毛蒜皮的小事？上司此刻微笑答道：你可能没法理解，但其实这就是管理啊。

我觉得对运营来说，也存在大量类似的"艺术"，它们或许是脱离"手段"而存在的，或许只有你真的存有某些"相信"或某些特定的"价值理念"，你才能把它们做好。

在这个层次上，我常常讲，运营是有"光"的，运营做好了，往往既能打动你的用户，反过来又能让你自己得到巨大的成就感和满足感。

某种意义上，我相信任何一个行业或职业，从出现、兴起到成熟，中间必定会经历一个从最早的认知混乱，到渐渐有一批人开始百花齐放、七嘴八舌地跳出来去谈论它、分析它、建设它，再到最后围绕着它逐渐趋近于有一套较为完善且大家一致认可的方法论的过程。互联网的发展是这样，创业的发展是这样，产品经理这个职业的发展是这样，运营大概也不会例外。

如果说，互联网行业的"产品经理"这个职业在 2010 年之前经历的是认知混乱，在 2011 到 2015 年之间经历的是百花齐放和集体建设，那么到了今天，行业对于这个职业的理解，已经慢慢开始趋近于统一和完善了。

相反，对"运营"来说，现在可能我们还没能够结束"认知混乱"的阶段。

好的方面是，我们可以明显看到，整个行业的确正在越来越重视运营，也有越来越多的人站出来开始对行业去输出一些自己关于运营的认识和理解，比如我的朋友张亮、韩叙、金璞、韩利等人。我觉得这个"多元化表达"和"百花齐放"的过程是有助于整个行业和运营这个职业变得更好的，也是必不可少的。

而这也成为了我想要写这样一本书的初衷。我相信，或许受困于我的经历和水平所限，这本书一定还存在着诸多不足和亟待指正之处，但我愿意相信它的意义是偏向于积极的。

除此之外，下面几个原因，也是我想要来写这样一本书的助推因素。

第一，我在自己的运营生涯中走过太多弯路，经历过太多的迷惑，在我职业生涯的大部分时间里，关于运营怎么做，都没有人能够指导我，我更多时候只能依靠自己独自去摸爬滚打和野蛮生长。

然而，很多雷同的问题，我发现今天的很多运营人仍然在不断经历着。

我是信奉这样一个逻辑的——

"是什么曾经拯救过你，你最好就用它来更好地拯救这个世界。"

因此，当我觉得我经历了很多痛苦能够从某个坑里爬出来之后，我会有特别强烈的意愿要回过头去尽力帮一帮那些现在还在坑里的同学们。

某种意义上，无论写这本书，还是与 Luke、布棉一起创办三节课（sanjieke.cn），都是这一逻辑的产物。

第二，写这样一本书对我个人来说，可能是一种重要的自我实现。

我常常跟朋友们说，我自己身上有两类特别强烈的身份认同。

第一个身份认同是"写作者"。我特别享受那种自己完成了某次深度的思考，用文字表达出来后，触动了一部分读者的感觉。

而我的第二个身份认同，就是"运营"。我喜欢运营的实际工作中那种面对用户，通过你的一些所作所为赢得用户认可后的满足与成就感。

于是，这两件让我热爱的事情，在我身上形成一个交汇点，写书就变成了一件很自然的事。

第三，我喜欢运营，但同时也发现有很多人对于运营充满了各式各样的误解和偏见——至少在我看来是误解和偏见，于是，我会有特别强烈的意愿想要去矫正这些我眼中的误解和偏见。

我曾经不止一次听到有人这样跟我聊到——

"运营到底是什么？它是做什么的啊？"

"运营不就是推广吗？"

"运营感觉就是打杂，没什么前途也没什么技术含量啊。"

"运营肯定地位是不如产品的。"

这些问题被问得多了，总会让我觉得很难受。身为一个运营，我开始特别想要为自己和自己的工作正名，特别想要让更多人理解自己的工作内容和工作价值所在。这是自然而然的。

于是，对此我慢慢有了一些较为强烈的表达欲望。

就像上面提到的，在我眼中，"运营"是有光的，它自有它独特的价值和魅力所在，且优秀的运营也一定能够同时给自己与用户足够的价值反馈。

从内容上来说，本书共分为"运营是什么？"、"运营之'光'"、"运营的核心技能&工作方法"、"运营的一些宏观规律和逻辑"、"一个运营的职业发展与成长"、"一个运营人的自省与思考"等 6 个主要的章节。

在第 1 章"运营是什么"中，我会详细介绍我所理解的运营，以及在互联网行业中，不同公司内运营的分工、工作内容之间的差异，以及运营和产品、市场等其他部门间的关系和关联。

在第 2 章"运营之'光'"中，我会介绍一些我眼中优秀运营人员的一些思维方法、工作习惯以及一些应该坚守的底线。套用第 2 章中的一句话，我认为：对一个运营来说，要是认知和思维意识都还没跟上，直接奔着方法和技巧去，那你很快就可能走火入魔。

到了第 3 章"运营的核心技能&工作方法"，我才会具体讲到很多更加落地的技能和工作方法，它们覆盖了内容、文案撰写、活动策划、数据等多个方面。

而第 4 章"运营的一些宏观规律和逻辑"，顾名思义，则是很多"宏观"的东西了。在这一章中，我会分享一下我对于该如何结合产品形态和业务类型去制定一款产品的运营策略和运营规划的思考，也会分享一下一个完整的"运营体系"是如何被搭建起来的。

第 5 章，我要聊的就更偏向于职业发展了。我会结合腾讯、百度等一线公司内部对于运营能力等级和能力模型的划分来给出一些我的建议与思考，也会结合我自己的职业生涯来给出一些关于职业发展的建议。

最后，第6章则是我以一个运营人的身份对于整个互联网行业的一些思考和建议，其中也包括了类似"未来十年内，互联网行业到底需要什么样的运营"这样的内容。

我自己认为，本书的一个特色可能是它遵循着我自己对于运营的理解——既有宏观层面的分析和思考，也有微观实操方面的讲解，对于一个对运营理解模糊或者还看不到宏观层面的互联网人来说，它或许可以给你一个全新的视角帮助你更好地理解"运营"这件事。甚至对于一部分对运营还不是特别了解的创业者来说，也许这本书能够给你提供一些思考与启发的空间。

在书中，从第2章开始，几乎每一节我也都尽可能地加入了一些真实的案例来进行辅助说明，这些案例有一部分是我自己亲历的，有一部分来自于我的观察，还有一部分则来自于三节课同学们的分享和分析。充实的案例应该也能让这本书阅读起来不会让你有那种"只讲大道理"的然并卵的感受。

此外，我个人前后经历过一多款完全不同的产品，既经历过大公司，也经历过创业，既有做社交的，也有做学习的，既有做工具的，也有做平台的，既有早期初创型的产品，也有面临着N多竞争对手正面火拼必须硬碰硬去打仗的产品。

我觉得，这样的经历和背景对于我能够把"运营"这件特别不标准的事诠释得尽可能具备一些普适性，是能够带来帮助的。

再者，全书也都贯穿着我自己在运营职业生涯中坚守的一些职业价值观，比如说"唯有爱与用户不可辜负"、"最好要在用户面前找到一种'不卑不亢'的感觉"、"只有你接受了你的产品，才能把它推荐给你的用户"、"要基于'触动'的逻辑来与用户做朋友，而不是'推动'的逻辑"，等等。这些东西是非常具有个人色彩的，也许有人喜欢、有人反感，但我自己认为，正是有了这样的一些理念的传递，才让这本书变得更加鲜活，也不再只是一本单一的"工具书"——事实上，从最早电子工业出版社的编辑董英找到我的时候，我就跟她说，如果我要来写一本书，我一定不希望它只变成一本快消品式的"工具书"。

当然，本书也有它的局限所在。

比如说，我自己从未亲自负责过一款数千万用户以上体量的产品，坦白说，对于这种海量用户型的产品的一些运营要点和运营规划，我的理解是相对有局限的，文中对于相关内容提及得也会比较少。

又比如说，关于大规模的广告投放，我也未曾亲自经历过，所以这部分内容在书中提及得也比较少。

再者，就像前面提到的，本书中的绝大部分内容，都源自于我从事互联网 8 年多时间来的一些个人实践、思考和总结，在这个过程中，我既不是科班出身，也未曾接触过类似阿里等一线公司内部的一些更加完整的方法论，所以，在这本书的很多内容方面，我相信一定存在着诸多有失偏颇和亟待指正之处，也希望广大读者在阅读过程中可以不吝赐教（关于本书的一切建议，欢迎通过我个人的微信公号"黄有璨"给我留言。）

无论如何，想要写好这样一本书，是我已经在心中盘桓了一段时间的一个念想。而为了做好这件事，我已经付出了我尽可能大的努力。

也许我的水平、能力等尚有局限，但你至少可以相信，我对待这本书的态度是足够认真的。

衷心希望这本书能够带给你一些启发与思考，能够让你领略到一些运营的"美"和魅力所在。

就像这本书的书名所想要表达的那样，我真的相信，运营是有光的。

是为序。

读者服务

轻松注册成为博文视点社区用户（www.broadview.com.cn），您即可享受以下服务。

- **提交勘误**　您对书中内容的修改意见可在【提交勘误】处提交，若被采纳，将获赠博文视点社区积分（在您购买电子书时，积分可用来抵扣相应金额）。

- **与我们交流**　在页面下方【读者评论】处留下您的疑问或观点，与我们和其他读者一同学习交流。

页面入口：http://www.broadview.com.cn/31154

二维码：

第0章 引言

如今的互联网世界里，很多产品的体验和业务流程，可能都会变得越来越同质化，越来越差异不大。于是，决定一个产品是否能够在竞争中脱颖而出，可能就会越来越变成了：运营。

我觉得，做运营，最大的乐趣和幸福所在，就是这种"你能够以自己为杠杆，撬动起来成千上万人的愉悦和满足"的感受。

0.1 为什么我觉得互联网的下一个时代将是运营驱动的时代

（一）

我自己有这么一个判断——互联网在国内的发展，也许可以粗略地分成 3 个阶段。

第一个阶段，是互联网发展的最早期，我称之为概念驱动时代。

基本上，这个时代从 1995 年持续到 2004 年前后。这一阶段的特点是，互联网刚刚起步，线上世界还一片空白，可玩的东西和可选择的服务都还不多，大家对于到底什么是"好产品"，甚至怎么做产品都还没什么认知。所以，在这个时代里，你只要有一个还不错的新颖的概念能被做出来，在互联网世界里可能很快就能火起来。

那个时代的人们，不管是用户、行业从业者还是投资人，都在热衷于追逐概念，从门户到论坛到博客再到各种网游，无不如此。

第二个阶段，是互联网发展的成长期，我称之为产品驱动时代。

这个时代，差不多从 2004 年前后开始一直持续至今。在这一阶段，随着互联网的飞速发展，各种线上产品也越来越多，在竞争加剧的现实下，各类互联网产品不得不更加重视"用户体验"，这一阶段发展起来的很多产品，往往都是依靠体验而取胜的。围绕着如何做出体验更好的产品，整个行业也慢慢地建立起了一些方法论。"产品经理"这个岗位，正是在这个阶段和这样的背景下火起来的。

而，第三个阶段，很可能就是已经慢慢到来的运营驱动时代。

简而言之，经过了数十年的发展，整个互联网行业的产品能力普遍得到了提升。随之而来的就是，想要在产品模式或产品机制上创新，可能会变得越来越难——因为可创新的点，可能早就被人做得差不多了。好比现在你想做一个 O2O 上门服务的产品，不管是注册还是下单购买，你都只要去扒拉扒拉现有市场上已经很成熟的各类产品，参考学习下这些产品的做法就行了。

在这种情况下，很多产品的体验和业务流程可能都会变得越来越同质化、没有差异。于是，决定一个产品是否能够在竞争中脱颖而出的关键，可能就会越来越变成了：运营。

这个时代，我觉得是从 2015 年一大波同质化 O2O 产品的出现开始的。你可能已经发现了，对于这些更为注重服务的产品，服务和运营在其竞争发展中的重要性，是远大于单一的"产品"的。这个时代，我认为可能会延续很多年。

注意，这并不是说产品不重要了。事实上，产品的体验良好仍然是一个产品成功的必要条件，产品也仍然需要跟运营之间保持密切的合作，为运营提供足够的弹药。只是到了这个时代，运营将会越发成为市场竞争中的"胜负手"，甚至是，运营的策略和方向，也会更多地影响到产品方面的调整和改动。

好比当年的团购，又或是像打车这样的产品，在最热门时，市场上充斥着成百上千个几乎完全一模一样的产品。这当中，最后像美团和滴滴这样的产品能够杀出重围，其中起了决定性作用的，其实是产品背后的运营。

（二）

从行业人才端而言，也存在着类似的趋势。在互联网的第一个阶段，是完全不存在所谓"产品经理"和"运营经理"这样的职位的，当时，现在所有产品和运营们要做的事都被叫作"策划"，基本都是一群最早在网上泡得比较狠，还算有点儿想法的人在做这件事，还根本谈不上什么专业技能。

而到了第二个阶段，随着产品的体验越来越受重视，一个产品从设计到上线再到功能体验的反复迭代打磨的整个工作过程，慢慢在很多互联网公司被作为"产品经理"这样一个独立的岗位提了出来，"产品经理"这个岗位的薪水也开始一路水涨船高。此间，《人人都是产品经理》这样的书火遍全行业，而行业也开始疯传"产品经理是离 CEO 最近的人"这样的言论。所有这些，在过去很长一段时间里，一定程度上都在催生着产品岗的人才供给增大——虽然好的产品相对还是缺少，但纯执行类的产品经理（即只管实现老板的各类需求），事实上在供给端比头几年已经要多很多很多了。

但，到今天为止，整个行业对于'运营'的理解，仍然还是一团模糊。而好的运营，更是极度稀缺。

我眼中所谓"好的运营"，至少有 3～5 年以上经验，熟悉内容、用户、活动等各个模块的运营手段，熟悉各类产品形态，有能力通过各种运营手段的组合拉升一个产品大部分的主要数据，同时还可以做到跟产品间的沟通无障碍，甚至可以出一些简单的产品方案。

不夸张地讲，在过去这一年里，我见过的 95% 以上的团队，都如饥似渴、不惜血本地想找这样的人。而他们想找的这样的人，放眼整个互联网圈，在我自己认识的人里，掰掰手指头数数，满打满算可能也没超过 30 个。

（三）

曾经，人们对运营的认知是片面和有偏差的。比如曾经有很长一段时间，在大多数人眼中，运营是跟推广画等号的。

但现在，越来越多的人发现，运营是一件远远要比推广复杂得多的事。

运营首先需要极强的执行力和大量对于细节的关注。例如，哪怕只是推广一堂课，作为一个运营需要考虑的可能就包括了：

- 对于这堂课而言，我主要用来去打中用户的点是什么？

- 如何通过课程文案说服用户相信我要传递给他们的这个点？通过何种表现形式（文字？语音？图片？视频？）、何种逻辑？（讲故事？讲道理？摆事实摆论据？）

- 我需要一个什么样的标题以刺激更多用户打开并阅读我的课程文案？

- 课程的报名流程是否顺畅，是否存在会导致用户流失的不良体验或硬伤？

- 我可能需要通过哪些渠道去完成对这堂课的推广？在不同渠道上，我完成推广的方式和手段是否需要有一些细微不同？假如需要同时在 10 个微信群里分享课程链接，我是不是需要针对其中几个不同类型的群来写几个版本不同的分享转发语？并且在群内以不同方式去跟那些群成员们进行互动？

但运营又一定不止于执行和细节。事实上，可以把执行和细节做到极致，可能只是一个运营从业者刚刚迈上了职业生涯的第一级台阶。

以 Uber 的运营为例，进入中国市场后，为什么 Uber 一开始需要瞄准外国乘客，将其作为首批用户？为什么早期的司机和乘客都要重点瞄准大量身在外企、收入中高的精英阶层用户？什么时候该分别给司机和乘客补贴，给到多少合适？在开启补贴的阶段，怎样的手段可以实现投入产出比较优的拉新效果？随着产品发展的阶段不同，补贴这件事瞄准的到底更应该是拉新还是用户的消费使用频次……

这一系列问题的背后，是一个极度复杂的决策链条，这个链条上的任何一环出了问题，都会导致满盘皆输。而上述所有这些决策及其背后的执行，理想状态下，都是依赖于运营的。

国人常有一句励志的话：有志者事竟成。但这个口号，很多时候在运营范畴内可能都是错的。你会发现，运营往往面临的决策和信息极多，要做的事极杂，以至于，作为一个真正可以对产品负责的运营，往往我们最重要的职责就是要从 100 件事中去除掉 98 件不可能成功的事，找出仅有的一两件能成的事来去做好它们。

我认为，在未来的这个时代里，产品和运营之间的边界将不再那么清晰，互联网从业者也会被提出新的要求——做产品的一定要懂运营，而做运营的也一定要懂产品。

（四）

要做好运营，成为上面提到过的那种被整个行业如饥似渴、不惜血本地想找的运营，其实不太容易。这既需要具备强大的执行力和至少某方面的一技之长（如活动策划），又需要能够理解产品和运营背后的一些规律（比如早期的产品和一个已经成熟的千万量级的产品，运营侧重点一定不同）和各类产品形态背后的本质差异（好比社区类产品和工具类产品的运营逻辑也会有很大差异），还需要具备一些宏观层面的思考能力，可以真正对数据负责。

从目前来看，由于此前在整个行业中运营的繁杂、不标准和不受重视，国内互联网行业的运营从业者们是不存在一条典型的成长路径的。更多的运营人，只能纯粹依靠工作实践中的摸爬滚打去获得提升。

我自己也是一样，我工作 10 年多，其中 8 年一直在做运营，此间从来没有人系统教过我到底什么是运营，以及运营该怎么做，全靠自己悟、自己干，其中的纠结痛苦，唯有那些曾经跟我一样长期做着运营但又完全不知道该怎么去思考运营、甚至不知道自己方向何在的人，才能体会。

也因为如此，当我前后经历了近十款产品的生和死，高潮和低谷，感觉自己终于差不多能想明白运营是什么和运营背后的一些逻辑、规律，并能够按照这些自己的理解去理解一些事情和创造一些成果之后，我有了一种特别强烈的表达欲望。

所以，在这本书里，我想要把我自己对于运营的很多思考和理解都逐一分享出来，其中的很多东西，至少到这本书出版为止，我认为是从未有人谈论和深入解读过的。

（五）

无论如何，关于运营，有两件事，我是特别确信的：

（1）运营的价值在互联网行业曾经被低估了，直到现在，行业内大多数人对于"运营"的理解仍然是模糊和有偏差的。这一状况终会在未来几年内得到改善，运营在行业中所占据的权重和重要性也会越来越高。

（2）一定会有越来越多的人成为我们所反复提到的所谓"好的运营"。这既是行业的运营从业者们当前所渴望的，也是整个互联网行业发展的需要。

这里，引用一句我某位同事的话：

运营的最大乐趣，其实就是那种"你在创造一个小世界，并令人在其中获得愉悦"的感受。

好比，你现在正在看到的这本书，也是我在试着自己搭建起一个小世界，而我，正是通过这个小世界去连接到更多人，让他们获得价值的。

0.2 运营这件事的苦与乐

在我写完了"为什么我觉得互联网的下一个时代将是运营驱动的时代"之后，我收到了一个朋友 L 发来的消息，如图 0-1 所示。

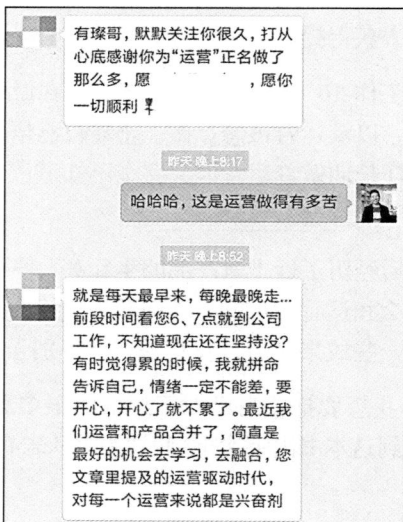

图 0-1

看到这个消息的时候，我百感交集。

运营太苦了，干的事太容易杂乱和琐碎了，这是毋庸置疑的。但比苦更让人觉得失望和灰心的，是得不到重视。

我还记得，一年多前我曾经在知乎回答过这么一个问题：

为什么互联网公司的运营岗位薪水明显较低？

在那个问题下，我的答案是这样的。

大家普遍觉得运营薪水低的原因，我觉得有如下几点：

（1）"运营"的概念太广了。从写文案、陪用户聊天、做活动到填充审核内容，各种无所不包的杂事，都可以丢进"运营"的范畴内，以至于行业里大家都在说，运营就是个打杂的。

运营的"杂"和"广"带来的现实情况就是互联网行业的"运营人员"从业门槛相对较低，并且从业基数巨大，但其中相当一部分人每天干的却只是各种纯人工式的体力活，这类工作创造的价值是有限的，所以，他们的薪水必然不会高。

（2）整个行业的发展阶段和需求决定了现阶段整个行业对于研发和产品的刚性需求是更大的（注意这个答案发布的时间是 2015 年年初，互联网创业最火爆的时候）。整个互联网行业现在正处于一种爆炸式增长和发展的阶段，不仅创业项目层出不穷，传统行业也在纷纷尝试要去做一些互联网的事。但你想干互联网或者想做个网站和 APP，第一步一定得是先把产品做出来吧？如果产品都看不到，何谈运营？但恰恰，N 多人目前就是卡在看不到产品或不能很快地看到产品这个坎上……于是，整个行业开始疯了似的缺研发或缺好的产品经理。

至于运营，整个行业里目前两极分化严重，大部分产品要么就是巨头公司，产品已经成熟，流量和用户均巨大，不太需要运营来发挥多么关键的作用。要么就是创业早期，产品都还不成熟，还没到需要运营来持续发挥作用的时候……

（3）研发需要懂技术懂代码，产品经理需要懂一堆方法论和各种原型工具，但运营……似乎好像是个人都能够跑出来说两句，是个干互联网的就能出来聊聊一个产品该怎么推广，一个活动该怎么做。于是乎，对于很多团队来说，运营的权重就被调低了，虽然本来不应如此……

（4）行业里绝大多数成熟的互联网公司，内部多都采用的是一种"产品驱动运营"

式的组织架构,这个事跟公司基因和创始人背景也会有很大关系。但在这种架构下,整个运营团队基本是被产品来领导的。且从定位上,所有运营团队成员的角色就更像是一个螺丝钉,只需要定期生产或整合出符合标准的内容,定期做些活动,或维护好核心用户即可,既不会对于运营团队有更高的要求和期待,也不会给运营团队更大的空间。

从根本上来说,这类架构本身就没有打算给运营人员更多发光发热的机会。这类架构导致的结果就是,即便真的在运营岗位上有能力很突出的人,他们八成也已经寻求内部转岗去做产品了。

(5)因为运营的从业门槛低,再加上也基本没有什么系统的方法论,这导致大部分运营从业者(尤其是 3 年以下经验的)基本是不太懂产品的。进而导致他们没有能力去做一些可以驱动产品的事,例如从运营端出发去提出一套可以更好为运营目的服务(例如一套核心用户维护和激励的东西)的需求。于是,更多时候,他们也往往就只能等着被产品驱动和主导,而没有能力去做驱动和主导产品的事。

但是,即便在这样的大环境下,只要你用心做事,仍然有相当大的机会是能够发现运营的乐趣和"美"的。

我就来讲点儿我经历过的事儿吧。

- 我曾经做过一个 500 人 QQ 群的管理员,在长达 5 年的时间里,在那个 QQ 群里我带着一堆人聊应试教育、聊社会现象、聊历史文学、聊书和电影……以至于,后来那个群里超过一半的人来北京时,都点名要来见我。他们后来跟我说,在那 5 年里,那个群,好像是个家一样。

- 我自己第一次创业做一个学习类项目时,某次网站改版,我给网站的 2 万用户们写了一封长达五六千字的长信,里面讲了我觉得我们的网站此前诸多烂得要死的地方,讲了我所理解的教育和学习,还讲了一些我觉得我们应该有的坚持和念想。就是这么一封冗长的破信,通过 EDM 发出后,我居然不可思议地收到了近百封邮件回信——任何一个搞过互联网的都知道,一封群发的 EDM 居然能收到回信,这本身就很不可思议,更何况是近百封?在那些回信里,用户们纷纷告诉我,我的信感动了他们,有人说这是他有生以来第一封从垃圾邮箱里翻出来居然还全文看完了的邮件,有人说后悔没有多来上我们几次课,还有人说,要来给我们做志愿者。甚至是,到了半年后我出去参加一些行业活动时,都还会反复听到有人跟我提起这封信。(上面提到的这封信,如果你感兴趣,

可以搜索三节课微信公众号"三节课"并回复"长信"即可看到）

- 我也曾经办过一次新年聚会式的线下活动，那是一次由超过 20 个志愿者帮忙完成、超过 150 人参与、为时一整天的活动。在那次为时一整天的活动结束后，至少有 20 个人跑来跟我说，这是他们有生以来参加过的最好的活动，没有之一。

- 我还曾发起过一个众筹，在那个众筹里，我仅开放了 3 个每人 10 万元的名额，试着要筹 30 万元。结果，我的众筹发布后就得到了无数人的帮忙和支持，有朋友为我的众筹加码、有朋友说一定要在 3 个众筹之外额外购买我的一些东西，还有无数人帮我转发扩散和介绍合适的众筹对象，最后，在发布仅仅不过 12 小时的时间里，我就已经成功筹到了 30 万元。

在以上所有的这些时刻里，我都有一种特别幸福和满足的感觉。我认为在这样的一些事情里，天然就是存在着一种美感的。那种美，来自于你和用户之间的某些心心相印，来自于互相被对方打动的时刻。

我觉得，做运营，最大的乐趣和幸福所在，就是这种"你能够以自己为杠杆，去撬动起来成千上万人的愉悦和满足"的感受。

所以，那天晚上，在跟 L 聊了两句之后，我突然心里一动，于是我跟他又有了如图 0-2 所示的对话。

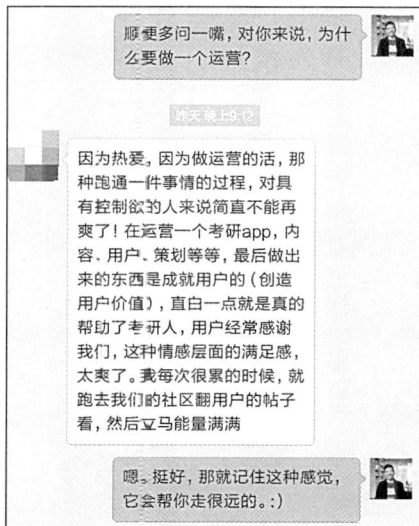

图 0-2

　　L 的回复，让我一整个晚上都很回味——回想起来，在我的运营生涯早期找不到方向的时候，支撑着我要往下走的，不也正是那些可爱的用户们的期望和肯定吗？

　　有一句话，我也忘了是哪一本书里看到的了，但从看到的第一天起，它几乎就成为了我运营生涯中座右铭式的存在。对于每一个从事着运营岗的人来说，我也特别想要把它分享给你。

　　这句话是这样的：

　　唯有爱与用户不可辜负。

　　借此话，与每一位互联网人共勉。

　　希望，你可以在接下来的章节中，发现更多运营的价值与乐趣所在，甚至是，找到一些关于运营的"信仰"。

第 1 章　运营是什么

很多运营从业者之所以会迷茫的很大一个原因，就是互联网公司内的运营岗位和运营工作的职责是高度不标准的。

在互联网行业中，"运营"这个职能的诞生，来源于互联网时代的产品价值构成发生的部分改变。

产品负责界定和提供长期用户价值，运营负责创造短期用户价值+协助产品完善长期价值。

1.1 极度不标准的"运营"

在引言部分，我们已经提到了，运营很复杂，首先在 N 多的互联网公司内部，就存在着"内容运营"、"活动运营"、"用户运营"、"新媒体运营"、"产品运营"等不同岗位和职能。

而，假如产品类型和公司业务类型不一样，你会发现运营要做的事也很可能是极不相同的。

其实，很多运营从业者之所以会迷茫的很大一个原因，就是互联网公司内的运营岗位和运营工作职责是高度不标准的。

考虑到很多人可能都只接触过运营的某一个或某几个分支，甚至完全还没有接触过运营，为了帮助大家更好地建立起对"运营"这件事的全面理解，这里我们带着大家一起来逐次了解一下，各类五花八门的运营岗位和各种不同类型的互联网公司内运营岗要关注和要做的事情有些什么不同。

我将会分这么三个层次来聊：

（1）经典意义上的 4 大运营职能分支之间有哪些差异和联系；

（2）一些特定的运营岗位及其工作职责；

（3）针对不同类型的产品，对应的运营工作者需要关注和要做的事，有些什么不同。

（一）经典意义上的 4 大运营模块

就目前而言，互联网行业内相对有一致共识的 4 大运营职能划分是：内容运营、用户运营、活动运营和产品运营。这 4 大模块要做的事情，我粗略解释一下。

1. 内容运营

内容运营这样一个分支，其实核心要解决的问题是：围绕着内容的生产和消费搭建起来一个良性循环，持续提升各类跟内容相关的数据，如内容数量、内容浏览量、内容互动数、内容传播数等。

因而，内容运营这个模块下要关注和解决的问题可能包括了以下问题中的一个或多个。

- 我的内容基础属性是什么？（文字？图片？音频？）需要具备何种调性？（搞笑？段子八卦？深度评论？一手资讯？文艺暖心？）内容从哪里来？（UGC？PGC？）

- 我的内容如何组织和展现？（专题？列表？分类导航？字体？字号？行距？段距？）

- 如何在已有基础上做出用户更喜欢看的内容？（内容策划？内容选题？内容如何借势热点事件和人物？）

- 我现有的内容如何能够更容易、更高频地被用户所消费？（内容标题怎么写？好内容如何推送给用户？推送频次如何？推送手段有哪些？EDM？站内信？Push？）

- 我的内容生产如何可以具备持续性？（做活动？稿费？用户激励机制？其他利益交换？）

- 如何更好地引导用户来与我的内容发生互动甚至传播内容？（制造话题？讨论氛围引导？传播机制设计？）

2. 用户运营

跟内容运营相似，所谓用户运营这样一个分支，其实核心要解决的问题，也是围绕着用户的新增—留存—活跃—传播以及用户之间的价值供给关系建立起来一个良性的循环，持续提升各类跟用户有关的数据，如用户数、活跃用户数、精英用户数、用户停留时间等。

所以，用户运营要关注的问题可能包括了以下问题中的一个或多个：

- 我们的用户该从哪里来？（微博？豆瓣？广告？BD 合作？线下地推？人肉？现有用户传播？）如何落实？（BD？付费？渠道建设？产品机制设定？）

- 用户来了之后，我们如何建立和维护我们跟用户间的关系？（多互动？多要反馈？多送礼品？多帮用户解决实际问题？）

- 如何让愿意留在这里玩的用户更多？（分析数据？关注留存？提升留存？关注活跃？拉升活跃？用户积分体系设计？用户激励体系设计？）

- 当用户量慢慢多起来，比如达到几百万的时候，如何增强我对整个用户生态的影响力和掌控力？（如何对用户进行分类？针对每类用户我们应该如何服务和管理？怎样让不同类型的用户之间产生价值关系？如何构建起一个良性可掌控的站内用户模型？）

- 用户如果出现流失怎么办？（分析流失原因？建立流失预警机制？召回？放弃？）该如何召回？（召回策略？EDM？短信？Push？）

3. 活动运营

至于活动运营，核心就是围绕着一个或一系列活动的策划、资源确认、宣传推广、效果评估等一系列流程做好全流程的项目推进、进度管理和执行落地。一个活动运营，必须事先明确活动的目标，并持续跟踪活动过程中的相关数据，做好活动效果的评估。

其实，活动是一种再常见不过的运营手段，也是一个合格的运营必须要掌握和熟练运用的一种手段。往往在我们做内容运营和用户运营的过程中，也必不可少地会涉及很多活动。所以单独把"活动运营"设为一个独立岗位的互联网公司，其实并不是特别多。

基本上，一个公司会专门设置出来一个"活动运营"岗的典型场景，可能仅有两种：

- 该公司对"活动"的定位较高，会定期通过一些中大型的活动来拉升某些核心数据或宣传公司品牌，而活动的策划设计、执行确认等也通常比较复杂，需要专门有人来主控和跟进（类似支付宝集五福这样的活动，就很复杂）；

- 该公司用户已有一定体量，为了做好用户的维系工作，需要定期策划和落地一些活动。又或该项业务本身就需要持续不断的活动来助推（好比电商网站、淘宝天猫等各种定期购物节）。

4. 产品运营

所谓产品运营，其实要做的事情，就是通过一系列各式各样的运营手段（比如活动策划、内外部资源拓展和对接、优化产品方案、内容组织等），去拉升某个产品的特定数据，如装机量、注册量、用户访问深度、用户访问频次、用户关系对数量、发帖量等。

所以，一个真正意义上的"产品运营"，其实是一个综合能力比较均衡，既熟悉各类运营手段，又熟悉产品，甚至能够自己完成一些产品方案的人。

对于一家互联网公司，会设置一个"产品运营"岗位的场景，以下两种情况是比较典型的：

- 一个比较成熟的产品新上了一个分支功能，在一段时间内需要一个人对接协调各种资源，干好各种活，对该功能相关产品数据负责（如新浪微博上线了一个"微群组"功能）；

- 一个中早期的互联网公司，不需要将运营划分得那么复杂，就是需要有一个人啥都至少会点儿，啥都能干，还能把产品养活起来，所以他就成了"产品运营"。

（二）一些特别的互联网运营岗位

但事实上，在互联网行业中，"运营"岗位的构成远远要比上述所讲的还要复杂很多。有一些岗位是以上 4 大模块的细分职能（如"编辑"之于内容运营），但也同时有很多岗位，可能甚至很难被归类到上面提到的 4 大模块中去。

所以在此，我们提出来一些比较常见的特殊岗位，对其主要工作职责进行一些解读，以便让你对各种运营从业者们当前的工作内容有更直观的了解。

1. 新媒体运营

这是随着近几年微博、微信公众号等社会化媒体、自媒体平台兴起后逐渐热门起来的一个岗位，它的主要工作职责包括：新媒体账号的内容维护、粉丝关注数增长、粉丝维护、活动策划、外部合作对接（如联合活动、互推）等。

2. APP 商店推广运营

主要工作职责包括：跟各种应用商店进行对接，完成 APP 发布、上架等的全流程，做好 APP 在应用商店的 ASO，与各应用商店的负责人建立良好的关系，对各应用商店渠道的推广资源和推广形式（如专题、付费推广位、节日活动、限免、首发）熟悉，甚至对于每个渠道的用户构成、推广效率等都要做到烂熟于心，以便产品有推广投放需求时可以更好地制定推广方案。

3. SEO/SEM 运营

SEO 的主要工作职责包括：研究搜索引擎（如百度、360 等）的搜索结果抓取和排序规则，制定相关搜索关键词匹配策略，结合目前全站内容对网站架构、内容展现形式甚至代码等进行优化，借此在搜索引擎搜索结果页中获得更高排名，从而获得更多流量。

而 SEM 的主要工作职责则包括：分析产品和业务相关的搜索关键词，在搜索引擎中对相关关键词进行付费广告投放，从而获得更多流量。此外，SEM 运营需要结合关键词搜索热度和投放价格等的变化持续对投放策略进行调整和优化。

4．广告投放运营/流量运营

主要工作职责包括：分析各广告/流量分发平台（如网盟、hao123、广点通、微信朋友圈广告等）的数据、推广形式和 ROI 等，结合产品推广需求制定推广策略和方案，并持续调整，优化流量/用户获取成本。

需要提到的是，随着近年来移动互联网的发展和纯粹"入口类产品"（典型如hao123）的生存空间越来越小，纯粹的流量分发和流量运营生存空间已经越来越小了。

5．淘宝店铺运营

主要工作职责可能包括：店铺的商品品类管理（如主推什么商品，重点打造哪些爆款等）、商品的上架和下架、商品的基础包装和图片文案设计、推广策划的制定和执行、申请参加各类专题活动（如双 11、聚划算等）、在线客服。

6．编辑

主要工作职责可能包括：站内内容的筛选、审核和推荐（例如什么内容可以上推荐位），内容的编排、修改和润色加工，重点内容的策划和生产，相关内容专题的策划和制作等。

7．QQ 群、小组运营

主要工作职责为：某个特定 QQ 群或线上小组的维护，包括但不限于定期群内抛话题、组织活动、活跃气氛等。

8．其他运营

一些"歪门邪道"式的运营，典型如：刷量、刷榜、刷评论、各种论坛灌水牛皮癣小广告、群发私信等，类似手段比较伤害用户体验和败人品，建议慎用。

还有就是地推和客服啥的了，这个大部分人都比较熟悉，我就不多讲了。

（三）不同业务类型的产品和公司，运营工作内容的差异

1．工具类产品

工具类产品较为注重效率和体验，通常是产品大于运营的，因而在较长的时间里，运营端最重要的关注点就是用户增长，主要手段可能包括渠道推广、BD 和部分活动等，运营跟数据打交道会比较多。

2．社交/社区类产品

社交/社区类产品注重社交氛围、话题和玩法，是一种需要运营和产品并重的产品形态。

这类产品的运营人员可能需要经常跟人打交道，比如最初要找到一批符合产品调性的用户过来使用产品，后续还要持续做好重点用户的维护，甚至自己都要深入产品当中去带着用户一起玩。

在这类产品氛围的维护上，运营还需要经常制造各种话题和策划各种活动，因为需要确保话题和活动都是目标用户喜欢的，所以运营最好深度理解用户，甚至自己本身就是产品的目标用户。

这类产品的用户增长除了常规的渠道、引流和跟数据打交道外，可能也需要经常通过制造一些事件、话题、传播等来完成拉动。

3．内容类产品

这类产品的运营核心就一个：就是要能持续做出独特、高质量的好内容，并把这些内容包装好，让用户更易于消费（比如取一个好的标题、做一个好的专题等）。

内容类产品的用户增长往往也是依托于内容和话题的，需要定期策划出很多有亮点的话题性内容，借助这些内容的传播拉来更多用户。

4．电商类产品

电商类产品的运营比较特别，它分为几块。

一是关于商品和品类的运营，要关注的问题包括我们选择一些什么样的商品品类来进行售卖，售卖过程中要重点去推哪几款商品，商品的定价策略如何来制定、商品的库存管理和供应链管理等。

二是各种促销活动的策划和落地执行，比如各种 6·18 节、双 11 节、双 12 节之类的。

三是推广和流量建设，这部分也会跟数据打交道比较多，需要熟悉各种推广渠道和推广工具。

四是一些用户关怀和用户维系的东西，类似传统行业的 CRM，比如针对什么样的用户我们要定期送点小礼物、来点代金券、做点针对性活动啥的。

最后就是一些基础的东西，比如对于商品的包装、文案的优化、还有客服的到位等。

5．平台类产品

平台类产品的运营是比较讲究的，因为平台的运营特别注重"节奏"。

例如，淘宝或滴滴出行这样的产品，一开始无论是司机/商户太多了，还是买家/乘客太多了，可能都会是问题——会导致大量该类用户得不到好的体验从而离开。

所以，平台类产品的运营会特别关注"节奏"，什么时候要拉什么人进来，拉多少合适，都很考究。

此外，平台类产品会非常注重策略和用户维系。比如淘宝商家，可能需要按地区、按售卖商品、按客单价等各种不同维度分成很多类，然后再分别对其进行维系。尤其是在平台发展大了以后，必须针对用户的不同特征进行精细化运营。

然后，平台类产品在渡过了一个发展临界点后，会非常注重品牌，所以各类活动、品牌宣传文章、事件、内容等的策划和落地在这之后会成为一个比较重要的点。

6．游戏类产品

目前游戏产品的运营，重点是两大块。

第一块，还是推广，各种对接渠道，各种看转化率，各种盯数据。

第二块，则是收入。比如，对于游戏中有更大付费可能的一群人，游戏公司可能会有一个专门的团队来围绕着这群人转，通过各种策略和运营手段促进这群人的付费，最俗的手段，比如冒充美女在游戏里求土豪送装备。

最后，对于以上所有类型的产品，都可能会需要通过新媒体等途径来进行品牌建设和用户维系。

假如你认真看完了本节，你应该可以做到对各种五花八门的"运营"有一定了解了。（如果还觉得有点模糊也没关系，关于各类不同类型的产品和公司，其运营体系的构建和运营侧重点的不同，我们会在第 4 章中再更深入地谈及。)

但是，你也可能更加疑惑了——既然这么多运营做的事情完全不同，那么，到底运营是什么？我们又该怎么去理解这个概念？

所以，接下来就让我来试着回答一下这个问题：到底运营是什么？

1.2 一个互联网人，到底该如何理解"运营"这个职能

前文中，我已经讲了，运营所做的事情，在不同岗位、不同公司内部，会显得极其不一样。

所以，这一节我承接着前面的内容，重点来解答一下这个问题：一个互联网从业者，到底该怎么理解"运营"这件事？

之所以围绕着这样一个概念还非得要这么大费周章，是因为我太知道，一旦作为一个运营从业者，如果连自己在做的事情都无法清晰理解，就极其容易陷入一种不知道方向何在的迷失中去——你可能根本不知道自己除了手边那些琐碎的工作还需要去思考什么，还需要积累学习什么，以及未来你的方向何在。

下面，为了帮助你更好地理解"运营"到底是什么，我会分这么几方面来聊：

（1）为什么在互联网行业中会出现"运营"这样一个职能？

（2）作为一个运营从业者，到底该怎么定义和理解"运营"这件事？

（3）一家互联网公司的运营工作流程&全貌是怎样的？

（一）为什么会出现"运营"这样一个职能

我要先抛出这样一个结论：在互联网行业中，"运营"这个职能的诞生，来源于互联网时代的产品价值构成发生的部分改变。

我们来通过两个例子具体解读一下。

传统"产品"以水杯为例，在考虑是否要购买水杯时，一个用户主要的关注点在

于两个方面：第一是功能，水杯可以用于喝水；第二是体验，水杯的颜色、款式、抓握水杯时的触感，甚至一些水杯别致的设计都会成为用户购买水杯的理由。

在这样的产品身上，其功能和体验构成了它的核心价值。

接下来我们再来看一款互联网产品：知乎。

同样，用户在考虑是否要使用知乎时是会考虑它的功能的，如：问答、关注他人。用户也会关注它的使用体验，例如网站设计的美观性和流畅度等。但假如仅仅只有以上两点，似乎并不足够。

其实，我们上知乎，在很大程度上是因为知乎上活跃着一群高质量的人，更多时候，我们使用知乎这样的产品，都是冲着"人"去的，而不是冲着其"功能"去的。

这就是互联网产品与传统产品间的一个很大不同：除了设计驱动的产品功能和体验，用户参与也构成了互联网产品核心价值的重要组成部分。

综上，我们或许可以初步得到如下这么两个公式：

$$传统产品价值 = 功能 + 体验$$

$$互联网产品价值 = 功能 + 体验 + 用户参与价值$$

此处，"用户参与价值"包含三重含义：

- 其一，用户的使用时间和关注给产品带来的额外价值。用户的使用时间和用户黏性会自然增加一款产品的价值，例如，你的用户越多，就会越有人愿意在你这里持续投放广告。

- 其二，在你的产品生态中，用户在互相给对方创造和提供价值。例如微信群、知乎等社区，以及淘宝、滴滴等平台皆是如此。

- 其三，用户因为对你产品的认可，愿意参与到你的产品设计、改善、传播、甚至在一些服务环节中为你贡献价值。这方面，小米的米粉便是典型的例子。

而你会发现，为了给一款产品附加上如上三重价值，我们往往需要进行一系列复杂的操作。

以最简单的要经营管理好一个微信群为例，我们可能就需要：

- 给一个群设定好一个主题；

- 把一批跟这个主题相匹配的人拉进这个群里；

- 明确群规，以规则界定清楚，哪些事情应该在群里做，哪些事情则不应该（例如发广告则踢）；

- 在群里定期抛出一些与群的主题定位相符的话题，并引导讨论，维护好群内的氛围；

- 定期组织其他线上线下活动，通过活动让更多群成员熟悉起来，从而可以在群内展开更多的话题交流和碰撞。

现在你会发现，跟"推广"和"销售"这样单一的工作内容不同，这个复杂的过程确实更具备一种"养"的感觉，即你通过你的一系列行为为一款产品增添了更多的价值，并令其可以面向用户良性运转起来。并且，我们似乎也找不到一个类似"推广"、"销售"这样的名词来界定这一系列要做的事情。

因而，我们最贴切的称呼，似乎只能把它叫作"运营"。

（二）作为一个运营从业者，到底该怎么定义和理解"运营"

我们已经说过了，目前各种不同类型的互联网公司内部，对于"运营"职能的定义都是极其不同的。

比如，线上客服、线下地推，文案修图，C&V 工程师（Ctrl+C，Ctrl+V），淘宝小二等，在行业里，这些职能在不同公司内部都有人称之为"运营"。

这样的情况多了，会让众多本来方向就不是很明确的运营从业者产生一种特别不确定的疑惑——难道运营就是个打杂跑腿的？到底我应该做什么？又该往哪里去？

如果说，刚才我们所讲到的"通过一系列穿针引线式的行为让一款产品或一个事物能够良性运转"是对于运营的微观理解的话，那么在这里，我们可以再进一步分享一下我个人对于"运营"这件事更加宏观一些的理解，希望能带给你一些更清晰的认知和启发。

很简单，一共就几句话，请看好了：

首先，任何一项业务，都存在三个不可或缺的要素：产品，用户，运营。

其次，任何一个产品，只有在与用户之间发生关系后，才具备价值。无论传统产品还是互联网产品，都一样。

再次，基于业务类型的不同，一款产品与用户间的关系类型会有很大差异。譬如婚纱摄影和英语托福培训这样的产品，它们跟用户之间的关系更类似一种"一夜情"式的关系，我一辈子只有一次与你发生关系的机会；但更多的互联网产品与用户间的关系，是不一样的，它们与用户间的关系频次更高，也更深入，需要获得用户更大程度上的认可，典型的例如社区、社交类产品。

最后，所谓运营，其实就是为了帮助产品与用户之间更好地建立关系，以及更好地维系住这种关系，我们所需要使用的一切干预手段。而这里最大的核心区别在于，假如产品与用户之间关系类型不同，则我们运营的导向性也会是完全不同的。好比，对于英语培训这样的产品，我们的运营就更应该以"成交、转化"为导向，而对于社交、社区类产品，因为产品价值本身就取决于用户使用时长和频次，所以我们的运营就应该高度以"用户维系"为导向。

所以，"运营"这样一个概念，应当是大于"营销、策划、文案、编辑、传播、用户管理……"这些概念的加总的，因为上面我们提到的这些，都只是一种具体的运营手段而已。而我们实际意义上的运营工作，应该更侧重于使用其中哪种运营手段，事实上是取决于你的业务类型，以及你的产品和用户间的关系类型的。

而运营的具体工作划分，或者说各种运营手段的划分，无非两方面，一是拉新、引流、转化，二就是用户维系。前者的具体职能例如第三方渠道推广、病毒营销、活动、新媒体、广告投放、品牌传播之类的，后者则包括客服、用户体系建设、用户激励、用户召回、运营机制设计、活动等。

"运营"两个字，可以承载的东西很多，但落实到细节则异常琐碎。我对于运营从业者们最大的一个建议就是：要带着宏观的视角去理解运营，同时更要带着微观和落地的心态去做好运营。

简单讲来，就是既要对于运营有一个宏观的理解和认识——这样你更容易知道自己身处何处和方向该在哪里；又要脚踏实地地能够做好一些具体的工作，比如文案、策划、用户维系等，而不是总是只纠缠于概念，天天计较于我做的到底是用户运营还是产品运营这类无意义的问题。

（三）一家互联网公司的运营工作流程&全貌是怎样的

关于一家互联网公司的"运营"部门具体都是怎样工作的，要做哪些事，我们不妨直接来看图 1-1。

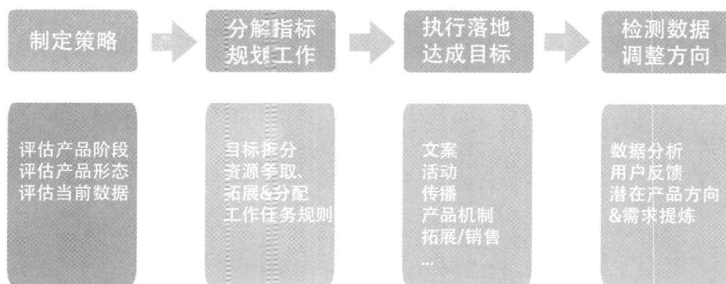

图 1-1

结合图 1-1 具体来讲，一个常见互联网公司运营部门的工作流程，大致分为以下四个步骤。

第一，制定策略。在这个环节，我们可能需要先根据产品形态，产品当前所处的阶段，以及当前一些核心相关数据上面的表现，来制定我们的运营策略。

第二，分解指标，规划工作。根据第一步中我们制定的运营策略，我们在第二步要开始进行目标拆分，并根据目标完成向内向外的资源（如运营经费、渠道等）争取和分配，以及制定具体的工作计划。

第三，执行落地，达成目标。有了策略和具体的规划、资源配备后，我们在这一步要做的，就是通过文案、活动、事件传播、产品机制设计、用户维系、BD 拓展等具体运营手段来达成我们的目标了。

第四，监测数据、调整方向。所有计划执行后，作为一个合格的运营，我们一定要学会收集数据，分析数据和相关用户反馈，并评估我们的运营工作成效，再根据数据和用户反馈寻找潜在问题、潜在产品方向和用户需求等，并将结论代入我们新一轮的运营工作中去，回到第一步：制定新的运营策略，进入下一个循环。

这也就是我们所说的——做运营，永远要向迭代去要数据，也要依据数据去做迭代。

在互联网行业中，一个真正意义上的"好的运营"，是需要可以主导和掌控住这个流程中的全部 4 个环节的。

但是，就目前行业中的现状来看，大部分运营从业者其实都只能关注到和完成好第三个执行阶段中的工作，而缺乏意识和能力去完成好策略制定、工作规划、数据分析等方面的工作。眼界、思维都高度受限。

所以，我希望这节内容对你，会是一个新的开始，可以让你对于"运营"有一个更清晰的认知, 知道自己当下的位置何在, 并开始有意识地思考自己将往何处去发展。

接下来的一节, 我会再接着聊点儿和认知有关的事儿——如果你经常泡在网络上, 可能会记得, 2016 年年初, 网上有一篇李叫兽所写的很火的文章, 叫《市场部到底是做什么的? 》。然而我们都知道, 在大量互联网公司内部, 其实对于"市场"和"运营"的职能划分, 更加模糊不清。

所以, 下一节, 我们就来聊聊在互联网公司内部, "运营"和"市场"两个职能的关联和区别。

1.3 在互联网公司内, "运营"与"市场"的区别与关联

好了, 让我们正式进入这个更加容易让人困惑的问题吧——至少它曾经让我困惑了好多好多年——到底互联网公司的"运营"部门和"市场"部门之间, 有什么区别, 以及它们的关系是什么?

之所以会有这样一个疑惑, 是因为你会发现在互联网公司内部, 这两个职能之间的交叉太多、边界也太模糊了……

比如, 我可以分享一下我所经历过的几家公司内部的情况。

A 公司
美国互联网公司, 偏重内容型产品, 员工近百人, 有千万用户体量。

运营: 负责维系好内容生产者和对内容进行组织、审核、包装, 对内容生产者数量和内容质量、内容访问量等负责。

市场: 维护媒体关系, 策划各种品牌联动活动、发布会等, 不知道对什么负责……

B 公司
国内某巨头级互联网公司内部的战略级项目, 集团近万人, 该项目独立团队不到 200 人。

运营: 负责用户维系, 产品中内容区块、活动区块等的更新和维护, 负责构建用户的转化路径, 对用户活跃度、内容数量等负责, 共同为用户总量负责。

市场：主要负责标杆性核心活动、事件等的策划和传播，共同对用户总量负责。

C 公司

刚刚经过了 A 轮融资的某早期互联网公司，用户量近百万，员工 20 人左右。

运营：负责第三方推广引流、用户体系的搭建等，对网站流量、核心环节转化率、核心用户活跃度和用户关系等负责。

市场：负责媒体关系，定期发稿，部分线下活动的策划和执行落地，偶尔也负责第三方渠道的合作，不知道对什么负责……

D 公司

初创公司，其实就是三节课，在我写作本节内容时，员工仅有 20 人出头。

运营：负责做课程、写文章、策划活动、用户维系等一切事情。对用户新增、课程&内容数量、课程&内容质量、用户活跃度、用户口碑等一切相关指标负责。

市场：对不起，我们没有市场……

再比如，我在三节课的几个群里问了一下大家对运营和市场的理解，然后得到了一堆五花八门的回答，如图 1-2 所示。

图 1-2

所以，市场和运营，在很多互联网公司内部，其实都是特别不容易讲清楚，甚至特别难定义的一个职能。

为了搞清楚市场和运营两个职能间的区别和关联，在过去 5 年里，我曾先后跟超过 50 位各种互联网公司内部的运营或市场负责人有过专门的交流和探讨。

在这样的探讨交流中，我发现，普遍来看，似乎"市场"在做的事会比较务虚，比如市场通常会做大量的传播、发布会、事件、活动等，但这些工作最后往往不会被落实到具体的产品数据上。

相对而言，"运营"在做的事情似乎更加务实一点，任何一件"运营"在做的事，一定需要落实到相应产品数据上，比如流量、注册用户量、用户留存率、用户活跃率等。

如果你还有印象的话，在李叫兽所写的那篇《市场部到底该做什么？》的文章中，大部分关于"市场"这个职能该干的事已经描述得比较完整了。其中，那篇文章中最终对于"市场部"的职能定义是：创造和管理消费者无形价值的部门。

以一杯果汁为例，其有形价值包括：

新鲜程度、纯度、瓶子握感、口味等。

而其无形价值则比如：

- 消费者选择果汁的时候面临困惑，不知道哪种比较新鲜，但看到 XX 牌果汁，一下子知道它过去一直不错，就立马买了——品牌简化决策的价值。

- 晚上加班，这么晚了不想喝咖啡，又不知道喝些什么，突然想到 XX 果汁的文案"今天又加班，你要喝果汁"，就知道要买果汁了——提供消费线索的价值。

- 过去喝果汁就是喝果汁，但现在拿着 XX 牌果汁，不光满足好喝的需求，上面写着的"XX 新健康主义"，提醒我是一个追求健康的人，让短短 3 分钟喝果汁的时间体验感不一样——提供体验价值。

- 这种果汁，比星巴克咖啡还贵，更重要的是，大量广告让所有人都知道了这一点，买一瓶拿着上班，我感觉同事都投来羡慕嫉妒恨的目光——提供身份象征价值。

而市场要做的事，就是持续创造、传递和管理好这些无形价值。

基于这个李叫兽已经给出的对于"市场"的解释,我们可以发现,其实在传统行业中,从产品出发到触达到用户的过程,通常会经历 3 个主要环节,分别是用户认知、渠道流通、用户购买。

举例,你要购买脑白金的整个过程可能是这样的:

- 脑白金通过一系列集中、丧心病狂式的广告投放和轰炸,帮你建立起了对这个产品的认知——过年回家,送给爸妈的礼品;

- 通过渠道建设和铺设,脑白金让自己的产品可以出现在各大超市、小店铺的货架上,这样,当你过年前在超市进行购物时,你能看到这个产品,如果此前建立的用户认知足够成功,你对这个商品已经会产生一些购买意愿了;

- 这个时候,可能脑白金还可以找几个甜美小妹,在超市里进行真人促销,通过"买两盒送小推车"等手段,成功通过实地的销售行为推动给你补上了最后一刀,让你完成了最终的购买。

整个流程,如果要用图来呈现,可能是下面这样的,如图 1-3 所示。

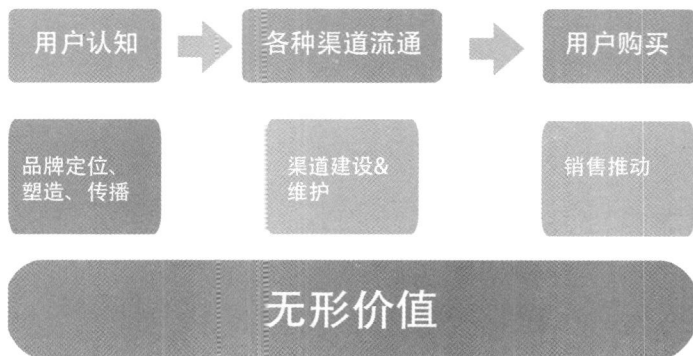

图 1-3

上述三个环节中,前两个环节,加上李叫兽所说的产品"无形价值"的建设和维护,就是市场部所应该完成和关注的全部工作。

而,如果是在互联网领域呢?

就像此前我们已经说过的,在互联网行业中,用户与产品之间,可能并非是一种"一次性决策"的关系,因而用户和产品间的触点,也会更多。

具体来说,可能变成如图 1-4 斤示的样子。

图 1-4

举例，一个三节课的用户与三节课之间发生关系的全过程可能是这样的——

- 通过三节课广泛对外传播的各种干货内容，这个用户初步了解到了，三节课是一个提供产品+运营学习系统内容的地方；

- 用户某天在某个特定场景下，例如，正好在刷朋友圈的时候看到了一个"这是一个已经让 300 位互联网人欲罢不能的活动……"的文章，一时没忍住，点了进去，再然后，只见点进去的文案各种掏心掏肺态度诚恳各种诱惑，最后，这个用户不出所料地没忍住，选择了关注和报名，正式转化成为三节课的用户；

- 报名只是第一步，为了让这个用户真的能来参加课程学习，我们可能还需要做好上课的各种引导、提醒，甚至是约束限制、激励等（例如三节课在线课程曾经一度实施过的"完成所有课程及作业后返还 50%学费"等政策）；

- 用户真的来上课了之后，因为课程还不错，对三节课开始有了好感和信任感，这时候，我们还需要做更多的事情来维护好这个用户，比如，拉他加入我们的群，邀请他参加三节课的其他活动，或者是假如有其他付费产品的话，可以推荐给他，引导消费。

所以，这个过程用图来呈现的话，如图 1-5 所示。

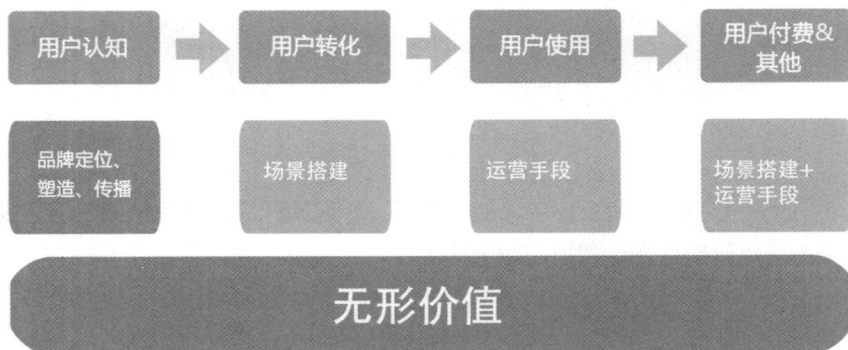

图 1-5

在以上这些环节中，通常"用户认知"这个环节下的品牌传播、塑造、定位，加上产品"无形价值"的塑造，基本会是一家互联网公司的市场部更应该关注的工作。

而在后面，无论用户转化、使用，还是此后其他用户行为的促进和引导，都是运营更应该关注的事情，运营需要在所有这些环节中去具体考虑用户的使用场景，并把一个足以引导用户完成转化的场景成功搭建起来。

所以，虽然看起来——

运营需要写软文，市场也要；

运营要办活动，市场也要；

运营经常要想办法搞点事件、活动、借势营销啥的，市场也要；

运营要关注产品的推广拉新，市场也要……

但，市场所做的一切，都应该瞄准着扩大品牌、产品的用户认知和提升产品的无形价值，比如，发了一篇介绍品牌的软文，被浏览了 10 万次，但没有形成任何转化，这个事情在市场的角度来看，是有意义的——这确保了这 10 万个看到文章的用户在下一次具体触碰到可能会使用你产品的场景时，有更大的可能性会想到你。

而运营所做的一切，都应该瞄准着具体的用户使用场景或转化场景，所做的一切，也更多都是引导和铺垫，最终目的也往往是为了更好地实现用户转化，提升具体的产品数据。

到此为止，你应该可以理解到底"市场"和"运营"有些什么不同了。

只是，由于早期资源、人力等的缺乏和分工不明确，其实大量中早期的互联网公司内部，这两个职能之间的边界并不明确。甚至是，大量互联网公司在早期的时候，传播、推广、用户转化等，可能都是集中在少数一两个人头上的。这个时候，职能的划分反而不是那么重要了，能把事情想清楚和落实好更加重要。

并且，如果真的想成为一个好运营，其实不论策划、传播，还是推广、转化，你也必须样样都能拿得起来。

另外再多说一嘴，就像我们在上一节中提到的，如果要更宏观地讲，其实我们可以把"运营"理解为：为了要连接好产品和用户，你可能会使用的一切手段。基于这个层面来理解的话，概念层面的"运营"应当是要大于"市场"的。

就好比，如果我们把层次放高一点，把一家"公司"或一个"产品"作为你的运营主体来看待，这时候"市场"一定只是其中的一个分支手段而已。这也解释了，为什么通常在大部分公司内部，COO（首席运营官）往往是会分管市场部的。

1.4 如何看待"产品"和"运营"之间的关系

在一家互联网公司内部，产品和运营之间的关系，是更加微妙的。他们之间好比一对爱恨交织的生死冤家。

以至于，作为一个运营，总是需要面对"产品烂得像坨屎，我们也要逼着用户吃下去吗？"这样的问题。

此外，在互联网圈里，还流行着很多这样的段子：

在一个运营的眼里，事情常常会是这样的——

假如数据特别好，用户上来了：看我们运营多牛啊……

假如数据特别烂，用户没上来：产品做得太差了，你看用户都不爱用……

而同理，在一个产品的眼里，事情也可能会是这样的——

假如数据特别好，用户上来了：看我们产品多牛，有了好产品，猪来运营都能做好……

假如数据特别烂，用户没上来：运营一天到晚干什么吃的，看别人的产品比我们烂多了，数据都能哗哗往上涨……

所以，在"认知运营"部分的最后一节，我想聊几句产品和运营之间的关系。

比较流行的一种说法是：产品就像生孩子，运营就像养孩子。其实这个说法还不是特别准确。

因为，孩子生下来后，模子是不能变的，但一个产品上线后，还需要在运营过程中不断迭代和调整。

所以，两者间的关系，产品方向和产品形态要决定运营的思路，反过来，又需要运营根据用户反馈和运营需求来决定产品的调整和迭代。

我再把这句话变得拗口一点，就变成了：产品负责界定和提供长期用户价值，运营负责创造短期用户价值+协助产品完善长期价值。

这当中，产品和运营间的关系之所以微妙，在于两点。

（1）很多产品的长期价值并不是用户一眼就能感知出来的，而是需要经过一段时间的使用和体验才能感知到的。所以，为了让用户得到这个长期价值，我们需要通过运营先去创造出来一些短期价值，以刺激用户愿意先去尝试使用它。

举例：

大姨吗这样的产品，其长期价值是要能够帮助女性用户进行自身的生理周期管理和健康管理，但在大部分人最初使用它的时候，这个价值可能是看不到的。因而，为了能够让用户可以最终体验到这个长期价值，我们可能需要通过在运营端先给用户创造一些短期价值去刺激用户可以先使用"大姨吗"完成记录。

这里我们通过运营手段给用户创造的短期价值例如——连续记录 XX 天有奖，每天记录过后扮成暖心欧巴跟用户互动、嘘寒问暖……

（2）很多产品的长期价值不是一蹴而就的，而是必须借由用户的持续使用和反馈，经过长期优化迭代后才能成立的。所以，要是没有用户的使用和反馈，产品很可能永远无法形成真正的长期价值。因而，在产品的长期价值还不是那么确定的时候，运营需要先通过创造一系列的短期价值让用户能够先使用你的产品。

举例：

滴滴打车在早期上线没有用户时，一方面自己雇大量员工满北京打车，另一方面则给予乘客们大量补贴，以便能够维系住为数不多的司机和乘客们，这才有了后来的种种可能。

三节课在线课在刚刚上线体验还很烂时，我们是通过一个个跟用户们沟通和聊天，才让这些用户愿意参加我们的测试，愿意给我们提意见，甚至愿意帮助我们去优化改进课程的。

而，在面向用户的立场上，一旦产品的长期价值已经特别明确和具体了，这时候运营最应该做的事情，就是通过包装、策划、营销等一系列手段去面向用户把这个价值传递出去。这时候，运营所要发挥的作用，有点儿近似于传统意义上的"营销"了。

只不过，对一个互联网产品而言，这样的状态，永远是很少的。大部分时候，一个产品都处于持续不断的摸索、调整中，需要运营一起参与去完善它的价值。

在这个立场上讲，假如一家公司的产品和运营没法做到一条心，共同"以用户为中心"来做好自己的工作，最终共同为用户提供价值，其实是挺可怕的。

所以，回归到这节的主题，假如你们公司的产品很烂，作为一个运营，你到底该怎么办？

我的回答是这样的——

（1）其实，对于任何一个早期产品来说，"烂"可能是一种再正常不过的状态，甚至可能是一种必然。这个阶段，恰恰是需要运营发挥作用和价值，维护好早期核心用户，并不断推动着产品来进行更新、迭代和打磨的时候。

（2）逻辑上讲，运营天天跟用户打交道，是会比产品离用户更近的。所以，如果你真的从用户层面感受到了问题，你需要有能力回归到具体真实的用户使用场景中去向大家说明这个需求和功能可能是有问题的，或者是用数据来向同事和老板证明它到底有多烂，而不要仅仅是嘴上抱怨打嘴炮。

（3）如果想要让你的价值感和存在感更强，最好你还能提出可行的解决方案，并通过一些验证和数据去证明它是可行的。比如说，我觉得三节课的用户可能不喜欢 A 类型的课，而更喜欢 B 类型的课，用个最简单的方法，我是不是可以先放一个课程众筹页面出来，对 B 类课程真正感兴趣的用户，先交 3 块 3 预订一下？

（4）产品烂其实一点也不可怕，真正可怕的是：产品很烂，但提不出解决方案，或者压根不想去解决和优化，这样的产品，可能就真的留不住用户了。

所以，如果上面的（1）、（2）、（3）、（4）你都真的做足了，但你们公司的产品或老板还是完全无动于衷，无视用户的感受，或压根不想去做出来对用户负责的产品，你就可以考虑换个地方了。

最后，我还想说，其实在互联网公司内部，因为产品和运营分别在不同的环节服务着用户，为用户创造着价值，所以会经常给对方挖坑，比如产品上了个功能让运营被用户骂得要死，或者是运营面向用户承诺了个什么鬼东西，结果产品根本做不出来，其实这也是很正常的。

逻辑上，产品和运营能勾肩搭背手把手腿把腿以一对"好基友"的心态互相填坑、共同对用户负责，才是王道。

我建议，无论产品还是运营，都要有这么几个认知：

- 有坑是常态，人人皆会造坑；

- 挖了坑不可怕，填坑能力是关键；

- 尽力做到——每次都要让自己埋的坑比之前小一点点。

- 每次造坑连累了队友，一定要想尽办法弥补，哪怕请客吃饭递手纸。

其实在圈里混久了，你会发现，好团队和烂团队的核心区别，就在于好团队大家互相填坑，而烂团队则是大家互坑。

接下来的一节，为了让大家对于"运营"有更加全面和深刻的认知与理解，我们会试图分享梳理一下自中国互联网诞生以来，"运营"这个职能的演变与发展历程。

1.5 运营的简史——互联网运营的 20 年发展与演变

我们已经提到了，"运营"是个有趣的东西。作为一个现今互联网行业中最为普及的工作职能，它却往往被称为一大"玄学"。

一方面它在行业内的地位和权重越来越高；另一方面，似乎它又很模糊，看起来，很少有人能够从真正意义上讲清楚到底"运营"是什么。

然而回溯起来，"运营"这个工种的出现，其实不过短短十几年。

在某种意义上，我相信，一个事物，如果你并不足够了解它的过去，那你一定很难真正理解它的现在和未来。

我猜想，假如我们能够回过头去认真回顾一下"运营"在互联网世界中的发展史，这会是件有趣且有价值的事。

这便形成了本节写作的初衷。

那么，究竟什么是"运营"？

就像前面提到的，在现有的互联网世界中，"运营"的范畴下所能包含的具体工作内容，可谓繁杂无比：推广投放、活动策划、内容制作、数据监测、用户管理、客服……诸多内容似乎都能够往其中装填，几乎每一个被称为"运营"的互联网从业者，身上都会背着不止一项工作内容。

因而，要试着谈论运营，我们必须要先界定运营。

按照我之前给出的定义，运营的目的最终是为了"更好地连接产品和用户"。再进一步讲，这里又存在两个目的：一是能够获取用户并实现用户付费；二是能够更好地维系住这些用户，令之愿意与你持续发生关系。

而一切围绕着这两个目的来展开的具体工作内容，都可被视作某种运营手段。一个靠谱的运营，一定是能够懂得并熟练掌握多种运营手段的——这与传统行业中的状态全然不同。

但是，这样一项既复杂又多样同时又显得有些宽泛的职能，到底是怎么诞生的？以及它为何会诞生？

为了更好地回答这几个问题，我依次梳理了从互联网诞生至今的行业发展历程，提炼出了其中每一个阶段的代表性产品，并试图着重去分析这些互联网产品在它们所处的时代，是如何实现"用户获取&用户付费"、"用户维系"这样两件事的。

以及，我也同时关注着"运营"这个概念在行业从业者心目中的认知变化。

我试着回溯了互联网过去 20 年的发展历程并观察在每个阶段围绕着"用户获取&付费"与"用户维系"这样两个目的产生过哪些不同的具体做法，在经过观察和思考后，我初步有了以下几个结论：

（1）在互联网诞生之初，是不存在"运营"这样一个职能的，这个职能及其称呼是渐渐被演化出来的；

（2）最早出现的最贴近于当前"运营"的岗位，是"网络编辑"和"社区 BBS 管理员"，其次是各种网络推广；

（3）"运营"的概念最早成型于 2001 年前后，而真正意义上"运营"这样一个概念和职能在互联网圈内逐渐普及开来，是从 2004、2005 年前后开始的——从那时开始，包括新浪在内的大量互联网公司中的"编辑"开始被称为"内容运营"，而类似"社区运营"这样的叫法也开始普及开来。

这是一个很有趣、也很值得去思考的过程。

下面，我将分 7 个阶段来做更具体的观察与思考。

（一）1984—1993 年：互联网的萌芽

很少有人知道，人与人之间第一次可以通过"互联网"进行较大规模的信息交换，差不多是在 1984 年。

1984 年，一个叫"惠多网"（FidoNet）的 BBS 建站程序在美国出现。用户通过电话线连接，以点对点的方式转发信件。惠多网是全世界第一个 BBS 网络。

7 年后，中国的惠多网"长城"开通，这时候上惠多网的几乎都是从海外拨长途回国的中国留学生，以及部分后来的国内前沿技术爱好者。在当时的"长城"站上，就已经有了马化腾、求伯君、丁磊等人的身影。

从 1993 年开始，随着拥有 PC 的用户越来越多，以及众多相关技术的发展，在大洋彼岸的美国，"互联网"开始如野草般毫无预兆地疯狂生长起来，并先后诞生了如网景、雅虎这样的互联网公司。

大洋彼岸的盛况无疑是令人悸动的。于是，从 1995 年开始，互联网之风远渡重洋来到中国，开始生根发芽。

（二）1994—1997 年：互联网是什么

- 互联网用户体量：不足 30 万
- 互联网代表产品：门户，早期 BBS
- 代表性运营工种：网编，BBS 管理员

对于老一辈网民和互联网圈的人们而言，不太有争议的一件事是，中国互联网发展的起点是 1995 年前中关村大街上那家叫作"瀛海威"的公司出现。大概人们永远也不会忘记的，是瀛海威当年那个经典的广告——"中国人离信息高速公路还有多远？向北 1500 米。"

所以，那时候的中国，互联网对于人们最大的吸引力所在，是"信息"。在那个大多数人最主要的信息获取渠道还是看"新闻联播"的时代，信息是 100%的稀缺品。

于是，围绕着"信息"的获取和消费，在国内诞生了最早的两种产品形态，分别是"门户网站"和"BBS"。

其中，前者的代表是新浪、搜狐、网易，而后者的代表则是天涯、猫扑、西祠以及各大门户网站下属的论坛。它们差不多都集中出现在 1995—1996 年间。

同样都是提供信息，"门户"与"BBS"之间最大的不同，源自于门户网站的内容需要自己采集编写，而 BBS 上的信息则大都来自于用户的自发贡献，用现在的话来讲，一个是 PGC，另一个是 UGC。

在那个时候，人们对互联网的认知还是模糊的，大家都只知道互联网是个新奇、好玩的玩意儿，能够让你"足不出户就获取到全球资讯"，还没什么人会想到在互联网上还能赚钱，很多人开始做网站也好，做软件也好，更多是抱着半好奇半尝试的心理，并没有任何特定的预期或规划。

同时，在 1998 年之前，国内能够上网的人本身就很少，按照中国互联网信息中心提供的数据，1997 年全国的拨号入网用户才区区 25 万人。因而，那个阶段的网上在线服务也相对单一，基本上除了门户、BBS，就是少量的软件下载网站。

那个时候，绝大多数网站与产品，都是无须考虑"用户获取"的——本身可以找到的网站和在线产品就很少，加上上网的人数也不多，基本你只要能够把一个东西做出来，并且不是太差，大家自然就能够找到它，各类门户、论坛等也愿意无条件免费推荐和介绍你的产品——毕竟，在那个时候如果不介绍一些新的网站和热点事件，可介绍的东西也就没那么多了。

倒是，在"用户维系"方面，门户网站和 BBS 还是要做一些事的。最起码，既然是信息的供给与消费，就得做好信息的更新和推荐吧？

于是，就诞生了互联网上最早的两种代表性工作：网络编辑和 BBS 管理员。其中，前者的工作主要是内容的采集、编撰和写作，后者的工作则主要是论坛中的加精、置顶、删帖，以及时不时地组织一些灌水顶楼等在线活动。

这基本可以视作最早的"运营"类相关工种，他们所做的事，在互联网上信息还较为匮乏的时候，大都与"内容生产与维系"相关。

（三）1998—2001：第一波潮流

- 互联网用户体量：从 100 万到 2000 万

- 互联网代表产品：聊天室、更成熟的 BBS、QQ、联众、下载类站点

- 代表性运营工种：在线推广、社区管理

如果要为早期中国互联网的发展定义一个里程碑式的节点，1998 年或许是最为恰当的年份。以此为节点，互联网在国内的发展迎来了第一次长达三四年之久的爆发与

井喷，迎来了第一个春天。

1998 年，首先值得我们关注的，是以下两件事：

（1）1998 年 6 月，微软 Windows 98 操作系统发布，其中首次全面集成了 Internet 标准。操作系统的进化与更新，为更多家庭与个人能够接入互联网铺平了道路。

（2）同样在 1998 年，作为一种比"调制解调器拨号上网"速度更快的上网方式 ISDN 开始在国内得到普及，全国 26 个省会城市开通 ISDN。

这两件事对于中国互联网的意义，无异于一个原本只有烂泥路可以通往外界的小山村，终于开始要修筑柏油马路了。

于是，我们可以看到，在这一年前后，在互联网上发生了诸多具有重大意义的事件。

1．BBS 和论坛的黄金发展期

1997 年 10 月 31 日，中国队在世界杯亚洲区预选赛主场 2∶3 负于卡塔尔，失去了出线机会。此后两天，有个网名叫"老榕"的人跑到四通利方（新浪前身）的体育沙龙论坛里发表了一篇《大连金州不相信眼泪》的文章。

这篇文章几乎在一夜间传遍大江南北，后来被称为"中国第一足球博文"，在发表过后的两个月内，几乎被包括《南方周末》在内的国内所有的主流体育媒体乃至大众媒体转载和报道，以至于在那个年代的球迷群体里，几乎没有一个人没有听说过这篇文章和"老榕"这个名字的。

顺带提一下，当时体育沙龙论坛的版主叫作"老沉"，即后来成为新浪总编辑的陈彤。

按照老沉的回忆，老榕的《大连金州不相信眼泪》贴出后，体育沙龙的访问点击量达到了平时的数十倍，无数网民留言说老榕让他们"热泪盈眶"。

此事的发生，使整个主流世界的人们第一次切身感受到互联网的力量和影响。在不经意间，是它把很多人带入了互联网世界的大门。由此开始，BBS 和论坛开始迎来了一波黄金发展期，吸引了一波又一波的创作型选手进入。

2．在线聊天室的兴起

同年，一部叫作《第一次的亲密接触》的网络小说突然走红。它讲述了一个一男一女借由网络聊天室相识，进而见面、相恋，再到女主角不辞而别，最终病逝的浪漫故事，受到了无数读者的追捧。

这也是第一部借由网络走红的小说，其火爆程度也几乎达到了无人不晓的状态。

借由这部小说的火爆，人们也越来越对互联网感到好奇，潜意识中越来越渴望在互联网上去探索、尝试交流，乃至隐隐期待着自己也能够邂逅几段美好的浪漫。

于是，或多或少是因为这部小说的走红，从这一年开始，能够承载多人在线即时互动交流的"在线聊天室"开始兴起。

回想起来，那时候的人们，面对的另一个境况，就是孤独寂寞。大部分人仅仅基于线下的社交圈子，充满了各种限制。你会发现，几乎每一个人心中都憋着大量想说的话却在现实世界里找不到人诉说，从十几岁的小毛孩子，一直到三四十岁的大叔阿姨，无一例外。

于是，聊天室开始迅速发展起来。那时最火爆的聊天室，叫作"碧海银沙"，其中最火爆的房间，差不多任何时候上线都会有近百人在线。

总之，基础设施的逐步健全，加上互联网世界中不断频发的各种"焦点事件"，开始促使着一批又一批充满好奇心的网民开始进入互联网世界的大门。

3. QQ 和联众的诞生

如前所述，无数网民们在开始使用互联网之初，最大的需求就是"希望找到某种方式来排解自己的空虚、孤独和寂寞"，于是，除了更加成熟的各大论坛、门户、BBS和聊天室，另外两款具有划时代意义的产品出现了。

这两款产品，一个叫 OICQ，另一个叫联众。

OICQ（后更名为 QQ）在 1999 年 2 月上线，主打即时在线聊天。

而作为一个在线休闲游戏平台的联众则上线更早，它在 1998 年 3 月上线。

这两款产品，几乎都是一经推出就在网民中间呈现出"爆发式增长"的态势，甚至在一定程度上进一步催生了互联网用户的增长——不夸张地说，在《第一次的亲密接触》这样的网络小说走红之后，很多人几乎都是为了想要找人在线聊天或一块玩耍而购买了 PC 和开始"上网"的。

而 QQ 的走红，在某种意义上也是"天时地利人和"的汇总，这当中，既有时机的关系，也有诸如腾讯对于用户体量的更加注重等原因（腾讯在当时首创的卡通头像、聊天记录云端存储等功能都成为了 QQ 增长的强大助推力）。

数据似乎也可以佐证这一切。查阅 CNNIC 提供的全国网民数量变化情况，如图 1-6 所示，我们可以发现，正是从 1998 年开始到 2001 年，全国网民的数量几乎每年都保持着 100%以上的增长率，成为了中国互联网发展史上用户基数增长最快的一段时间。

2001.01.17	2250万
2000.07.27	1690万
2000.01.18	890万
1999.12.05	400万
1998.06.30	117.5万
1997.10.31	63万

图 1-6

4. 互联网商机初现

于是，随着网民数量的增加，互联网上的商机也终于涌现。

1998 年世界杯期间，新浪网以 24 小时滚动播出新闻的形式吸引了大量网友，并借此获得了 18 万元广告收益——这似乎是我们可以查到的早期互联网史上典型的"流量变现"案例。

而这一时期的联众，也开始推出诸如"个人会员"+"身份特权"等增值服务。

于是，当我们开始意识到"原来互联网也能挣到钱"，并且开始有人理解到"网站的点击量和访问量是决定一个网站价值的关键"之后，"流量"开始作为一个标准术语登上舞台，慢慢地大家都知道了，"做互联网就必须要把流量做大"。

总体来说，对一些主流的现象级产品如 QQ、联众、聊天室等而言，在这一时期内的用户获取，相对仍然是无须太多操心的——只要能够做好基础服务，就自然会有大量用户源源不断地涌入。按照现在的说法，这仍然是中国互联网发展过程中的"红利期"。

按照官网公布的数据，联众上线 3 年后，到 2001 年，注册用户已达到 2000 万，而 QQ 到了 2001 年，注册用户数更是突破了 5000 万，同时在线人数也超过了 100 万。

而对于大量中小个人站点的站长和个人开发者们来说，一穷二白的他们在用户获取方面相比大型网站和主流产品，必须开始想方设法做更多的事情。

那个时候，为了提升自己网站的流量或产品的下载量，常用的手段包括但不限于：互换友链、寻求门户网站的发稿、论坛 BBS 发广告、想办法提升自己在各个软件下载网站中的排名、提供各种资料包下载以导流等。

以上种种，开始催生了一个叫作"在线推广"的工种，"导流"和"渠道"，是他们最为关注的事情。

5. 运营理论初现

随着网民数量的增多，部分论坛和 BBS 的管理也开始复杂起来——如果你只需要服务 1 万人，也许你就定期管理清理一些论坛帖子、加加精之类的就好了，但当你开始需要服务 50 万人甚至更多用户的时候，情况就开始复杂起来——你需要考虑划分更多的论坛版块，需要开始考虑如何影响并维系好一个论坛的"氛围"，你也不再能够"事必躬亲"地去处理和管理每一个版块中的事务。

于是，在大量社区和 BBS 中，开始诞生了一种常见的做法——即通过招募和管理好一群管理员和"版主"，来帮助官方更好地管理社区。而官方则只需要少量的"社区管理"负责人，来负责维系好这群管理员和版主就好——甚至，N 多社区管理者们还总结出来了所谓"引导产生兴趣，兴趣催生话题，话题集中讨论，信息聚合用户"的论坛管理四步法。

这，差不多便是后来在运营界被广泛流传的"社区运营方法论"和"用户金字塔"模型的起源。

这一时期内，部分产品开始会有意识地组织和策划一些活动来吸引用户关注，并开始推出某些付费增值服务，典型的代表如联众。

从 1999 年开始，联众曾多次引入马晓春等职业棋牌选手与用户在线对弈，并由此引发媒体报道和网民关注。

而联众在 2000 年举办的中韩在线围棋赛（China-Korea Online Go Tournament），更是有超过 12000 名玩家同时在线参与，成为了当时的吉尼斯世界纪录。

从 2000 年开始，联众便推出了自己的付费增值服务——联众会员，用户按月支付费用，支付后可获得包括个人在线形象美化、踢人等在内的特权。用今天的眼光看，这其实就是联众自己的"QQ 秀"和"QQ 会员"，但它比 QQ 会员要早了 1 年多的时间。

诸如此类的一些做法，也差不多形成了后来的"活动运营"和"用户转付费"等常见运营逻辑的雏形。

（四）2001—2005 年：流量为王的时代与"运营"的出现

- 互联网用户体量：2200 万～1.03 亿

- 互联网代表产品：百度、hao123、各种强制安装插件、番茄花园、淘宝、网游

- 代表性运营工种：SEO/SEM、流量分发、QQ 群管理、电商运营

在 2001—2005 年这段期间的互联网世界中，有几件事情的发生是不容忽视的。它们分别是：

- 网游的兴起和火爆；

- 以淘宝为首的电商飞速发展；

- 伴随着网民数量的快速上升，整个行业对于"流量获取"越发重视以及部分"流量入口"成形。

也正是在这段时间，在互联网行业中，"运营"渐渐开始作为一种职能名称普及开来。这与行业的发展和变化也是息息相关的。

1. 网游的兴起和火爆

从 2000 年开始，"网游"的概念就开始受到热捧。

2001 年，盛大推出《传奇》，网易也了推出《大话西游》，网游开始了一段长达四五年的火爆时期。其中《传奇》最为成功，这款从韩国引进的网游迅速成为了在很长一段时间内最火爆也最赚钱的一款网游。一直要到后来《魔兽世界》，才超越了当年《传奇》的盛况。

网游的业务模式较之其他互联网服务也有所不同，相比于其他互联网服务"做流量"的方式，网游有着更加清晰的赢利模式——卖游戏点卡或卖游戏装备。

正是围绕着这样更加清晰的赢利出口，在网游公司的业务开展过程中，除了在线推广外，首次出现了一些此前鲜少在互联网行业见到过的操作方式。

其一，是围绕着"游戏点卡"的售卖发展了大量的线下渠道和代理商，尤其在校园，更是有大量专职售卖点卡的"校园代理"出现；

其二，则是围绕着"增加用户在线购买游戏装备或增值服务"的导向，开始有了一些不太能够见光的运作手段。例如，笔者知道曾经某网游公司为了提升用户付费频次和付费率，其做法是类似这样的：注册大量所谓美女号，通过美女号勾引部分"金

主"，让金主为美女号付费购买装备。

以上两者，差不多可被视为最早的"线下地推"和"重点付费用户的维系"。

2. 电商的飞速发展

与"网游"一同渐渐兴起的，还有"电商"。

1999 年，阿里巴巴成立，通过 B2B 切入电商领域，不到半年公司已经能提供来自全球 178 个国家和地区的商业信息；

同年年底，当当网成立，开辟了网络图书销售平台；

2000 年，雷军参与创办的"卓越网"上线开始运营；

2003 年 5 月，阿里旗下的"淘宝网"上线，并在当年年底推出了第三方支付工具"支付宝"，当年即达成了 3400 万元成交额，并渐渐发展成为国内最大的电商网站。

与网游一样，电商也是一项能够直接产生交易和支付行为的业务，在这个领域内，除了简单的推广，也出现了一些与其他互联网领域完全不同的工作内容。

比如说，如何选取商品和管理好店铺的商品品类，如何管理好商品库存和配送，如何做好店铺客服，如何包装商品，如何通过打造"爆款"等手段培养在线店铺的用户忠诚度，等等。

这些工作，差不多构成了早期"电商运营"的雏形。并且，在电商行业中，"运营"是一个一开始就有的职能名称，其工作内容差不多涵盖了上面提到的所有事情，主要对于店铺的日常经营及销售额提升负责。

3. "入口"和"流量"

此外，在这一时期，随着整个互联网世界中用户越来越多，且涌入的各类信息和网站也越来越多之后，人们开始面临一个问题：我该如何从浩如烟海的网络世界中找到适合我的信息，并能够记住它们？

于是，从 2001 年开始，一个概念渐渐兴起，并越来越在互联网世界中占据着举足轻重的地位，它就是"入口"。通俗一点讲，你要是能够占据某个"入口"，你天然就拥有了数量巨大，且源源不断的流量。而就像此前提到的，在互联网世界中，流量已经被证明了是值钱的。

在这一阶段中，包括 3721、hao123、百度、浏览器乃至产业链中更加靠前的集成操作系统"番茄花园"都一度成为了某种流量和用户基数巨大的"入口"。

入口既成，抢占入口就成为了诸多互联网产品必须重视的事情，于是，这一时期，围绕着如何能够让自己的产品和品牌在"入口"处获得更多的曝光和点击，大家开始各显神通。

比如说，有人开始慢慢发现，百度和其他搜索引擎的网页爬虫程序是具备某种规律的，换句话说，只要你把网站变得对这些规则更加友好，你就能够在搜索引擎相关关键词的搜索结果页拥有更高的排名，于是，围绕着如何把自己的网站变得对搜索引擎更加友好，渐渐演化出来一个工种，叫作 SEO（搜索引擎优化）。

当然，搜索引擎们也不傻，当它们发现自己的搜索结果排名位会直接决定大量流量的时候，它们毅然决定，开始把自己的搜索结果位拿出来售卖，并采取了一种叫作"竞价排名"的规则来出售自己的搜索结果位。简单说，就是谁出的价格更高，这个位置和词条就卖给谁。于是，慢慢围绕着如何通过搜索引擎来完成付费推广，又进一步诞生了一个叫作 SEM（搜索引擎营销）的工种。

再比如说，还有人发现，除了搜索引擎这样"集中型"的入口外，还有一部分入口，可能是"分布式"的——典型如门户网站上的诸多新闻页面，也许它们每一个页面都没有多大流量，但要是这些页面上的流量都被加起来，将会是一个惊人的数字。

于是，有人开发出了一种叫作"广告联盟"的东西，简单说，就是一种通过集合大量中小网络媒体资源（如中小网站、个人网站等）组成联盟，通过这些页面和站点来统一进行广告投放和在线推广。

当然，围绕着如何获取流量，此前仍然常见的论坛推广、网站之间的流量互换、门户网站发稿，乃至渐渐出现的 QQ 群推广等，也仍然是常见的手段。

于是，围绕着如何更有效地获取流量并降低流量获取成本，一个叫作"流量运营"的工种开始慢慢在这一时期出现。

以及，随着部分互联网产品尤其是社区类产品的用户体量直线上升到达数百万量级，如何更好管理如此庞大的用户群也变成了一个需要进一步加以思考的问题。

于是，有部分社区开始尝试结合数据，通过一些产品化的机制对于用户行为更好地进行引导和约束，典型如用户等级、勋章、积分等手段都开始先后在不少社区内出现。

以至于，围绕着论坛的搭建和管理，还出现了类似 Discuz 这样的标准化 BBS 建站管理工具——这差不多也应该算是较早的标准化运营工具了。

4."运营"概念的诞生

据我观察，正是在这一时期的互联网行业中，如新浪等一线互联网公司以及天涯、猫扑等知名互联网公司内部也开始有了"运营"的叫法。比如说，以往的"编辑"开始被叫作"内容运营"，而以往的"社区管理"则开始被叫作"社区运营"。

回顾这一变化背后的原因，我有如下推测和理解：

（1）随着互联网行业的发展以及网民数量的持续提升，流量的获取来源开始不那么单一，而是越来越丰富和多样，且技术含量和讲究也开始越来越多，越来越复杂，包括对于相关数据的监测，也开始越来越全面和完善。以往简单推广就能看到数据直线上涨的时代已经过去了，现在，你可能得去评估竞品的状况，评估渠道和用户匹配程度，还要监测每一个渠道的转化率等数据。

（2）同理，在"内容"方面，随着相关产品和服务越来越多，以往的"编辑"需要完成的工作和需要掌握的技能也越来越多。比如说，除了写好稿子，还需要考虑内容本身对于搜索引擎怎样能够更友好，还要考虑怎样的标题更容易获得流量，还要考虑相关稿件是否可以与其他媒体和站点进行合作及分发。

（3）亦同理，关于"用户维系"方面，我们可以采用的手段也变得越来越多。比如说我们可以拉个 QQ 群以便跟用户们的关系更近，可以组织线下活动，可以不时送些小礼物。包括，随着很多网站用户体量的直线上升，管理数百万用户也开始需要一个更加严谨的管理机制和体系。

（4）当一个工作方向下，摆在我们面前的可选项越来越多时，我们对于相关岗位从业者们的技能和专业知识要求也会越高，希望他们能够去独立完成的事也会越来越多。比如说，你应该很难想象一个早期初创的淘宝店铺能够有一个人专职去只写文案吧？更常见的状况，一定是一个人既能管点儿推广，又能管部分商品包装和文案，还能捎带手把客服给做了。

（5）于是，随着行业发展，当互联网行业越来越需要类似的多面手，但又不再能够用"编辑"、"策划"、"网络推广"等岗位来定义的时候，最好的方式或许就是称呼它们为"运营"。

到此为止，"运营"这个职能，正式在互联网行业中登上大舞台。

（五）2005—2009 年：Web 2.0 时代的运营——"用户"崛起

- 互联网用户体量：1.03 亿 ~ 3.84 亿

- 互联网代表产品：博客、wiki、视频网站、P2P 下载、论坛、SNS

- 代表性运营工种：网络推手、论坛营销、事件营销与传播

在 2005 年前后，一个概念开始再一次在互联网圈内火热起来，席卷全球，这就是 Web 2.0。

所谓 Web 2.0，可以简单地理解为是"由用户主导而生成内容的互联网产品模式"，为了区别于"由公司和网站雇员主导生成内容的产品模式"，称之为 Web 2.0。当然，与之相对应，后者就是 Web 1.0。

1．用户力量的崛起

承接着这一概念，在 2005—2009 年这个时间窗口中，有大量所谓 Web 2.0 型的产品诞生和兴起，比如优酷、土豆、酷六等视频网站，比如大量的 P2P 下载软件，比如豆瓣、开心网、人人网等 SNS 社区，还有博客。

它们都有一个共同点——"用户"才是创造内容的主角，而官方要做的更重要的是管理和氛围的维系塑造。

按照行业普遍认可的说法，Web 2.0 是互联网的一次理念和思想体系的升级换代——由原来的自上而下的由少数资源控制者集中控制主导的互联网体系，转变为自下而上的由广大用户集体智慧和力量主导的互联网体系。

看起来，在整个中国互联网网民数量突破 1 亿之后，"用户"们终于开始获得越来越多的话语权，尽情发挥自己无处释放的能量和创造力，让整个互联网世界变得更加丰富和精彩，拥有更大的可能性。

事实也确实如此，在这一时期内，"用户"和"个体"的力量开始在互联网世界中变得越来越大。如果说过去的互联网世界中，信息的传播和分发更多是以"一对多"的形式完成的，到了这一时期后，整个线上的信息分发传播逻辑开始呈现为一种"一对多"和"多对多"并存的局面。

再具体来说，就是在整个互联网世界中，意见领袖和大众舆论的力量，开始能够渐渐压过甚至引领传统媒体。

例如，在这一时期内，开始发生了无数自下而上产生的网络热点事件，例如天涯论坛的镇坛神帖"北纬周公子大战易烨卿"，例如胡戈恶搞电影《无极》的"一个馒头引发的血案"，再例如在此期间多次由网友主导发起，进而完全影响了大众舆论导向的"人肉搜索"。

又例如，在这一时期内，借由博客和无数网络社区的力量，诞生了国内的第一批"网红"，比如 Ayawawa、流氓燕、木子李、当年明月、美食界的文怡等。

2．运营的新要点：传播

于是，在这一时期内，整个互联网世界内获取用户的方式，又在开始悄然发生着一些改变——如果说此前 2001—2005 年这个阶段中，大家更加看重的是"对于关键渠道的占据和流量获取效率"，到了 2005—2009 年这个时期，大家更加关注的事情变成了"传播"。即，是否能够通过一些趣味性或话题性的内容或事件策划，在整个互联网世界中借助博客、BBS、SNS 等力量，形成广泛的传播。

在很长一段时间内，这成为了线上推广和营销最受青睐的做法。

于是，在这段时间内，类似网络推手、事件营销、话题营销这样的一些职能也开始出现。

其中网络推手是一群很有意思的人，他们往往由早期很多中小论坛的管理员演变而来。整个过程大体是这样的：

（1）人人都知道，一个论坛，一旦有了人气，各种小广告就会开始出现。这种小广告极其令人讨厌，且无孔不入，封也封不完，令各种论坛版主和管理员们非常头大。

（2）直到有一天，有一部分版主和管理员们突然开窍了：这事为什么非得封杀不可呢？哥几个联合起来，开个经纪公司之类的，谁想发广告直接找我们，我们负责给他们在论坛顶起来不得了？这个钱，赚得名正言顺无比自然。

（3）再后来，各种不同论坛的版主们也都纷纷被整合起来，这批人就成了最早的网络营销团队，或者说网络推手。

我们曾经耳熟能详的许多网络红人和热点事件背后，从芙蓉姐姐到天仙妹妹，从小月月事件到"别针换别墅"再到贾君鹏事件，其背后都少不了这群"推手"们的影子。

总体来说，在这一时期内大量产品的"用户获取"，确实是更依赖于"传播"而非"推广投放"的。

而在用户维系方面，伴随着 Web 2.0 时代的到来，无论是在"用户分级理论"，"用户数据挖掘"，乃至"KOL 管理维系"方面，都有了更加成熟的一套逻辑和做法。这方面的佼佼者当属猫扑、天涯、新浪等——其中，新浪在博客时代所攒下的无数名博和 KOL 资源，此后直接决定了新浪微博的快速崛起。

3. 从"封闭"到"开放"

此外，另有一个现象在此段时间内也是值得注意的——在这段时期内，整个互联网的大生态开始逐渐真正从"封闭"转为"开放"。具体来说，这体现在包括腾讯、豆瓣、开心网、天涯等在内的诸多 SNS 和社交应用都开始构建自己的"开放平台"或是提供自己账号体系的"开放接口"，允许外部的第三方开发者调用自己的基本用户信息，并通过开放平台为自己来开发应用。

对开发者们而言，此举可以让他们获取用户和使接触用户的成本变得更低。而对平台方而言，也通过此举加强了自己平台内部所提供的服务和内容，借此巩固了平台生态。在我的印象中，开心网和人人网就曾依靠自己的开放平台获得过可观的用户增长。

反过头来，这种"借助对方的平台和用户资源开发一些小应用来更好获取流量与用户"的做法，也渐渐成为了一种常见的"获取用户"的思路。此后，无论在新浪微博还是微信的生态中，我们都会看到这一做法会大量普及开来。

（六）2009—2013 年：微博时代与移动互联网大局下的运营

- 互联网用户体量：3.84 亿 ~ 6.18 亿

- 互联网代表产品：各类 APP、微博、知乎、微信、团购

- 代表性运营工种：微博运营、社会化媒体营销、各类 APP 推广

从 2009 年开始，中国互联网的又一个关键性拐点开始到来。

2008 年下半年，随着苹果发布 iPhone 3G 以及宣布开放 App Store，以及 Google 旗下 Android 操作系统发布，人们开始意识到：移动互联网时代来了。

由那时开始至今，中国互联网开启了又一个波澜壮阔的时代——所谓的"移动互联网时代"。

智能手机的渐渐普及和"移动时代"的到来瞬间在互联网世界中开辟了一块全新的战场，它意味着原有的格局和用户习惯可能会被打破和重构，意味着人们的碎片时间也将开始可以被抢夺和占据，意味着 N 多全新的机会。

于是在这个时代，无数人凭借着"移动互联网"时代的红利期和自己开发的 APP 大获成功，从植物大战僵尸到捕鱼达人，从大姨吗到美柚，从辣妈帮到宝宝树，从陌陌到微信，均纷纷在这一时间窗口内崛起。

1．PC 时代逻辑的重演

我们都曾记得，在 PC 时代，互联网世界中曾经先后有过一个"萌芽时代"和"流量驱动时代"。在某种意义上，在 2009—2013 年之间的这 5 年时间里，这两个时代在移动端被重现了。

最初，当移动时代刚刚兴起时，能够迅速流行和占据大家视野的，多是一些更加"轻快"的东西。典型例如一些工具、阅读类应用，又或游戏，这一时期内，类似墨迹天气、汤姆猫以及大量杂志类 APP 等得到了大量普及。

然后，随着 2011、2012 年之后移动端用户越来越多，加入移动战局的互联网公司也越来越多，曾经在 PC 端出现过的"流量时代"再一次在移动端出现了——大量应用商店先后出现并发展起来，成为了移动端的"流量入口"，并依靠着"流量分发"这样的生意赚得盆满钵满。

以及，各类围绕着移动端的流量截取和分发手段也开始层出不穷，类似移动广告联盟、积分墙、换量等手段在移动端也渐渐普及和火热起来。

这一时期，围绕着以上这些 APP 推广手段，诞生了无数的新岗位和新工作机会，成为了这一时期"运营"工作的一类典型代表，行业俗称"APP 推广运营"。

2．前无古人的微博

在这一时期，中国互联网还诞生了一个庞然大物，这就是微博。

2009 年 8 月，新浪微博上线内测，此后两三年时间内，凭借着自己此前在博客和门户时代积累下来的大量资源，以及微博本身"快速传播"式的产品机制，它以暴风般的速度席卷整个互联网，成为了互联网圈内最令人瞩目的产品。

在 2010—2012 年的 3 年间，从钟如九事件到动车事件，从"免费午餐"公益到拯救乞讨儿童再到明星娱乐八卦绯闻，在无数社会、娱乐重大事件中，微博都成为了第一舆论阵地，其信息传播发酵的能力和在重大事件发生时，几乎让每一个传统媒体都黯然失色。

姚晨，这个当时只能够算得上二线明星的姑娘凭借着"玩微博"，竟然在短短 3 年内积累起来了超过 1000 万的"粉丝"——这意味着，她的舆论话语权在当时已经超过了大多数电视台。

"微博将可能改变一切。"这句最早从李开复说出的话，在那个时期内一度成为了几乎所有互联网界的共识。

在微博巨大的向心力面前，几乎所有人都被卷入其中，从论坛时代的意见领袖和娱乐明星，从企业、政府机关到商业领袖，无一幸免。

而微博，也成为了这一时代最大的"流量"和"用户"聚集地。

由此，微博也给"运营"带来了新的可能。有很多敏锐的人发现，基于微博的生态和产品逻辑，你只要能够做好一些微博内容和用户互动的维系，你将可以在这里收获巨大的粉丝数和传播。并且，哪怕是同样做推广，通过微博来做推广可能要比其他渠道的广告投放要划算得多。

同时，微博的强互动和传播属性，也让它成为了诸多产品和品牌用于"维系用户"的一个最佳选择。

于是，一类叫作"微博运营"和"社会化媒体营销"的职能又出现了，它成为了这个时代的另一"运营"类代表工种。

而在微博上，也渐渐诞生了一些诸如"冷笑话精选"、"魔鬼经济学"这样的"大号"，它们的经营者多是 PC 时代的那些草根站长们，他们对于互联网世界的风吹草动以及网民们的心理喜好有着天然的敏感，凭借着自己在微博早期时代的苦心经营，他们迅速成为了某种新的流量分发和推广渠道——但与传统的推广渠道不同的是，微博的推广这时候已经开始对"推广内容"有了更高的要求。简而言之，哪怕你找了一个大号帮你推广，但如果你的推广内容得不到大量转发，那一样并没有什么用。

3．团购大战

此外，这一时期的互联网，发生过的另一件令人瞩目的大事，就是"团购"的崛起与惨烈大战。

团购网站的出现，第一次开始试着把互联网与更多人们线下生活中的具体服务连接起来，也第一次把互联网世界中的战争从纯粹的"线上"拉到了"线上+线下同时进行"。

但是，这还只是开端。

（七）2013 至今：连接一切的互联网与运营

- 互联网用户量：6.18 亿 ~ 7.10 亿

- 互联网代表产品：微信、各类 O2O 产品、滴滴出行、今日头条、罗辑思维等自媒体

- 代表性运营工种：新媒体运营、社群运营、微博运营、社会化媒体营销、各类 APP 推广

进入 2013 年之后，整个互联网世界的用户增速开始明显放缓——按照 CNNIC 的数据，从 2013 年到 2016 年的 3 年间，网民数量不过才增加了区区 1 亿人，成为了互联网在中国诞生迄今为止 20 年间用户增速最为缓慢的一段时间。

在任何一个市场内，当"绝对用户数量"的增长空间已经不那么明显，大家竞争和 PK 的重点就会开始调转方向，要么是开辟新的战场，要么就是在原有的基础上做得更加"精细"，抢占用户使用和触碰频次更高的场景，这是永恒不变的规律。

与此同时，随着智能手机的大范围普及，人们手中开始拥有了一个可以随时随地帮助自己连接到互联网中的终端设备，这第一次让人们开始拥有了可以"连接一切"的可能性。

从这一时期开始，出现了所谓"互联网+"的说法，即让互联网可以连接到除了信息外的更多事物，例如服务。

大约从 2013 年开始到 2016 年，国内互联网界出现了一波迅猛无比的 O2O 创业潮，一大批类似滴滴出行、美团这样的公司从中成长起来，成为新的估值百亿美元级别的巨头。

诸多 O2O 创业公司的出现，也真正把"运营"的竞争全面从线上拉到了线下，在这一时期内，由于竞争的激烈和用户时间、注意力等的逐渐稀缺，对于诸多 O2O 公司的用户获取，一维的"线上推广和传播"已经显然不管用，更常见的做法是线下地推+线上推广+PR 传播等海陆空并行，唯有如此，才能获得更好的成效。

1. 运营升级

在这一时期，运营与产品之间的关系开始更加紧密，也越来越需要更精密计算和规划过后的"策略"。因为越来越多的运营动作和手段开始需要通过产品来实现，而随着用户体量的增加和用户构成的复杂，运营所拉来的用户也越来越会影响到一款产品的成长，因而，在"策略"和"节奏操盘"层面，运营也开始需要有更加精密细致的思考。

这当中最典型的代表，就是滴滴出行的发展和成长——其在发展过程中的用户获取和用户维系，既有大量线下的"重动作"和与竞争对手间的惨烈 PK，也涉及大量线上的数据监测和产品形态、产品策略等的设计（如滴滴的红包派发、派单策略、滴米等用户激励措施等）。

由此，在这一时期内，互联网公司中对于"运营"的职能要求，再次升级和提高。

2. 微信的全面崛起

这一时期内另一件不得不提的事，就是微信的全面崛起。

2012 年微信先后推出了朋友圈和微信公众号，恰是这两个功能，加上"微信群"等即时多人互动等功能，让微信开始全面抢占包括微博等互联网产品在内的大量用户时间。

据数据称，微信在 2016 年下半年的日登录用户已经达到了 5.7 亿——这是一个足以甩开任何互联网产品十万八千里的数字。

于是，微信的朋友圈与微信公众号，开始成为了更加备受青睐的"流量入口"，随之而来的，就是大量微信公众号运营与"微商"的出现。

再后来，因为在微博和微信公众号中很多活动、内容维系等的执行逻辑高度相似，这两者在互联网圈中开始被人们放到一起，共同称之为"新媒体运营"，在微信兴起和"互联网+"、"互联网思维"大行其道的时代里，这个职能开始迅速走红，一时间成为了互联网圈内最火热的职位。

3. 内容价值的回归

但，与任何一个新平台相似，在微信公众号和朋友圈微商的"红利期"过去之后，微信公众号也呈现出了内容高度同质化、阅读量逐渐走低的境况。为此，微信官方迅速挂出了一系列包括"赞赏"、"原创内容保护"、"举报"等在内的措施，这些措施立竿见影，使得整个公众号逐渐从早年良莠不齐的"标题党"、"段子内容"等逐渐升级，也开始有越来越多的优质内容生产者加入微信公众号的内容生态中来，加上用户品味的提升，使得内容和创意越来越成为一个公众号好坏，以及能否获得更多转发和阅读量的重要准则。

进入 2016 年后，随着用户的时间精力越来越稀缺，这一境况开始有过之而无不及，大量还依赖于打折促销广告等无营养内容支撑的微信公众号开始越来越举步维艰，而拥有优质内容生产能力的公众号则更加受到用户青睐。

这一时期，在整个互联网界和运营圈内，许多人都在高呼：内容的价值在回归。

4．社群运营的兴起

在用户时间更稀缺、话语权更大以及时间更加碎片化的情况下，另一个概念也渐渐诞生了，那就是"社群运营"。

简单地说，社群运营是一种"基于共同兴趣和爱好将大量用户聚集到一起，通过持续的优质内容输出和'微信群'等工具来实现用户互动和维系"的一种做法。

相比起自己做一个 APP 或开发某个产品来说，"社群运营"最大的吸引力在于：

（1）它无须开发产品，因而启动成本可能更低；

（2）如果做得好，它有可能在短时间内借由微信群等方式聚合起来大量用户和流量，且这些用户和流量都是真实的；

（3）因为"群组"本身的即时、强互动属性，如果社群经营得好，群内的用户在实现付费、注册等进一步行为转化时，往往将会拥有更高的转化率。

在国内互联网圈，最早尝试社群运营并小范围取得一定成就与成功的，包括罗辑思维、秋叶等人，他们依靠低成本所获得的成功，也引来了无数人的效仿和尝试。

但迄今为止，所谓"社群运营"，更多还只停留在某种概念上，更多人可能会倾向于通过"快速拉群聚合用户"的方式来短期获得流量和转化，但一个所谓"社群"的长期生命力，仍然需要建立在高质量内容的持续供给和文化建设的基础上。

5．今天的运营

总体来说，在这一时期内，伴随着微信公众号等的出现，以及移动互联网的全面爆发，无论是用于实现"用户获取"还是"用户维系"的各种手段，都开始变得越来越多样，越来越复杂，彼此之间交集也越来越多。

恰恰是在这段时间内，从张亮在知乎连载他的《从零开始做运营》开始，互联网圈内开始逐渐倾向于把运营按照工作侧重点的不同划分为所谓"内容运营"、"活动运营"、"用户运营"三大模块。

然而，如果落实到具体工作内容，这三大模块之间仍然会出现大量交叉，这让"运营"对于更多圈外人甚至行业新人来说，仍然是一个高度抽象和模糊的事情。

（八）结语

回溯整个互联网的 20 年，以及以上的诸多变化，我们可以发现：所谓"运营"，其实是一种需要通过较为多样的手段和技能来更好地实现"用户获取&用户付费"以及"更好地实现已有用户的维系"这样两个目的的职能。

恰恰是因为在整个互联网世界中，围绕着这两个目的我们可以选择和使用的手段实在太多太丰富，需要做的事情也太繁杂，我们才无法把这样的岗位用一个更加具体的词来描述，因而只能称其为"运营"。

同时，我们也会发现，"运营"岗位的工作内容从来不是固定的，往往会随着主流产品形态和整个互联网世界中信息分发和传播的逻辑而改变。

例如，当搜索和门户网站推荐位成为"流量入口"时，人们愿意花费大量时间和精力去琢磨如何让自己的网站在搜索结果页上排名更高，以及能够在门户网站中得到更多推荐；而当 Web 2.0 时代到来后，人们又开始愿意花费更多时间去进行"事件策划"，依靠论坛、社区等用户的声音和力量来助推自己获得更多关注；到了今天，人们更愿意把更多的时间精力耗费在微信公众号、知乎等的关注和运营上，背后的逻辑也都是一样的——"流量"和"用户"在哪里，运营的关注点就在哪里。

因而，一名优秀的运营人必须要具备强大的学习能力。他需要关注的，一定不止是具体的手段和技能，还需要思考大量表层现象之下的逻辑。

无论如何，任何时候，运营的目的都是更好地实现"用户获取&用户付费"以及"更好地实现已有用户的维系"，前者需要关注信息分发和传播的逻辑变化以及流量获取的成本，而后者则更加需要结合产品形态来关注随着用户体量呈不同变化时，该如何更好地与作为一个群体的用户进行沟通与互动，较好地控制用户的预期、构成甚至体验。

在这个层次来看，一个优秀的运营者，必然是一个操盘者。

正如我们一再提到的，在当下我们所处的时代中，"内容"和"用户个体"的价值正在不断崛起。这一态势，在 2016 年整个互联网世界里"内容付费"、"知识变现"、"网红经济"等概念的火热已经可以证明。

也正如我们此前已经提到的，在"产品高度同质化，创新空间越来越小"的今天，不同公司和产品之间的竞争，将会越来越转向"运营"。并且，这样的竞争可能比拼的维度会更加丰富而立体，它可能既包括了传统的推广和获客，又包括了更加精细的用户维系，还包括了更偏务虚的"品牌塑造"和"传播"。

这样的时代，对于"运营"从业者们的挑战将会更加巨大，当然，也必然意味着更多的机会。

好了，到此为止，第 1 章的内容就全部完成了，如果关于运营的认知部分，你还有别的问题未能得到解答，可以在微信公众号"三节课"或者我的个人微信公众号"黄有璨"（ID：owen_hyc）上给我留言，我会再尽力进行解答。

接下来一章，我们将会进入运营之"光"，开始谈及一些关于运营的思维模式、工作方法的东西。在已经有了对于运营的初步认知后，我们终于要开始聊点儿距离具体实践更近的东西了。

第 2 章 运营之『光』

我觉得，在互联网的世界里，有时只有抱着一种更加开放的心态，秉持着一种"先不论我可能会得到什么回报，让我先来基于我的理解把事情做到极致"的心态，你才有可能做到很多有趣的事情。

一个优秀的运营，应该可以熟练掌握很多"杠杆点"，以便更好地给用户创造短期价值，借此撬动更多长期价值确立。

2.1 为何超过 80% 的运营始终只能打杂

前面第 1 章的内容不能说已经把运营讲透，但至少应该可以帮助大家建立起来一点对于"运营"的认知，以及解答了相当一部分对于"运营"这件事的困惑了。

所以，接下来我们会逐步深入，来聊些距离落地更近的东西了。

一个人若想要做好运营，我觉得可能需要：

（1）一些必备的基础素质和思维方式、工作习惯等（如投入产出比意识、流程化&精细化意识、回报后置意识等）。

（2）至少一项可以拿得出手、能直接带来产出的运营硬技能（如文案、内容包装&生产、活动策划、用户互动&维系、数据分析&策略制定等）。

其实，有些时候，假如连 1 都不具备，都还没有养成，直接去看很多技能、方法类的东西，是不靠谱且容易走火入魔的。

这往往也是很多人看了很多干货，却觉得并无多大用的原因。

所以，在第 2 章中，我们会先重点来关注一下基础素质、思维方式、工作习惯的部分。而在下一章中，我们才会来聊聊硬技能的一些修炼方法。

在本章中，有些东西因为太过于基础，所以我们可能会直接跳过不说。比如你多少要有点儿逻辑，多少还是要对行业熟悉点儿，别脸萌、足记这样的东西说起来你一个也不知道。

下面先来跟大家聊俩听起来虚但是其实特别重要的东西，叫作"目标导向意识"和"效率意识"。

（一）目标导向意识

什么是目标导向意识呢？

一般来讲，所有的工作都可以归类到以下两种属性中：

- 纯粹的职能支持类工作；

- 目标导向类工作。

前一种创造的价值感很低，但后一种创造的价值感则会越来越高。

但，以我们在三节课的同学们这里看到的现状，可能超过 80% 的运营同学们在做的工作，其实是前一种，往往目的性不够强，或者根本就没有目的。

我们来举个例子吧！做客服、跟用户互动、陪用户聊天，我相信这是绝大部分运营都做过的事情，也基本上是初级运营常见的工作之一。

但，同样是做客服及跟用户聊天，你会发现，可能也有两种不同的做法：

- 把客服入口放到产品或网站上，然后，有人来找就应一下，按部就班解答一下问题，没人来找就等着耗着．偶尔可能搞个抽奖交个差，嗯，完事了；

- 把"客服"看作整个用户体验链条上的一部分，甚至是整个营销的一个组成部分。在这个逻辑下，你的任务可能是借助客服这里所得到的用户反馈去反推你们产品、服务上的一些潜在问题，又或者是要挖空心思给用户制造一些"超出他们预期的体验"，并想尽办法促使他们愿意帮助你去把更多跟你产品有关的信息分享、传播出去。

通常来说，如果你处于第一种状态，则可能很容易变成一个打酱油的，也容易茫然——反正干好干坏一天就那样，无非是接电话、回答问题，别让用户到处投诉就好。

但最终你会发现，身处第一种状态，很可能是没有前途的。因为，这种单纯依靠出卖劳动力和时间来达成的工作，价值感极低，非常容易被替代。且，无论你干半年还是三年，你可能都没什么成长。

那么，成长应该从哪里来？

你可能需要尽一切努力向第二种状态看齐，哪怕你所在的公司和环境极度看不起你正在做的工作。因为，第二种做法会有更强的目标性。

比如说：

假如是在第二种做法的逻辑下，你可能会去关注你一周内接收到的所有客服信息，会去把这些信息做一个分类，然后你可能借由归纳分析发现，上来就问你"你们这是个什么东西，怎么玩"的人特别多，于是你反推出来，我们的产品设计和表达可能有问题，又或者是产品的新用户引导有缺失，需要补上，并迅速把结论反馈给了产品，借此推动了产品的改进完善。

再比如：

为了回答好用户们的问题，你可能会倾尽所能想出一条绝妙且搞笑的回复，让问这个问题的用户们哈哈大笑，甚至愿意把你的回复转发出去，形成传播。甚至，你还会不断去查看，你服务过的用户里有多少人真的转发了朋友圈，据此再去不断改进你的用户互动方式、文案、甚至表情等。

不要以为这是不可能做到的事，你还记得大概四五年前，京东商城上面引发了无数人疯狂围观的那个神一样的客服 MM 吗？

而我自己，也曾经亲身经历过那种因为客服工作做到让用户足够惊喜，从而使用户转头跑到微博上就给我们带来了几十个新用户的真实案例。

一个处于第一种状态下的人，可能随时都可以被一个不到 2000 块工资的实习生所替代，但如果你能进入第二种状态，你会发现你的工作产出和价值感会与之前有着本质的差异。而一旦在第二种状态下工作能够稍稍有些产出，对你的个人履历也是极大的加分项，好比真的在客服这个环节通过自己设计一套有趣表情、做了一堆搞笑图之类的冷不丁在网上形成了小几万的传播，对新人而言，单这么一件小事就可以让你的身价往上涨个百分之二三十了。

那么，有了目标感，我们就可以聊下一个紧密相关的东西了，那就是"效率意识"。

（二）效率意识

在效率意识的观念下，你的所有时间及所有在做的工作，可能都是成本。所以，在相同的成本投入下，你如何能让自己的产出变得更大？如何持续去优化自己的投入产出比？

你会发现，作为一个运营，"效率"两个字，会贯穿于你的职业生涯始终，体现在方方面面。

简单一点讲，一个时刻把"效率"两个字挂在脑海中的运营，可能是会不断问自己一些问题，以此来检视和警醒自己的。比如说：

我过去这一周都做了哪些事情？哪些事情是有产出的，哪些事情产出不太够？哪些事情的产出效率尤其高，值得我花更多时间投入？而哪些事情产出不明显，我可能可以完全忽略它？

同样是做推广引流，我在 10 个渠道都铺开了引流内容，但最后我发现，其中有两三个渠道的转化效率非常高，而有两三个渠道其实没什么反应，那我是不是应该把没什么反应的那几个渠道完全干掉，在效率更高的那几个渠道投入更多的精力和时间？

假如围绕着"效率"或曰"投入产出比"我们把层次聊得再高一点，则比如：

老板跟你说，我们要把网站流量下个月翻 3 倍，普通人可能会上来拍脑袋直接想，哦，那我们应该多投广告啊，多投点广告流量不就上来了吗？

但，一个脑子里紧绷着"投入产出比"和"效率"意识的运营，可能会把这个事先拆开来分得极细。比如，我们是不是要先弄明白网站当前的流量都是从哪里来的？比如，来源于老用户的流量构成和来源于新用户的流量构成各自是多少？老用户这边，我可能还有多大空间去拉升流量？

而到了新用户这边，他们各自又是从哪些渠道过来的？有没有哪个渠道的访问的转化率尤其高？那么我是不是在这个渠道下去重点加大投入就能带来我想要的结果？

嗯，所以你发现了，其实初级选手和中高级选手们的一个显著差别，往往就是初级选手只会被动做事情，或者是在方向不明的情况下纯靠拍脑袋去行动，但中高级选手们，一定要把事情想清楚，找到目标和更容易有所产出的地方，才会开始投入执行。

这两种状态之间的对比，有点像如图 2-1 所示的这张在网上被传得很火的图。

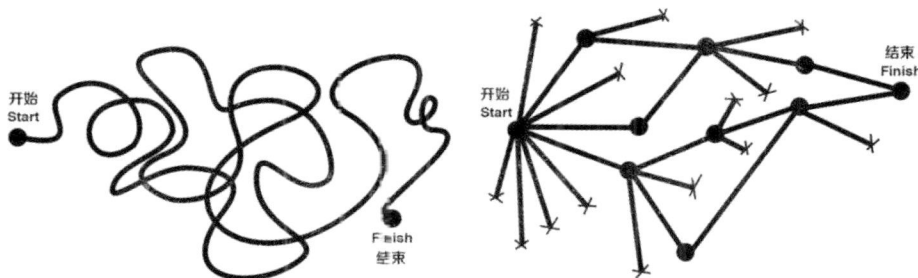

图 2-1

而最终，你也会发现，运营工作中的很大一个组成部分就是如何通过不断思考、判断和执行，找到投入产出比较优的路径和方法，来达成你想要的结果。

这一节，我们就聊到这里。下一节，我会跟大家聊另外一个我认为是一个优秀运营，尤其是社区类和强用户互动型产品的运营身上必不可少的一个特质，且，基本上很少有人谈过它。

2.2 身为一个运营，我最大的竞争力和"信仰"

这一节，我想来聊一些有点儿特别的东西。如果要讲大一点，甚至可以讲：它是我身为一个运营的信仰，也可能是我身为一个运营身上最大的核心竞争力。

在我自己看来，很多运营之间的差距，可能不在于硬技能，而在于这个我将要提到的意识，或者说思维模式。它之所以能够成为我的核心竞争力，就在于可能接近 90% 的运营，身上都缺乏这样的意识和思考。

具备这个意识的运营，具备了可以凭借一己之力赢得无数用户的追随和喜爱的可能性；而少了这个意识的运营，很可能只能在用户面前按部就班地执行、看转化、做数据，然后一点点追着数据往上走。

好了，为了让你更好地理解它，让我先来讲一个事情。

大约半年前吧，我完成了一件看起来略有点儿不可思议的事儿：我通过我那个粉丝也就 1 万多一点儿的个人公号"黄的世界"（现已更名为"黄有璨"）发布了一个众筹，仅限 3 个名额，仅面向企业高管、管理者等开放，要求每个人必须一次性给我 10 万元，同时提供的回报不过是一些"运营相关咨询、帮发布招聘信息、帮写 1~2 篇 PR 文章"之类听起来不太靠谱且又有点儿虚的东西。

就是这么一个被我自己定性为"不靠谱"的众筹（图 2-2），在发布后短短 10 小时内，就完成了全部 30 万元的众筹目标，且，仅该篇文章就已经获得了接近 2 万元的赞赏，再且，还有至少 10 个人希望掏出这 10 万元参与我的众筹，这里的前提是，这 10 个人，此前都与我素不相识、素未谋面。

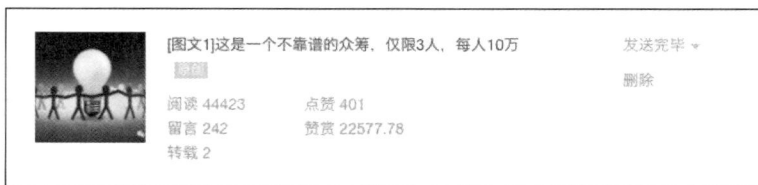

图 2-2

之所以可以形成如此震撼的效果，是我发现有无数人争相愿意为我背书，他们当中，有我的朋友、学生、老师、前同事、前上司、前合伙人、现同事、现合伙人、现合作伙伴……

我特地把我当时表达的部分感谢内容截了图放上来，你可以感觉一下，如图 2-3 所示。

而我之所以可以做到让如比多有头有脸、都还算有点儿江湖名声的朋友可以无条件为我背书，则源自于此前我在各种不同场合、不同时期所做的事情中积攒下来的他们的认可。

类似这样的事情，其实是做运营的过程中会让你觉得特别奇妙也特别有成就感的时刻——你在过去某些时候的付出和积攒下来的用户认可，总会在某个你意想不到的时刻突然迎来一个小爆发，反哺到你身上为你带来出乎意料的巨大价值。

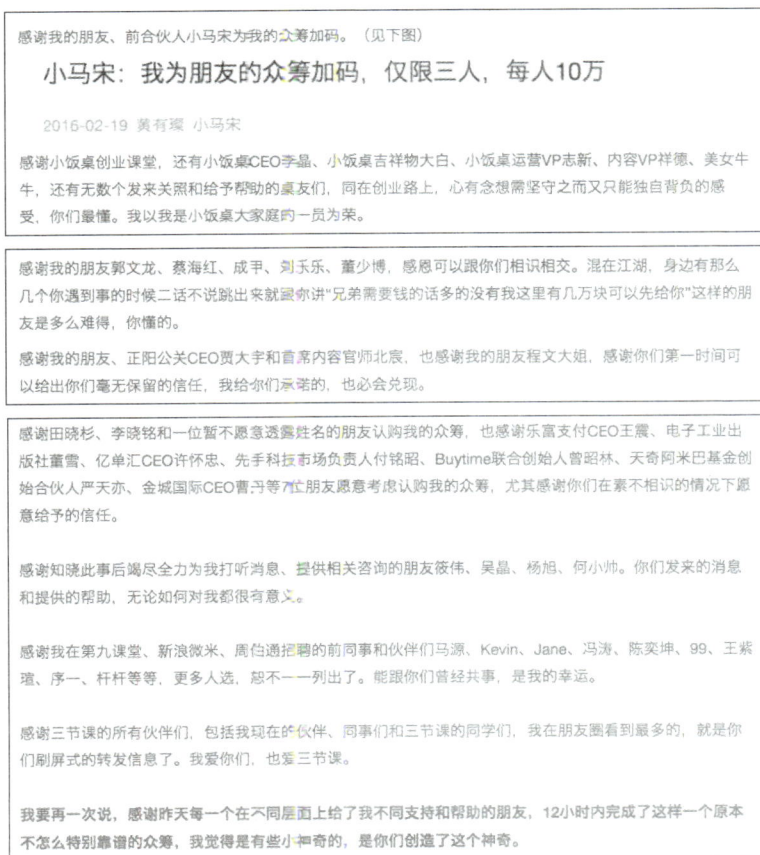

> 感谢我的朋友、前合伙人小马宋为我的众筹加码。（见下图）
>
> ## 小马宋：我为朋友的众筹加码，仅限三人，每人10万
>
> 2016-02-19 黄有璨 小马宋
>
> 感谢小饭桌创业课堂，还有小饭桌CEO李晶、小饭桌吉祥物大白、小饭桌运营VP志新、内容VP祥德、美女牛牛，还有无数个发来关照和给予帮助的桌友们，同在创业路上，心有念想需坚守之而又只能独自背负的感受，你们最懂。我以我是小饭桌大家庭内一员为荣。

> 感谢我的朋友郭文龙、蔡海红、成甲、刘禾乐、董少博，感恩可以跟你们相识相交。混在江湖，身边有那么几个你遇到事的时候二话不说跳出来就跟你讲"兄弟需要钱的话多的没有我这里有几万块可以先借你"这样的朋友是多么难得，你懂的。
>
> 感谢我的朋友，正阳公关CEO贾大宇和首席内容官师北辰，也感谢我的朋友程文大姐，感谢你们第一时间可以给出你们毫无保留的信任，我给你们承诺的，也必会兑现。

> 感谢田晓杉、李晓铭和一位暂不愿意透露姓名的朋友认购我的众筹，也感谢乐富支付CEO王震、电子工业出版社董雪、亿单汇CEO许怀忠、先手科技市场负责人付铭昭、Buytime联合创始人曾昭林、天奇阿米巴基金创始合伙人严天亦、金城国际CEO曹弓等六位朋友愿意考虑认购我的众筹，尤其感谢你们在素不相识的情况下愿意给予的信任。
>
> 感谢知晓此事后竭尽全力为我打听消息、提供相关咨询的朋友筱伟、吴晶、杨旭、何小帅。你们发来的消息和提供的帮助，无论如何对我都很有意义。
>
> 感谢我在第九课堂、新浪微米、周伯通招聘的前同事和伙伴们马源、Kevin、Jane、冯涛、陈奕坤、99、王紫瑄、序一、杆杆等等，更多人选，恕不一一列出了。能跟你们曾经共事，是我的幸运。
>
> 感谢三节课的所有伙伴们，包括我现在的伙伴、同事和三节课的同学们，我在朋友圈看到最多的，就是你们刷屏式的转发信息了。我爱你们，也爱三节课。
>
> **我要再一次说，感谢昨天每一个在不同层面上给了我不同支持和帮助的朋友，12小时内完成了这样一个原本不怎么特别靠谱的众筹，我觉得是有些小神奇的，是你们创造了这个神奇。**

图 2-3

我试图通过这个故事传递给你的信息是：我觉得，在互联网的世界里，有时只有抱着一种更加开放的心态，秉持着一种"先不论我可能会得到什么回报，让我先来基于我的理解把事情做到极致"的心态，你才有可能做到很多有趣的事情。

就着上面的事，我想再分享另一件真实的事情。

做运营的大都会遇到类似的场景：你们新做了一个什么活动，发了篇软文，又或者是新产品上线了，或出于 KPI 的压力，或出于你自身想要去推广它的诉求，你总会把它丢到你加入的某些群里去，偶尔可能还会发个红包，希望大家帮你转发或点击一下充个数。

我有一个运营群，群内大多是各互联网公司的运营。有一天，有两个我都还算熟悉的人在这个群里吵了起来。

而事情的起因，其实特别鸡毛蒜皮：只是因为其中一个人在另一个人的运营群里毫无征兆也没有事先打声招呼地发了个广告。

在他们吵了大约十多分钟后，我实在没忍住，跑出来说了这么一句：

就着刚才这个事我随便扯两句吧，不爱听的请无视。

做运营，我建议大家不要只单纯地为了关注业绩、结果和转化去做那种"竭泽而渔"的运营。好比你要强推个东西，就满世界各种群里去发，且还老这么干，就是典型的竭泽而渔。

相对更好的方式，可能是考虑下这个东西的潜在价值，比如同样是一个活动，适合谁参加不适合谁参加，具体可能解决什么问题，都提前讲清楚，再给出些个人立场上中肯的建议，就会好一点。

再者，运营最好在每一个环节都要考虑场景和用户关系，比如你在一个自己基本不怎么说话、大家也不怎么认识你的群突然一下丢出来个活动链接，啥也不说就跑，或者发个红包就跑，这个事情其实很像是在纯粹消费别人。假如你跟那群人不熟悉，那是不是至少要有一些铺垫或对应的表达才会更好也更尊重用户？

第二件事情讲完，不知道你又会有怎样的思考？或者，这样的场景在你的工作中和你的身边是否似曾相识？

其实，与我们在第一件事情里提到的"传统世界与互联网世界中思考起点的差异"类似，我觉得，围绕着做运营，你可以选择相信两种逻辑。

前一种逻辑更加注重回报和约束，是一种"只有……才……"式的逻辑。它是一种从自身诉求出发的逻辑，其核心立场是：只有在我得到了我预期中的某些回报后，我才会考虑提供给你对应的服务或价值。

典型比如：

只有你完成了年度 KPI 或某个任务，才能从我这里拿走对应的奖金和奖品；

只有你先给我付了钱，我才会给你提供对应的服务或产品；

甚至，它可能会更加极端，变成一种"只要我能得到我想要的结果，别的都不重要"的逻辑。

这种逻辑，是强结果导向的——为了一个我想要的结果，可以忽略用户的感受和体验。

而与此同时，也还存在着另外一种叫作"既然……那么……"型的逻辑，它更多是一种从用户端出发的逻辑，其用户端的核心立场是：既然你已经完成了某件让我认可的事，那么我作为用户理应给予你对应的肯定和回报。

就像小米早期那群狂热的米粉，他们之所以狂热，正是基于一种类似的逻辑——

既然你已经拿出足够的诚意，可以重视我们的每一个意见，可以做到以每周一个迭代的速度解决我们提出的所有问题和质疑，那么我们作为用户愿意给予你最大的肯定和支持。

也好比我和朋友们创办的三节果到 2016 年上半年为止，居然可以拥有超过 100 个来自于各大互联网公司的志愿者，也是基于相似的逻辑。这些志愿者们对我们的感觉，大致是如下这样的——

既然你们已经拿出了足够的诚意和时间来做好你们的课程和内容，且我们感受得到这种用心，那么我们愿意无条件喜欢你们、帮助你们，跟你们来一起做点儿性感、好玩、有价值的事。

这样的逻辑，其实是一种"回报后置"式的逻辑。它更加强调我们专注于给用户创造价值，并相信，当你创造的价值足够多的时候，用户一定会愿意给予你无条件的认可和回报，且这种回报，有时甚至会超出你的预期。

你会发现，包括众筹、打赏等在内的很多近一两年开始从互联网衍生并普及开来了的模式，背后的核心逻辑，都是这种"回报后置"式的。

但，说起来容易，真正做起来，除非你真的可以发自内心地相信，以一种"回报后置"式的理念和方式去做事，最终真的可以带来超乎你想象的回报，并彻底践行之。否则，仍然没有任何意义。

而，这样的践行，最应该从你手中在做的一切事情开始做起，比如，当你在任何一个群里想丢个东西让人转发的时候，请先考虑清楚：这个我想丢过去的东西，到底对于这个群里的大家有没有价值？如果没有，我怎样才能让它变得有价值一点？

传统运营讲转化，需要以交易达成为中心。

互联网运营讲用户，需要以用户价值为中心。

有些事创造用户价值，但不一定一眼看得到回报；有些事情消费用户价值，但很容易带来成交和转化。

我还记得，几年前，我在一个社交类 APP 团队负责运营，当时我们才刚刚有了近千万用户量，但用户活跃度还一般般。这时，老板一声令下，于是我们上线了一系列围绕着商业探索的项目，比如直播秀场、在线教育、明星粉丝社区等。

我当时就曾经在内部提过：这些事情，看起来都是一些在"消费用户价值"的事情，而不是"创造用户价值"的，以我们当前的状态，我们是不是应该要先考虑多做一点"创造用户价值"的事才对？

然而，只关注当前利益的老板并没有听。再然后，那款产品很快就死了。

所以，唯有你创造的用户价值足够多了之后，你才有资格去消耗它一点点。

这个事，跟我们提到的"回报后置"，其实异曲同工。

有些东西，看起来是常识，但恰恰是常识最容易被忽略和无视。

也所以，运营绝对不是满世界去发小广告，发得越多拉来的人越多，你就牛了。

恰恰相反，做运营，尤其是想要成为一个真的可以连接好产品和用户的"好运营"，我觉得你是需要相信些东西的。

比如说，你得相信，你和你的用户是可以成为朋友的，你则可以通过一系列"价值创造"式的努力，先建立起你和你的朋友们之间的默契。

再比如说，你得相信这个世界是美好的。且，经由你的一系列努力把很多人和事连接在一起之后，你可以在你与用户之间创造出这种美好。

而你最应该相信的，就是：

把我可能得到的潜在回报先丢到一边，只专注于为用户们去创造出来一些令他们惊喜的价值，真正把你的用户作为你身边真实的朋友来对待——这样的行事方式终会为你赢得更多的回报。

拿我自己来讲，我曾经做到过好多可以拿出来吹牛的事情，这些事情可以让我自诩还算是一个不错的运营。比如说：

- 我曾经靠一个粉丝不到 2000 人的微信公众号就做到了月收入过万；

- 我搞了个众筹，不给任何实物回报，只是发了篇文章而已，结果 12 小时不到就能做到有人拿着超过 100 万元想要给我；

- 我带着两个实习生在做的 "三节课" 的微信公众号，才做了短短 4 个月，就已经可以做到平均阅读量比例和粉丝活跃度比其他的很多 20 多万粉丝的大号还要高 3 ~ 4 倍；

- 我曾经只是给用户们写了一封信，就让他们当中的几百人立马跑到网站上去充了好几万元；

- ……

这些事情背后，你要问技巧方法，我可以给你讲一堆。但如果你只关注技巧方法，我保证你永远也做不到这些（技巧方法性的东西，让我们放到第 3 章一点点地讲）。

尤其是对于社区属性较强的产品来说，一个社区，假如不是先能够有人无怨无悔不求回报地投入进去组织搭建起一个既有价值又有乐趣的环境，怎么可能引发那么多人争先恐后地加入这个社区的建设和维护当中来？

所以，我一直认为，一个真的能够依靠一个人撬动起成千上万用户们的强烈认同和参与的运营，是必须要具备点儿 "回报后置" 式的意识和行事风格的。

说了一大堆，其实你会发现，最后我想表达的东西并不复杂。只是，如果缺乏了上面那些具体的描写和解读，这个看起来如此简单的道理，很可能不会让你觉得分量这么重。

有些时候，一切所谓的 "牛"，最终都要回归到一个你所认可的 "相信" 和你所对应的行动上面。

希望这部分看似有点儿虚，但都是我发自内心的表达的内容，可以多少给你点儿启发和思考。

接下来的两节，我会依次聊聊两个对于运营而言，特别容易落地也极其实用的工作习惯。要是用好了，它甚至可能帮你在日常运营工作中节省一半以上的时间和成本。

2.3 "精益"的运营

这一节，我们来讲一个更加实在一点，对于很多人更能立马带来价值的工作习惯，它同时也是一种面对复杂问题时的思考方法。

但凡干过运营的都知道，运营的具体工作中，很容易会面临 N 多的不确定。尤其是，你需要协调各方资源牵头搞个什么东西的时候，会变得尤其纠结。稍有不慎，你很可能会浪费掉大量资源和成本。且更重要的是，如果你拉了一堆人陪你一起搞一个事，搞了半天却没成功或未能达到预期，你很容易慢慢就失去了同事、合作伙伴们的信任。

比如说，我讲个真实的例子：

2012 年的时候，那时我在创业做一个 O2O 的付费课程学习平台，一端服务老师，发展优秀的个人老师到平台上来开课，另一端则服务个人学员，让学员可以到网站上找到自己感兴趣的课程，付费报名，然后到线下来上课。

到了 2012 年年底，我们的网站已经积累了几万忠实用户和一批质量不错的老师了，但平台却面临着一个问题：所有课程都是独立的，彼此并无关联，这导致一方面用户的学习不成体系，另一方面，用户初次购买过后的二次购买转化率也不是特别高。

于是，我们有了一个想法：

是不是可以牵个头，把平台上口碑比较好、同时讲的课程内容又比较偏重"个人成长和管理"这个方向下的几位老师和他们的课程打包起来，变成一个 7 堂课左右的系列课程，然后统一面向用户去推广和售卖呢？

假如这个事能够成立，那么一定程度上是可以解决上面提到的用户学习不成体系和二次购买课程转化率不高的问题的——这等于 7 堂课程，你只让用户做了一次决策，而不是 7 次了。

我们诞生这个想法的时候是在 12 月底，离春节还有 40 天左右，考虑到 7 堂课程全部上完至少需要 2 ~ 3 周，我们希望如果这个项目要推进落地，理想的第一堂课开课时间应该是在 1 月 13 日左右。也就是说，我大概有 2 周左右的时间来让这个项目落地。

并且，我们期望单堂课程的报名人数不能低于 30 人（不然开课就没意义了，可能成本都不一定收得回），7 堂课程加在一起的总售价在 1000 元/人左右。

但，此时我发现我面临着如下这样一系列不确定的问题：

- 我要找的 7 位老师，到了 1 月中旬之后，是否有时间可以配合我们来开课？

- 我们跟这些老师间，该如何合作？比如说，是讲完课后分成，还是直接支付给他们一个固定的课酬？

- 我们的开课场地、时间该如何确定？

- 我们的课程如果到时开出来了，却没有这么多人前来报名，该怎么办？

上面这些问题，看起来既复杂又烦乱，最重要的是：它们甚至还彼此交错和互相影响着。

比如说：我们的课程定价、时间、地点等显然是会对课程报名人数造成影响的，而跟老师间的合作方式又显然可能会影响到课程定价。

在这样的情况下，要进行决策就显得更加困难了——就像我们前面说到的，假如一个决策错误，你可能会浪费掉 N 多人的时间和精力。

请问各位，假如是你面临着这样的问题，你会怎么处理？那些不确定的问题中我们又该优先解决哪一个？

好了，上面这个真实的案例，应该是可以让你对于运营工作中的诸多"不确定"有些感觉的，让我们暂且把它放到这里。接下来，就着上面的背景，我来给你分享两个在复杂的"不确定"环境下做好运营工作的基本理念。

第一，当你在一个具体项目中面临 N 多不确定因素的时候，其中往往存在一个最为重要的因素，它可能会成为整件事情可以顺畅发生的核心前提。

且，在互联网的世界里，这个最重要的因素往往就是"一个基于某种假设的产品或服务，能否得到用户真实、自发的认可"。

因为，你吭哧吭哧想了一大堆，觉得自己的点子棒极了，然后带着一堆人把东西做了出来，最后却发现用户其实对你的那个点子完全不感冒，这可能是最伤人的事情了。

第二，在一个特别不确定的事情或假设面前，运营要做的最重要的事情，就是用最低的成本去搭建起来一个真实的用户应用场景，并去验证在这个场景下，用户是否会真的产生你所预期的行为。

其实，在某种意义上，这和《精益创业》里面所讲的 MVP 产品差不多也是一回事。很多时候，运营要做的事情，其实也是"找到一个核心的假设，然后令之成立和发生"的（这一点，我们在接下来一节中也会提到）。只是，真的在实际运营工作中能够谨记这一点，并能够实际付诸行动的人，其实并不多。

好了，为了让你更好地理解上面这样两个有点儿抽象的理念，我们再来看一下另一个很知名的案例，这是一款在全球范围内都很知名的产品——Dropbox，如果你已经对这个案例耳熟能详，那可以快速翻过了。

2007 年，Dropbox 的创始人 Drew Houston 基于自己经常需要把各种不同的文档、文件、照片等存储在不同设备和电脑上，且经常拷来拷去特别复杂和烦乱的痛苦，诞生了一个产品的 Idea——是否可以做一个基于网络的文件存储和同步工具呢？

这个工具，可以在线上提供存储空间，并支持你从各种设备终端（如手机、电脑等）上传文件并随时进行同步。

在有了这个感觉还不错的 Idea 之后，他也面临着一系列的不确定，比如：

该找谁来帮自己开发？跟对方怎么合作？开发进度和时间是否有保证？这个产品到底哪些功能该有，哪些功能不该有？等等。

但最后，不会开发的 Drew 没有优先去解决以上这些问题当中的任何一个，而是如我们上面的理念一所提到的，先瞄准了"一个基于某种假设的产品或服务，能否得到用户真实、自发的认可"这个点。

然后，他开始了自己的"最低成本搭建真实应用场景"之路。他知道，对于判定用户是否会自发选择使用这样一款产品，最理想的场景，就是让用户在某个陌生的线上环境中（陌生才显得真实）去接触这样一款产品的描述，然后再观察这些用户们是否会在看完这个产品描述后真的产生了兴趣，进而产生其他用户行为。

于是，他自己一个人花了几天时间，用几乎为 0 的成本做了一个视频，并把这个视频丢到了 YouTube 上面。

这个视频发出之后，迅速得到了用户的强烈反响，Drew 发现，迅速就有几十万人留言问：这个东西在哪里下载？太牛了，一定要用等。

最终，通过视频来到 Dropbox 网站和留言表示强烈使用意愿的用户，累计有几百万。

这个时候，Drew 才开始招聘他的研发团队，且此时，一切变得顺理成章——在招募的时候，如果有人质疑说这个东西不靠谱，Drew 就可以把用户的反馈给他看：对不起，我们已经有近百万的准用户了。

注：

关注三节课微信公众号"三节课"并回复"Dropbox"，你将可以看到这个视频。

这，就是我们所说的，往往存在一个最为重要的因素，它可能是其他所有事情可以得以顺畅发生的前提。

也所以，在我们日常的运营工作中，带着这种"找出最核心的不确定要素"和"先以最小成本搭建起来一个真实应用场景"的思维去工作，很多时候，能帮我们节省下来巨大的成本，无论是沟通方面的成本，还是实际工作中的投入时间、物质等成本。

这里一定要注意的是，我们所搭建起来的场景，一定是无限接近于真实的。例如：

你拿着一个你的 H5 小游戏方案去找一个你熟悉的朋友当面问他会不会用，很可能就是无效的——因为在这个场景下，你和他之间的朋友关系很可能已经影响到了他的判断和给你的反馈。

与其如此，你还不如把你的 Demo 配上一个真实的转发语扔到几个你不太熟悉的群里，去看看到底有多少人会点击，这样的结果可能更真实、更有效。

而这样的工作方法，是可以应用于我们工作中的方方面面的。比如说：

你想做一个活动但不确定多少人愿意来参与，那么是否可以先提出一个活动的想法发起一个主题众筹？

你想做一款 H5 小游戏希望带来传播和品牌曝光，是否可以先不动开发，只是画几张图，或者用墨刀、POP 这样的东西先做成一个可交互的东西，然后分享给你的一些朋友看看他们是否会玩，以及玩过后是否愿意分享？你想在某个微博大号上投放广告但不确定效果，是否可以先出一条文案，找几个相对较小的号验证一下转发量？诸如此类。

好了，Dropbox 的故事延伸得差不多了，现在回到我在这节开头提到的那个 7 堂系列课程打包推广的案例，我想留给你一个小小的思考：

假如你是我，要在短短半个月内推进和完成这个项目，你会怎么做？

我建议，你可以先别急着往下阅读，而是先认真思考一下你的答案，再往下去听听我的做法，进行一些对比。

同时，我可以先行透露的是，我当时也是纯靠自己一个人，用了 5 天，基本没有花什么成本就已经把这个原本看起来特别不确定的项目变得绝对可行了。

我在当时更加具体的做法和细节，会在下一节来进行揭晓。

而下一节，我们要聊另外一个特别好玩、也特别有价值的工作方法，在其中，我会具体来给你讲讲，我是怎么用好这个工作方法，一分钱不花做出了数十万传播量的经典活动案例的。

2.4 运营的"做局"与"破局"

就像我说过的，我们在这本书的第 1 章，讲的是关于运营的认知。而在第 2 章中，我们重点讲思维和意识。

至于方法和技巧，那是再往后第 3 章的事。

我的基本立场是：要是认知和思维意识都还没跟上，直接奔着方法和技巧去，那你很快就可能走火入魔了。

所以，这一节，我们继续谈一个优秀运营必备的思维和意识。当然，虽然讲的是思维，但未必不是干货。

至于我们上一节遗留下来的那个问题——我是如何在 5 天内搞定了那个看起来颇为复杂的系列课程项目的，我会在本节结尾时揭晓答案。

所以，让我们入正题。

其实你会发现，很多时候运营在做的事，就像是攒一个"局"。即，设计或假想出来一个最终可以拉动 N 多人一起参与一起玩一起 High 的事情，并一步步去让这个事情从假想变得落地。

但凡是局，必然有小有大，有简有繁。

例如，小一点讲，邀请到几个重量级嘉宾搞定一个非常牛的活动，这是在做一个小"局"；而大一点讲，让一个产品和数千万用户之间可以水乳交融和谐并存，也未尝不是在做一个大"局"。

但，无论局大局小，组局成功的关键，总是在于你要能够一一界定清楚，局内各方的价值供给关系，并在其中穿针引线，优先引入某种较为稀缺的价值，从而逐步让各方间的价值供给关系从最初的假想一点点变为确立。

所以，穿针引线的第一步，就是要先能够找到一个点，实现"破局"。

就像前面已经提到过的，任何一个看似复杂的局面，必然都存在着一个核心的要素，只要这个要素得以成立，其后一切，往往顺水推舟顺理成章。

很多时候，一个优秀的运营最重要的工作，就是要找到这个至关重要的破局点，并倾尽一切使之成立。

且，一旦破局成功，你就已经占据了一个无比坚实的支点，你将可以通过它再去撬动更大的力量。这也是为什么我总是在讲，好的运营，是需要有点层次感的。

让我来具体举个例子。

大约一年前，我们想要办一个以"高端人才+创业者线下直接见面勾搭"为主题的高端招聘活动，但，当提出这个想法的时候，我们既没有钱，也没有资源，也完全不知道谁能来谁会来参与这个活动。且，从提出想法到最后这个活动落地，只有短短 18 天。

所以，我们要搞清楚的第一个核心的问题就是：如何可以让这个线下的高端招聘活动对创业者和高端人才都同时产生影响力？

想了很久，我们的答案是：至少需要 3 ~ 5 位知名大佬的亲自参与。

于是，是否能够搞定 3 ~ 5 位大佬亲自参与和站台，就成了我们这个活动的"破局点"。但，当时我们虽然可以跟少量几个圈内大佬或他们的助理说得上话，但远远还不够熟悉。

就像我上面说到过，优秀的运营，找到破局点后，就应该倾尽一切去使之成立。所以，我们分析了一下到底如何能够说服和引导大佬们愿意过来参加这个活动，核心可能是如下两点：

（1）这个活动中确实可以有一批优质的产品、运营、研发等人才可以供这些大佬们挑选和接触。毕竟，招人对于每一个互联网公司都是刚需，且，越是大佬，越希望自己可以挑选到更优秀、更适合自己的人才。

（2）活动整体逼格不能低，要能够凸显大佬们的身份和优势地位。好比你要邀请王小川去跟李彦宏、马云同台出席一个活动，哪怕对方戏份大些他戏份小些，他应该也还是比较愿意的，但要是你让王小川去跟几十个初创公司的 CEO 们共处一台，那可能对他而言就跌份儿了。

界定清楚了这两点后，我们接下来做了几件事：

（1）我先从身边朋友中拉了一批 BAT 等知名互联网公司的总监、高级经理级员工过来为这个活动站台，他们当中，就有三节课现在的另外几位发起人 Luke、布棉、冬琪。

（2）我把我第一批拉进来的这些朋友们的个人信息都做了些包装变成了一个首批参与人员的 List，让他们看起来都更牛、更有吸引力一点。比如"百度产品架构师，10 年以上产品经验，前世纪佳缘产品总监、阿里巴巴高级产品经理、智联招聘产品经理，先后服务过 5 家互联网公司，5 家公司全部在美国上市"之类的。

（3）我同时给 5 位圈内大佬发去了活动邀请，邀请的时候大概是这么说的：

A 总您好，我们预计在 6 月 13 号会举办一个"互联网创业合伙人招聘节"的线下活动，仅针对 5 年以上经验、有意愿成为创业公司合伙人的资深产品、运营、研发、市场人员和互联网公司的创始人开放参加。

目前合伙人这端已有如下这些人确定参加（附上第二步中我们产出的 List）。

这个活动我们创始人这端是有门槛的，只有满足条件的公司才可以参加，但基于您在行业内的影响力，我们想邀请您到时过来参加，并现场给我们简单做个分享，到时预计跟您一起出席这个活动和发表演讲的还有 BCDE 四位大佬（即我发出邀请的四位大佬），您看看届时是否有时间和兴趣出席？

这样几件事情做完后，我很快拿到了其中至少 3 位大佬的明确参与意愿，其中还有一位是当时国内股票市场上市值最高的互联网公司 CEO。就像我提到的，他们的诉求很清晰——想招人+希望凸显身份或提升自身行业影响力，所以，只要你能够先做好一些事情，满足他们的诉求，他们就会愿意入局。

而，一旦你击破了第一个破局点，后面的事情会顺畅很多——这个时候，我就可以凭借着"3 位一线大佬"的参与作为一个杠杆，去撬动更多人的参与了——想想看，假如你是一个百度的产品总监，哪怕你并没有很强的意愿去找工作，能有个机会跟类似小红书的创始人、36 氪的创始人、在行的创始人等这些公司的 CEO 们一起面对面深度交流一下，你总也还是很有意愿的吧？

所以，我迅速又在几天内拿到了数十位合伙人和创始人的参与意愿，且活动势头不减，每天都有更多人申请参与，其中不乏一些大佬和资深人物。

这个时候，既然有这么多人都想要参与这个活动，即这个活动的参与名额本身就已经成了一种稀缺资源了，所以，我就又可以以它为杠杆，去撬动一些更有趣的事了。

于是，最终我们又在线上设计了一些活动并做了一些事（这部分的具体细节，容我放到后续第 3 章再具体讲），而凭借着这一系列层层嵌套的动作，这个活动我们在几乎没有什么太多成本投入的情况下，实现了线上数十万次传播、几千人争相申请参与的震撼成果。

而，这一切的起点，都源自于我们最初的那个"破局点"——几位行业大佬的参与。

所以，我想说的是，假如你想要成为一个优秀的运营，你一定需要：

（1）爱上"做局"。这里的"局"，不是一个阴谋或陷阱，而是一个可以让 N 多人一起参与其中并同时收获价值，在 N 多角色之间实现价值匹配的氛围和状态。典型的，好比一场活动。

（2）在任何一个局面前，你一定要先能够找到它的"破局点"，并倾尽全力，通过一系列穿针引线式的动作（它们往往都必须落实到细节）使之成立和实现。

且，这个意识，可能不止适用于运营工作，更会适用于你自己的方方面面。比如找工作追女票，比如想跟某家公司建立合作关系，再比如只是单纯地想运营好一个微信群，所有这些事情中，你都是可以找到一个"破局点"的。

这里多说一嘴，这么多年以来，我从来没有觉得我是一个善于社交能够凭借一张嘴在外面一顿忽悠就搞定一群朋友和一堆合作机会的人，相反，我是那种很典型的跟一个陌生人在一起很容易找不到话说了的闷家伙。但很久很久以来，我身边从来都不缺少朋友，也从不缺合作机会。

在这里，我给自己找到的破局点，就是"把文章写好"。一旦我可以写出还不错的东西，我自然可以凭借它作为关键的支点，去结识到很多有趣的朋友。

好了，现在我们可以来把问题答案补上了——我是如何在 5 天内搞定了那个看起来颇为复杂的项目的。

按照 2.3 节里提到的两个理念，首先我们需要从各种现存的不确定因素里找到最核心、可以成为整件事情顺畅发生的那个要素。

而这个要素，毫无疑问是下述 4 个要素中的第 4 个：

（1）我要找的 7 位老师，到了 1 月中旬之后，是否有时间可以配合我们来开课？

（2）我们跟这些老师间，该如何合作？比如说，是讲完课后分成，还是直接支付给他们一个固定的课酬？

（3）我们的开课场地、时间该如何确定？

（4）我们的课程如果到时开出来了，却没有这么多人前来报名，该怎么办？

于是，接下来第二步：围绕着这个不确定用最低的成本搭建起来一个最接近于真实的用户场景，并把它推送到用户面前，去观察用户是否会出现你预期的行为。

这里，我们再具化一下，最接近真实的情况下，用户接触到这个产品的场景应该是这样的——自己独自一个人，在一个不太熟悉的网站和渠道上，看到了一套特定时间、地点、价格、主题和讲师的系列课介绍。

而我们期望用户发生的行为，就是他能够看完这个课程介绍，然后还真的愿意付费。

所以，基于最低成本原则，最后我的解决方案如下。

我写了个文案，以"XXX 系列课程预报名开启"为题直接在网站上发布了出来，文案大概是这样说的：我们觉得目前大家的学习存在不系统的问题，所以想要打包我们口碑最好的几堂课和几位老师做这样一个 7 堂课程、内容彼此关联的系列课，但我们不确定到底有多少人对这样一个系列课程感兴趣，所以，我们先开启了这样一个系列课预报名通道，如果你感兴趣，可以先交 10 元完成预报名，如果 1 月 5 日前，预报名人数超过 50 人，则我们会把这一系列课程正式落地，如不足 50 人预报名，则课程取消，之前的 10 元全额返还。

且，我还注明了如果真的这一系列课程开出来，我们预计的开课时间、开课地点、老师分别是怎样的。

然后，这个预报名文案发出来后，5 天内迅速达到 50 人付费（如图 2-4 所示）。于是，此后我才开始一个个去沟通老师、确认时间和合作方式、预订场地等。

整个从构思到把这个看起来一大堆不确定的复杂项目成功落地，我不过纯靠自己一个人梳理了下思路，写了篇文案发出去，仅此而已。

这一节，我想讲的东西，就先到这里，希望我所提到的关于"做局"和"破局"的种种，可以带给你一些思考和启发。

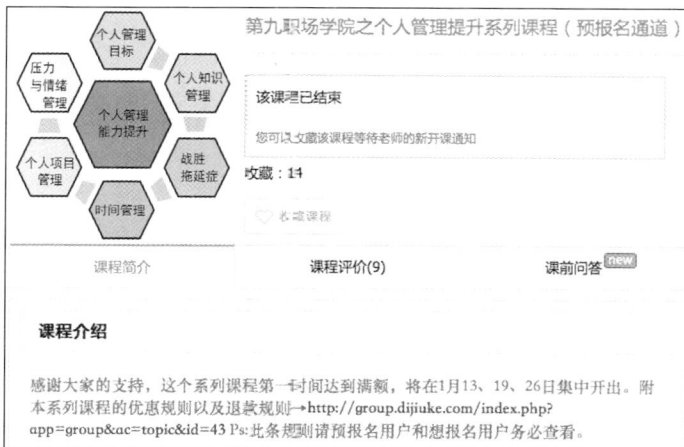

图 2-4

2.5 我做运营的 3 个底层工作方法

之前我们已经讲过了，产品和运营之间的关系，应该接近于：产品负责界定和提供长期用户价值，运营负责创造短期用户价值+协助产品完善长期价值。

一个产品，只有长期价值明确和稳定，才具备生命力。

就好比，假如三节课现在的在线课程内容质量高不高和学习体验好不好，其实是我们的产品核心价值足不足的表现，要是连这个价值都保证不了，其实几乎可以断定，这个产品一定是没有生命力的。

但是，反过来再看，类似像"课程质量"、"学习体验"这样的东西，你觉得是用户能够在短时间内迅速感知到的吗？

因此，为了让用户能够去体验我们的长期价值，就需要运营更多地创造出来一些更加短期、及时、刺激的用户价值，借此去撬动用户的参与意愿。最简单粗暴的，好比你来听完我的课我就送你个 XX 奖品之类的。

前文中我们也已经说过，运营其实是一件很有层次感的事情，很多时候，你都需要先做好一些小事，然后再以此为杠杆，去撬动更多大事的发生。

其实，借由创造出足够的短期价值，以更好撬动用户去体验你的长期价值，甚至是在体验完之后帮你满世界去宣传分享，这也未尝不是一种"杠杆原理"。

所以，一个优秀的运营，应该是可以熟练掌握很多"杠杆点"，以便更好地给用户创造短期价值，借此撬动更多长期价值确立的。这些杠杆点，有一些是偏外在的方法和技巧，这些方法技巧式的东西，我们会放到这个连载的第 3 章来一起讲。

而另一些，则跟一个运营从业者的自身内在修为密切相关，这里我们就重点来聊聊这几个内在的杠杆点。这几个内在的杠杆点，也可以被称为几个运营上的"底层工作方法"，因为它们都完全从自身出发，而无须依赖于外部资源的。

所以，如果你能做好这几点，你天然就已经可以成为一个"存在感"更强的运营了，无论是在团队内部还是在用户面前。

下面，我们逐一讲解。

（一）让自己拥有对于新鲜事物的高度敏感

先看一个例子。我有个朋友，他们前几周刚刚做了一个以拉新为目的的活动，活动特别简单，大概如图 2-5 所示。

但，这个活动上线后，在长达三四天的时间里，参与的人寥寥无几，少得可怜。

后来，又过了几天，《疯狂动物城》这部电影上线了，于是他们迅速行动起来，把这个活动稍微改了下，变成了如图 2-6 所示。

图 2-5

图 2-6

于是，改过的活动上线后短短 3 小时，在没有任何推广的情况下，立即引发了数万人参与。

这里的逻辑看起来很简单：追热点，借势。

可是，你能想象一个连《疯狂动物城》都没有看过的运营能做出这样的案例吗？

我自己有一个习惯，但凡我在朋友圈、微信群等地方看到有超过 3 个人都在提一个我此前从来没听过的概念，我就一定会专门抽出来至少 30～50 分钟的时间，去把这个我从来没听说过的东西彻头彻尾搞清楚。

你得知道，一个人们存在普遍认知的事物，是往往很可能在将来某个时刻成为你的一个"杠杆点"的，就像我们看到的我那个朋友的推广。所以，为了赢得一个能够将来可以有机会使用它、借助它更好与用户们互动的机会，你就必须先花点时间去充分接触它，了解它。

以已经过去的 2016 年 3 月来说，要是身为一个面向大众用户、需要经常跟他们互动的运营，诸如国足出线、疯狂动物城、阿法狗人机大战、宋仲基撩妹、A4 腰等这些事件的各种背景、起源和来龙去脉，你要是连其中的一半以上都不够熟悉的话，我觉得可能会是有点儿问题的——那意味着你的运营弹药库里，货可能偏少了。

这个部分如果我们再多解读一点，似乎也可以说成是一定要让自己具备"快速全面的学习能力"。

我曾经在知乎答过一个名为"运营最重要的核心能力是什么"的问题，在那个问题下，我的答案是这样的：

如果只能说一个的话，我觉得无论对于产品还是运营，最重要的核心能力，都是"学习能力"。

互联网实在变化太快，"运营"又实在过于宽泛，你会发现，每一种产品形态、每一种业务类型所需要的运营手段和方式都会是不一样的。同时，运营也是面向用户的，你也会发现，面向每一类用户，比如面向"屌丝"和文青，面向大学生小鲜肉和中年大妈，你的运营策略、运营方式甚至是文案风格也会千差万别，很难找到一个可以普遍通用的运营手段。

所以，真的想成为一个高段位的运营，你必不可少、必须要持续学习，接受和了解新事物，不断贴近和熟悉更多类型的用户。

所以，想要成为一个优秀的、可以很好地连接好产品和用户的运营从业者，你可能需要养成的一个习惯，就是保持对于这种大众热点事件、话题和一些新鲜事物的敏感度。你肯定不需要对每一个热点都疯狂去跟去追，但至少你得做到对于大部分你的用户会密切关注的热点充分熟悉和了解。

（二）让自己拥有对于用户的洞察

我来讲个我自己的真实故事。

4 年前，我跟几个朋友创业做了一个学习类的网站，我们为一群"学习控"型的用户提供各种五花八门的学习课程——上至如何早睡早起，下至如何 2 小时内学会打德州扑克。

在创业起初，关于这个网站该怎么运营，该选择哪些品类的课程入驻平台会更好，我们一头雾水。

直到有一天，我们终于决定要回归到用户身上去寻找答案。

于是，为了离用户更近一些，我花了差不多两个月的时间让自己成为一个典型的"学习控"。为了做到这一切，我在两个月内往返奔波，参加了大约 50 场主题各异的线下学习课程和沙龙，与我们的用户们大量交流和攀谈，并尝试着完成那些我们的目标用户最常干的事：记笔记、画脑图、写日记、早起等，直到我慢慢真的可以让自己变得很享受这一切。

然后，奇妙的事情发生了。在那之后，我发现，我们网站上线的课程，但凡是能让我觉得很喜欢的，上线后的销售额和报名量基本都不会差。而另一部分让我觉得不太喜欢的课程，往往结局都很惨淡。

甚至是，同样主题但讲师不同的两门课，有时候我在看一眼之后大体就能判断出来哪一门课会更受用户欢迎。

从那时开始，我自己完全凭借自己的感觉和直觉做出的很多决策，都获得了成功。

如果一个例子看起来略显单薄，让我再给你讲一个真实的故事。

我还有一个在创业的朋友，她在做一款"反社交的社交产品"，定位则是面向一群"害怕与抗拒现实世界中负担沉重的社交，但仍然对美好事物充满向往，虽然有很多东西想要表达，但又不希望被那些不会理解自己的'异类'看到"的用户。

是的，就是这么个怎么听怎么抽象的产品和用户群，她做起来，却如鱼得水。在她的团队里，每一个界面展示出来的东西好还是不好，每一篇要推送发布的内容用户是不是会喜欢，每一处产品的核心逻辑要怎么来设定，鲜少会看数据做分析，而大部分都会是她来说了算。而神奇的是，她的决策鲜少出错，几乎 90%以上她看似拍脑袋所决定的东西，事后都被证明，用户非常喜欢。

这一切的秘密很简单。要知道，她本身就是一个"害怕与抗拒现实世界中负担沉重的社交，但仍然对美好事物充满向往，虽然有很多东西想要表达，但又不希望被那些不会理解自己的'异类'看到"的人。正因为这样，某种意义上，她其实是在给自己做一款产品。所以，无须数据，也无须复杂的逻辑判定，很多时候，只需要确保做出来的东西可以让她自己认可和喜欢。

她知道，只要做得到这一点，八成就一定会是一个她的用户们喜欢的东西。

所以，这就是我想要分享给你的第二个内在杠杆：尽可能把自己变成一个真正的典型用户，让自己大量置身于真实用户的真实体验场景下，这样久而久之，你自然会慢慢拥有一种对于你的用户们的"洞察力"。而这样的洞察力，很多时候也会成为一个优秀运营身上不可替代的核心价值。

（三）学会更具有打动力和说服力的表达

作为一个运营，你总是会遇到大量需要跟用户去进行沟通，进而说服他们接受你的某个立场、观点的场景。

但，即便是一件看起来如此简单的事情，能做好的人，也着实不多。

人都喜欢表达，所以我们当中的很多人，都特别喜欢在沟通场景中不断去强调自己的观点。但殊不知，很多时候，假如对方对你的观点完全没有任何认知的话，"表达观点"可能是效率最低的方式。

设想一下这样的场景：

有一个你不太熟悉的人某天跑过来给你推荐一部刚刚上映的电影。

他说：

这部电影特别好，超级好，我推荐你一定要去看看。

试问，此时你会怎么回答他？

我猜，你会说：哦。

但，假如他是这样跟你说的呢？

我昨天刚刚看了一部电影，这部电影播放的全过程中，我先后 4 次被感动落泪——这是我 5 年来第一次被一部电影感动得落泪。另外，在电影播放结束时，我们那个全场爆满的影厅里，有超过一半的人都完全自发地起立为这部电影鼓掌。

感受一下，在后一种表述面前，你对这部电影的兴趣是不是会显著提升？

再来看另一个例子：

某个朋友，某天来找你聊天，他说：

前天我去参加了一个会议，那个会议上好多好多人啊，分别有 XX 公司、XX 公司、XX 公司等的老大。

然后，有一个著名基金的合伙人，在会议上做了一个演讲，这个演讲他结合自己对于教育行业十几年的观察，从 20 世纪 90 年代的教育行业发展讲起，具体讲了学而思、新东方等著名公司的成长路径，还有 2010 年以来这一波在线教育的一些新趋势，然后他还解读了很多学习形式发展的变化……

怎么样？这么多有点儿没头没脑的一大段话，是不是让你听着有点儿昏昏欲睡不厌其烦？

那，假如他换一种说法呢？比如像下面这样

前天我参加了一个会议，有一个著名基金的合伙人聊了一个特别有意思的颠覆性观点，叫作：教育将死，学习永生。

这一次，是不是感觉瞬间你的倾听欲望就被激发起来，且特别想听听这个人接下来都讲了些什么呢？

其实，上面两个例子，沿用了我们沟通方面再普世不过的两个原则：

假如你需要短时间内获得对方的注意力，那你可能需要先抛出一个可以让对方大吃一惊、瞠目结舌或十分好奇的观点和结论，瞬间击中对方，然后再去逐一论证你的观点是否可以成立。

而，假如你面临着的问题是要说服对方接受一个你的观点，那么你可能更需要先从大量事实和一些细节的刻画出发，通过事实和细节引发出对方的感知、共鸣和认同，再逐步引申出你的结论。

知名营销大咖李叫兽曾经还写过一篇流传甚广的文章——《X 型文案和 Y 型文案的区别》（图 2-7），如果你好好看看的话，其实跟我们这里提到的，是一码事。

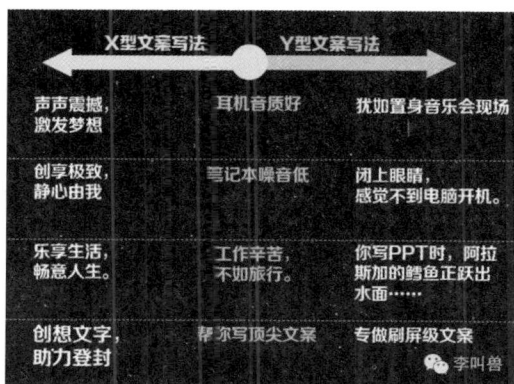

图 2-7

所以，身为一个好运营，你应该具备的第三个内在杠杆，就是让自己在用户面前的说服和表达变得更具有打动力和说服力一点。

以上，就是这里想聊的东西，这几个所谓的内在杠杆，可能都不是可以速成的"技巧"，但相信我，一旦你可以在自己身上建立起来这样的一些意识和思考习惯，它们带给你的长期收益一定会比"技巧"要更多。

2.6 我眼中的 4 个关键性 "运营思维"

2.6.1 4 个关键性 "运营思维" 详述

曾经有个朋友跟我探讨过这么个问题:

一个优秀的产品经理,在某些思维方式上,往往跟其他普通人是会有显著差别的,比如,小快灵总是要优于大而全,所有问题的解决方案都会优先考虑转化为机制化,一切问题都会回归到 "用户、需求、场景" 三要素去加以具体分析,等等。

那么,一个优秀的大牛运营,是不是也可能存在着一些与普通人不同的、特定的思维方式?

这个问题,我想了很久,也跟很多人聊了一下,我发现,除了像数据、策划、沟通推动这样的一些偏技能层面的东西以外,还是普遍存在着 4 个思维层面的显著差异点的,下面我来一个个讲解。

(一)流程化思维

一个优秀的运营和一个普通人之间会存在的一个核心差别,就是优秀的运营拿到一个问题后,会先回归到流程,先把整个问题的全流程梳理出来,然后再从流程中去寻找潜在解决方案。而对普通人来说,则更可能会直接拍脑袋给出解决方案。

举例:

曾经有人通过在行来约我,然后问了我这样一个问题:黄老师,我们现在想做一个面向 HR 的活动,想通过这个活动给我们的微信公众号带粉丝,这个事情我们线下是不是活动现场签到时放个二维码就行了?

而我是这么回复她的:

假如围绕着如何通过这个活动给微信公众号增加粉丝这个目的,我们可以先来梳理一下这个活动从前到后的整个流程,我猜大体应该如图 2-8 所示。

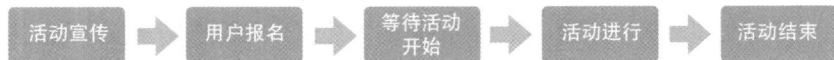

活动宣传 ➡ 用户报名 ➡ 等待活动开始 ➡ 活动进行 ➡ 活动结束

图 2-8

基于这个流程，我们可以来看一下在每一个环节，有哪些事情是要做和可做的，如图 2-9 所示。

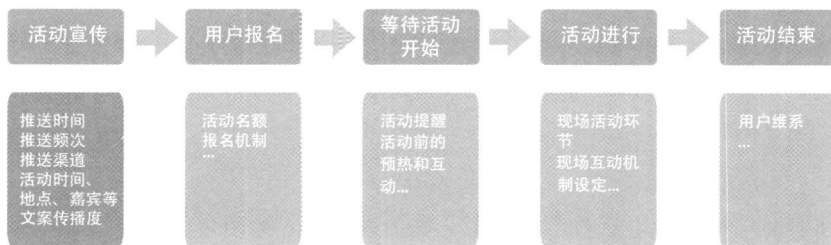

图 2-9

简单来说，在活动宣传这个环节上，我们要考虑的事情可能包括活动时间、地点、嘉宾等的确认，活动宣传的推送渠道、时间和频次等，但如果基于拉粉来考虑，其实这个环节我们最应该关注的，是活动的文案传播度和转化率到底怎么样。所以，如果是要做到极致，我们应该在这个地方着重去打磨出一篇传播度还不错的活动宣传文案。

然后是第二个环节，关于报名，这个部分我们要考虑的东西是活动名额和报名机制。而围绕着拉新，可以关注的事情，可能就是报名机制了，举个最简单的例子，要是把活动的参与机会变得更稀缺一点，然后转而让用户们先完成一些任务（最粗暴地来说，比如活动文案转发）才能获得活动参与资格。

再是第三个环节，报完名后等待活动开始。在这个环节里，我们其实可以考虑跟用户做一些互动的，我也举个最简单的例子，要是你在这个环节给每一个人都做一个那种看起来逼格很高的电子邀请函，你觉得他们愿意转发到朋友圈去分享的几率是不是更大一点？

再然后，又到了活动进行现场，这里除了活动的流程以外，我们是不是也可以考虑设置一些可以促进传播的现场趣味互动小环节？比如说，你是不是放个特别酷或者特别可爱的玩偶，然后所有人活动前可以跟这个玩偶一起拍照以特定句式发到朋友圈，然后活动结束后，看谁获得的点赞留言最多，可以拿走一个大奖品。

以上，依此类推。

当时，她听完我的反馈后，愣了好一会儿，说：原来一个活动，还可以有这么多玩法，我怎么就没想到呢？

其实，不是她想不到，而是她基本思考问题的方法就是有问题的。切记，对于一个优秀的运营来说，拿到某个具体问题后，一定会遵循以下这样 3 个步骤来思考和解决问题：

（1）界定清楚我想要的目标和结果；

（2）梳理清楚，这个问题从起始到结束的全流程是怎样的，会经历哪些主要的环节；

（3）在每一个环节上，我们可以做一些什么事情，给用户创造一些不同的体验，以有助于我们最终达成期望实现的结果。

包括，假如你做了一个活动效果不佳需要去具体分析它的原因，你应该先把整个用户参与这个活动的流程梳理出来，再从具体每一个环节的数据去看问题到底都出在哪些环节，而不是纯靠拍脑袋式地觉得"这个活动就是烂"。

而，关于"要先有流程，再有解决方案"这一点，其实不止是对运营，对于产品来说，也是一致的。

甚至是，放大到更大的范畴内，比如一家公司的运营，你也需要先梳理清楚大的业务流程和逻辑，然后再从中去看当下每一个环节的现状、问题，并制定相应策略和具体工作，这个道理都是相通的，也是为什么有人会说"在一家公司里，一个优秀的运营，是距离成为 COO 最近的人"。

（二）精细化思维

讲完了流程，我们可以来聊另外一个紧密相关的思维习惯了：精细化思维。

其实，做运营做久了，你真的会发现，一个优秀的运营，很多时候真的是通过大量的细节和琐碎事务，最后堆砌出来了一个神奇的产出。

也正因为如此，想要成为一个优秀的运营，你需要具备很强的精细化思维和精细化管理能力。

再换成人话讲的话，就是：你必须要能够把自己关注的一个大问题拆解为无数细小的执行细节，并且要能够做到对于所有的这些小细节都拥有掌控力。

我来分享个例子，大概在 2012 年前后，我有一位做微博运营的同事，坦白说他的策划、创意能力都不是特别出众，但他仍然在短短 3 ~ 4 个月的时间里给我们的微博带来了十几万粉丝。

这背后的秘密，是他有下面这么一张表，如图 2-10 所示。

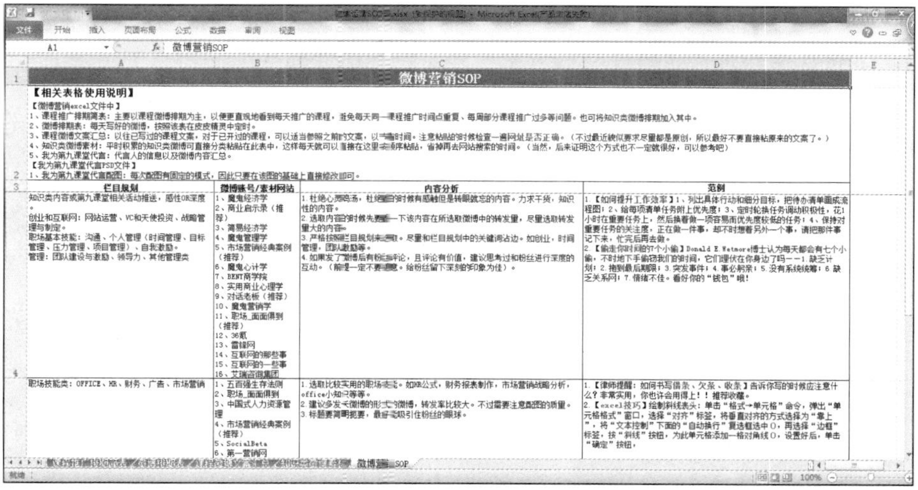

图 2-10

有点看不清？别着急，我们慢慢放大一点来看：你会发现，首先，他有一个自己工作的 SOP（标准工作步骤），比如在“微博营销 SOP”这个表里的内容如图 2-11 所示。

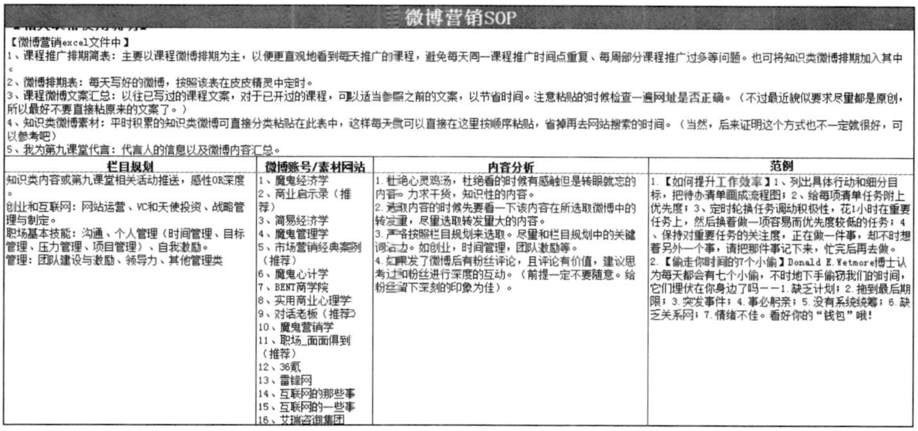

微博营销SOP

【微博营销excel文件中】
1、课程推广排期简表：主要以课程微博排期为主，以便更直观地看到每天推广的课程，避免每天同一课程推广时间点重复、每周部分课程推广过多等问题。也可将知识类微博排期加入其中。
2、微博排期表：每天写好的微博，按照该表在皮皮精灵中定时。
3、课程微博文案汇总：以往已写过的课程文案，对于已开过的课程，可以适当参照之前的文案，以节省时间。注意粘贴的时候检查一遍网址是否正确。（不过最近貌似要求尽量都是原创，所以最好不要直接粘原来的文案了。）
4、知识类微博素材：平时积累的知识类微博可直接分类粘贴在此表中，这样每天就可以直接在这里按顺序粘贴，省掉再去网站搜索的时间。（当然，后来证明这个方式也不一定就很好，可以参考吧）
5、我为第九课堂代言：代言人的信息以及微博内容汇总。

栏目规划	微博账号/素材网站	内容分析	范例
知识类内容或第九课堂相关活动推送，感性OR深度。 创业和互联网：网站运营、VC和天使投资、战略管理与制定。 职场基本技能：沟通、个人管理（时间管理、目标管理、压力管理、项目管理）、自我激励。 管理：团队建设与激励、领导力、其他管理类	1、魔鬼经济学 2、商业启示录（推荐） 3、简易经济学 4、魔鬼管理学 5、市场营销经典案例（推荐） 6、魔鬼心计学 7、BENT商学院 8、实用商业心理学 9、对话老板（推荐） 10、魔鬼营销学 11、职场_面面俱到（推荐） 12、36氪 13、雷锋网 14、互联网的那些事 15、互联网的一些事 16、艾瑞咨询集团	1. 杜绝心灵鸡汤，杜绝看的时候有感触但是转眼就忘的内容。力求干货，知识性的内容。 2. 选取内容的时候先要看一下该内容在所选取微博中的转发量，尽量选取转发量大的内容。 3. 严格按照栏目规划来选取。尽量和栏目规划中的关键词结合。如创业，时间管理，团队激励等。 4. 如果发了微博后有粉丝评论，且评论有价值，建议思考过和粉丝进行深度的互动。（前提一定不要随意。给粉丝留下深刻的印象为佳）。	1.【如何提升工作效率】1、列出具体行动和细分目标，把待办清单画成流程图；2、给每项清单任务附上优先度；3、定时轮换任务调动积极性，花1小时在重要任务上，然后换着做一项容易而优先度较低的任务；4、保持对重要任务的关注度，正在做一件事，却不时想着另外一个事，请把那件事记下来，忙完后再去做。 2.【偷走你时间的7个小偷】Donald E.Wetmore博士认为每天都会有七个小偷，不时地下手偷窃我们的时间，它们埋伏在你身边了吗——1.缺乏计划；2.拖到最后期限；3.突发事件；4.事必躬亲；5.没有系统统筹；6.缺乏关系网；7.情绪不佳。看好你的“钱包”哦！

图 2-11

你可以看到，关于这个微博要怎么运营，他把内容上分成了若干个栏目，然后清晰界定出来了每个栏目的内容定位和分析、典型的内容范例，还有内容素材的渠道来源。

这样一来，是不是就感觉清楚多了？

然而这并没有完，我们继续往下看。

图 2-12 是他的另一个表，叫作"微博排期表"，他在这里面把一周内这个微博所有要发布的内容排期都已经全部做好了，发布时间精准到分钟。

A	P	Q
周推广谱		
TIME 9.1	9.1	9.2
08:35	【不讲条件】和优秀的人共事很简单，告诉他要做什么事要什么效果，他就会想办法去搞定。因为不讲条件，经过无数次的积累，他本人就成为最大的"条件"，缺了他，这事别人就搞不定——启示：越是出色的人越善于在缺乏条件的状态下把事情做到最好，越是平庸的人越是对做事的条件挑三拣四！	【人生最大的危机：是没有危机感】1、微软比尔盖茨：微软离破产永远只有18个月。2、海尔张瑞敏：每天的心情都是如履薄冰，如临深渊。3、联想柳传志：你一打盹，对手的机会就来了。4、百度李彦宏：别看我们现在是第一，如果我们30天停止工作，这个公司就完了。5、华为任正非：我们的使命就是活着！
09:15	【一句话解读世界十大管理大师思想】1.德鲁克：任务、责任、实践；2.波特：差异竞争；3.哈默尔：核心竞争力；4.明茨伯格：战略和经理人角色；5.柯林斯：企业文化；6.汉默：业务流程重组；7.科特：领导与变革；8.彼得斯：客户服务竞争；9.克里斯坦森：突破性创新；10.科特勒：社会营销。	【职业选择的五个阶段】11.刚毕业-选方向；2.毕业3年-选职业通道；3) 毕业5年-选一生职业方向；4) 毕业8年-设计一生职业目标；5) 毕业10年以上-坚持做一件事。【微点评】其实越到后来，我们的目标越明确越简单，就是坚持做一件事而已。
10:15	【弹着吉他感动自己吧！】可能不少人心里都会有一个吉他梦。不过看着时间流逝，可能这个梦慢慢的被现实所掩埋。但是，心底还是深藏着那种看着吉他，弹我所想，唱我所感的感觉。热爱音乐的人们，请对生活失去兴趣，我们上有吉他！追梦链接→ http://www.dijiuke.com/class/view/000033	转发:http://e.weibo.com/2669952650/yytnUfReU 转发语：【小曼其实】专注于人力资源招聘培训的前行者；乐于观察思考互动的分享者；招聘培训的热爱者和实操者；网络文字《求职系列》原作者；培训圈的小曼鱼啊~

图 2-12

还有这个表（图 2-13）：知识类微博素材。他把自己收集到的所有知识类微博素材都放进了这个表里，然后这里就成了他的弹药库。

C 职场基本技能	D 管理	E 兴趣爱好	F 家居类
沟通、个人管理（时间管理、目标管理、压力管理、项目管理）、自我激励	团队建设与激励、领导力、其他管理类	茶道、红酒、咖啡、魔术、烘焙、音乐器材、手工艺、桌游卡牌娱乐类、摄影、舞蹈、游戏、星座类	装修、旧屋改造、小技巧旅游分享类：攻略、经历
【英文简历必用的35个经典自我赞美句】无比实用有木有！多学一点就多一分成功的机会！留下吧"早晚用得上！想知道世界500强的精英们是怎么炼成的？！	【西点军校法则】二次世界大战以后，在世界500强企业里面，西点军校培养出来的董事长有一千多名，副董事长有两千多名，总经理、董事一级的有五千多名一一全世界任何一个商学院都没有培养出这么多优秀的经营管理者。强烈推荐此文！不管是管理者还是普通员工，看完一定都有收获！	【腿越细寿命越短，梨形身材更健康】哥本哈根大学一项持续了12年的研究发现，在其他身体条件相似情况下，一个人"腿越细、命越短"。最most减肥的地方是腿部，如果男人腰围超过101cm，女人超过89cm，患心脏病和糖尿病的风险将大大增加。所以，腰围正常而有所谓"大象腿"的菇凉们不必过度烦恼（信息时报）	#旅行贴士# 旅行在外露营，经常会遇到装备不足的情况，如何能快速、高效、而又简单的安排好自己的住处而不遭受到危险，如何使用多种简单装备露营，是经常遇到的最大的问题。以下是几种最简易的露营方法，只要有一块塑料布或者蚊帐，你就能免去露宿之苦。学起来吧！
【快速完成工作的50个技巧】很实用的文章！如果你还在为工作效率低而烦恼，如果你还没有更好的提高工作效率的办法，请把这50个实用提高工作效率技巧收下吧！想知道世界500强的精英们是怎么炼成的？！	【海底捞考核文化】❶只对门店考核三个定性指标；顾客满意度、员工积极性和干部培养❷不考核利润率、成本和客单价，认为这些是结果性指标，做好前者，这些会水到渠成❸考核方式主要是上级巡店、抽查或神秘顾客暗查❹认为考核就像镜头，海底捞干部不仅能照镜头，还能分清苗和草。	【摄影技巧：阴天如何拍出好看的照片】夏天虽然是摄影的好季节，但有时天气突变，电闪雷鸣，暴雨倾盆！或是阴天连连，不见日头，特别是在我国南方，一进雨季，更是难见晴日。那么，阴天里如何拍出好看的照片呢？掌握摄影技巧，做摄影达人	八月份国内九处消暑纳凉旅游地一1、江苏如皋；2、甘肃敦煌；3、内蒙古满洲里；4、黑龙江哈尔滨；5、浙江宁波；6、甘肃甘南；7、贵州梵净山；8、西藏林芝；9、四川九寨沟。 你准备去哪里？

图 2-13

除此以外，这张大表里，还有很多特别好的子表，我就不一一说了，比如"推广排期表"、"课程微博文案汇总"、"首页课程排期"等。

是的，你发现，他基本上把自己要关注、要做的事情，已经拆解和精细化到了接近极致，也基本完整掌控住了他自己微博运营工作中的全部细节。

而当他对自己工作的"精细化管理"做到了这个程度之后，他可以据此创造出来一些"神奇"的结果，并不是一件太出人意料的事情。

把这个思路套用到我们面向用户的运营过程中，其实也是一样的：你的用户可以被分成哪些类别，对于每一类，在每一个体验点上我们可以使用哪些不同的运营策略和运营手段，当把诸如此类的这些事情切分和做到极致之后，你的运营指标的拉升，其实是自然而然的结果。

提示：

关注三节课微信公众号（微信搜索"三节课"即可），回复关键词"0414"，你可以下载到此工作表的简化版。

（三）杠杆化思维

第三个思维，其实我们在之前已经或多或少提到过了，就是杠杆化思维。

就像我们一再提到的，好的运营，其实是有层次感的，你总是需要先做好做足某一件事，然后再以此为一个核心杠杆点，去撬动更多的事情和成果发生，典型的比如：

- 我先服务好一小群种子用户，给他们制造大量超出他们预期的体验，然后我就有机会借此为杠杆，去撬动他们在此后帮助我进行品牌和产品传播的意愿（还记得小米的米粉吗）；

- 我要做一个活动，先集中火力搞定了一个大佬，就可以以此为杠杆点，去撬动更多人的参与意愿；

- 还是做一个活动，如果我能先集中火力把这个活动的参与名额变得很有价值很稀缺，我就可以借此为杠杆，去撬动用户愿意为了参加这个活动而去付出更多成本，比如，去完成几个我所设定的任务。

甚至，这个思路，套用到做人上面，也是一样的——我要是先花大量时间先让自己具备了一项不可替代的核心能力（比如对我来说，这个东西就是写文章），我就可以以此为杠杆，去撬动大量的资源和机会向我靠拢。

所以，一个优秀的运营，脑子里也一定要时刻保持对于这个问题的思考：围绕着我想要达成的结果，当前可能有哪些东西可以成为我的杠杆点？

关于杠杆化思维的部分，如果感觉不易理解，你也可以再回过头去参考一下我们之前 2.4 和 2.5 两节的内容。

（四）生态化思维

前面我们也已经说了，好的运营，其实无非就是在不断"做局"和"破局"。

而"做局"这件事，其实很多时候，就是在搭建一个生态。所谓生态，其实就是一个所有角色在其中都可以互为价值、和谐共存、共同驱动其发展和生长的一个大环境，好比，一个几百人的微信群，要是大家在其中都很活跃，彼此也都能给其他人多少提供和创造一些价值，让这个群可以自然良性发展下去，它就已经是一个小生态了。

且，互联网运营与传统运营的一个很大的差异点，就是你会有更大的空间和机会，基于线上去搭建起来一个可良性循环的生态。

而能否成功搭建起来生态，最重要的事情，就是你要能够梳理清楚并理解一个生态间的各种价值关系，或者说，脑子里要先有一些生态的概念和模型。

先来看一个比较简单的例子，如图 2-14 所示是去年曾经爆红一时的 APP "17"的核心业务逻辑图。

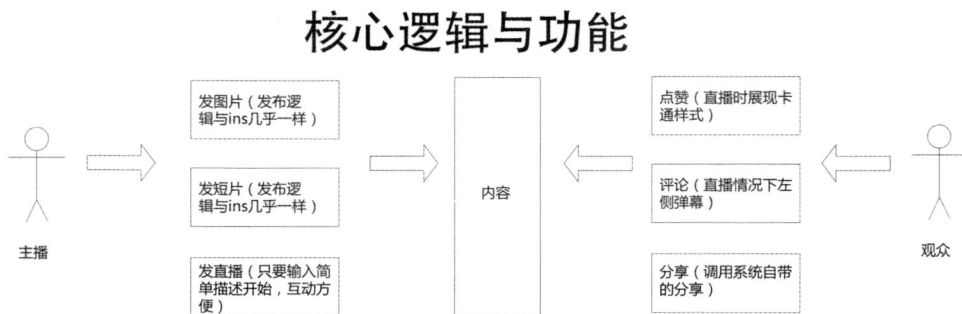

图 2-14

在图 2-14 上，我们可以看到，其实 17 要搭建的是一个以内容为中心的生态，一方面要找到主播，通过发图片、短片、直播等方式来提供内容，另一方面则是要找到观众，通过观看、点赞、评论、分享等方式来消费内容。

二者之间一旦能够建立起这个关系，且双方的数量都突破一个临界点后，17 的APP 站内就会形成一个天然的内容生态。

再举个例子，如图 2-15 所示是美丽说网站早期的站内用户生态图。

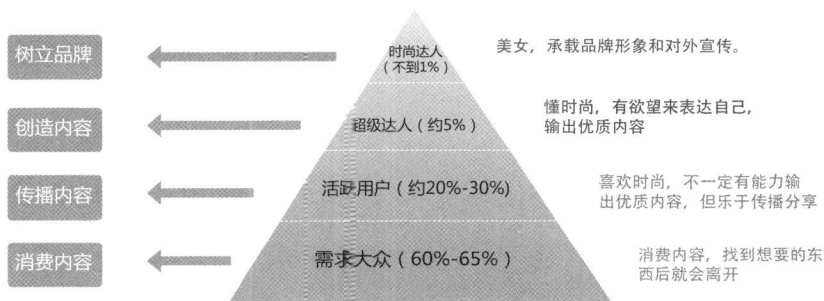

图 2-15

你会发现，在这个生态中，美丽说把自己的用户分成了时尚达人、超级达人、活跃用户和需求大众 4 类，其中时尚达人承载品牌树立作用，超级达人主要生产和创造内容，活跃用户主要会加速优质内容的传播，而需求大众则主要是消费内容的。

这当中，尤其围绕着超级达人、活跃用户和需求大众之间，就存在着很紧密的价值相互提供关系，而当所有的这些关系都被打通串联起来了之后，这个用户生态也就形成了。

其实，以此回过头去看的话，在很多 QQ 群、微信群里，都存在着类似的生态，都是会有少量的人扮演着核心内容生产者或服务提供者的角色，在群里发起话题，给大家提供帮助等，而更多的人，则是一个纯粹的消费者的角色，默默在群里待着，偶尔插上几句话。因为他们之间基于这个群而结成了这种价值供给的关系，这个群也因此而成为了一个小生态。

差别只在于，有的群管理员，可能根本对这些都没什么概念，只是误打误撞地把这个群做了起来，但究竟这个群是怎么起来的，他根本说不出来个一二三。而有的群管理员，则是一开始就明确了这个群生态的大概逻辑和模型，且做的每一件事，都是为了让这个小生态最终能够成型。

以上，就是我在这一节想要分享的全部了，我认为，理解了这些，你往后在自己的运营实践中可以有更多的思考，可以更好地去吸收很多方法和干货，是至关重要的。

为了让大家更好地理解"流程化思维"、"严谨强大的执行"、"杠杆"、"生态"等等对于运营工作的重要性，下面我特意摘取了一个脉脉在 2016 年 10 月开展的大型营销事件案例复盘分享给大家，你可以在其中细细品味我们上面在第二章提到的所有内容是如何在一款产品的运营中发挥作用的。

值得一提的是，这个复盘当时在完成之后也得到了脉脉团队官方的一致认可，脉脉的联合创始人何金对我表示，这个复盘写得很客观，对他们自己也很有启发。

希望它也同样对你带来一些启发与思考。

2.6.2　案例：脉脉"知识裸捐"霸屏营销背后的逻辑与思考

2016 年 10 月 24 日上午，脉脉的一位运营妹子在微信上找到我，给我发了这么一条消息，如图 2-16 所示。

我打开她给我发的链接，看到里面是这样的，如图 2-17 所示。

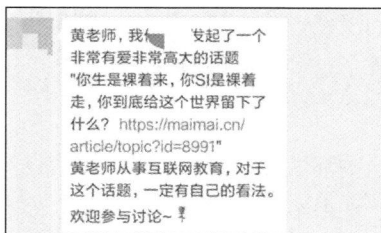

图 2-16

图 2-17

当时我没太留心，想着可能就是个运营为了完成 KPI 的站内话题，支持一下就好了，于是就回复参与了一下，然后就没太搭理了。

但从 10 月 25 日下午开始，我开始发现，脉脉这次似乎是有备而来，想要玩儿把大的。

比如说，我在 10 月 25 日下午开始看到有很多人在朋友圈、公众号等地方都提到，脉脉在分众、新京报等你，都围绕着相关话题开展了所谓的"霸屏营销"，如图 2-18 所示。

图 2-18

基本上，对于一款 APP 来说，集中结合纸媒、社会化媒体、分众等这样的渠道来做一波海陆空齐发的营销，算得上是很大的手笔了。

所以我顿时来了点儿兴趣，想聊聊这个事。

我们可以从微观往宏观来看，先聊执行，再聊策略和操盘。

（一）这次营销的策略

我初步梳理了一下，应该讲这是一次复杂程度颇高、战线很长的营销，核心是"知识裸捐"这个主题。

这里说明下，所谓"知识裸捐'，既提倡大家把自己的一些知识和经验无保留地共享出来，不过是"分享"、"讲座"的另外一种概念包装而已，其实算不上新鲜。

围绕着这个概念，这场营销的基本策略大体如下——

围绕着"知识裸捐"营造出一个话题，先通过"裸"和"裸"引发的悬念来吸引眼球引发关注+传播，再通过站内话题的打造带动大家对于"知识裸捐"这一行为的共鸣和参与，最后通过王小川、江南春等一系列圈内大佬、大 V 们的在线直播讲座来让活动进入高潮，并最终进一步放大活动影响力。

总体上看，这个策略主打的"知识裸捐"这个概念从引发好奇心的层面来看是足够的，但在往后如何能够持续带给用户新鲜感方面可能有所不足。

（二）整个营销的执行

而整个营销执行方面的流程和逻辑大体如图 2-19 所示。

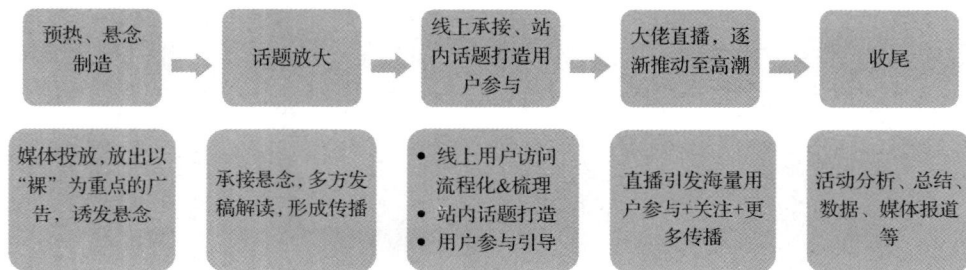

图 2-19

围绕着这个逻辑，我们不妨逐一来看看脉脉在每一个节点上的好和不好。

1．预热

首先是第一个环节，预热+悬念制造，这个环节，我给脉脉满分。

这个环节，脉脉的核心动作是通过一张海报，完成了分众+新京报等平媒两个渠道的投放，而两个渠道所用的海报内容是一致的。

从海报设计和文案来看，极其醒目，一个大大的"裸"字牢牢抓住眼球，下面一段文案："你生是裸着来，你 SI 是裸着走，你到底给这个世界留下了什么？"足以引发一场没有结论的思考。

最后底部则是一个搜索框——搜"脉脉"，查看更多关于"裸"的真相。

基本上，这个海报广告既能第一时间牢牢抓住眼球，又巧妙地留下了一些悬念，同时还对于用户的下一步行动给予了很明确的引导，从头到尾都很明确。

尤其是，当一个用户看完那段很容易引发思考但很难得出结论的文案后，按照最下方搜索框的提示去进行搜索试图想要揭开谜底的概率，我猜会很大。

2．话题放大

第二个环节，是话题的放大。

脉脉在这个环节做的事，更多是承接着上面的"裸"留下的悬念，通过微博、微信等渠道对于事件进行了第二次传播，也算是一个对于此前第一天悬念的揭晓。这里，有一部分传播是脉脉自己通过 BD 甚至付费找渠道买的转发和发稿，而另一部分则来源于一些自媒体、大 V 们对于此事的一些主动分析和解读。

可以看到，这个部分的动作，脉脉基本是在 10 月 25 日当天完成的。

也可以看到，脉脉在这个部分的投入很大，仅以微博为例，包括新京报、京华时报、Vista 看天下、北京青年周刊、万能的大熊等在内的诸多大号都参与了微博的转发——以上这些大号加起来的微博粉丝数超过 4000 万。

然而，假如你找了这么多的大号来帮你转发，你是不是对于结果会有很高的期待？

很可惜，并没有。至少从微博来看，脉脉当天的话题热度并不算高，脉脉"知识裸捐"的阅读是 1077 万，而差不多同时出现的另一个话题"小米 MIX"话题阅读数则接近了 6700 万。

此外，微信方面也能看到有一些大号对于事件进行了一些跟进解读，但其中阅读量最高的，貌似也不过是"广告界"发布的"分众的第一次竟然给了脉脉"，阅读量也不过才 18000+。

总体来说，这个环节脉脉的执行是很到位的——能同时铺到如此多的渠道，其实从运营上来看已经很不容易了。但传播内容在放出后缺乏互动和趣味性，导致了脉脉在第二个环节上的传播实现得并不理想。

对于社会化媒体上的平台来说，"趣味性"和"互动性"一直是必不可少的两个要素。我且随意脑洞大开地设想一下，假如还是围绕着"知识裸捐"这个事，脉脉在第二个环节是让大家选出你最希望把他的知识"裸捐"出来的人，然后脉脉来帮你实现，邀请他过来现身说法，毫无保留地把所有干货猛料都抖出来，这样从第二轮的传播和互动来说是否会更好？

3．线上承接&用户参与

第三个环节，是线上的承接和用户参与。

应该说，对于一款 APP 来说，能否成功借助一场营销实现真正产品数据的拉升，这个部分是关键。

对于脉脉来说，这次营销面向老用户和新用户的承接和引导路径是完全不同的，我们可以依次来看。

首先是面向老用户，老用户从接触到话题到回到产品中去参与活动的流程大体可能是这样的：

（1）了解事件；

（2）打开脉脉 APP；

（3）在脉脉 APP 中寻找活动入口，试图参与活动。

应该讲，在这条路径上，脉脉主要的工作就是 APP 内的引导。我们可以看到，脉脉在活动期间在 APP 启动页面上对于"知识裸捐"活动形成了较强的引导（图 2-20），应该说，这个感知还是很强的。

然而，奇怪的是，在脉脉站内，一个用户进入之后，却找不到任何与此话题有关的入口，如图 2-21 所示。

图 2-20

图 2-21

其实，脉脉官方在站内也还是组织了一个话题的——就是我在本节开篇时提到有人邀请我参与的那个话题，也可以借此看到，脉脉希望驱动站内更多有影响力的大 V 加入讨论和互动，借此带动话题在脉脉站内的流通和传播，但这样一个话题和活动居然在活动期间不是面向全站用户重点推荐的，这还是颇令我意外。

此外，作为一个普通用户，在看到这样一个话题时，坦白地说可能是有点不知道该如何参与的——让普通用户去围绕着"你到底给这个世界留下了什么"这样高大上的话题进行思考和表达，这无疑还是很有难度的，从这点上来说，脉脉这个站内话题的承接，其实门槛有点高。个人感觉或许让用户只是简单地完成几个操作就表明一个态度——比如哪怕转发一句立场口号之类的可能都会好很多。

截止到 10 月 26 日晚 8 点多，可以看到，这个话题累计被发表了 322 个观点，点赞 3000 多次，应该说算不上是一个特别高的数字。

上面说的是老用户的承接路径。下面再来看新用户的。

对于一个此前完全没听说过"脉脉"的新用户来说，其接触产品参与活动的典型路径可能是这样的：

（1）看到脉脉的各种海报和内容，勾起兴趣；

（2）通过搜索引擎或应用商店搜索"脉脉"，下载产品；

（3）打开"脉脉"APP；

（4）寻找相关的入口并试图发现和参与活动；

好，下面我们以我司一位妹子的真实体验来还原一下这个流程——她此前恰好从未使用过脉脉。

先看搜索引擎结果，在百度搜"脉脉"后出来的结果如图 2-22 所示。

应该讲，脉脉通过自己的发稿、媒体报道等基本做到了在搜索结果第一屏都是自己的相关消息，这个部分做得还是比较扎实的。（虽然妹子表示她期待着会蹦出一个解释什么叫"裸"的广告弹窗来。）

再往后，下载 APP，下载和启动与之前老用户的体验是完全一样的，此处不表。

但下载完成后，打开整个 APP 的界面，如图 2-23 所示。

可以看到，首页几乎完全没有"知识裸捐"相关的内容推荐和入口。

再看后面几个 Tab，如图 2-24 所示。

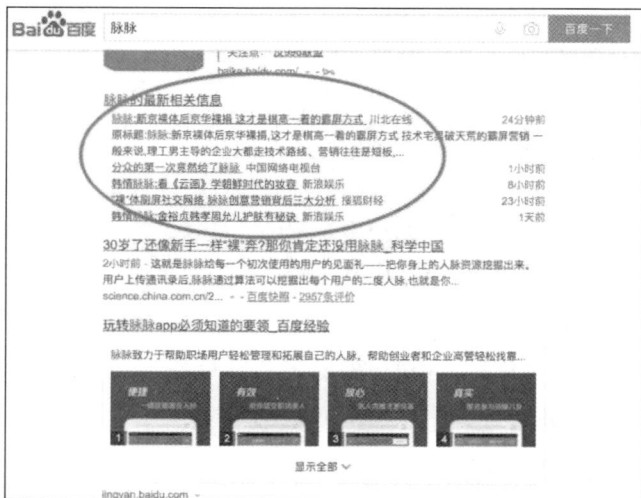

图 2-22

图 2-23

图 2-24

是的，还是没有找到任何相关信息……这让我司妹子一时很茫然。

直到又认真地看了 3 分钟后，她才终于在"人脉办事"中找到了"职播广场"，并点击进入其中，这才找到了相关的内容，如图 2-25 所示。

图 2-25

一个因为对活动和事件好奇而下载并进入产品的新用户，居然要花 5 分钟以上来找到相关内容的入口……这让我深深质疑——难道脉脉在做这样一场声势浩大的营销之前，居然没有想过面向新用户去针对性地做一些引导和转化吗？

无疑，在这个部分，可以给脉脉不及格的分数。

4. 大佬直播

好了，下面我们可以来看第四个环节了，也就是大佬直播。

应该讲，本次在这个部分，脉脉可谓是倾尽全力，请来了极其强大的大佬阵容站台，看看图 2-26 这张海报你就知道了。

图 2-26

但，或许是受困于引导流程不清晰等原因，可以看到，即便是王小川这样的大佬，其直播报名人数也不过 15 万多人（按照经验，实际参与人数通常大约会是报名人数的一半左右），虽然人也已经不少，但比起映客花椒上那些动辄数十万人参与的直播，无疑热度还是弱了一些。

基本上我们可以看到，这一系列直播一直持续了较长时间。这个部分，不太确定的是脉脉官方是否会在直播期间还有彩蛋放出，引发进一步传播，这还需要观察。但目测很难，毕竟大佬们的直播现场脉脉想要全部影响和控制还是很难的。

基本上，在直播这个部分的数据，我觉得对于脉脉官方如此大力度的投入来说，可能有点未达预期。

（三）关于这次营销背后的一些思考

但凡大手笔营销，背后必有所求，要么是为了大规模拉新，要么是为了冲数据融资，要么是为了建立品牌形象定基调，要么是为了推新产品，几者至少必占其一。

就我个人看来，脉脉的上一轮融资是在 2014 年 8 月完成的 B 轮 2000 万融资，到目前为止已经过去了 2 年，并且自身又还没有太多的商业变现能力，所以基本上从时间和节奏上判断，融资的可能性和需求应该是存在的。

其次，可以看到，脉脉本次营销的最后落脚点，放在了"直播"这样一个产品形态中，在其直播页面中，也可以看到大量一线大佬参与其中，对于近一年来产品内部变动不大的脉脉来说，不排除这种主打"行业知识分享"的直播会成为其重点想要发力的一个突破口，从这个角度看，不排除未来几个月内脉脉围绕着这个功能还会展开一系列动作。如果想要对标，这个产品形态，或许可以类比为真人出镜版本的知乎 Live。

最后，关于这次营销，应该说是一次投入很大、层次丰富、资源卷入复杂的活动，尤其是考虑到需要在短短一周内集中把如此多的动作全部落地，挑战还是很大的。

在这样的挑战面前，脉脉团队有完成得出彩的地方，也有缺失的地方，都很值得我们去关注和借鉴。

2.7　一个优秀的运营，到底需要多懂"产品"

这一章的最后，我换个角度继续来聊聊"运营"和"产品"。我在本书前面的内容里提到过这样一句话——好产品要懂运营，好运营也要懂产品。事实上，这句话并非我的专属，印象中，几乎超过 90% 以上的产品和运营"大牛们"都提到过这句话。

印象中，几乎超过 90% 以上的产品和运营"大牛们"都提到过这句话。

然而，对于很多工作经验只有一两年的产品和运营工作者而言，听到这句话很可能是一脸茫然——运营要懂产品，具体要怎么个懂法？要有多懂？懂了能解决什么问题或创造什么价值？

同一个问题换到产品经理身上，也是同理。

本节想要稍花一点篇幅来聊下这个问题：既然人人都说好运营需要"懂产品"，那么到底需要怎么个懂法？以及，理解了那些跟产品有关的信息之后，能给你的工作带来哪些明确的帮助？

我试着总结了下，分成 4 个方正来聊。

第一，运营理解了产品经理的科学工作方法和流程后，甚至部分掌握了一些产品经理的思考方法和逻辑后，可能会降低你的无脑吐槽或者提出无脑需求的比例。

参加过三节课课程的同学应该知道，对于一个合格的产品经理而言，"用户、需求、场景"永远是其在进行产品设计和需求分析时必不可少的 3 要素，简单讲，我们必须对于某个需求背后的具体场景和具体使用对象有非常清晰的捕捉，才能判断这个需求是否靠谱，是否切实存在，否则，这个需求很可能是在臆想。

举个例子，三节课的在线教室作业区中有人提出想要上线一个"搜索"功能，我们试着对比一下如下两种思考和表述：

A：这一般的社区论坛都有搜索功能，我们肯定也得有啊，没有这个功能太不方便了。反正这个必须要做！

B：我们来看一下什么人在什么时候会产生"搜索"这个需求：比如我们现在开了一个 500 人的班级，在这个在线班级的作业区中，假如有 200 人提交了作业，助教也完成了对作业的批改，这时作业区内就存在了海量的信息，可能会多达 20 页，并且这个时候助教或班主任还会经常到班级群内告诉大家每周哪些同学的作业是很优秀的大家可以去观摩，于是这个时候对于想要前去观摩的同学们就产生了一种"想把那些优秀同学们的作业找出来"的需求。如果这样的事情在为期八周的课程中每周都存在，这应该是一个值得做的需求。

对比 A 和 B 的两种思考表达，是不是感觉 B 的表达更靠谱？

不仅如此，在"用户、需求、场景"的基本逻辑下，还有助于我们更进一步判断，这个需求值不值得做，是否存在更好的解决方案。比如说，针对 B 的这个"其他用户想看优秀作业"的需求，我们是否有可能专门设置一个"优秀作业区"，让助教对作业可以打"优秀"标签，然后被标注"优秀"的作业会自动进入优秀作业区就好了？

遗憾的是，就我个人的经验来看，这类相对理性成熟的"产品型思考"，在绝大多数工作两年以内的运营身上并不存在。

第二，作为一名运营，如果你能够时刻拥有一种"寻找合理高效的产品机制来为运营服务"的思考，这会带给你更大的可能和便利。

我们都知道，很多运营同学在做的事情都是一种类似于"依靠个人的人肉时间投入来辅助产品运转式"的工作，比如审核、打标签、"人肉"发各种优惠券、做活动等，但如果你长时间做的都是这一类工作，无疑是没有前途的。

我个人的观点是，运营做到了一个阶段后，一定需要时刻拥有某种产品层面的思考，才会拥有更大的可能，即：面向我当前存在的具体运营需求，如何可以借由一些产品机制的变化来帮我更好更有效地实现它？

这里我举个最近看到的例子，试想一下，假如你是知乎 Live 的运营负责人，当前面临的具体需求是要拉升知乎 Live 的整体用户报名数，你会怎么做？

我猜有人可能会说要做活动大促，有人可能会说我们做更多站内站外的推广和曝光，等等。

然而，知乎是怎么做的呢？

知乎的做法远比大多数人能想到的更为轻巧，简单说，他们上线了一个"Live 主讲者可以直接给其他人赠票"的功能。

这个功能的使用，是 Live 主可以在自己的 Live 页面下点选"送票"按钮，然后选择要赠送的对象，于是，对方就会收到一条私信。比如知乎大 V 刘飞给我赠送了一场他的 Live，我收到的私信如图 2-27 所示。

刘飞 ◎ ： 我赠送给你一场刘飞的知乎 Live，产品经理入门指南，点击领取 - zhihu.com/lives/8155194...

今天 10:20　　　　　　　　　　　　查看对话 | 回复 | 举报 | 删除

图 2-27

这个时候，我点击刘飞发给我的这个链接，就可以直接报名这场 Live 了，报名过后，"黄有璨报名了刘飞的 XXXlive"的消息就会出现在所有关注了我的用户的知乎 Feed 流里。

这样一来，假如我有一天要开一场 Live，我是不是也可以通过给苏杰、刘飞、张亮等大 V 们赠票来更好地实现 Live 的推广呢？这样是不是比以前我要一个个私信他们"求帮转一下"要来得方便和顺畅了很多？

这个机制上线后，我预计既可以带动 Live 整体数据的上升，又不会给运营带来很大的工作量和压力。

所以，能够时刻从产品层面去思考，现在是否可以存在某些更合理高效的产品机制来解决你的具体需求，是一种可贵的习惯。

第三，懂得某些产品的逻辑、架构，甚至能够粗略对于实现成本有一些评估之后，会有助于大大降低你与产品经理和研发之间的沟通成本。

我们都知道，在广大互联网公司内部，经常存在着各种产品被运营坑、运营被产品和研发蒙骗了的段子。

比如说——

运营：我们要做一个活动，很简单的……这么简单后天能做出来吗？

产品&研发：&……%¥#……&

又比如说——

运营：我们要做一个活动，大概想这么搞，你们评估一下这个东西多久能做出来？

产品&研发：你这个目测至少要一个月才能做出来啊。

运营：啊，这么久？为啥呀。

产品&研发：哎呀，这个是技术问题了，反正说了你也不懂。

运营：*&……%￥#@

其实，类似这样的尴尬，假如运营能够有一些常识，对于产品方面的实现逻辑和成本都可以做出一些预估，甚至可以跟产品和研发讨论一些实现问题的时候，这样的尴尬是完全可以避免的。

试想一下，假如产品和研发跟你说需求实现不了的时候，你可以义正辞严地回复：怎么就做不了！这样这样这样不就行了吗。你看，prd 在此，拿去看！看完有什么问题再统一回复我吧。

这该是一幅多美的画面……

以及，假如运营能够理解更多产品和研发层面的实现逻辑时，也会有助于你的思考更加缜密，大大降低与对方之间的沟通理解成本，成功赢得产品和研发伙伴们的好感。

试比对一下以下两种表达——

运营 A：产品，我们准备要做一个"买得越多就多送用户礼品"的活动，你来帮我们想想怎么实现吧。

运营 B：产品，我们准备做一个促销的活动，这个活动想通过"当日下单随机送礼品"的方式来实现，我们目前有 3 种礼品可以拿出来送，我想了下，是不是可以这样实现——订单尾号为 5 就送礼品 1、尾号为 8 送礼品 2、尾号为 3 就送礼品 3，你来帮我们评估一下这个需求靠谱不靠谱？

感觉一下，运营 A 和 B，哪一个更容易受到"产品汪"和"程序猿"们的认可和喜爱？

第四，深刻理解"产品"工作的本质，包括 MVP、精益、敏捷、"少即是多"等产品理念和工作方法之后，会有助于你用最合理的方法去推进很多工作的开展，能够在整个业务链条中发挥更重要的作用，以及某些时候在与产品的话语权争夺中占据主导地位。

产品的本质是什么？我的合伙人，三节课 CEO Luke 曾经给出过精辟的总结：所谓产品，无非一个横向和一个纵向，其中横向是业务流程，纵向则是信息架构。

所以，无论产品还是运营，最终的核心目标，都是围绕"打造一个长期稳定、可持续的业务流程，并不断优化、调整及放大它的价值，从中获得更多的收益或回报"来展开的。

在很多公司内部，产品的话语权往往要更大，就是在于产品天天要思考业务流程的梳理和关键环节上的信息组织，因此想得比运营要更深入具体，从而在讨论关键业务的时候，会给出更多有价值的思考和判断，这时候，运营只能沉默。

但据我所知，在很多公司内部，当运营可以更好地理解业务、也离业务链条更近、思考也更深入的时候，是会更容易拿到业务环节中的话语权的，这时候，一家公司内的分工关系，就变成了运营主导、产品配合和实现的模式，典型在很多电商类的公司比如京东内部，都很容易看到这样的关系。

至于 MVP、敏捷、精益等就不用提了，我在本书前文中就曾分享过我使用 "精益" 的理念来节省了 N 多成本成功推进落地了一个项目的真实事例。

如果你有印象的话，我还在本书前文中分享过一个理念：产品负责提供长期价值，运营则负责创造短期价值+协助产品完善长期价值+消费用户价值获得收入，且，只有长期价值明确、稳定的时候，创造短期价值以及消费用户价值才是有意义的。

当我还在新浪工作的时候，在某次我认为老板的方向不是很合理的时候，我就曾经通过这套逻辑完成了与老板的沟通和说服，从而为我自己争取到了更好的工作环境和空间，而不是老板给了我一个事，我明明感觉它不靠谱，还必须得硬着头皮去做。

关于这个话题，我的思考就分享到这里，希望能够给你带来一些启发。

到此为止，第 2 章也就正式告一段落了，我仍然希望强调一下，对于一个新人来说，优先要做的事情，应该是让自己具备一些良好的思维方式和工作习惯，而不是直接奔着方法和技巧去。两者间的关系，好比一个是内功心法，另一个是武功招式，假如内功和心法没有足够的积累，直接就奔着招式去了，是很容易走火入魔的。

而像内功心法这种更贴近于底层思维、工作习惯和价值导向的东西，我觉得，可能也是运营的 "光" 之所在。

一个特别特别靠谱的运营在着手解决问题、开展工作的时候，会尽力让 70%以上的事情变得对自己是可知可控的，只留下 30%的不确定。而一个靠谱程度还没那么高的运营，则有可能正好相反——他会把 70%的事情付诸于不确定。

运营，往往就是通过很多看似琐碎无趣的事情，最终赋予了一个产品闪耀的光芒。

3.1 如何才能找到"掌控"运营指标的感觉

（一）

第 2 章中我们讲完了认知和思维，现在开始，我们终于要进入最落地、也应该是大部分人最为关注的"核心技能"的部分了。

而在这一章的开篇，我们会先来解决一下"如何能够真正对运营指标负责"，或者说"如何让自己对于运营指标更具掌控力"的问题，这件事情，对于能不能在烦乱冗杂的运营工作中理清头绪，找到自己的方向和目标，进而让自己的工作状态变得更好，可能是至关重要的。

（二）

这里我要先分享一个观点：

一个特别靠谱的运营在着手解决问题开展工作的时候，会尽力让 70% 以上的事情变得对自己是可知可控的，只留下 30% 的不确定。而一个靠谱程度还没那么高的运营，则有可能正好相反——他会把 70% 的事情付诸于不确定。

我来举个我们在 2016 年初经历过的实际例子：

2016 年 2 月底，春节过后，当时三节课的微信公众号才刚刚开始认真做了一个多月，粉丝数不过才将将接近 2.5 万。我们在 2 月底开了个会，定了个目标：要在 3 月底把我们微信公众号的粉丝数从 2.5 万做到 5 万，翻一倍，且，不能花钱。

请问，换了是你，拿到这么个目标，你会怎么做？

我猜，大部分朋友一定会给出接近于如下答案之一的回答：

- 我要办个特别好的活动来拉新！

- 我们看看能不能搞几篇阅读量 10 万多的爆款文章来带动粉丝增加！

- 我们看看能不能对外谈个 BD 找几个特别好的资源或者搞来几个名人大佬站站台，帮一下我们！

- 钱都没有，这不是坑吗？还搞什么？！

然而，当时我们内部在面临这个目标的时候，最后是这样来把目标落地的。

- 粉丝自然增长：我们整体分析了 2 月全月的粉丝增长数据，发现我们平均单日的粉丝增长大约在 130 ~ 150 人，且 2 月因为过年，事实上我们并没有做太多的活动或策划。据此我们得出第一个结论：只要我们能够维持整体内容质量不下降，平均每天 150 人的粉丝自然新增还是可以保证的。这样我们就有了第一个粉丝增长的来源：150 人/天 × 30 天 = 4500 粉丝。

- 高质量内容：因为 3 月要重点冲刺一下粉丝增长，所以我们 3 月预计会重点加强一下内容端的发力。按照 1 月的经验，我们每次能够产出一篇高质量的深度文章，在文章产出后 3 天左右的时间里，预计可以额外带来 500 左右的粉丝（主要来源于其他大号转载，其他内容平台如知乎等的传播），而按照我们的时间、精力和能力，我们预计可以每周产出 2 篇爆款文章。这样我们又有了第二个粉丝增长来源：500 粉/篇 × 2 篇 × 4 周 = 4000 粉丝。

- 渠道转载：到 2 月底，其实行业里愿意转载我们内容的大号已经有一些了，但还不够多。我们预计，在 3 月内主动去与更多的行业大号建立联系，形成内容上的合作。按照我们已知的一些大号和新榜等渠道的查询信息我们进行了估算，预计 3 月内我们的内容合作渠道可以增加 50% 以上，而内容合作渠道的增加也会带动我们日常的粉丝增长，我们暂时预计这块可以平均带来每天 80 人的粉丝增长，所以就是 80 人/天 × 30 天 = 2400 粉丝。

- 主题连载：3 月开始，我还打算开始启动写一系列运营相关的主题连载（就是你现在看到的本书的前半部分），理论上来讲，既然是连载，肯定会有人想要去追的，所以，这个连载内容的出现预计还会额外拉动我们的粉丝增长，预计每篇可以额外带来 300 左右的粉丝增长，这个系列连载，我预计每周写 2 篇，于是我们又有了第三个粉丝增长来源：300 粉/篇 × 2 篇 × 4 周 = 2400 粉丝。

- 用户传播：三节课的另一个资源是品质足够高、足够精良的在线课程，且 3 月开始，我们会有大量产品和运营相关的在线课程陆续放出。因此，我们打算在 3 月，梳理一下对于在线课的包装以及上完课程后的用户传播，借助课程的传播和用户上完课后的口碑外化为我们带来更多的粉丝。这一块，我们预计可以带来 3000 左右的粉丝增长。

- 课程拉新：3 月我们另有一位外请讲师的话题在线课——如何用数据驱动产品和运营，我们准备围绕着这门课程再做一次活动，大概形式就是做一个带有微信公众号二维码的上课邀请函，转发这个邀请函到朋友圈，课程结束后可以获得跟老师在线入群交流的机会。这个小活动，通过以往课程的报名人数估算，预计可以给我们带来 1500 粉丝的增长。

- 大号互推：我们盘算了一下，手里应该有五六个互联网圈内的大号资源，我们准备在 3 月内牵头把这个几个大号组织起来做一次大号互推，因为互推本身对大家都是有价值的，且牵头和文案这类的事情都可以我们自己来做，这个事情预计大部分人都不会反感。然后我们又分析了一下，这些大号的副图文阅读量都在 4000 左右，以我们找到 6 个大号、互推粉丝转化率可以达到 12% 来计算，我们这次互推预计可以带来的是：$3500 \times 6 \times 12\% = 2900$ 粉丝。

- H5 传播：我们准备在 3 月份尝试 2 ~ 3 次以拉新为目的的线上活动或 H5 传播，这样的传播效果一般不太好说，需要看看运气，所以我们暂时不对其抱过高期望。暂时以每次活动或 H5 能给我们带来 1000 的粉丝增长计算，这样如果能完成 3 次活动，就是 3000 粉丝。

- 渠道外推：针对其他如知乎、简书等内容渠道，我们准备再做一些内容外推拉动粉丝增长的尝试，因为是尝试，不抱太大期望，所以预计这块会带来 1500 粉丝左右的增长。

以上 9 项，假如全部落地且全部达到预期，合计可以带来 2.52 万粉丝的增长。

（三）

不知道你看完如上两类回答后，感觉如何？

我猜，前一种回答往往会让人充满了不确定、不可控的感受。换句话说，你虽然给出了一个答案，但事实上，对于这个答案是不是真的可以帮你达成你的预期和目标，可能连你自己都完全没谱。

而相比起来，后一种回答则会让你感觉到这个 2.5 万粉丝的增长是真的可行、可达成的，而你对于这个目标也是相对具备一些可控力的。当然，这个可控一定不可能是绝对的可控，一定还存在各种突发的事件和运气等客观因素，所以，你只能尽力做到相对可控。

尽管如此，这种"相对可控"的感受仍然是宝贵的，它会让你感受到你的工作有具体目标和方向，且具有一系列可行的方针和策略。找到这种感受，你才不会产生那种一个人对着一个几万粉丝的 KPI、做着一个连自己都不知道能不能管点儿用的活动时的无助感和无力感。

对了，也顺带分享下，在上面这个发生于 2016 年年初的真实案例里，我们最后基本上以 90%左右的程度按照计划完成了我们的工作(剩下的那 10%大概是例如 H5，原计划做 3 次，但最后只做了 1 次之类的)。而最后，我们也在 3 月的最后一天中午左右，顺利达成了一个月粉丝数翻倍达到 5 万粉丝的既定目标。

这，就是我们所说的：一定要试着让 70%以上的事情变得对自己是可知可控的，只留下 30%的不确定。

（四）

至于如何才能让事情对自己更加可控？ 答案就像我们上面已经通过具体事例展示过的：把围绕着一个大目标的所有工作任务都拆分到极细、极具体。

这么看起来，其实运营指标的拆解+具体执行和项目管理的一部分思路也是比较相近的。事实上，因为运营要面临的工作内容往往十分繁多杂乱，所以，是否可以有效地管理好自己的工作内容和各种事务，并把它们有机组合起来为一个大目标去服务，始终都是一个非常关键的东西。就好比前面我分享给你们的我那个运营同事的工作任务表一样。

承接着上面的案例，我们可以再继续分享几个对于运营指标进行逐级分解以让之变得更可控更可行的例子，也借此展示一下针对不同运营指标进行拆解的思路。

举例：

某电商网站做的一个大促活动，假如老板跟我们说，要把这个活动的销售额提升 5 倍，那我们可以如何去思考和着手呢？

我们或许先应该梳理一下，这个大促活动的销售额这个指标，主要会跟哪些分支指标或要素相关？

于是，我们可能会得到一个如图 3-1 所示的公式。

图 3-1

有了上面这个公式后，是不是觉得我们的工作思考方向一下子就变得清晰了很多？

例如，对照上面的公式，现在假如其他两个因子不变，我们只需要把"活动流量"、"活动流量/付费行为转化率"或"活动 ARPU 值（即每用户平均收入，或称客单价）"中的任何一个提升 5 倍，都是可以达成我们"销售额增加 5 倍"的目标的。

（五）

那么我们再来简单说一下，上面这 3 个要素具体可以怎么来拉升。

先说活动流量。我们是不是可以把活动流量来源先细分为内部流量（即来源于站内导流到活动页面的流量）和外部流量（即通过外部渠道导流到活动页的流量）两部分，然后具体去看内部流量方面，我们是否可以拿到更好、更多的内部推荐位？

而对于外部流量方面，我们是否又可以逐一将其拆解为类似图 3-2 的样子？

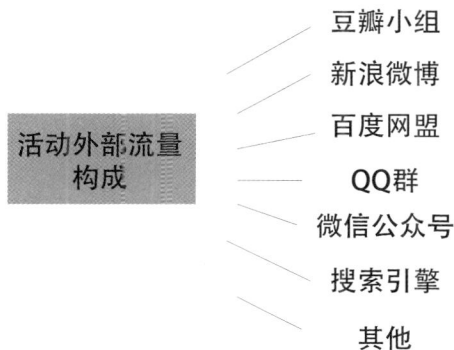

图 3-2

这样的话，为了最后提升我们整体来源于外部的活动流量，我们只需要逐一在上述这些渠道乃至更多的渠道上去做好推广引流就可以了。

甚至是，沿着这个思路，在具体某个渠道（比如百度网盟）去做推广引流的时候，我们也可以将其进行再进一步的细化，比如我们或许可以得到如下的公式：

百度网盟带来的流量 = 我们的推广内容在百度网盟得到展示的次数 × 推广内容点击率

依照如上公式，我们在百度网盟的推广，要么就是提升我们的推广展示次数，要么就是提升我们推广内容的点击率。

而关于提升付费转化率，我们是不是可以去具体思考梳理一下，从用户访问到这个活动页面，一直到其完成付费的这个全过程，一共分为哪几个关键步骤？在每一个步骤或环节上，我们是否可以设置一些小的运营机制，去牵引着用户往下走？还是像之前说的一样，最简单粗暴，哪怕每走一步，你就送点小礼品啥的呢？

比如说，某年某猫的双 11 站内活动，大概就是如图 3-3 所示这么做的。

至于如何提升 ARPU 值，你还记得电商网站中的各种包邮、满减、促销和相关推荐等一大堆东西吗？你没有觉得很多时候，你其实就是在被这些东西牵引着，一不小心就又多掏了几十块钱的吗？

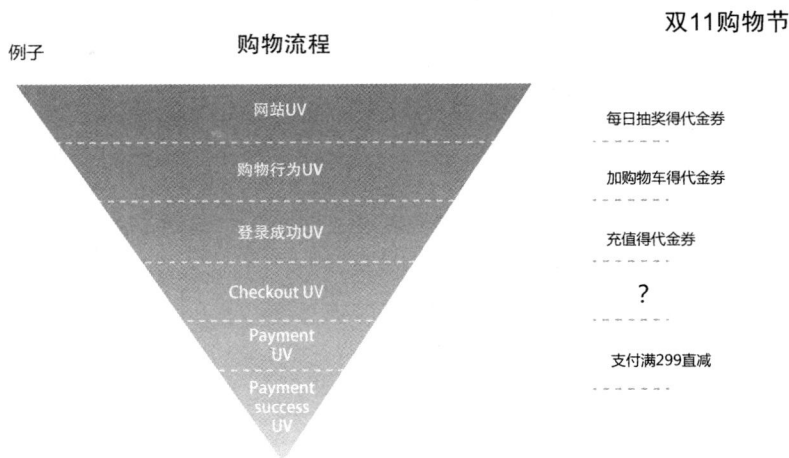

图 3-3

（六）

所以最后我们来总结提炼一下吧，任何时候，当你拿到一个目标或运营指标的时候，你都应该遵照如下几个步骤来进行思考，并最终落地。

第一，你要界定一下，这个指标是由哪些分支指标或哪些要素构成的。你需要把你的目标指标和这些要素间的关系界定出来，最好变成一个公式的样子（类似我们前面的例子）。

第二，这些被你提炼出来的分支指标或要素现在是否还存在可以提升的空间？比如说，上面我们第二个大例子提到的来源于内部渠道的流量，假如你们站内的总流量是 10 万，但目前导到活动页的流量只有 5000，那么还是有比较大的提升空间的。而假如目前导到活动页的流量已经有六七万了，那么这个地方其实没有太大可以提升的空间了。

第三，具体来思考，如果要提升某个分支指标，我们需要将其拆分和落实为哪些具体的运营手段？比如是优化几个文案，还是做几个活动送点礼品，还是再多发几篇微信图文、多发几篇微博？

另外，如果你认真看过了本书前面的内容，你也会发现，其实本节的内容，跟我们此前的内容里提到的很多思考方法和分析思路，也都是一脉相承的。这也是我为什么一直都在说，一定要先有了认知和思维，再去接触具体技能，因为这样其实反而效率会更高。

关于如何在较大、较复杂的运营指标面前让自己变得更加"具有掌控力"，我们就先聊到这里。我觉得，在杂乱繁多的运营工作面前，学会做好自己的目标和工作内容管理，可能是对一个运营人而言，属于优先级最高的技能之一了。

3.2 一个运营必须具备的数据分析方法和意识

（一）

上一节，我们聊了运营指标的拆解和落地。

这一节，我们来讲讲另一件可能会贯穿你的运营生涯始终的事情——数据在运营工作中的运用。或者，也可以说是如何用数据来指导你的运营工作。

这里要先提一嘴，数据的背后，其实是逻辑和推理。换句话讲，想要让数据可以更好地为你服务，你需要先有好的逻辑和推理分析能力。假如连这一层都做不到，即便你看过了这节内容并拍案叫绝，很可能也是只得其形，未得其神。

而至于如何评估自己的逻辑能力，我给一个大体的参照：

逻辑能力较强的人语言表达方面往往是有组织的，其说话表达往往有框架有条理，思路清晰。比如，在回答问题时他会喜欢用"起因-经过-结果"、"案例-问题-分析原因-解决方法"等框架来进行回答。框架不是为了束缚思维，而是用来整理思路。

在此基础上，一般谈话话题容易跑题万里拉不回来的人，以及经常容易表达上前后自相矛盾难以自圆其说的人，逻辑可能都是比较差的。

但，逻辑也不是不可以练习的，只是一定需要投入大量时间。

比如：

尝试给自己建立某种思考框架（如我们前面说过的"案例-问题-原因-解决方案"这样的框架），并尝试在自己所有可能会经历的相关场景中都持续强制自己使用相应框架进行思考和表达，这样持续几个月后，通常是会有些效果的。

此外，也推荐参考一下《思考的技术》《麦肯锡教我的思考方法》《创新者的思考》《学会提问》等书，都是我看过关于逻辑和思考方法方面的一些好书。

另外，很多人尤其是文科生在提及数据时往往会觉得比较怵，但数据其实一点也不可怕，只要将思路捋清楚了，你会发现数据其实还挺有趣的。在今天的内容里，我就会试着给你呈现一些有趣的例子。

（二）

好了，接下来我们正式聊数据在运营中的作用。

说到数据，阿里的数据系统在整个国内互联网行业应该是最强大的了。

此前有一位从阿里离职的芮曦同学写过一篇文章《我在阿里 3 年的运营经验都在这里了》，其中数据的价值和运营工作中的具体使用场景，我觉得很多地方讲得是比较到位的。

如果我们需要总结一下的话，简而言之，数据对于运营的价值可能包括了如下几方面。

1. 数据可以客观反映出一款产品当前的状态好坏和所处阶段。

比如，三节课定位的用户群主要是互联网行业的"产品经理+产品运营"，这群人假如有 300 万人，目前我们已经有了 10 万用户，且依靠口碑形成的自增长还比较迅速，那么我们是不是应该去加大一些推广和营销的力度，把推广做得更好一些呢？

又或者，假如我们现在才只有 1 万用户，且课程等产品体验还比较一般，那么其实我们当前的核心任务是不是更应该是先节奏慢点儿，踏实把产品体验搞好了再说？

2．假如做完了一件事但效果不好，数据可以告诉你，你的问题出在哪里。

比如，三节课新做了一个围绕着课程推广的活动，但结束了之后发现真正愿意去参加课程的人不是太多，那么你是不是该去看看，到底是引流引得不够多，还是课程页面转化率太低，还是整个报名流程有问题？

3．假如你想要实现某个目标，数据可以帮助你找到达成目标的最佳路径。

这跟我们前面提到的东西类似，好比你老板让你把销售额提升 5 倍，你是不是得去看看，销售额的提升到底该从哪方面着手？是搞进来更多流量？还是用心把付费转化率做上去？还是好好提一下客单价？或者老板要的是用户量提升 50 万，你是不是得去看看，这 50 万用户从哪里来更靠谱？多少可以来自于用户口碑和自增长？多少可以来自于网盟？多少可以来自于豆瓣小组、新浪微博？

4．极度精细的数据分析可以帮助你通过层层拆分，对用户更了解，也对整个站内的生态更有掌控力。

比如，三节课当前站内有这么多课程，我们完全可以通过数据得到以下问题的答案——从课程的层面来看，到底什么样的课程更受大家喜欢？然后，大家听课的习惯是怎样的？是喜欢同一堂课认真听很多遍？还是一堂课只听了 3～5 分钟就走掉了？再然后，一个还没毕业的大学毕业生和一个已经工作了 2～3 年的互联网从业者，虽然同样都是想要学习，但学习习惯和诉求是不是应该有所不同？以及，假如我们想要尽其所能地服务好三节课的全部用户，我们是不是可以把这些用户划分为各种不同的类别，然后分别推送给他们不同的课程和学习内容，引导他们去完成各种不同的用户行为？

5．数据当中可能隐藏着一些潜在的能让你把一件事情变得更好的线索和彩蛋，有待于你去发现和挖掘。

比如，在三节课的用户群中，我们要是通过数据的分析发现了这样一个结论——在过去 1 个月内，但凡跑到三节课来报名上课的用户，70%都是因为看了我们的某篇文章才跑过来的，这时候你觉得你应该做点什么？

毫无疑问，当然是把这篇文章放到首页的显眼处，或者放到新用户注册或访问过程中的某个必经节点上，用它去刺激更多的新用户。

上述 5 点中，关于 1 的部分，也即如何从宏观上结合产品形态和产品发展趋势判断一款产品所处的阶段，并制定相应的运营策略，我会在后面的第 4 章中再具体来聊。

所以，下面，我们来结合更详细的实例依次聊一下上面提到的 2、3、4、5 四种价值体现。

（三）

先说第一种：假如你做完了一件事但效果不好，这时如何通过数据来界定问题到底出在哪里。

我们来看一个真实的例子。

某 O2O 课程学习平台，注册用户 5 万，模式为用户通过线上付费报名，线下实地上课，日前上线了一个专题，聚合了 6 堂课程进行打包推广，预期每堂课至少报名 40 人以上，但从结果来看，效果不佳。该专题页相关数据如图 3-4 所示。

	总计PV	总计UV	跳出率	贡献下游流量	下游流量转化率	第一流量来源	第二流量来源	第三流量来源	专题上线时间
专题页1	1266	1137	40.13%	781	0.6869	Banner	scr=qqyx（QQ邮箱）	scr=dbtc(豆瓣同城)	7.31

	所属专题	报名人数	总计PV	总计UV	源于专题页PV	源于专题页UV	专题页导入流量占比	页面整体退出率	专题导入流量退出率	统计时间	课程进行时间	受专题曝光时间
课程1	专题1	0	309	263	213	187	0.689320388	34.95%	39.44%	时间：7.17-8.31	8.3	20天以上
课程2	专题1	5	827	676	105	88	0.126964933	41.26%	35.24%	时间：7.17-8.31	8.9	20天以上
课程3	专题1	2	151	127	16	9	0.105960265	41.72%	12.50%	时间：8.1-8.13	8.14	5天以上
课程4	专题1	10	1560	1274	109	90	0.069871795	49.29%	31.19%	时间：7.17-8.31	8.15	20天以上
课程5	专题1	24	1746	1465	126	107	0.072164948	40.32%	34.13%	时间：7.17-8.31	8.16	20天以上
课程6	专题1	18	691	495	32	22	0.046309696	35.31%	15.63%	时间：8.1-8.18	8.17	5天以上

图 3-4

现在，我们想要知道这个专题的具体问题到底出在哪里，请问该怎么做？注意，这里我建议你可以自己先花点时间动动脑子思考一下，有了一些自己的判断和结论后，再继续往下看我的答案会更好。

这里可能需要提到我们之前曾经在"我眼中的 4 个关键性'运营思维'"里提到的 4 个"运营思维"其中之一了：流程化思维。也就是说，要先梳理清楚流程，再用流程来反推问题所在。

比如，围绕着一个课程专题的运营，其触达用户的整个流程大体应该如图 3-5 所示。

推广位			
站内推广	EDM（邮箱）	豆瓣	其他渠道
专题页			
Landingpage			
课程页			
课程1 课程2 课程3 课程4 课程5 课程6			
报名			
订单&支付流程			
上课			

图 3-5

于是，我们可以依据这个流程回过去看，到底整个专题的问题出在哪里？比如说，是推广本身不给力？还是推广到专题页的转化率太低？还是专题页的跳出太高，基本没人进入课程？又或者课程页面到报名的转化率太差？还是说报名后的订单确认和支付流程流失掉了太多的人？

以及，如果我们已经界定清楚了，以上几个大环节中的某一个环节存在问题，比如说，我们已经发现了推广到专题的流量数据太差，那么具体又是什么原因导致的？是因为我们渠道铺设得太少，还是因为渠道执行力度不够？还是推广素材和文案太差？

如果按照以上的思路来对这个专题的数据进行分析，我们可以发现，该专题的问题可能主要出现在以下几方面。

（1）专题页的整体 UV 就很差。累计 1000 出头的 UV 对于一个专题来说实在是太可怜了。而具体的原因，可能包括：

- 专题上线时间太匆忙，可以看到，8 月 3 号就要开课的专题 7 月 31 号才上线；

- 专题推广不是特别给力，具体是铺设的渠道不够，还是在特定渠道内没做好执行，这个可能需要进一步具体去看每个渠道的流量构成，并结合执行情况来进行分析。

（2）专题页的效率普遍较差。一方面是其跳出率超过 40%，另一方面则是从专题页导到单堂课程的 UV 最多也不过 187，仅相当于专题页流量的 10%左右，这个效率还是低得有些可怕的。

（3）从单堂课程的层面来看，课程 3 对用户的吸引力可能比较差（报名和课程页访问都很少），课程 4 的课程详情页或定价等可能有可以优化的空间（访问很多，报名很少），课程 6 则报名转化率还不错，但目测整体在站内得到曝光的机会比较少。

看完了这个例子，是不是感觉数据真的可以帮助我们把问题界定得无比精细，让我们言之有物、目标确凿？

（四）

下面我们来说数据的第二类价值体现：假如你想达成某个特定目标，如何通过数据来评估和具体化你的最佳达成路径？

这个问题，其实跟上一节里提到的"指标拆解"一脉相承。

我们也来看一个例子：

假如三节课当前的日均报名上课人数是 2000，希望接下来一个月的目标是把日均报名上课人次指标提升到 20000，在投入预算成本最低的情况下，我们可以怎么做？

拿到这个问题后，我们首先可以依照上一节提到的目标拆解方法对我们的目标进行拆解，于是可得：

课程报名人次 = 网站流量 × 课程转化率 × 人均报名课程数

然后，既然是要把目标指标提升 10 倍，我们要分别评估一下提升 3 个因子的可能性。

先看网站流量，假定三节课的目标用户主要是 3 岁以内的互联网产品+运营领域的从业者，目标用户共计约 100 万左右，但目前网站日 UV 只有不到 3000，那么以正常逻辑推断，在网站正常日 UV 方面拉升到目标用户的 1/10 左右，也就是 10 万，应该都是可以的。但这个流量如果是需要在短期内拉动，肯定是需要投入一些费用的。

再看课程转化率，假使目前网站整体 UV/课程报名人数的转化率为 2%，同时经过分析又发现，每天访问课程页面的 UV 为 2000 左右，那么依据经验判断，这已经是一个还算不错的转化率数据了。参考其他同类课程学习类网站的数据，3%已经是很上等的网站 UV/报名数转化率。我们在此暂且认为我们经过流程梳理后，可以在站内课程曝光引导、优化课程列表页和详情页等布局及课程文案、优化课程报名流程&体验等环节均做出一定优化，从而实现 3%的转化率，整体提升 1.5 倍。

最后是人均报名课程数，假使我们发现目前三节课的平均每用户报名课程数量为 2 堂，而站内每月会同时开出 25 堂课，且这 25 堂课往往都是彼此关联存在逻辑递进关系的。于是我们可以据此判定，人均报名课程数这个因子是存在明显的可以提升的空间的。因为三节课目前有两个主要的课程体系，且每个体系目前已有 12 堂课，所以我们姑且推断，依靠课程打包、相关课程推荐、站内消息告知、一次性报名多堂课程赠送绝密资料等一系列运营手段，应该可以把单用户人均报名课程数提升到 10 堂课左右，整体提升 5 倍。

好了，因为我们的命题要求是"预算最低"，所以我们的思路一定是优先考虑无预算的指标拉升手段，再考虑有预算的指标拉升手段。那么基于以上的推断，我们应该可以在不做预算投入的情况下做到以下状态：

课程报名人次 = 网站流量 ×（课程转化率 ×1.5）×（人均报名课程数 ×5）=（课程报名人次 = 网站流量 × 课程转化率 × 人均报名课程数）×7.5

此时我们发现，如果按照这个推断，课程报名人次这个指标，已经被我们提升了将近 7.5 倍。也就是说，为了达成 10 倍的目标，理论上我们只需要再投入一些预算，把网站流量提升到原有的 1.33 倍以上即可有望达成预定目标。

至此，我们的这个最低成本达成目标的运营方案，算是成形。

上述这个不断对目标数据来反复进行推导思考的过程，也希望可以带给你一些启发。

（五）

下面再看数据的第三类价值体现：极度精细的数据分析可以帮助你层层深入，对用户更了解，也对整个站内的生态更有掌控力。

还是来看个例子：假如目前所有站内数据可以对我们开放，那么站在运营端，若我们需要对三节课的用户行为有更加深入精确的理解，从而更好地指导我们的运营工作，我们该以何种思路去对数据进行分析和比对，从而得出一些更有价值的信息？

这里要先引入两个数据分析中的基本概念：维度和度量。

简单来说，度量就是具体的数据指标，它通常表现为某个量化过后的数据值，而维度则是去看待这些指标的不同角度，如图 3-6 所示。

维度	度量
层次差异（如不同用户类型） 角度差异（如不同时间、不同地区）	具体指标 具体用户行为数据

图 3-6

举例：

网站的 UV（用户访问数）是一个数据指标，而我们去看待它的时候，可以从日期的维度去看，以便评估一周或一个月内哪几天流量偏高或偏低，是否存在规律。

也可以从 24 小时时间划分的维度去看，以评估每天在不同时间段的流量分布情况是怎样的；还可以从地域的维度去看，了解不同地区的用户使用网站的习惯和情况是否存在差异……

理解了这两个词，最终你会发现，所谓数据分析，无非就是界定清楚了你要评估的度量有哪些，然后需要知道你可能有哪些维度去看待这些度量，偶尔可能还需要在不同维度和度量间交叉做一下分析和比对，最后产出结论，把结果用图表等方式呈现出来就好了。

所以，回归到这个例子，我们如果要结合具体的产品形态，对于三节课的用户生态和使用习惯有更加深入的了解，我们或许可以先界定清楚，我们需要去评估的度量有哪些？这个度量需要结合你的核心产品功能来想，因为三节课网站上目前主要的产品功能就是上课学习，以用户可能会在这个网站上发生的核心行为为主线来看，我们要重点关注的是以下三类行为：访问、报名、上课。于是，围绕着上述 3 个行为，我们要重点关注的度量就可能包括了：网站访问数、注册数、报名课程数、实际上课用户数、视频停留时间、单视频重复播放数。

同时，对于以上的部分度量，我们应该有一个自己预设的合理区间（这个区间需要基于你自己对于行业和用户的了解来进行判断得出，或者通过持续探索得出）。比如，单课程的实际上课用户数为该课程的报名用户数的 20% ~ 50% 我们认为是比较合理的，那么如果该数值高于或低于这个区间，均可视为异常。

然后，接下来的一步，就是我们需要再来逐次围绕着每一个度量来去看看，我们可以有哪些维度去看待它、分析它、评估它。

比如：

拿最简单的课程报名数来举例。我们要评估这个数据的维度可能包括日期、时间、地区、新老用户等。如果要把这个评估做到极致，我们可能需要从每一个维度依次去评估报名数这个指标的变化，从中发现一些线索或结论。

基本上，这种评估的出口有二：

一是判断数据是否有一些需要注意的异常情况（如果出现异常数据，一定要分析原因）；

二是为了给自己的运营工作找到一些方向性的指导，比如说，我现在要把站内课程月报名数提升 10 倍，我是否可以从用户行为和习惯去得到一些具体的启发？且，很多时候，这两个目的可能是合一的。

例如，假如我们看到过去 30 天里的报名数据如图 3-7 所示。

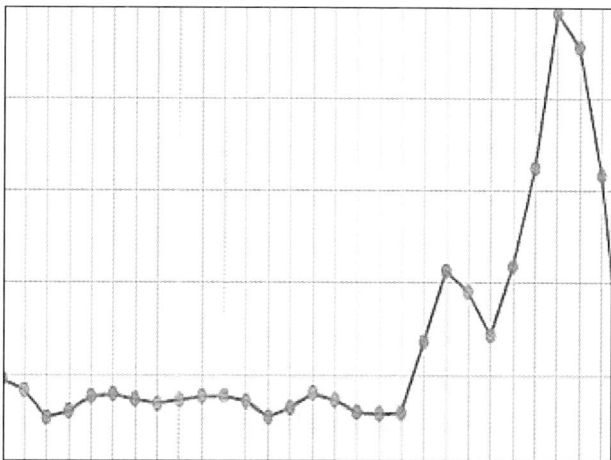

图 3-7

那么我们是否就需要去看一下，在报名数开始激增的那几天里，到底发生了什么？是因为我们有意识地做了一些推广和活动？还是因为上线了新的课程？还是因为发生了什么别的事情？

假如你发现，如果相应数据的激增是因为课程信息偶然间被人分享到了某个社区内（比如知乎）并引发了一轮不小的传播，那么接下来你如果想要从运营端做一些事来提升课程报名数这个指标，你是不是就可以有意识地在知乎去做一些事？比如认真分析一下之前的内容为什么能在知乎引发传播，然后把传播点提炼出来，用更适合知乎的形式去进行一轮包装，并想尽办法在知乎再进行新一轮的扩散。

事实上，我个人就曾经亲历过类似的案例。2009 年前后，当时我所供职的一家互联网公司，就曾经因为发现我们的某个产品被用户在人人网分享后带来了过万的UV，从这一线索入手，我们开始深耕人人网，最后在短时间内给该产品带来了数十倍的数据增长。

另外，这种数据分析的另一个维度，就是依照你的常识对用户进行划分，再去看数据，结合用户访谈，了解不同类型的用户在具体行为习惯上可能会有哪些不同。

比如，因为三节课主要解决的需求是学习，还没有工作经验的大学生和工作了 2年以上的互联网人，理论上学习习惯肯定是不同的，此时我们就可以分别从数据上去观察这两类人的访问、报名、听课、课后作业（包括学习产出和效果）等一系列行为上存在多大差异。

当这些问题界定清楚后，事实上你是可以根据用户类型的不同，分别推送给他们不同的服务和引导他们完成不同的用户行为的（比如已工作的用户上来先做个任务，还是大学生的用户则先去听两堂入门课），这样精细化的运营可以大大助推你的用户留存和活跃。

最终，假如你手边的数据足够充分，且这种从度量&维度切入的分析做到了极致，理论上你会对整体站内用户的构成、行为习惯和当前产品的主要问题做到了然于胸，也会对站内的整体用户生态更加具有掌控力。

这里再补充两个小说明。

第一，理论上，假如作为一个运营负责人，我们应该对于每一个关键性的用户行为都定期（比如每三个月或每半年）进行全方位、多维度的分析，做到对每一个关键用户行为的用户习惯和当前产品指标中的问题点了然于胸。

但，事实上绝大部分运营都可能看不到那么全的数据，这里面有很多原因，比如数据后台不完善、没有数据权限等，这时候我们该怎么办？

我的建议是：

（1）不管看不看得到，你都要让自己具备这样的分析问题和解决问题的意识+能力；

（2）如果某个数据的缺失已经严重影响到了你的工作开展，一定要向老板持续沟通待续要，直到拿到为止；

（3）如果只能拿到局部数据，那就先对局部数据进行一些分析和推断，再带着你的一些假设去工作，以工作成果来验证你的假设。再随着业务的发展和要求不断去完善数据需求。

第二，很多产品，往往都是 20% 的重点用户给该产品带来 80% 的价值。

所以，无论是分析数据还是具体开展运营工作，你都要培养起来这样一个意识：要重点去关注对你最有价值的那部分用户，至少把 50% 左右的精力用于关注他们。

比如，你站内更加活跃的用户，更愿意贡献内容的用户，更愿意参与用户服务和管理的用户，等等。

（六）

承接上例的背景，接下来我们可以把最后一个点也一并讲了：数据当中可能隐藏着一些潜在的能让你把一件事情变得更好的线索和彩蛋，有待于你去发现和挖掘。

关于这件事，基础的逻辑可能是这样的：

第一，你先找出你的产品中，当前可能存在问题的某个关键度量（或称指标）；

第二，对于这个度量进行纵览，从它的构成去看，是否所有用户或我们的所有服务在这个度量上的表现都很差，还是说有一部分用户或服务在该度量上的表现是显著好于其他用户或服务的；

第三，你可以对于那些表现显著要好的用户和服务在不同维度上进行进一步挖掘，寻找其背后的一些共性用户行为或特征，然后再把这些特征放大到极致。

比如，上个月三节课站内课程报名量表现不佳，明显走低，按照上面所说的逻辑，我们可以依次来进行如下思考和判定。

- 把上个月的所有课程的报名数都列出来，然后去观察，是否所有课程的报名量都很差，还是有一些课程的报名会好一些。最终我们发现，其中存在 6 堂课程，它们的报名数普遍高于其他课程 2 倍以上。

- 我们把报名量很高的这 6 堂课程归类到一起，然后依照各个维度去看一下，它们之间是否存在一些共性？比如，都在某个时间开课，都是某一个品类的课程，都是某位老师的课程，文案都是按照某个模板来写的，或用户在报名这些课程前都接受了某种特定的引导，等等。

- 最终，假如通过这样的比对，我们可能得出了结论，比如说发现这 6 堂课程使用的都是同一个文案模板，或者用户在报名这 6 堂课程前普遍都看过了我们的某篇文章之类的，那么这时候，我们就已经找到了一个可能帮助我们把事情变得更好的线索了。

于是，接下来，我们最应该做的事情，就是把相应的文案模板复制到其他课程的文案介绍中去，或者引导更多的新用户在报名上课之前都去看一看我们那篇神奇的文章。

讲到这里，本节的内容也就差不多了。我猜，你对于数据与运营间的关系，是能够更具体深入一点儿的。

如果打个比方的话：

但凡打仗想要获胜，你既得有上阵杀敌的本领，又要能够运筹帷幄，找对你的突破口和取胜策略。策略和突破口没找对，很可能任你有万夫不当之勇，仍然无情湮没于人海中。而硬本领不够强，则策略再好，你也根本没有取胜的可能。

这当中，数据对于运营的作用与价值，就是它帮助你找到一块战场上的发力点和突破口。

换句话讲，一个不懂得跟数据打好交道的运营，很可能到了战场上，会是盲目的。

但同时，数据也是一个很庞大的分支，关于各种数据分析的策略、方法、工具之类的，如果真的要放开了去讲，可能又是一本书。

考虑到本书的主题是"运营"，且大多数运营都应该涉及不到那么深和高级的数据分析技巧，我们这里的目的，只是希望你能对数据与运营工作间的关系有一个较完整的理解，以及理解一些基本的数据意识和分析思路，了解真正把运营的精细化做到极致，数据是需要在其中扮演必不可少的作用的。

关于数据和运营之间的关系，我们就先讲这么多。

3.3 关于内容的运营

从这一节开始，我们来讲讲另外一个对于运营来说，很可能是家底儿式的东西——内容。

之所以说是"家底儿",是因为在运营的过程中,"内容"其实是无处不在的。小到一篇文章的标题和一个 Banner 的引导文案,大到一部小说,一个网站的内容分类和目录,甚至包括一个活动的描述等,其实都是"内容"。

所以,内容对于运营工作而言,其实无处不在。就像我现在在这儿码字写书给你看,包括每章、每节需要冥思苦想出来一个标题去刺激你更愿意阅读,其实都属于"内容运营"的范畴。

如果宏观一点看,"内容运营"要做的事,其实就是持续关注内容从生产到消费再到流通和传播的全过程,并通过自己撰写、编辑、组织加工、外部渠道传播等一系列手段去更好地促进这个过程的发生。在整个过程中,你需要持续关注并提升各类跟内容相关的数据,如内容数量、内容浏览量、内容互动数、内容传播数等。

而拆分到具体和微观落地的层面,关于内容的运营,可能有一个优先级和权重最高的事情,是你需要优先解决的。

假如这个事情没有解决好或者没有想清楚,你会发现,哪怕你做了 N 多的内容,且这些内容也都还不错,你仍然很容易事倍功半。

这个事情,就是内容的"定位"和"调性"。

就让我们从它开始讲起吧。

3.3.1　内容的定位、调性和基本原则

（一）

做内容,永远都需要关注长、短两条线。短线,是尽一切努力促进内容的被消费,好比绞尽脑汁地写好一篇搞笑的段子,让人看完后都忍不住捧腹大笑。

而长线,则是以一系列长期、持续的内容为载体,面向用户建立起一种识别度和信任感。

为了做好后者,你必须要明确你的内容边界（如什么能写、什么不能写）,并给你的内容打上某种风格化的标签。这个事,就叫作定位和调性。

它的重要性在于：一旦这个调性被成功树立起来,你就可以在用户心目中牢牢占

据一个位置，进而大大降低你以后要去建立用户认知的成本。

好比，早期的知乎内容风格偏重于"互联网和创业领域的认真严肃、客观中立式问题探讨"，而果壳的内容风格则是"各种死理性派型科普"，早期豆瓣的风格就是"文青小清新聚集地"。假如你的内容调性已经在用户处形成了这样的认知，你会发现，你很可能在很多用户那里，都不用再费尽唇舌去解释和说明到底"你是什么"这样的问题了。

就像我们之前在"互联网公司的'运营'和'市场'，有何区别与联系？"里看过的这张图 3-8，这基本等同于，在一个用户与你发生关系的整个过程中，第一个重要的环节——用户认知这个部分，你可以省下大量的成本和精力了。

（二）

然而，关于内容定位和调性这件事，最大的难点并不在于想清楚你的调性是什么，而在于两方面。

一是，你必须要给自己的内容调性找到显著的不同和差异所在；

二是，"调性"这个词毕竟务虚，即便真的找准了，你要落地到实处找到具体的发力点，也很不容易。

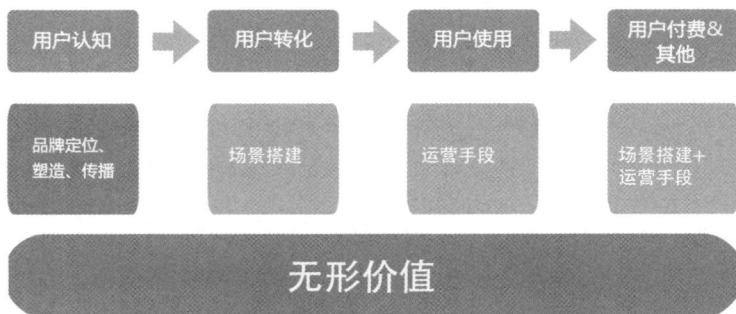

图 3-8

关于其一，找差异，其实逻辑跟一个品牌的定位是高度相近的——市场上那么多同类的品牌，要让用户记住你，能识别到你，你必须拥有一些自己的与众不同和差异性。人们记住一个东西，永远是因为它的"不同"。

这里我们可以拿三节课的微信公众号来做个实例，毕竟这是我们自己操作的事情，可以说得更清楚具体些。这里也可以先同步下背景："三节课"这个号，我们是从 2016 年 1 月正经开始做的，内容主要面向互联网从业者，截至 2016 年 5 月，我们在没花一分钱的情况下已经做到了接近 10 万粉丝，且粉丝忠诚度极高（平均单篇图文阅读率高于行业平均值 2 ~ 3 倍），以数据看，算得上是一个比较成功的案例了。

那么，三节课取得这样亮眼成绩的背后，作为一个面向互联网人的微信公众号，在 36 氪、虎嗅、知乎及其他一大堆各类互联网自媒体大号早已牢牢占据了一大批用户认知的大环境下，我们的"不同"到底是什么呢？

答案是：三节课是一个只关注产品与运营的、有温度的微信公众号。

在这个定位下，我们只关注各类产品和运营的真实案例，只关注我们认可的一些成体系的方法论，以及也会一并关注产品人和运营人的生活与工作。除此之外，模式、融资、一些比较碎片化和零散的东西等，都不是我们会关注、会去谈的东西。

而关于其二，如何把你定义出来的那个不同的"调性"落地到实处，我的理解是：就像一个人的性格是由他的一系列行为所支撑起来的，如果想要把"调性"这种东西落到实处，你最好先从你的内容背后提炼出来一些棱角分明的标签，再用一系列具体、切实的行为动作去支撑起这些标签。

所以，还是拿三节课微信公众号为例，沿着上面我们已经初步界定出来的"不同"，我们希望三节课这个微信公众号可以具备的标签以及我们对其进行拆解落地的逻辑就会是这样。

- 原创。我们的内容 90%以上都是原创。

- 有实例。我们 60%以上的内容都是真实的产品&运营案例分析、评论和方法论输出。

- 有态度。我们总会在我们的内容中持续强调和输出以下几个态度——"行胜于言"、"不性感，毋宁死"、"唯有爱与用户不可辜负"。

- 有情趣。我们时而会有 10% ~ 20%的搞笑趣味内容。

- 有温度。我们偶尔还会有点人文关怀式的内容。

你可以看到，结合上面已经明确了的定位和调性，我们给三节课的微信公众号打上了原创、有实例、有态度、有情趣、有温度这样几个标签，然后又通过一些更加精细的界定，例如不断通过我们的内容输出"行胜于言"、"不性感，毋宁死"、"唯有爱与用户不可辜负"等立场，以及 60%以上的内容都需要是真实案例的分析、评论和我们自身认同的方法论等，来呈现我们对于上述每一个标签的理解。

这就是我们前面提到的，"先从你的内容背后提炼出来一些棱角分明的标签，再用一系列具体、切实的行为动作去支撑起这些标签。"

假如上述两者你都做好了，又真的可以持续通过不错的内容去支撑好你的调性和标签，我相信，随着时间的累积，你的内容穿透力一定会越来越强，你也一定会从中收到回报的。就像在人人都说微信公众号已经越来越难做了的今天，作为一个面向互联网人的微信公众号，"三节课"这个号仍然还可以做到在短短 5 个月内纯靠内容做起来 10 万粉丝一样（且粉丝增长目前还在持续加速）。

（三）

假如你的定位和调性已经特别明确了，那么在内容运营的链条上，可能起码还有 3 个"点"是需要关注和各个击破的。

这 3 个点，一曰内容的生产，二曰内容的组织和包装，三曰流通。

关于内容的组织、包装及流通，我们会放在后来讲。在内容的生产这块儿，关于如何让内容变得令用户爱看、爱传播，其实是存在一些基本原则的。在任何一个内容生态里，关于如何判断一篇内容的好坏，你都可以遵循下面这 3 个基本原则。

（1）好的内容往往都是有自己的主线的，当然了，类似散文、诗这样的东西除外。这个主线，如果是论述型或观点型的内容，那就是观点和论据是否清晰；如果是叙事性的内容，那就是故事脉络是不是清楚（可能以时间为主线，也可能以人物、地点为主线等，但一定需要有一个主线）；如果是盘点总结性的内容，那就是其盘点框架（比如分成几个维度等）是否全面清晰。框架清晰的内容，更易于用户的消费和理解。

（2）在一篇内容中，逻辑较复杂或需要对比或需要传递某种特别感觉的部分，需要尽量用图表或图文的方式来表现。例如你可以感觉一下图 3-9 和图 3-10，是否让你一目了然。相比起来，如果要通过纯文字把它们讲清楚，可能痛苦的不仅是你，还有用户。

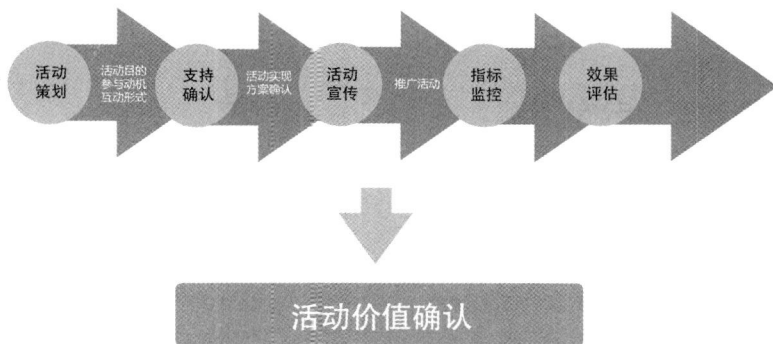

图 3-9

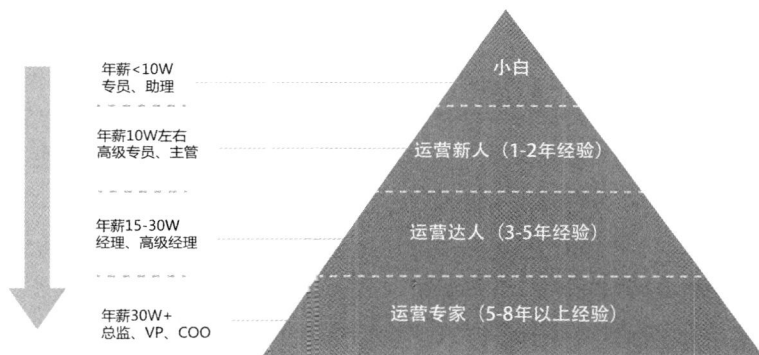

图 3-10

（3）好的内容往往是围绕着用户的感知来进行表达和叙述的，这会让你的内容对用户而言是易读的。所以，但凡想要抛出一个生僻概念或结论希望获得用户认可的时候，一定要通过大量事实型的描述来做好铺垫和引导。

就像我们此前在"关于运营，我的 3 个底层工作方法"里举过的那个例子一样。

设想一下这样的场景：

有一个你不太熟悉的人某天跑过来给你推荐一部刚刚上映的电影。

他说：这部电影特别好，超级好，我推荐你一定要去看看。

试问，此时你会怎么回答他？

我猜，你会说：哦。

但，假如他是这样跟你说的呢——

我昨天刚刚看了一部电影，这部电影播放的全过程中，我先后 4 次被感动落泪——这是我 5 年来第一次被一部电影感动得落泪。另外，在电影播放结束时，我们那个全场爆满的影厅里，有超过一半的人都完全自发地起立为这部电影鼓掌。

你可以明确地感受到，后一种具备更多细节和事实性描述的表达对于一个用户，是会具备更强的打动力和感知度的。

以上 3 个基本原则，适用于一切内容的生产。

3.3.2　UGC 型的内容生产生态如何持续

前面讲完了定位、调性和基本原则，这一节我们来讲一下内容的生产。

在互联网行业做过内容的都知道，有且仅有两种内容生产模式：PGC（Professionally Generated Content，专业内容生产模式）和 UGC（User Generated Content，用户生产内容模式）。

二者的区别，可以简单理解为前者是你雇了一批员工或付费请了一群专栏作家来生产内容的方式，好比门户网站，如新浪、搜狐、网易，或少量内容型产品，如好奇心日报等；后者则是开放地任凭你的用户去发言和生产内容，你再从中去挑选和甄别优质内容的方式，好比社区和论坛，如知乎、豆瓣等。

上述两种模式，并无绝对好坏，PGC 模式相对更可控，但基本是个劳动密集型的逻辑，随着内容量越来越大，你的运营成本也会越来越高。而 UGC 模式虽然听起来更轻巧，但运营的过程会极其艰难，甚至九死一生。

在以上两种模式下，做好内容生产的关注点是有所不同的，但 UGC 维度下的内容生产通路构建，明显难度要远大于 PGC。

所以，在"关于生产"这个分支里，我想先聊这部分最复杂、难度可能最大的一个支线——UGC 内容的生产。

接下来，我们来看一下一个 UGC 社区的典型内容生产通路（注意，这里只关注生产），应该讲，几乎所有 UGC 产品从初始到逐渐成熟的内容生产通路，都是符合这个逻辑的。

注意，对 UGC 型的内容生态来说，从"优质内容如何被生产出来"到"优质内容如何可以持续被生产出来"这两个问题，在一定程度上都可以在如图 3-11 所示的生产通路中得到答案。

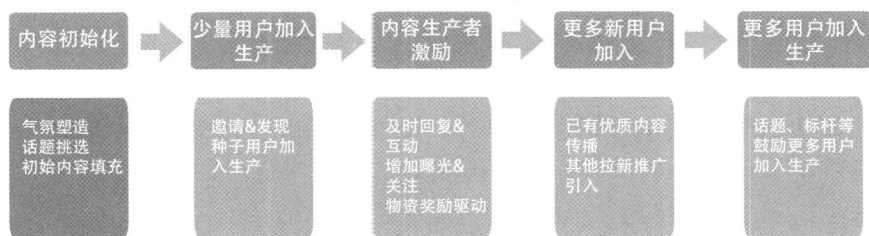

图 3-11

依照图 3-11，整个 UGC 型生态的内容生产通路实际上又会分为 5 个环节。

第一个环节，是内容初始化。

简单说，当你新上线了一个 UGC 的产品，这个产品最初一定是什么也没有的，所以，你能想象一个什么也没有、看起来一点人气也没有的产品会有用户愿意进来玩吗？因而，为了能够让这个产品对用户还能有点儿吸引力，你要做的第一步就是先往里灌点儿东西，让它看起来先能有点儿人气。

当然了，灌东西也不能瞎灌，你还是需要保证你灌的东西是符合你的目标用户胃口和喜好的，总不能你的目标用户是一群二次元宅基腐小伙伴，你搞一大堆文艺小清新进去吧？这里透露一下，知乎到 2016 年 5 月为止，整个全站都没有支持 Gif 动图，在很大程度上就是为了避免一堆动图出现在回答区打乱了整个社区的氛围。

此外，在进行初始化的时候，你还需要挑选一部分话题作为你的初始启动话题，这样会让用户们的关注和讨论变得更加聚焦。还是拿知乎来举例，在 2011 年知乎刚刚上线的一年里，整个知乎全站的话题，都一直是高度聚焦于互联网和创业相关话题的。

第二个环节，叫作少量用户加入生产。

氛围铺垫好了，你总得需要一些有能力生产优质内容的人迈出第一步，去开始在这个你搭建的氛围下玩耍和生产内容。

而，这批吃螃蟹的人，往往是不可能从天而降的，他们需要你去邀请和私下做大量的沟通，才会过来。且理论上这批人如果本身就是一批意见领袖或小圈子里的名人，会更容易形成标杆效应，带动更多人加入社区。例如，知乎的第一批答者，除了知乎自己的员工外，就有包括李开复、雷军及一大批投资界名人在内的知名人士，且这批人当中的每一个人都是知乎团队一对一完成邀请开始入驻和使用知乎的。

第三个环节，叫作内容生产者激励。

简而言之，你在第二步搞定的那些用户，如果想要让他们愿意长期留下来玩和贡献内容，你总需要让他们有一些动因。好比说，这里能让他们得到更大的影响力，这里能让他们得到更多的存在感和被关注感，这里能让他们得到更多物质激励，这些都可以成为他们留下来的动因。全看你的团队和社区氛围更适合哪一种。

举几个例子，虾米音乐、小米社区和知乎这几个以兴趣、话题为中心的社区，其早期生产者激励方式，都是自己的一群员工甚至 CEO 本人都在尽量短的时间内跑到社区中去给用户点赞、评论、互动，通过这种及时反馈+情感纽带的方式来维系住自己的种子用户。而美丽说这样偏交易型的社区，早期留住内容生产者们的方式则要简单多了——只要产生导购，我就给你分成。

第四个环节，是更多新用户进入。

这一步，你要做的事就是把社区内已有的优质内容尽可能地输送到外部形成传播，同时也借助其他一些手段来带动用户数的增加。

而第五个环节，则是鼓励和引导更多用户加入生产。

这里可做的事又有以下几个维度。

一是在产品和文案等各种层面加强引导。比如新浪微博，在很长一段时间里（好像迄今也是）一直都把自己的那个"发微博"的输入框放在页面顶部，暗示着你：在微博里，你需要做的最重要的事，就是发微博。

二是不断制造话题，借助话题来引发用户参与的意愿。要知道，在一个大众型的话题面前，用户的表达欲和参与欲是会显著加强的，所以，善于制造和利用好话题，是一个 UGC 运营人员的必备技能之一。好比微博上的话题榜，几乎每一个热门话题，除了跟明星明人相关以外，其他的每一个其实背后都有着运营人员的介入，包括像冰桶挑战这样的事情也是。

三是要通过"造典型、树标杆"的方式来为用户树立榜样。好比，你要是看到了早期微博上的郑渊洁、黄健翔、冷笑话精选等人迅速通过每天发微博迅速收获了一大批粉丝，又或者你看到了早期知乎上的张亮 Leo、Keso、采铜等人迅速通过认真回答问题而获取了一大批关注，你觉得你想要向他们看齐、进而模仿之的意愿会不会更强一点点？

所以，在 UGC 型社区中，你也得学会持续给用户树立一些榜样，借助榜样的力量去影响和驱动他们产生你希望看到的一些用户行为，比如让他们来贡献一些优质内容。

最后，依照这个逻辑，其实所有 UGC 社区的内容运营体系，都会与用户运营的体系密切交织在一起——因为你的内容是由一部分精英用户贡献的，为了更好地持续生产内容，你必须要对这部分用户给予某些特别关注和维系才行。

就像我们上一节提到的，最终，你一定是通过维护好了 20%左右的精英高质量用户，来确保你站内 80%以上的内容生产和供给。就像之前我们曾经看过的美丽说站内用户运营模型一样，如图 3-12 所示。

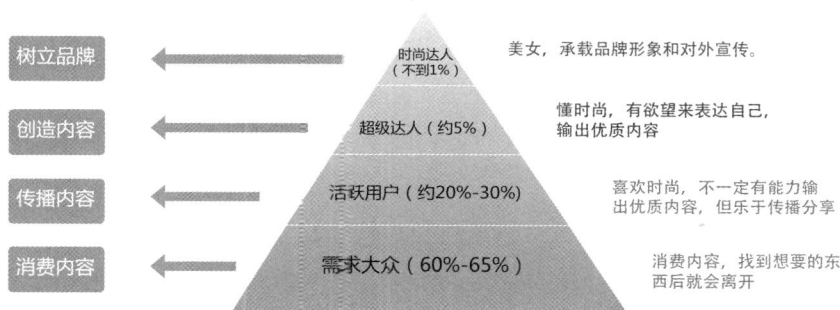

图 3-12

好了，到此为止，本节我们要聊的东西就是如上这些，虽然不算特别深入，但我讲得都还算实在，对于很多对内容运营还比较模糊的同学而言应该还是可以理清不少思路的。

下一节，关于内容的生产，我会再来结合三节课的例子来具体聊聊 PGC 型内容生产生态如何才能持续。

3.3.3　PGC 型的内容生产生态如何持续

前面两节中，我们聊过了内容的定位和调性，以及 UGC 型内容生产生态的搭建和维系。在这一节，我想主要聊聊 PGC 型内容生产生态的搭建。

这里，我会主要拿我们自己的"三节课"这个微信公众号来做例子。这个号，是一个典型的 PGC 逻辑的内容生态——它的几乎所有内容，都依赖于三节课团队和一部分志愿者来持续进行生产和提供。

我们从 2016 年 1 月开始正式运营"三节课"这个公众号，当时的粉丝应该才区区数千。但到 2016 年 5 月中旬时，4 个多月时间，我们纯粹依靠内容的力量，没有花过一分钱，已经做到了接近 10 万粉丝。考虑到三节课面向的用户群是"互联网从业者"这个其实还挺窄众的垂直群体，在人人都在感叹微信公众号已经越来越难做了的 2016 年，这肯定算得上一个很典型的成功案例了。

但凡是做内容，除了明确内容的调性和定位外，在执行上肯定都需要面对以下两个问题：

- 在相应定位下，如何做出好的、用户爱看爱传播的单篇内容；

- 长线来说，如何保证优质内容生产的持续性和做好长期内容规划。

这两个问题，在 UGC 的内容生态下，往往是通过一种类"众包"的方式来解决的，也就是你无须参与到具体的内容生产过程中，只需要明确内容边界和规则，维系好一个氛围和环境，然后让大家都到这个好的环境中来贡献内容，最后你再从中筛选出来你认为更优质的内容。

但是，到了 PGC 的维度下，假如你是要自己来亲自做内容，事情就不太一样了。因为在 PGC 的内容生产通路中，你需要亲自参与到内容生产的每一个环节中去。

所以，我们依次来聊一下上面这两个问题。

（一）如何写出好的、用户爱看爱传播的单篇内容

首先，就单篇内容来说，其实也是存在一个小的生产流程的，大概有四个步骤：

选题策划→资料收集&整理→内容加工生产→内容组织&呈现

这几个环节，我们一个个来讲。

首先是选题策划，这可能是整个内容生产流程中权重最高的一个环节。很多时候，选题和策划做得好不好，可能就已经决定了一篇内容 60%以上的命运。

换句话说，如果你的选题做得特别好，哪怕内容只有五六十分，你会发现，用户的阅读量、传播等，都还是不会太差的。但，如果你的选题策划做得不够好，哪怕内容其实是 100 分，估计阅读量和传播量也不会太高。

在三节课微信公众号的内容运营流程中，就多次出现过这样的情况：有时候，一个好的选题和写作思路定下来，不管交给谁去写，写出来的东西的阅读量都不低；但

一个一般的选题，我们哪怕耗费再大的心力去把内容打磨得特别好，最后的阅读量可能也不是特别高。

比如说，同样是讲内容运营，内容质量其实也不会差太多，但我此前有一篇文章，写作思路是从工作方法和概念入手的，这导致了它的阅读量就不会太高。而如果我切换一个写作思路，以"三节课"这个微信公众号 5 个月做到 10 万粉丝这样一个比较成功的事情为中心去展开，预计微信发出后的阅读量应该能够奔着 1.5 万以上去，至少是前一篇文章的 3 倍。

这个，就是选题策划的力量。

那么，到底该如何做好选题和策划，确保你的内容一定会是用户更喜欢看、喜欢传播的呢？以下，我结合三节课公众号中的一些实际案例来分享几种比较常见的选题策划方向。

注：

下面提到的所有文章，你都可以关注三节课微信公众号"三节课"并回复关键字"雄文"看到。

- 对知名对象的吐槽

典型如：

《据说这个产品的上线是阿里和腾讯合并的开始》（这是一篇吐槽 2015 年年底支付宝改版、几乎完全复制了微信朋友圈和通讯录的文章）

《微信这么 NB 的产品，有没有哪里做得不好？》

- 对经典案例/对象的专业深度分析

典型如：

《新世相"4 小时逃离"北上广的运营复盘》

《BAT 之痛：李彦宏的焦虑与百度的困局》

《独角兽是怎样炼成的——最深度完整的滴滴出行成长路径分析（上）》

《独角兽是怎样炼成的——最深度完整的滴滴出行成长路径分析（下）》

- 颠覆认知式的观点、论点

典型如：

《为什么我觉得互联网的黄金十年已经结束？》

《为什么我们用 2 年时间只做了 1500 个用户》

- 热点事件的差异化视角解读、分析

典型如：

《Papi 酱 2200 万拍卖会的始末思考，罗振宇的造势与做局》

《支付宝的"关系"谋略，微信的"红包照片"阻击》

- 数据、盘点、预言类

典型如：

《2016 中国互联网产品经理生存现状盘点》

《2015 年中国互联网十大产品事件盘点》

《2016 年度十大互联网产品预言》

- 共鸣性问题解读

典型如：

《ta 说：不花钱，给我从 0 做到 20 万。你怎么办？》

- 与星座、八卦等大众话题结合的娱乐类内容

典型如：

《妹想到，最适合做产品经理的星座居然是 ta！》

- 精彩故事、段子类等消费娱乐型内容

典型如：

《老板让我 3 天内搞出来一个有爆点的 NB 活动，于是……》

然后还有那些你在朋友圈里看到的 N 多段子，也都算这一类了，包括顾爷、天才小熊猫等，但这样的内容对策划功力的要求会显著高得多。

然后是关于资料的收集和整理。这个其实没太多好说的，好比你要写什么星座更

适合做产品，就得先收集一下各位产品大佬们的星座；你要写产品经理生存报告，就得先做好问卷找人来填；要写 Papi 酱事件的复盘，就得先去把这件事从头到尾到底发生了些什么彻底扒一遍，等等。

总之，这一步基本是没有捷径和特别方法的，想清楚了，就去干。

再下来，是内容的具体加工和生产。

这个部分，涉及遣词造句就没什么可说的了，这个纯靠天长日久的积累和反复练习。

不过，很多人在具体生产内容的过程中容易出现的一个很大的问题是——没灵感、写不出来、写不顺畅等，导致内容的生产很难保证按期完成。

作为一个经常每天一篇四五千字长文的不正常人类，我倒是可以就此分享我的两个小方法。

我的第一个方法，就是要学会收集灵感。灵感这玩意，总是会转瞬即逝的。第一个方法，就是为了防止你"没有可写的素材和题材"，或者说是，防止你动不动就会失去写作的灵感。

对我而言，灵感的来源主要源自于以下几种场景：阅读、与人交谈、独自思考、得到某些特殊经历后的触动。我所养成的一个极好的习惯是：每当灵感出现时，我总会第一时间把它记录下来，至于记录的工具，通常是手机。而记录到什么程度，则自己判定，有时可能只是记一个主题就可以，有时则要记下来更多具体的素材。

记录下来的部分，在我的 Mac 里大概长这个样子如图 3-13 所示，你看到的下面这整个列表，都是我所收集下来的灵感。这些我随时记录下来的灵感，将来既可能单独成为一篇文章，也很可能成为我撰写某篇文章的素材。

我的第二个方法，就是先明确内容框架，再逐次填充细节。这个方法可以让你的写作变得更顺畅。

我个人的写作内容类型主要分两种：一种是说明议论型，或者叫作归纳型内容；另一种则是讲故事型，也可以叫作演绎型内容。

归纳型的内容，往往是高度结构化的，你通常需要围绕着某一个或某几个中心点从几个不同的方面来进行阐述，所以，你可以先把相应内容的逻辑框架搭建出来，它通常会呈现一种类金字塔状的结构（即多个分支论点支撑一个核心论点）。

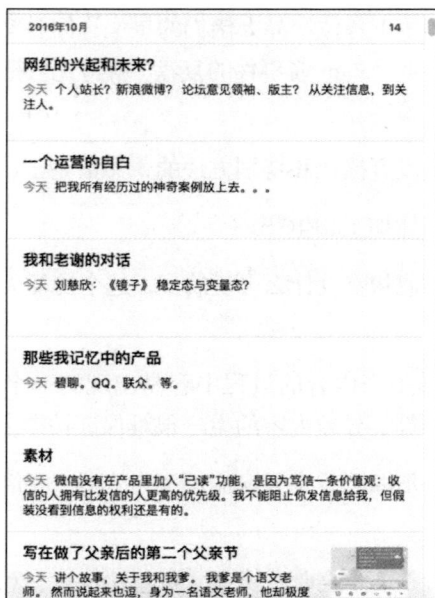

图 3-13

比如，图 3-14 就是我在写作本书的引言"为什么我觉得互联网的下一个时代将是运营驱动的时代"时拟定出来的大致内容逻辑框架，这样清晰的结构其实往往会更易于用户理解。

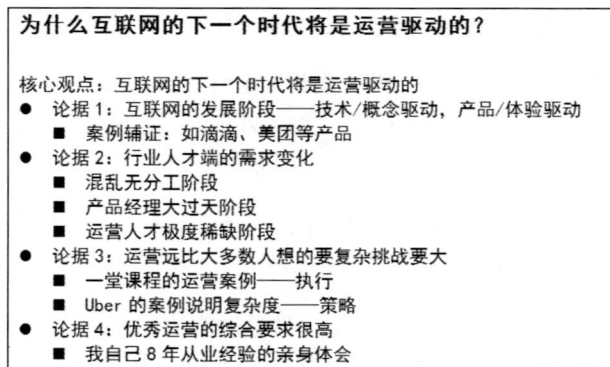

图 3-14

而演绎型的内容，往往更强调内容情节的转折起伏和细节的刻画。虽然从内容结构来说它没那么层次分明、逻辑清晰，但即便是故事演绎，也需要一条故事主线，所以你仍然可以把故事的主线或主要情节先梳理出来，然后再逐次去把每一个情节润色得足够精彩生动。

比如，图 3-15 就是我们在写作"老板让我 3 天内搞出来一个有爆点的 NB 活动，于是……"这篇故事性内容的时候拟定的大体故事情节框架。

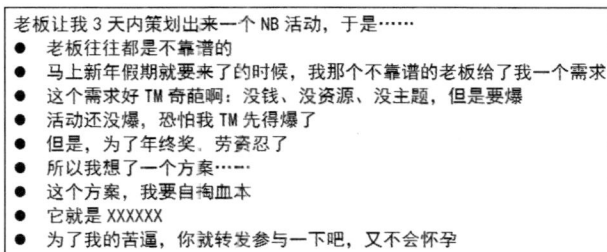

老板让我 3 天内策划出来一个 NB 活动，于是……
- 老板往往都是不靠谱的
- 马上新年假期就要来了的时候，我那个不靠谱的老板给了我一个需求
- 这个需求好 TM 奇葩啊：没钱、没资源、没主题，但是要爆
- 活动还没爆，恐怕我 TM 先得爆了
- 但是，为了年终奖，劳资忍了
- 所以我想了一个方案……
- 这个方案，我要自掏血本
- 它就是 XXXXXX
- 为了我的苦逼，你就转发参与一下吧，又不会怀孕

图 3-15

这种"先搭好框架，再填充内容"做法的好处在于，当你先有了一个清晰的逻辑框架后，你无须每次写作时都花大量时间去思考"怎么写"，也不用担心写到一半中断的问题。我的感觉，写作这事其实跟开车差不多，启动最费油，往后则还好，当你用一个极度清晰的逻辑框架把你的启动提前铺垫好的时候，你会省下很多力气。这时候，你把一篇文章分成十几次来写可能是完全可以的。

再举个例子，图 3-16 是我早年写作某篇文章的主要结构框架（完整框架可到本书图片素材包中查看），这篇文章我写了差不多两礼拜。有了这个清晰的逻辑结构，我每天只需要写上一点点枝叶就可以，这丝毫不会影响到最后文章的完整性。

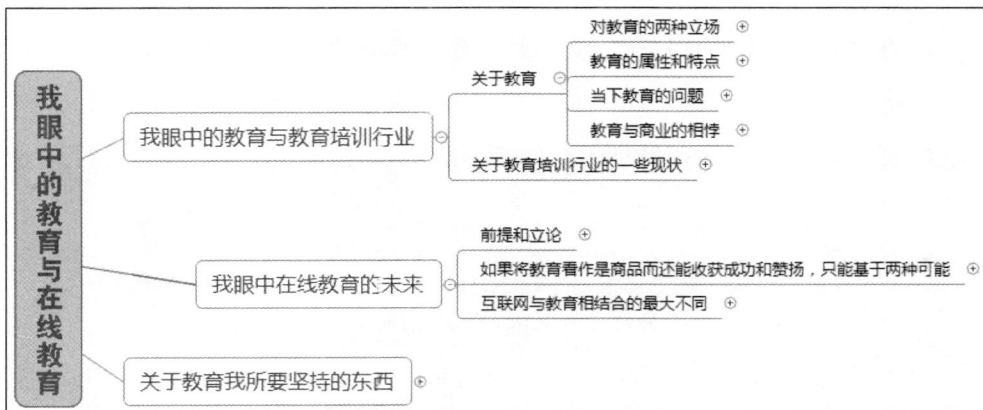

图 3-16

以上三个步骤都说完了，做好单篇内容的最后一个环节，是内容组织和呈现，或者俗称内容编排。

这个部分，网上的排版教程很多了，我也没有太多可说的。唯一想要强调的一点是：请一定形成你自己的某种固定编排风格，千万不要三天一小换、五天一大换。

要知道，用户阅读你的内容，也是会慢慢形成一些特别的认知和阅读习惯的，假如你的编排风格动不动就更改，其实是在给用户增添阅读烦恼。

比如，假设我们之前天天发文章都是用 14 号或 15 号字，黑体，行距都用 1.75 倍，某天突然变成了斜体 20 号字，很可能会导致很多用户出现不适应感，甚至转而果断取消关注。

（二）如何长期保证 PGC 内容体系的供应能力和做好长期内容规划

上面讲的是关于单篇内容的生产，下面我们往宏观看一点，在一个 PGC 的体系内，假如你现在需要保证一个内容生态的持续供应能力，你该怎么做？

其实这个事并不复杂，在一个 PGC 的体系下，所有内容生产者都应该对你而言是相对可控的，所以，你只需要把内容生产任务逐层分解拆分下去落实到人，再通过相应的机制和手段确保内容可以被按期生产出来就好了。

举个例子，三节课公众号就是一个典型的 PGC 内容的生产体系，它的内容定位和调性我们之前已经说过了，大概是如下这样的。

- 原创。我们的内容 90%以上都是原创。

- 有实例。我们60%以上的内容都是真实的产品&运营案例分析、评论和方法论输出。

- 有态度。我们总会在我们的内容中持续强调和输出以下几个态度——"行胜于言"、"不性感，毋宁死"、"唯有爱与用户不可辜负"。

- 有情趣。我们时而会有 10%～20%的搞笑趣味内容。

- 有温度。我们偶尔还会有点人文关怀式的内容。

于是，围绕着这个定位，为了保证每天至少一篇原创内容的供给量，我们最终把相应内容生产任务拆分成了如图 3-17 所示的样子，并落实到了每个人。

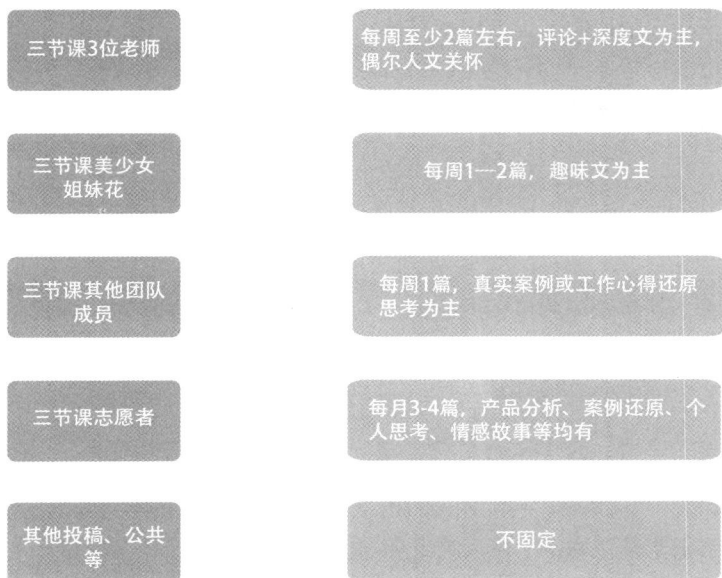

三节课3位老师	每周至少2篇左右，评论+深度文为主，偶尔人文关怀
三节课美少女姐妹花	每周1—2篇，趣味文为主
三节课其他团队成员	每周1篇，真实案例或工作心得还原思考为主
三节课志愿者	每月3-4篇，产品分析、案例还原、个人思考、情感故事等均有
其他投稿、公共等	不固定

图 3-17

在这里，因为生产者多是关系比较密切的自己人，所以我们用于确保内容供给能力的手段就是……没完没了地催稿。

假如你的 PGC 内容生产源是签约作者，可能你还需要辅以机制约束，物质激励，人肉跟进陪聊、施压、心灵关怀、压力排解等一系列软硬兼施的手段……

假如你要长期维系一个内容体系的运转，比如说负责一个专栏、负责一个微信公众号等，且你的人手又有限，其实也很难做到篇篇都是精品爆文，这时候，在内容的规划上特别需要讲究一些策略。

以三节课为例，我们现在整个内容团队，满打满算也就 2.5 个人——半个我，加上 2 个在团队里实习的给力的美少女姐妹花。我们这 2.5 个人要同时维系包括微信公众号、知乎专栏、36 氪、百度百家、头条号等一系列的内容阵地，所以，假如在内容规划上没有点策略，我估计我们早就累死了。

而在长期内容的规划上，其实有一种策略是特别常见的，这也是我们正在采用的策略——常规内容保底、爆款内容重点突破。

简单讲，对一个合格的内容生产者而言，做出 60～70 分的内容，应该是不太难的，但做出 90 分以上的内容，会非常耗费心力。

而对用户端来说，假如你天天都是 60 ～ 70 分的内容，时间一长，比如 2 ～ 3 个礼拜，用户很可能慢慢就对你无感了。但如果你天天都是 90 分以上的内容，这个事又不太可能做到。

所以，比较合理和可行的做法，其实就是平常确保你的内容水准至少维持在 60 ～ 70 分，与此同时，每隔 1 ～ 2 周，你都必须有一篇 90 分以上的内容放出来刺激用户对你的认知。

这个方法，其实套用到电商网店的运营中，就是非常常见的"爆款"策略——通过少数一两款很有吸引力的爆款商品拉动用户进入自己的店铺，再通过相关推荐等各种运营手段把店铺中的其他商品推荐给用户。

所以，很多事情，其实殊途同归。

在三节课的内容体系里，其实我们也是这样做的：我们总是会保证我们常规发布的内容质量不低于某个水准，然后在此基础上，我们基本每周都会发表一篇专门经过策划和重点打磨的爆款内容来提供给用户。

比如图 3-18 和图 3-19 这两张图里，所有被圈出来的、转载量奇高无比、在圈内形成了广泛传播的几篇内容，都是我们有意策划打磨出来的"爆款"，我们基本都维持了每周 1 ～ 2 篇爆款的节奏，刚刚好。

文章标题	转载类型	发表时间	转载文章数
为什么支付宝提现不要钱，而微信要？	允许转载	2016-03-04	6
【重磅发布】2016中国互联网产品经理生存现状（含薪…	允许转载	2016-03-04	11
为什么我觉得互联网的下一个时代将是运营驱动的时代？	允许转载	2016-03-02	116
微信提现收费背后的贫富心态	允许转载	2016-03-01	10
一产品新人遭遇百度外卖乌龙事件后的挖坟式分析	允许转载	2016-03-01	1
如何发掘用户的本质需求和隐含需求？	允许转载	2016-02-27	8
一切该来的，终归会来	允许转载	2016-02-26	0

图 3-18

这是个关乎一位姑娘身家清白的智力测试......	允许转载	2016-01-30	0	白
转载
透过张小龙2359条饭否日记，解读4年前的微信思考	允许转载	2016-01-29	13	白
转载
一个10年+产品总监关于微信照片红包的产品层思考	允许转载	2016-01-28	14	白
转载
【深度】20年，中国互联网主流产品的演变和逻辑	允许转载	2016-01-28	180	白
转载
支付宝的"关系"谋略，微信的"红包照片"阻击	允许转载	2016-01-26	68	白
转载
一份让BAT的HR都尖叫的产品体验报告应该长什么样？	允许转载	2016-01-23	4	白
转载
40个产品经理组团参加马拉松，结果...	允许转载	2016-01-22	0	白
转载
美丽说的7年，身在江湖的无奈与宿命	允许转载	2016-01-21	38	白
转载
【深度】关于微信应用号会怎么做，这可能是迄今最靠谱...	允许转载	2016-01-20	33	白
转载

图 3-19

而这些爆款内容的具体生产方法，就是我们在前面已经讲过了的"选题策划→资料收集&整理→内容加工生产→内容组织&呈现"这个流程。

到此为止，我们其实差不多已经通过三节课微信公众号的例子把一个 PGC 内容体系的搭建和落地执行完整呈现给你了。你应该可以感受得到，想把内容做好，其实不是那么简单的，跟任何一个运营的分支一样，它需要无数细节的堆砌和叠加，才能最终形成合力。

就像三节课的微信公众号一样，虽然我们还有很多需要提升和改进的空间，但这毕竟是一个收获了很多正反馈，且就在今年，就发生在你眼前的真实案例，对每一个相信内容的力量的运营人，我们都希望它能让你有所启发和思考。

3.3.4　如何思考内容的"组织"与"流通"

前面，我们已经逐次说过了内容的定位和调性，以及 UGC 型内容生态和 PGC 型内容生态的搭建。

本节，我们要聊的就是剩下的关于内容运营的两个更宏观一点的问题：当你预期你的内容生态将要甚至已经被搭建起来，你手里将会拥有 N 多内容（比如说，已经超

过 1 万条内容条目）。为了使这些内容面向用户价值最大化，我们该如何组织这些内容？如何设计流通机制？

这两个问题，可能不止关乎于运营，也密切关乎于产品。

这两个问题，也会是复杂度较高的两个问题，它不仅仅关乎于执行，还关乎于与内容相关的整个产品机制的构建，会更有助于你将从宏观上、从产品设计的要点再到运营节点的把控都一一梳理清楚。

如果你想要跳脱出不断在"写稿→编辑→发稿→写稿"的循环，成为一个段位更高的内容运营，有能力去做一些更加性感的事，你都必须要理解这两点背后的一些根本逻辑。一旦你清晰理解了这两点，很多时候在一个内容类产品上，你将会有更大的空间和可能去驱动产品来发生一些改变，甚至能够真正对一款内容型产品负责——在内容型产品上，其实产品天然就是应该为内容而服务的。

让我们来一个一个谈。

（一）内容的组织

理想情况下，一个具备大量可消费内容的内容型产品内部，对于内容的组织，可能会分为如图 3-20 所示的 4 个层次。

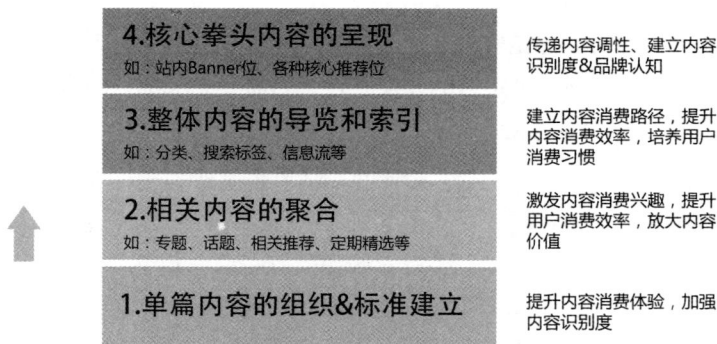

图 3-20

1. 单篇内容的组织&标准建立

在这个层次上，常用的手段，是对于内容的样式、构成等进行一系列标准化的约束，通过这些约束让你的内容整体风格、阅读体验看起来更一致、更有识别度，质量更有保障，甚至让内容生产的效率更高。

例如，豆瓣在过去 10 年里始终如一地保持着全站内容都必须是接近于宋体 10 号字、单倍行距的"豆瓣体"，在字体、字号、行距等方面均不允许用户进行任何更改，正是依靠这样的约束，豆瓣的内容识别度和阅读体验才 10 年来始终得以保持一致，如图 3-21 所示。

图 3-21

甚至是，围绕着这一约束，还衍生出来了很多知名的社区文化现象。例如，著名的"我是分割线"，正是因为编辑器极度简单，导致用户在内容划分上只能自己开动脑筋思考其他解决方案，从而从豆瓣衍生出来的，如图 3-22 所示。

上面说的是对于内容样式的约束，下面我们再来看几个通过对内容构成本身进行标准化约束从而提升内容整体价值的例子。

（1）新浪微博

早期微博内容有最多 140 字的限制，增强了内容的识别度，保持了整体站内内容的一致性，同时也降低了内容生产成本，让每一个人都有可能在短时间内完成一条内容的创作。

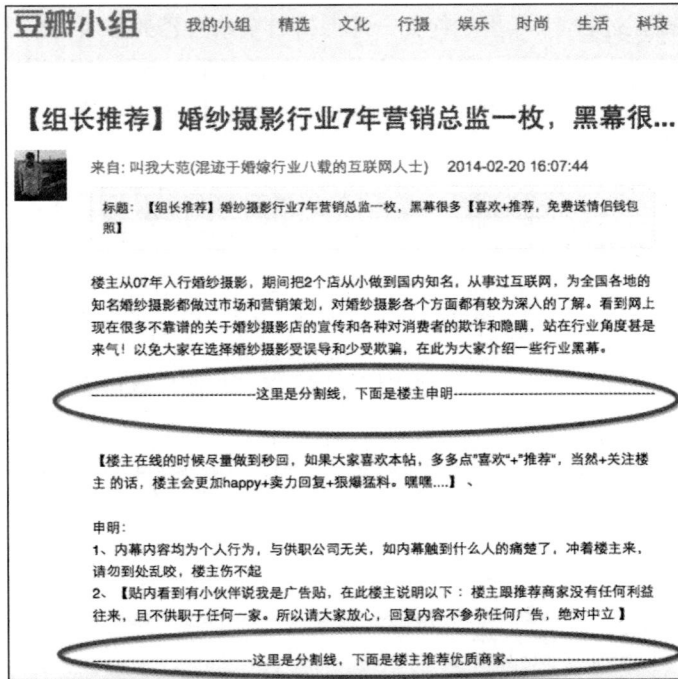

图 3-22

（2）小咖秀

早期的小咖秀，只允许用户基于已有的音乐和字幕完成"对口型"式的视频拍摄并上传。通过这一限定，同样增加了内容的识别度、一致性和生产效率。

（3）三节课在线课

这方面我们当前做得可能还不够，但目前我们正在尽力把三节课每一堂在线课程的讲解逻辑都变成一个"提出问题→引申案例→提炼方法论和解读"的形式，通过这样的约束和限定，我们同样可以保持三节课在线课内容风格上的一致性，也会在一定程度上提升老师们录制课程的效率。

此外，在单篇内容上还需要考虑的就是内容质量的基础保障了。这里最常见的做法就是官方审核，也有少量众包的方式，如知乎的答案折叠机制等。前者比较可控，但重人力；后者如果跑通，会比较省事，但很容易失控，可能存在风险。通常早期产品，都会先采取人工审核的方式来保证内容质量。

2．相关内容的聚合

借由内容的聚合可以提升其短期内可以被用户集中消费的可能性。

在这个层次上，常用的手段有专题、话题、相关推荐、精选等。总之，就是找到一个中心点，去把 N 多单篇的内容组织聚合到一起，然后整体打包并推送展现给用户，由此放大整体内容的价值。

而这种组合和聚合的导向性，可能会以特定事件或话题为中心。如图 3-23 所示，是和讯站内的"魏则西"事件专题。

图 3-23

当然，也可以以人物为中心。如图 3-24 所示，是网易站内的"宋美龄逝世十周年"专题。

图 3-24

还有如图 3-25 所示，是虾米音乐 APP 内的某张 Beyond 经典音乐合集。

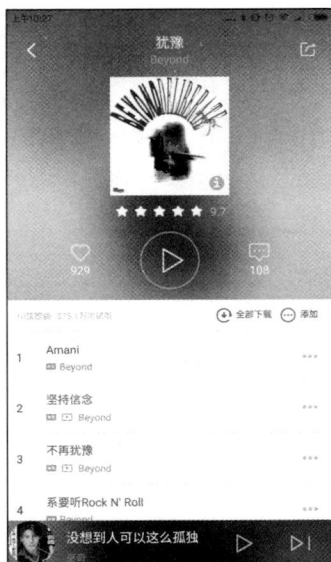

图 3-25

还有可能是以时间为中心的。如图 3-26 所示，就是我们在三节课微信公众号简单整理的三节课 3 月月度精华文章合集。

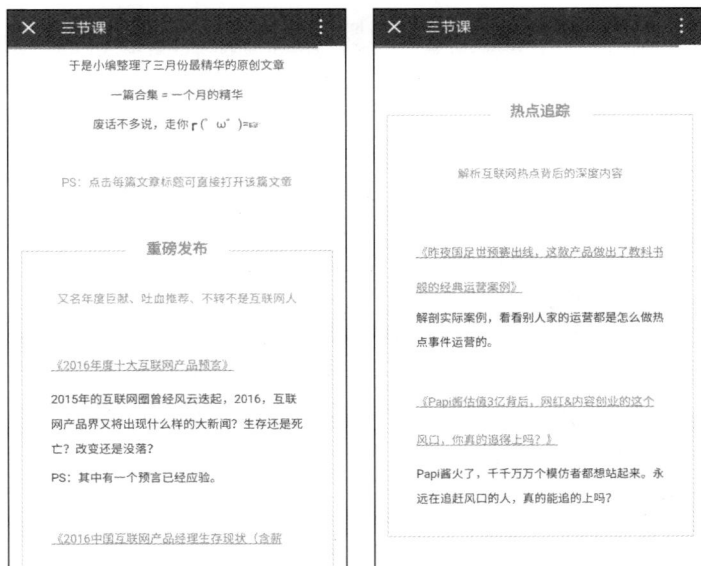

图 3-26

当然了，以上这些绝不是仅有的内容聚合维度，在这些基础上，还有很多聚合维度是可以去延展的，比如围绕着以解决某个问题为中心（如"5 节课让你学会如何围绕一个确定的需求设计出来一款产品"），比如以用户个人兴趣为中心（如"XXX 最喜欢的 20 篇文章"），等等。

3. 整体内容的导览和索引

如果说前两个层次瞄准的都仍然是一个短期、单点的问题，到了这个层次，我们就需要带着更多长期、整体的视角来思考问题了。

简单说，当你的内容基数已经足够大了之后，用户的访问行为很可能将不再是一种"我给你推送啥你就消费啥"的被动行为，而更多会成为一种"我想自己来找点儿我想要的东西"的主动行为。此时，我们必须要在内容的组织方面更多考虑如何更好地迎合用户的这种主动访问行为。

在这个层次下，我们常用的手段包括分类、搜索导引、优先推荐机制、信息流等。

这里我们可能要先界定一下，即便是主动访问式的内容消费行为，也会再细分为两类。一是"闲逛"式的，即用户在访问时可能没什么特定的目的，就是为了打发消磨时间，就想随意看看。二是"目的导向"式的，即用户在访问时就是为了解决某个特定的问题，或者就是为了查询某个特定资料。

如果你在负责的是一款内容型产品，你可能需要先界定清楚，大多数情况下，你的用户访问行为，到底更接近于以上两类中的哪一类呢？因为围绕着这两种行为，我们的整体内容组织解决方案可能是不一样的。

比如说，围绕着用户"闲逛"式的行为，我们的内容组织解决方案可能比较适合通过信息流这种可以随意刷新、随机获取信息的方式，或者比较突出热门话题、官方推荐、最新最热等内容的方式。这样的方式，重在可以让用户以较小的成本获取到一些能够给自己带来刺激或价值的内容。

举例：虾米音乐的用户行为定位可能为"随机地发现一些还不错的音乐"，故其主界面信息组织方式是下拉瀑布流式的方式，如图 3-27 所示；而 Echo 回声的用户行为定位也可能是"随机地访问发现一些有趣好玩的模仿音乐"，故其主界面信息组织方式采用的是偏重于官方推荐和热门内容推荐的信息组织方式，如图 3-28 所示。

而围绕着用户"目的导向"式的行为，我们的内容组织解决方案则可能更适合通过分类、加强搜索体验和导引等方式。这样的方式，重在给予用户一条明确的路径和查询线索，来帮助用户可以更高效地找到自己想要的内容。

图 3-27

图 3-28

举例：懂球帝的用户访问行为定位很可能是"查询自己所关注的联赛或球队相关资讯"，所以懂球帝的信息组织方式以各大联赛为中心，比较突出分类展示的方式，如图 3-29 所示。

图 3-29

再举例：知乎的用户访问行为除了一部分"刷知乎"和"泡知乎"的典型用户外，也有一部分用户其实到知乎来就是想求证或解决某个特定问题的。所以除了首页的信息流外，知乎在搜索导引上也依据用户搜索的关键词做了大量的信息推荐和匹配，以此提升用户的信息获取效率，如图 3-30 所示。

图 3-30

其实很多时候，用户在使用一款产品的时候，行为可能都是多样化的，好比我们刚才看到的知乎的例子，可能用户某些时候的使用是"闲逛"式的，另一些时候又会是"目的导向"式的。对于这样的内容类产品，可能需要我们从多个不同维度上去考虑内容的组织，通过不同的方式来服务和满足不同的用户行为。例如我们看到的知乎，就是既有信息流，又有分类推荐，还有搜索导引。

4．核心拳头内容的呈现

就像我们之前提到的，任何一款内容型产品，都需要让自己的内容具备特定的调性、风格和用户识别度。而在你的内容绝对数量比较多的时候，你尤其需要在用户第一次访问你的产品时，把这种特定的调性和识别度传递给用户，让他们能够记住你。

而在这个部分，常用的手段比如通过站内 Banner，各种核心推荐位甚至浮层、弹窗等，把你最具有代表性的内容呈现给用户。

例如，如图 3-31 所示是虾米音乐的主 Banner 位所推荐给我的一个官方专题，可以感受到，它传递出了浓浓的音乐文化，非常有识别度。

图 3-31

再例如，如图 3-32 所示是三节课微信公众号在新用户关注后给用户的引导，以及我们想让用户看到的精华内容的展现。

图 3-32

以上，是关于内容的组织。

（二）内容的流通

接下来，我们再花一点点时间聊一下跟上一个话题密切交织在一起的另一个话题——如何在内容存量较多的时候，逼过一些人为干预或产品机制，更好地促进内容的流通，提升内容被消费的效率。

这里简单解释一下，所谓"内容的流通"，就是当你已经有了一定数量的内容后，你可能需要考虑以某种方式让你已有的内容可以流动起来，通过流动令之展现在用户面前，从而让用户可以发现和消费它。假如不存在这样的流通形式和流通机制，很容易出现的情况就是老的内容将被大量埋骨深山，很难再被用户找到或看到，又或者内容和用户间的匹配效率始终不高。

所以，在"内容的流通"这个维度上，我们要关注的，就是如何通过一些机制或手段来促进内容的流动性，以及促进流通中的内容与用户间的匹配效率。

而内容的流通，又有两个维度。

一是对内的流通，即在你本身的产品内部，内容可以如何更好地流通起来并与用户形成匹配。

二是对外的流通，即如何通过一些机制或手段，让我们站内已有的内容可以流通到外部平台去（如微博、朋友圈），带来内容的传播和用户转化。

1. 对内流通的常见做法

（1）内容运营人员的人为干预和组织

基础逻辑就是把内容展示页的维护和更新完全交给运营人员负责，所以，运营人员如果进行了页面更新或内容推荐，相应内容就会出现在用户面前。

比如，罗辑思维的"得到"目前就是如图 3-33 所示这样做的。

图 3-33

这样的方式，比较适合早期用户基数还不大的产品，或是专业度很高、特别需要专业人员进行解读介绍的产品，又或是用户的内容需求高度一致、个性化需求较小的内容类产品。

（2）算法的智能推荐

典型的如今日头条和虾米音乐这样的产品，都基于我此前的内容消费习惯，依靠算法在一个信息流中为我推荐一些更适合我的消费习惯的内容。

这样的方式，比较适合用户体量较大、同时用户的个性化需求较多的内容类产品。

（3）依靠用户关系和用户行为

典型的如知乎、微博等产品，都是基于我所关注的人的关系链，然后通过点赞、评论、关注、转发等用户行为，把相应的内容推送到我自己的信息流当中来。

这样的方式，比较适合天然已经拥有了用户关系链的内容产品，或是用户对内容的消费习惯会高度依赖于"人"的背书和推荐的内容类产品。

2．对外流通的常见做法

这里也有两种做法。一是通过产品机制、运营手段等鼓励用户自发地把一些优质内容分享到外部第三方平台。二是依赖于运营人员主观挑选一部分优质内容，将其分享到第三方平台，并获取到更多人的关注。

关于一，其实核心还是内容质量，在这个基础上，产品的体验（如分享是否顺畅、操作步骤是否简单等）和一些激励机制的助推（如分享可获积分奖励等）都可能会形成一些额外的助推力。

而关于二，我推荐给你一篇三节课实习生吴越的文章《实习两个月后，关于如何更好刷爆知乎，这是她的答案》。以下是全文，可参考。

在过去一周里，我基本就干了一件事儿——塞着耳机，叼着零食，捧着老年人专用保温杯，跷着二郎腿——刷知乎。

是的，我在工作的时间里，刷——知——乎。

虽然号称多年老司机，知乎小能手。但当我开始接到任务，试图从"运营"的视角去考虑，知乎对于我来说就有了不一样的面貌。我开始有意识地去考虑知乎问答上内容的消费路径以及运营人员可以干预的节点。

首先，我对知乎运营这件事设立的目标是：通过各种手段，使得我的内容更易于被用户消费。

这个目标可以拆分成两个部分：

第一，产出优质的、容易在知乎上火起来的内容（注意，在知乎能火的内容，可能与在微信公众号能火的内容是截然不同的）；

第二，沿着知乎站内，内容从生产到被消费的全流程去看，在每个节点上，我可以做哪些事去加速内容的流动和被消费。

1

生产好优质、能火的内容

如你所知，三节课所生产的内容，更多是关于产品和运营的。

所以，在知乎站内，关于产品和运营的内容，到底怎样才算得上优质，以及怎样才更容易得到青睐火起来呢？（注意，我们这里提到的内容，重点特指知乎问题下的回答。）

为了回答好这个问题，不如让我们先来考察一下在知乎上已经受到用户广泛认可的那些问题都有哪些特征。

我首先做的事，是选取样本进行分析。我设立了以下三个选取标准：

（1）回答点赞数超过 500。500+点赞说明这个内容在知乎上是受到认可的，是受到知乎用户欢迎的。

（2）与互联网产品/运营相关。这个不用解释，三节课就是一个互联网产品/运营学习社区。

（3）三节课有回答的可能性的。有些问题虽然也涉及互联网产品/运营，但并不属于三节课可能回答的范畴，比如招聘，比如融资。

按照以上标准，我收集了 16 个问题和 25 个回答作为样本，具体内容见图 3-34。

问题	问题发布时间	问题回答数	问题关注数	高票回答时间	高票定稿时间	赞数	字数	作者关注数	风格
什么是互联网公司的运营？运营团队最重要的指标是什么？	2011.04	114	12000	2011.04	2011.04	1200	3000	2400	纯理论
怎么评价产品经理拿数据说话这回事？如何做数据分析？	2011.04	102	6000	2011.05	2011.05	500	1000	700	个人博客风
产品经理有哪些经常犯的错误？	2011.05	72	2000	2011.05	2014.04	600	3000	4500	方法论
互联网产品经理分析产品的思路是什么？	2011.05	116	8000	2011.05	2012.04	600	100	700	提纲
怎么评价产品经理拿数据说话这回事？如何做数据分析？	2011.05	102	6000	2011.05	2011.05	900	1000	16000	读者风
互联网产品经理分析产品的思路是什么？	2011.05	102	6000	2011.08	2011.08	500	2000	700	例子+方法论
互联网产品经理分析产品的思路是什么？	2011.05	116	8000	2012.05	2012.05	500	300	600	提纲
IT行业产品经理（尤其是创业的）需要懂技术吗？懂到什么程度？	2011.01	270	7000	2012.07	2016.03	3700	4000	22000	半分析 半说故事
产品经理的职责有哪些？到底该做什么？	2011.02	96	8000	2013.06	2014.01	1500	2000	2200	方法论 阶段规划 图表
你曾经做了哪些失败的产品或功能？	2014.01	87	6000	2014.11	2014.11	700	1000	300	经历分享+经验总结
新人怎么培养自己的产品思维？	2014.10	40	3000	2014.11	2014.11	800	4000	1500	新人自述经历感悟
高级运营和普通运营有哪些区别？	2014.11	46	4000	2015.01	2014.12	5600	7000	5400	老黄好几篇干货文的合集
APP初期上线，有哪些比较靠谱的推广渠道、方式？	2015.01	46	4000	2015.01	2015.01	500	3000	1200	干货
什么是互联网公司的运营？	2011.04	114	12000	2015.02	2015.04	500	3000	36000	个人经历总结成几大点理论+鸡汤
产品经理如何入门，没人带的情况下如何学习？	2015.04	130	18000	2015.04	2015.04	700	3000	一套简单粗暴的方法
产品经理如何入门，没人带的情况下如何学习？	2015.04	130	18000	2015.04	2015.05	1100	2000	2200	大纲+资源
产品经理如何入门，没人带的情况下如何学习？	2015.04	130	18000	2015.05	2015.07	2300	7000	47000	大牛绘的建议+例子
产品经理如何入门，没人带的情况下如何学习？	2015.04	130	18000	2015.05	2015.07	6600	5000	3200	个人经历+资源+大量实例细节
如何设计一个比较完备的、有用户黏性的用户激励体系？	2011.03	43	6000	2015.06	2016.01	900	5000	外文书翻译
产品经理如何进行竞品分析？	2014.11	87	6000	2015.06	2015.06	1000	5000	400	详细且传奇的个人经历
你曾经做过哪些失败的产品或功能？	2014.04	59	6000	2015.06	2015.06	1400	图		枚举
你自己或见到并在运营工作中犯过哪些错误？	2015.05	69	7000	2015.07	2015.08	7000	1000	2500	枚举
运营和推广人员有哪些值得学习的工作习惯？	2015.09	24	2000	2015.07	2015.08	600	4000	300	多图+鸡汤
运营总监或运营经理是怎么成长起来的？	2011.08	99	11000	2015.12	2016.03	600	4000	2000	个人经历分类别总结
运营总监或运营经理是怎么成长起来的？	2011.08	99	11000	2015.12	2015.12	2300	4000	19000	方法论

图 3-34

然后，我们可以先来看看那些数字能告诉我们的事情。

- 优质内容与回答者的粉丝数并无绝对关系。不一定要是"大号"发布的内容才能受到知乎用户的广泛点赞认可，往往小几千的粉丝数的答者就足以撑起一个高赞回答。

- 字数大多集中在 3000～4000 字这个范围。可能是因为太短讲不清楚问题，太长读者也没有耐心看。

- 从总体上来讲，点赞数和问题的总回答量、总关注量呈正相关关系。这说明知乎的内容生态仍然是高度话题化的，想让你的回答得到大众的肯定，首先你得找到一个大众关注且愿意回答的好问题或话题。

- 问题的提问时间与高赞回答的回答时间之间并没有强联系。抢着回答新问题和复活多年无人问津的老问题都可以。随着知乎的发展，复活老问题的情况越来越多。但提出一个优秀的新问题，例如"产品经理如何入门，没人带的情况下如何学习？"，其威力是巨大的。该问题激发了 130 个回答和 4 个 500+赞回答。

除了上面那些数字可以告诉我们的信息，我们还可以进一步来看：什么样的问题是一个可以得到大众关注和回答的好问题呢？

我把我收集到的 16 个问题分了个类，发现大致可以分为以下四类。

- "什么是"系列：什么是产品，什么是运营。大众对于最入门级的"定义"有很大的兴趣。

- "职业向导"系列：新人如何入门？如何进阶？产品和运营作为互联网行业的两大类职业，职业的发展与未来的晋升之路吸引着从业者或未来从业者的关注。

- "正误成败"系列：错误/失败和正确的思维/工作习惯。什么是好的，什么是坏的，什么是值得学习的经验，什么是需要避开的教训，这些正符合知乎的定位——"与世界分享你的知识，经验与见解"。而在各种各样的经验与见解中，最容易被大众理解和传播的评价标准莫过于好与坏、正确与错误。

- "如何做"系列：如何做产品分析/竞品分析/数据分析/APP 推广/用户激励体系……这个"如何做"系列还可以继续无限列下去。毕竟，听了再多大道理，在工作中还是要一个细节一个细节去落实。"如何做"系列就像一本工具书，一本指南，这本指南自然越厚越好，越详细越好。

好了，下面一个问题是：知乎站内的一个好答案又会具备哪些特征呢？

继续分析样本中的 25 个回答，发现从内容属性和构成上都大致不离：一句话直击重点、资源枚举、理论、故事这几大类。一句话宜"毒",资源枚举宜"全",故事和理论都要充满细节。细节来自理论拆解、案例分析、个人经历都行,以个人经历最佳。

也就是说,一个最"知乎范儿"的答案,应该是由个人经历总结成的经验和理论,长度在 3000~4000 字之间,最终呈现出来的状态是半故事+半方法论,且高度依赖故事或实例来说明阐述一个方法论或论点的。

以上,分析完了样本,大致知道了一个知乎意义上的好问题和好回答都具有哪些特点,我在接下来的实际操作中,就会参考这些特点去筛选问题,编辑内容,使它们尽可能符合以上特点。

比如说,其实你现在在看的这篇内容,可能我就还写得挺知乎范儿的。

这,是要在知乎生态里做好内容运营的第一步,可能也是最核心的基石。毕竟在知乎和微信朋友圈这样高度依赖于关系链和个人转发来驱动内容消费的内容生态里,如果你的内容不能确保是尽可能受用户喜欢的,你很可能根本不会有火起来的机会。

做好了这一步,定位清楚了好的问题和好的回答。接下来的事,就是看看你还能如何给你的内容助力。

2

面向内容消费流程提供助力

接下来让我们来考察一下,一个普通的知乎问答内容都是怎么接触到它的用户的吧。(这里主要考虑比较新的问答,不考虑已经火起来、上了热门/发现/编辑推荐/知乎日报等的情况。)

为了回答这个问题,我梳理了一下,做了一个如图 3-35 所示的思维导图。

以上六个地点就是在知乎问答社区里,内容与单一用户的可能接触点。

所以,依照上面的图,为了让我的内容能被更多人关注和消费,我在知乎站内能做的事情包括但不仅限于:

(1)添加合适的热门话题标签,它会帮助你的话题进入一些热门的分类中,从而得到更多的关注几率。

(2)善用邀请知友回答功能。

(3)如果回答老问题,考虑回答已经有了一定基础关注的问题。

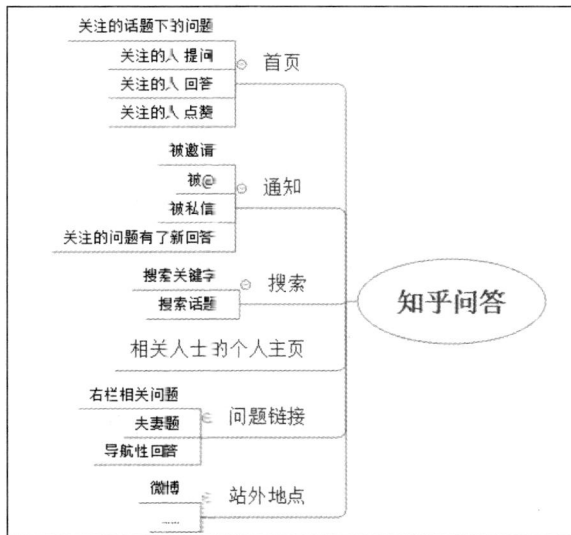

图 3-35

（4）如果建立新问题，问题应包含尽可能多的关键词，并参照第一部分总结出来的四个好问题模式。

（5）在合适的地方加入链接，比如在夫妻题、导航性问答中添加链接等。

然后，我又进一步想到，如果不止面向单一用户，放大到面向整个用户群体的立场来看，一个内容火起来的典型路径可能会是这样的：

内容发布→内容通过产品机制触达到少量用户（如老问题通知、站内邀请）→少量用户与内容产生互动并带动新一轮传播（如点赞、感谢、关注问题等）→内容得以推送到更多用户关注区

在上述这个路径中，我们可以明显发现，假如你的内容和话题本身传播基因是不错的，且第一波愿意来与你的内容互动的人又本身是一些知乎站内粉丝数较多、有较大影响力的人，则你的内容会更容易得到广泛传播。

于是，从我自己工作的立场上，翻译成人话，就变成了：我应该在选定一个好话题、填充完一篇好内容后，优先邀请和去撬动一批中高粉丝知乎用户跟该内容的互动，以此来推动该内容的传播。

不仅仅是点击邀请按钮，甚至可以邀请完后还私信跟他们交流两句，例如分享一

些自己对该问题的理解之类的。总之，积极与大号互动，积累好感和信任感，对内容的传播很有益处。

另外，关于邀请领域内所谓的"大号"这件事，该从哪里下手呢？

为了得到这个问题的答案，我干了一件其实很蠢的事情——一个一个查看了知乎被关注数前 500 的知友的个人主页。然后我扒拉出来了下面一张图，如图 3-36 所示，想必以下这些大大们，就是产品和运营领域的 KOL 了吧。

图 3-36

以上就是我刷了一个星期知乎，除了对"知乎体"更加熟悉以及嗑完了一大包糖以外，得出的结论。

但，结论毕竟只是理论，在接下来几周的实际操作中，我又发现更多的问题，比如：

- 对于时效性的问题，比如知乎上数不胜数的"如何评价 XXX（某热门话题）"，问题会受到关注得到广泛回（tu）答（cao）是毫无疑问的，但如何才能让我的回答在短短几天内爆发式在上百个回答中脱颖而出？

- 对于非时效性的、比较空泛的问题，我觉得问题和我的回答都非常不错，该邀请的也邀请了，就是没人关注、没人回答、没人点赞怎么办？

由于我暂时并不是答案的主力生产者，而是改造者和搬运工，如何为一些已有的比较成型的内容寻找到最适合它们的问题也是令我烦恼的一件事情。

培养网感，或者说更具体的"知乎感"，从来都是一件漫长的事情，就像老黄说的：你只有在一个社区持续泡到接近一年以上，才能真正积累起来对这个地方的"网感"，对于在这里的氛围和内容生态做到"了如指掌"。

而上面我做得非常粗陋的"高赞问题观察"只是建立起对知乎的认知的第一步，我猜，一定还有 9999 步在等着我继续走下去呢！

上面，就是关于内容组织和流道，我想分享的一些东西。

就像我们说过的，在这两个问题上，运营和产品往往是需要共同协作才能完成好的。你需要结合自身的内容调性、产品特质、用户需求类型、访问习惯等来明确自己产品的内容组织形式和内容流通机制。然后，产品需要把所有机制类的东西产品化，而运营则需要具体再去评估，在这些组织和流通环节上，有哪些是需要运营驱动的。

比如说，需要依赖于人力来完成内容组织和流通的环节上，如对内容进行审核、打标签，或者定期策划制作专题、做好核心拳头内容的推荐、推送和更新，还有做好内容在第三方平台的传播等，这些工作内容，运营一项也不能落下。

再比如说，如果内容组织或流道的有些环节是依赖于产品机制来完成的，但当前需要引导和对用户进行习惯培养，这些工作运营也需要全面掌控住。

好比，如果你站内新上了一个分享机制但用户还不知道，你是不是得通过推送或引导让用户先知道这个事？甚至做个"每天第 33 个分享的用户有奖"这样的活动去刺激用户分享？

又好比，知乎这样的依赖于用户关系和行为来实现内容流通的机制，起初我们肯定得先找到一群标杆用户，让他们先能积极通过点赞、评论、关注等行为去向其他用户们进行示范，带动其他用户的参与，等等。

而，在内容运营上，无论是 UGC 型的生态还是 PGC 型的生态，我们最终希望形成的，都是如图 3-37 所示的这样一个循环。

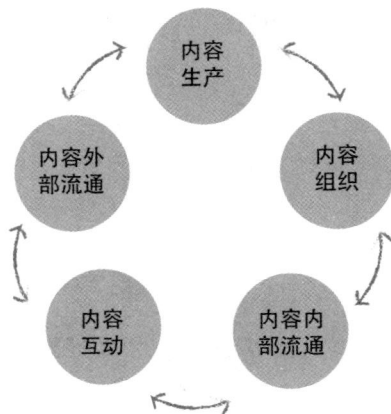

图 3-37

就像我们说过的，运营在很多时候，就是需要用一系列穿针引线式的行为去让一件复杂的事情发生，并能够顺畅运转。在内容生态的构建上，也是如此。

在整个生态中，作为一个运营从业者，你可能需要从一些很小很碎的点开始进入（例如内容的生产、编辑或者审核），然后再一步步试着让自己能够串联起来更多的事情。而，一旦某一天你真的可以把这样一个完整的内容生态搭建起来，你也就差不多具备了成为一个运营总监的能力了。

到此为止，我们就算是把内容运营这个大模块背后的一些核心逻辑都讲完了，我希望我讲得还算全面和清晰，希望对于任何一个内容运营方面的新人来说，可以为你勾勒出来一个自己的成长路径和职业进阶的全面轮廓。

我也一直相信，做内容是个既辛苦但又很有趣的事情，内容本身就是一种特别有打动力的信息载体。就像对我来说，写这本书，本身是个极辛苦的事，但当有 N 多人告诉我他们在期盼着这本书，告诉我这会让他们特别受益的时候，我又会感到特别受鼓舞。我觉得这个过程既是我和我的内容打动了用户，也是用户们在反过来用他们的行为和认可打动着我。

假如你也在做内容，我希望你也能找到一点类似的做内容的乐趣和打动力所在。

3.4 转化型文案的常见写作方法

（一）什么是转化型文案

嗯，我承认我前面讲的内容运营稍微有点儿太硬太干了，本节我们来聊点儿比较好玩的——文案。

且，我们聚焦一点，只聊转化型的文案。

所谓转化型的文案，就是这个文案的目的是特定的，它被写出来的唯一意义，就是要引导用户完成某个特定行为，俗称一次转化。典型的例如，标题的最大意义，就是要吸引读者去阅读正文，而商品详情页所展示的文案的最大意义，就是要促成用户下单购买。

而在转化型文案中，又分为短文案和中长文案两种。短文案好比一个标题、一个Banner；中长文案则好比一条微博，一个商品描述，或一篇转化型软文。

短文案和中长文案，在常规性的写作方法和注意事项上是有所不同的，但类似文案的撰写可能是一个运营人员甚至也是产品经理的日常工作中接触频次最高的工作。下面我会分别来聊聊。

另外，我们也明确一下，在我的理解中，文案这个事如果你要从 0 提升到 60 分，应该还可以，只要有一些方法，加上勤加练习，不会特别困难。但如果你想要从 60 分做到 90 分以上，则可能很难。后者需要长期的积累沉淀和练习，甚至还需要一点天赋。

所以，我在这里，只讲 0 到 60 分的事。它可能不需要你具备多么强的文字功底，而更多的是思路和方法。

（二）短文案的写作

短文案的写作，典型的比如标题，我们在此也主要以标题为例。

而，要把短文案写得达到及格分以上，能带来比较好的转化率，其实并不太需要多么高超的写作技巧和华丽的辞藻，只需要懂得一点点写作原则，再找到合适的写作切入角度，再用人都能听懂的大白话表达出来，就足够了。

最简单通俗的可以提升短文案转化率的两个原则，是：

第一，傍大款。即，有意识地跟某些明显势能更高、影响力更强的人或事物形成关联，通过关联者更高更强的影响力刺激用户的点击访问意愿。这个方法，尤其适用于你要推送的这个东西的知名度和影响力可能还不足以刺激到用户的时候。

第二，颠覆认知。即，有意识地抛出某些可能会颠覆用户常识性认知，甚至有点儿不可思议的观点或言论，从而引发用户的好奇心，借此撬动用户的点击访问意愿。

比如说，假如面向的文章内容都是一致的，试着感受一下下面两个例子中，原本的常规型标题和后面的"傍大款"型标题与"颠覆认知"型标题对于刺激用户形成点击转化方面会产生的区别大小。

例 1

标题 1（常规型）:《火辣健身 APP 深度产品调研分析报告》

标题 2（傍大款型）:《同样的健身 APP，它相比 Keep 到底 NB 在哪里？》

标题 3（颠覆认知型）:《改了两个版本就成功融资 1500 万元，这款产品是如何做到的？》

例 2

标题 1（常规型）:《原创干货：如何从 0 开始运营一个优秀的微信公众号》

标题 2（傍大款型）:《这个微信公众号，如何在单点上可以比罗辑思维还 NB？》

标题 3（颠覆认知型）:《5 个月，0 预算 0 基础，他们就这样超越了 60%的同类微信大号》

怎么样？是不是会觉得傍大款型的标题和颠覆认知型的标题显然要比常规型的标题有力很多？

然后，我们再来看一个如何挖掘标题写作方向的例子。

我写过一篇分析罗辑思维操盘 Papi 酱 2200 万拍卖会始末的文章，名为 "Papi 酱 2200 万拍卖会的始末思考，罗振宇的做局与造势"，假如我们要给这篇文章来取几个转化率可以还不错的标题，我们可以怎么做呢？

首先，这是一篇分析&部分观点输出型的文章。针对这样的内容要挖掘其标题写作方向，我们其实可以发散性地思考一些特定问题，然后在每一个问题方向上，我们都可以通过精细的描述和表达，同时参考借鉴上文提到的"傍大款"和"颠覆认知"两个原则，产出一两个不错的标题，比如：

分析的事情本身够不够刺激？——《一场 2200 万拍卖会背后的操盘逻辑深度分析》

分析的事情跟谁有关？——《罗振宇和 Papi 酱，是如何操盘完成一场 2200 万的拍卖会的？》

是谁来分析的？——《一个 10 年运营总监眼中，Papi 酱 2200 万拍卖会的操盘逻辑》

是怎么分析的？——《通过 6 个重要事件+15 个关键点，揭示如何成功运作一场 2200 万的拍卖会》

相关分析和事件可能还跟谁有关？——《最该来学习这场 2200 万拍卖会的，可能是新浪微博》

理解了这个分析，可能带来什么？——《看懂了这场发布会的操盘逻辑，你才知道为何罗振宇投给 Papi 酱的 1200 万一点也不贵》

假如以上均不符合，则可考虑人为强力背书——《这是一篇让罗振宇本人都大呼"牛逼"的罗辑思维操盘案例分析》

嗯，我猜你可能已经会受到点儿启发了。关于短文案，我们就先讲这么多。

（三）中长型文案的写作

下面，我们再来聊一下中长型转化文案的写作。

中长型文案，往往至少一两百字，内容信息量会更大，不比普遍 20 字以内解决问题的短文案，突出重点，能迅速在一两个点上撬动用户兴趣就好。

所以，中长型文案可能需要讲一点点逻辑和内容结构，通过一点一点的信息外露，逐步把用户的兴趣和欲望烘托勾引起来，并最终形成转化。

这里，围绕着如何能够更好地形成转化，我分享 3 种常见的中长型文案写作方法。

方法 1
方法 1 其实是一种文案写作结构和递进逻辑，如图 3-38 所示。

图 3-38

简而言之,在一个中长型文案中,我们需要先有一部分内容引起用户的注意,再逐步激发起他的兴趣,勾起其欲望,最后促成用户行动,带来转化。

比如,来看如图 3-39 所示的这个例子。

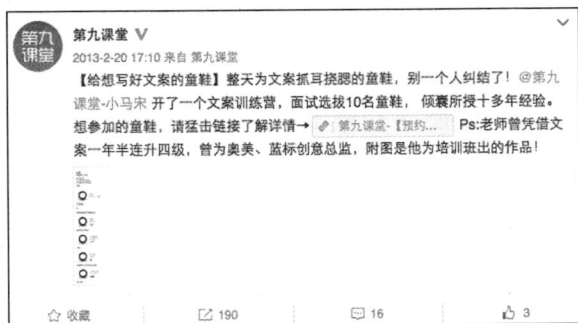

图 3-39

在上面这个我的前同事完成的微博文案例子中,【给想写好文案的童鞋】这个开头起到的作用便是"引起注意",而后面的"整天为文案抓耳挠腮的童鞋……倾囊相授十多年经验"这个部分是"激发兴趣",到后面"老师曾凭借文案一年半连升四级,曾为奥美、蓝标创意总监"以及老师作品展示的部分,算是进一步勾起用户欲望,而文案中"想参加的童鞋,请猛击链接了解详情"这个部分,则无疑是为了"促成行动"而服务的。

作为一个结构清晰、层次分明、卖点突出的文案,这个文案的转化率是很不错的。

方法 2

方法 2 也是另一种略有不同的文案写作结构,如图 3-40 所示。

图 3-40

在这种逻辑下,我们往往会以一个故事的方式把用户代入某个情景,然后围绕着这个情景制造出某些关键矛盾,引起用户的好奇,再基于这些矛盾提出关键问题,最后顺水推舟，把问题的解决方案推送给用户。

比如，按照这种逻辑结构，我试着花了 5 分钟给我们三节课另外一位发起人布棉老师的"以用户为中心的产品设计"系列在线课程写了一个转化型的文案，不说多么好，但至少是合格的。你可以感受一下。

他叫布棉，

是一名有 10 年经验的产品总监，

也是三节课发起人。

他，曾是一个不靠谱的房地产黑中介。

在 10 年前，

他每天最关心的事情，

就是怎么能多忽悠人租或买几套房子。

（以上部分，代入情景）

8 年前，机缘巧合下，

他成为了一名产品经理。

并自此开始，先后在 5 年时间内成为了：

百度高级产品经理，

赶集网的产品总监，

学而思高级产品总监。

且，他带过的徒弟，已经遍布 BAT。

（以上部分，引起矛盾）

因为他的亲身经历，

他太知道对于很多产品小白来说，

缺乏一套做产品的完整知识体系和工作方法，

是件多么痛苦的事情。

（以上部分，提出问题）（以下，都是给出解决方案以及对于解决方案的渲染）

所以，他将自己近 10 年的工作经验，

总结成了一套完整的在线课程——

《以用户为中心的产品设计方法论》

跟其他的很多演讲分享不一样，

这是一套成体系，

花了 3 年多时间打磨，

共近 30 堂课的完整课程。

迄今为止，

这套课程已经获得了近万人的一致认可，

并已被百度、京东、学而思等知名互联网公司的近千名产品经理学习过。

就像他说过的：

做产品，要么不做，要么就做第一流的精品。

至于这么棒的课程到底怎么收费？

我们的答案是：

免费，但有门槛。

我们相信，只有这样，

才能既不至于让高昂的费用成为阻碍，

又能让每一个学员都能对待"学习"都更加认真。

我们希望，

可以借此帮到更多认真积极的互联网新人。

该讲的差不多就这些，

至于来不来，你自己看着办。

想来的话，

猛戳"阅读原文"

可以立即报名三节课在线课程。

怎么样？看完这个文案，你是不是真的还多少对这个在线课产生了点儿兴趣？

方法 3

中长型转化文案的第三种写作方法，就比较简单了。它的逻辑是：把用户在一个转化行为前可能会面临和思考的所有问题都依次列出来，然后一一对问题进行解答和说服用户。

比如说，用户在考虑是否报名一堂三节课在线课程时可能会思考如下这些问题：

（1）课程讲什么，能解决什么问题，不能解决什么问题？

（2）跟其他同类课程相比，这个课程有什么特色？

（3）课程的老师是谁？老师有何特点？

（4）课程适合谁来听，不适合谁来听？

（5）课程的时间、地点、地址、费用、报名上课方式？

（6）其他人对这个课程的评价如何？

所以，我们只需要针对这些问题逐一给出解答就好。

比如，我早年在开设一堂主题特别不靠谱的"人际关系与沟通"课程的时候，课程文案是如图 3-41 所示这样的。

最终，这个文案的转化效果也是很不错的，就 2 年前我开课的情况而言，这个课程每月一次，期期爆满。

最后，我们再来明确一个转化型文案撰写的核心原则吧，这个原则是：

你只有先帮助用户建立起来认知，才有机会激发用户的兴趣。

换成人话讲，就是你的文案要先确保用户能够看懂，在这个基础上你才能进一步激发用户的转化。否则如果用户连看也看不懂，你可能根本没有机会去激发他的兴趣。

我们来看两个例子，如图 3-42 所示。

我是老黄，这是我三个月来第一次恢复开这堂课。

这堂课要讲的，是一套我自己关于人际关系和沟通的方法论，它成功让我实现了"不纠结"和"无负担"。

我的课程玩法是这样的——先上课后付费，且付多少额自己看着办。

这不是一堂所有人都适合参加的课程。

我每个月仅开课一次，每次课仅限量30人参加。

如果看到这里你还感兴趣，再请继续往下了解课程详情。

开课时间： 11月29日全天（上午9:30-下午17:30）
地点： 北京五道口附近（请注意是线下课程，报名通过审核后具体地点会开课前短信通知）
费用： 听完后你自己看着给（以前曾经的标准是500元/人）

报名限额30人，额满网络止接受报名，欲报名者，请务必认真阅读课程介绍。
报名方式见文末。

这个课程适合谁以及不适合谁？

这并不是一堂所有人都适合参加的课程，请您认真阅读课程介绍并谨慎考虑。

本课程适合对象——
- 总感觉自己与他人间的相处和沟通有问题，但不知道问题何在；
- 总是在沟通中为了去迎合别人（上司、客户或家人），导致自己内心存有大量不爽和不满；
- 认为自己在解决分歧达成一致方面效率低下；
- 认为自己与他人间总是存在误解，但不知道如何消除；

本课程不适合对象——
- 不认同人际关系与相处中，"心态改变"的重要性远胜于技巧和方法；
- 在与他人相处中本能更倾向于以权力和利益去与对方达成一致；
- 天生缺乏"信任别人"的基因，觉得自己身边基本就没什么值得自己信任的人，包括家人与朋友；
- 自身完全没有任何沟通和人际关系问题，纯粹只是出于好奇或听别人说说这堂课不错；
- 个人建议工作经验不足1年的小朋友们谨慎参与；
- 看完这篇课程介绍，仍然觉得不靠谱，仍然担心这个课程是骗人的，是大忽悠。

我是谁？

黄有璨，贵州人，高中退学后辗转来到北京，迄今所拥有受国家承认的最高学历文凭是初中。

中关村站过柜台卖过电脑，住过城乡结合部的破烂平房，工作过日企、美企、国企，做过传统行业、互联网和媒体、8年营销及互联网运营相关工作经验。前某九课堂COO，现任某在线教育团队整合人合伙人，长期混迹于互联网圈和个人成长圈。

自认是这样一个人，不会搭讪，不会来事，不喜欢逢迎、做作和刻意，心里想啥都写在脸上。近5年来一直在思考如何可以既能维持好与他人之间的良好关系，又不会让自己变得纠结和难受。

经多年尝试实践和思考，成功总结出一套与人相处的指导方法和思维模式，并借助此让我成功做到了——
- 在每一家此前自己供职的公司里，与90%以上的同事、老板、下属和客户都可以成功建立起基于强信任度的关系；
- 虽然自己不擅搭讪不擅装逼靠过度讨好迎做作，但仍然有一大批各色各样的靠谱朋友们；
- 与老婆相识5年多，结婚4年，迄今未发生过哪怕一次争吵。
- 整体上自我感觉过得很幸福。

这个课程主要会讲些啥？

课程主要内容模块和结构

- 我关于人际关系的重要认知和解读
  - 三种不同的人际关系模式
  - 分歧是如何产生的？
  - 出现别扭时，'不说'是最好的方式？
- 如何解决人际关系和沟通中的一些关键性问题
  - 如何让一场交谈变得更顺畅？
  - 如何提升表达效率和说服力？
  - 如何解决一个已经存在的分歧？
- 现场沟通谈判实战演练（将各种理念、方法和技巧进行实际演练）
- 其他分享与个性化问题解答

这堂课程的特点和承诺？

这堂课程的所有内容都基于我个人的思考、实践和认知，是一堂具有浓厚个人色彩的课程。我觉得它具有如下特点。

不鸡血不励志，不厚黑不腹黑，不装X不扭曲自己，不提供标准答案。以能够解决问题和可以带来改变为导向。

我不认为适合我的方法一定会适用于所有人，所以这堂课事先不会收取任何费用，而是采用"参加完课程后根据个人情况自主决定支付费用额度"形式，如果你听过后不满意或者觉得内容不适合你，可不付费。

可以解决的问题及无法解决的问题？

预计我可以解决的问题——
- 针对一部分人际关系不佳者，或许可以帮你理清思路，发现自己当下在人际关系与沟通中存在的问题，以及对应解决思路；
- 让你知道如何可以把一次针对具体问题的交谈和讨论变得更顺畅，同时某些方法可以帮助你提升你解决分歧的效率和能力；
- 在与家人和朋友的相处和关系维护方面带给你一些启发；
- 以我为例，解读我的心智模式，详细告诉你为何我可以既保持与其他人之间的良好关系，还能做到内心不纠结"与"无负担"；
- 通过现场的某些实战演练，让你体验和领悟到沟通谈判中过往常常被你忽略的很多东西；

预计我无法解决的问题——
- 教会你如何通过搭讪迅速与别人建立关系（*本人不会搭讪，且极少通过搭讪与他人建立关系*）
- 提升你的口才（*本人口才极烂，好就是好，不好就是不好，从来做不到把不好的东西说成好的*）
- 教会你如何在政治斗争与逢迎、谄媚和讨好中胜出（*本人人傻心纯且天真，从来玩不转复杂的政治斗争*）
- 一堂课结束后就让你发生天大的改变（*本人认为，课程上能做的成分只是让你"知道"，至于做到，那需要更多的时间和实践*）
- 帮你消除与别人在价值观上的巨大不一致（*本人能力有限，倾向于认为这是个无法解决的问题，只是我也同时认为即便价值观不一致，也有办法和方式可以愉快共处。*）

【过往部分学员评价】

记得参听你的课程，解答了我在工作和生活中遇到的很多问题。解救欣怀了个人的一个快乐，特别发越！可以说，快乐就在这个社会上生存，沟通绝本第一重要技能，不是之一。按照你介绍的表听所提的沟通课，用心听，多实践，一定会对你的工作生活起到极极帮助！
——@李长太的学习人生，某网站产品总监

记了两周半本的笔记啊（小本儿，特别小的本儿……）挺管干货，干到不靠好！而且不上干干货，还有各种欢乐的效果，听以是干货并用！内容丰做，放答茶下，潜大关美的惊事业！
——@颜橙，某教培机构教学负责人

实用且高效易发读，把课的"心态"、"真诚"等大师所克都说了，以把种用角度解读给某名实所提课，标学有收获！期待开设后续课程，加入讲演模拟，学而时习之，不亦乐乎！
——@悦目_爱自由，某大型IT公司销售

图 3-41

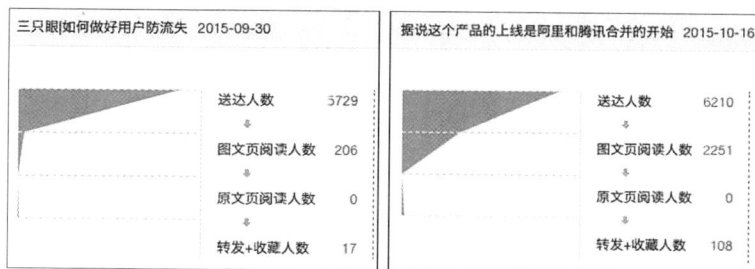

图 3-42

图 3-42 是我们 2015 年 10 月前后，通过三节课的微信公众号推送出去的两篇文章，你可以看到，同样的推送渠道，仅仅只是标题的差异，这两篇文章之间的阅读量差了整整 10 倍！

所以，一个转化型文案没写好，真的是会带来 10 倍以上的差距的。

其中，第一个名为"三只眼 | 如何做好用户防流失"的标题，核心问题就在于"三只眼"这个概念，用户根本无法认知（其实这是当时我们某小编设定的一个微信公众号栏目名），而当用户无法对你的文案形成认知的时候，大部分人会条件反射式地选择忽略你。

这，就是 10 倍差距的来源。

话说到了这，我猜一定还会有一部分人想要探讨这样一个问题：

对于刻意哗众取宠式或过于夸大式的"标题党"式行为，我们到底该如何看待？不标题党，可能转化率很低，但一旦标题党，又会招来一部分用户的反感，这当中的平衡到底如何把握？

这个问题，我视之为一个运营的伦理性问题，我会把它放到 3.5 节里来跟你一起做一些探讨。

3.5 为何说"标题党"和"段子手"们都很难成为内容领域的顶尖高手

前面写了一系列关于内容运营的东西。这里，我想再用一点点篇幅来聊点儿关于做内容的人，以及我作为一个内容运营者的一些立场与建议。

坦白讲，这一节可能略虚，但很诚恳。

（一）

互联网圈内，人人都在说运营辛苦。这其中，可能以做内容尤甚。

而常见的辛苦的"内容运营"，现在基本又分为两拨人，一拨类似网站编辑，每天审稿、选稿、组稿、各种 Ctrl+C&Ctrl+V，他们往往对网站流量、PV 等数据负责。

另一拨人则是我们现在常说的"新媒体运营"，他们往往管着一个微信公众号，每天满世界各种转载，各种编段子修图追热点，他们往往对微信公众号粉丝数、阅读数等负责。

这两群人存在着一个共有的尴尬：

他们总是会被老板天天拿着大棒在后面要 KPI，因为 KPI 的存在，导致他们当中的大部分人很多时候做的事情是机械化的，甚至是忽略内容价值而强奸用户式的（例如，给某篇屎一样的内容取一个博人眼球的标题），这导致他们往往没什么成就感，并且特别迷茫，不知道自己的价值和未来在哪里。

再具体一点讲，我认为大部分内容岗位从业者们面临的核心问题都是：

他们几乎都只会基于短期来考虑我可以在内容上玩点什么小花样或小技巧，以让其可以有助于我短期数据指标的拉升，而很少有人能够真正静下心来想想自己在做的内容长期而言对于用户有何价值。

若不信，作为一个内容工作者的你可以扪心自问，后面一个问题你能否简捷清晰地给出有力的回答。

这群人的存在，其实也恰恰折射着过去 20 年来，"内容"在互联网世界中的尴尬地位。

（二）

在过去很长一段时间里，内容在互联网的世界中都是被人视作一种手段而存在的，而很少被人视作目的。就像上面说的，我们更在乎内容如何能迅速给我们带来更多流量，而并不太愿意去考虑和关注内容本身的长期价值。

因为，在过去很长一段时间里，这两者的价值并不合一。

举个例子，在过去十几二十年里，人们消费内容的核心入口，其实有两个，一是搜索，二是内容门户。

但你会发现，一个内容在这两个入口下是否能获得更多点击和浏览，其实不取决于你的内容好不好，而是你的 SEO 做得好不好，能不能关联到足够多的关键词，能不能想方设法在百度搜索结果中排得靠前，或者你和门户网站的编辑关系好不好，能不能得到他们的推荐。

所以，在过去的时代，做内容的人，都更愿意把时间用于去琢磨 SEO 怎么做，以及怎么能搞定核心的内容分发渠道，借此迅速获得巨大的访问和流量，在他们眼里，"内容"应该是为了如何快速简单粗暴地获取流量而服务的，至于内容本身的价值如何，并不重要。

一直到了今天，在很多公司内部，情况也仍然是类似的——很多老板之所以要做新媒体，仅仅只是听说新媒体可以很快拉粉，但至于要在微博、微信做什么样的内容，带给用户何种价值，他们可能根本没考虑过。

这个时候，内容是一种被扭曲了的存在。你会发现，那么多人在做"内容"，但真正愿意去认真考虑一下内容价值本身的人，却寥寥无几。

（三）

然而，到了今天，形势却正在发生着变化——你会发现，内容的价值正在回归。

这个回归，与内容在用户面前的流通路径演变有关。

你会发现，今天人们消费内容的入口，慢慢已经从百度变成了朋友圈或知乎这样的地方，这个事和 SEO 开始不存在关系了。相反，决定你的内容能不能被更多人消费的，是你的内容是否能够得到更多人的转发和推荐。所以，今天，一个内容能否被更多人消费，不再取决于分发渠道，而往往只有一个条件，就是内容是否足够好，足够能让人们愿意转发和推荐。

换句话说，内容本身的价值、打动力，与内容的传播、用户消费几率等，已经越来越合一了，用户在内容面前的话语权越来越大，而不再是渠道。一个内容能不能火，本质上越来越取决于用户是否愿意认可它、传播它，而不是核心渠道是否能够推荐它。

因为这样的变化，在这个时代里，有越来越多的人开始因为尊重内容，因为可以持续做出来一些用户喜欢、认可的内容而凭借一己之力脱颖而出。大一点，比如张佳玮、罗辑思维；小一点，比如我，都算。

内容价值的回归，给了那些有能力做好内容的人一个机会——今天，人们真的是有可能仅仅只通过持续的优质内容输出来给自己建立起强大的影响力，让自己变得很牛、很强大。

但，如果你真的想变得很牛，在内容面前，你到底应该相信些什么？又应该有哪些不同的思考？

就我自己来说，我有那么几个多年来一直坚持相信的东西，这些东西也陆续带给了我巨大的回报，我想在这里分享给你。

（四）

首先，我相信内容本身的最大力量在于其通过持续内容输出面向用户构建起来的某种强烈的"信任感"。

我有一个很喜欢的写作者叫程苓峰，他曾说过一句话，大约是这样的：

媒体（或称内容）即阴阳。

在所有行业当中，只有内容或媒体是阴阳，而其他行业比如房产商、电商都不是阴阳。独有阴阳能生化万物。

这句话的意思讲的是，好的内容或一个好的媒体，承载的是信息、思想、知识、价值主张等，而可能不是单一的资讯。

单一的资讯类似某种路边不经意间看到的不知名小点心，我要是正好路过，正好饿了，也正好有空，我会吃，但吃完后，我对它不会留下任何印象。

但，假如你供应的不止是资讯，而是思想、知识、价值主张等，你可能会更容易得到用户们的认可，这种认可如果长期累积下来，可能会为你构建起来一种具备穿透性的用户信任感，且这个信任可以下沉转化到任何东西上。比如罗辑思维建立起来的影响力，就可以转化到卖月饼、卖桃子、卖书等事情上。而同样的事情，可能只有媒体可以做到——你很难想象一个做电商的今天卖书、明天卖月饼、后天卖桃子吧？

所以，如果做内容，尽量不要只做一维的资讯。或者说，即便是做资讯，其背后也应该包含了某种既定的思想与价值主张。

（五）

第二，我相信，内容的核心打动力，往往来自于内容生产者不同于他人的、极度细致入微和深度的经历、体验和思考。

总会有一些内容在不经意间，借由一些细节的刻画描述和观点的表达让你心中涌起某种强烈的共鸣，又或者是受到一些强烈的冲击，从而产生一些特别强烈的情绪和行动欲望。

这样的内容，我称之为"具备打动力和穿透力"的内容。

比如，你可以试着认真阅读一下下面这几段文字，看看是否会从中体会到一点点"被打动"或是"被感染触碰到"的感觉。

"我仍旧记得在我年少时，我与很多与我同龄的小孩们往往视看书阅读为最大乐趣，往往看过一本新书以后便会兴奋地在同学朋友之间大肆宣扬交流。

那是个物质匮乏的时代，是个谁家中能有一台彩色电视机便值得我们羡慕上好半天的时代，那时的我们买不起自己想要的变形金刚和漂亮衣服，没有显赫富有的家世家产拿出来显摆，所以在我们之间，唯一还能切磋、炫耀和守护的，仿佛便只剩下了那一点点可怜的精神世界。"

"我觉得，人活着，总是需要先能够打破边界，然后再找到边界。前一个边界是外界给自己设定的限制和束缚，后一个边界，则指的是自己的能力、野心和欲望可及和应及的范畴。打破前者，为的是找到这个世界的丰富和可能性，打开眼界和格局。找到后者，则为的是找到自己个人的局限和使命，获得谦卑、专注与平静。"

"今年五一，我和一群伙伴去草莓音乐节，最后一天下午，万青演出，天降大雨，但无人离去。台上董亚千一如既往在观众面前显得冰冷而木讷。一直到他们没有任何征兆地弹起略为陌生、专为现场表演改过的旋律，然后又在不经意间，《秦皇岛》响起，万众欢呼，用更改过的更加漫长的现场演奏铺垫出这无所畏惧的第二轮小号。那一刻，数千人似瞬间从沉睡中醒来般，狂热，振奋，高举双手，眼眶湿润。就像是，在雨中站了整整一天，就是为了等待这一刻的到来。"

但，假使没有相关的生活体验，没有体验过那些奇妙的时刻和瞬间，又或是对相关事物没有足够深度的思考，你又怎能写出这样具有打动力的文字？

我一直觉得，做内容和写字，本质上是一种通过持续的思考和表达来连接这个世界的行为。当你可以把一件别人没有经历过的事情传递给对方从而引起对方的触动，或是当同一件事，你从不同的视角对其进行了思考，并通过你的思考和观点让别人获得了启发，这样的时刻会让你收获巨大的成就感和自我认同。

故而我也相信，好的内容生产者，必然也是一个丰富的生活的体验者和思考者。如果你想要成为一个好的内容生产者，也一定要让自己先拥有足够丰富的生活体验，以及学会从更多的角度、视角去看待、分析一个既定的事物，而不是永远只停留在一些表层的技巧上。

（六）

第三，我相信，你应该把你的内容当作一种"与读者交朋友"的形式。

若想要获得用户持续给予的发自内心的信任，你们之间的关系，必是无限接近于"朋友"的关系。

因而，你必须要思考，在一个你最好的朋友面前，你会如何表现？如何表达？然后，带着类似的立场去做你的内容。

就我来说，我在最好的朋友面前，往往是性格鲜明、情感丰富的。

在他们面前，我不会中庸，不会伟光正，不会高大上。而是该骂时骂，该哭时哭，该逗乐开心时逗乐开心，该义正词严则义正词严，偶尔不靠谱时就自黑调侃式地聊聊自己的不靠谱。

我发现，当我带着这种更接近于我真实性格的特质来做我的内容完成我的表达时，用户是更容易认可和喜欢我的。

此外，若是面向朋友做内容，你也应有伦理。

所谓伦理，核心只有一点：跟你从认识一个朋友到愿意无保留地相信他是漫长的过程一样，也要相信通过内容来与用户建立信任是一件长期的事情，所以在内容面前，凡事不妨都往长远去看一步。

例如前面提到的"应不应该标题党"的问题，我的建议是，标题本身带来的是一种用户预期，所以，标题可以适度放大一些内容价值，但绝不应过度。

好比你现在有一篇 70 分的内容，你通过标题把它放大到 75 分或 80 分，我觉得可以。但如果你为了点击量、浏览量等非要把它渲染为一个 100 分的内容，事实上你已经给了用户一个你一定无法兑现的预期，这必然会对用户造成伤害。

甚至是，如果我连续几次感觉到我被你的标题党欺骗了，我会进而对你这个号或你这个人失去信任，在我眼中，你天然就已经是一个更喜欢哗宠取宠、为了骗点击阅读而丧尽天良的存在。

所以，在三节课这个公众号的运营中，我经常会跟三节课的两位相关的实习生讲：我们宁可点击率变差一点，也不要总是试图通过标题给予用户"哗宠取宠"、"博眼球"式的感觉，或者是给他们营造出来一些其实我们的内容给予不了的价值期待。

我喜欢的工作方法是：先找到一个你长期愿意相信的东西，坚守住它，确定一个不可逾越的底线，在此基础上再考虑向一些短期的诱惑去妥协。否则，若无长期坚守，哪怕你短期战绩再辉煌，你在用户眼中很可能也只能成为一个过眼云烟式的枪手。

（七）

第四，我相信，你更应该围绕着你发自内心相信的、喜欢的东西来做内容。让你的内容与你的人，尽可能是"合一"的。

以我为例，可能很多人都发现了，我喜欢写长篇大论式的认真表达，不太喜欢短平快的段子，这在今天的互联网上，其实有点儿非主流。

尤其是，好久以前就已经不断有人在跟我说，现在已经是读图时代了，已经是短视频时代了，已经是表情秀、冷笑话、黄段子时代了，你那种长篇大论的东西没人看，你要跟上时代。

然而，我仍然在一篇接一篇地写我的长篇大论认真表达，仍然动不动三四千字。

理由无它，只因我从很小开始就被很多认真的文字打动过，从那时开始我就很坚定地相信，认真的表达和文字自有其不可替代的力量。我相信，既然它能打动我，也一定能打动很多像我一样的人。

而当我以一种自己更加认同、喜欢的方式做内容，我发现，我更容易发上力——其实这个逻辑很简单，如果一个东西，你自己都不能相信它、喜欢它，你又如何能把它介绍给别人并让别人喜欢上它？

重要的是，这种状态下的我，是"合一"的，也是内心平静的。相比天天都在追随别人和摇摆，这样的感受会让我更能做出来一些好内容。

还是围绕着"合一"这个感觉，再举个小例子。

有时同样转载一篇内容，有人会加上大量自己的解读，会费尽心思把排版做成自己习惯和喜欢的样子，但有人却只是简单粗暴地复制粘贴，这背后，也一定会有区别——前者的内容，处处体现着背后有一个具体的"人"的存在，而后者，则给不到用户任何强烈的感知，即便有感知，也是用户对于作品原作者的感知和认可，这种认可，与作为一个转载者的你无关。

在前者的状态下，你所推荐的内容与你的"人"，也有一种"合一"的感觉，而后者却没有。孰优孰劣，用户是会有感知的。

我看过很多做内容的朋友，他们有的本是一个内心丰富无比的文艺女青年，却为了逢迎讨好用户而要去天天编段子；有人不得不为了"阅读量"等这样的 KPI 天天绞尽脑汁去想一些哗宠取宠的标题；还有人则总是在追热点，或者试图模仿最新最火的各种内容形式。

我觉得，他们的状态其实很惨，因为他们的内容背后展现的，已经不是真实的自己。

就像我们说的，一个做内容的人，其实是让自己的内容代表自己去与用户交朋友。但，如果你的内容所展现的都不是一个真实的、诚恳的、性格鲜明的你，用户如何能够相信你？

（八）

最后，我还相信，一个做内容的人，其个人价值会与他依靠内容获得用户认可的能力成绝对正比，而只会与他依靠内容吸引用户眼球的能力成阶段性正比。

也就是说，如果你只是能够依靠内容吸引用户眼球，短期博得流量，那么你的个人价值是有天花板和上限的，且这种上限会到来得很快。

但，如果你能做到的事情是能依靠内容获得用户的认可，那你的个人价值会越来越大，且没有上限。因为你一旦具备了这种能力，它一定会随时间的变化而越来越强，且认可你的人也一定会越来越多。

举个不一定特别恰当的例子，二者的区别，好比"冷笑话精选"这种所谓自媒体大号，与"罗辑思维"间的区别。前者短期可以爆发，迅速获取流量，但时间长了，用户感知其实很弱，作为用户也很难与之形成很深的信任关系。

但后者，也许有人会反感，但只要你真的认可了罗振宇的观点、理念等，你会越来越无比相信他，愿意相信他给你推荐的大多数东西。

所以，我们来总结一下，假如你也喜欢做内容，想要在内容上能够做出来些超级性感的事情，我能给你的最诚恳的建议，是下面这些：

- 要相信内容的价值和力量，不要只把内容当作一种工具和手段，以"让我做的内容能得到用户认同"为导向，而不要以"让我的内容可以吸引更多眼球为导向"；

- 把内容当作一种"与用户交朋友"的手段，每次做一篇内容或推荐一篇内容时都想一想，假如你现在是在面对一个你最好的朋友，你是否愿意把这篇内容推荐给他？以及你会怎么推荐？

- 让自己更有节制，让你做的内容更符合你的本心，尽量多做自己喜欢和相信的内容，不要逢迎讨好，也不要一味自 High 吹牛；

- 把体验新奇有趣的事物和对之持续进行思考变成一种习惯，要从细节中去发现一些不同的东西，理解对细节的刻画、呈现和渲染往往才是内容的打动力所在。

最后，坦白说，我觉得做新媒体或者做内容这件事可能并不是适合所有人的。它需要对内容有所热爱，更适合那些时常能够有所感触、有所思考、喜欢表达的人。

但对于那些真正喜欢做内容的人来说，这一定是一个好时代，希望你可以不负自己，不负这个时代。

到此为止，关于内容运营的事和人，我讲完了。作为一个对内容有点儿情结的运营，关于内容的东西，我讲得略多。下一节，我会聊聊关于如何激发用户参与、调动用户互动积极性的一些原则。

3.6 "用户运营"的逻辑、策略与工作方法

很多人都知道，关于运营，有一个概念，叫作"用户运营"。

虽然很多人都听说过它，甚至很多人也都顶着一个"用户运营"的头衔，但其实大部分人都讲不清楚用户运营到底该怎么做，以及对"用户运营"的理解都是很模糊的。

甚至，在不同互联网公司内部，N 多同样顶着"用户运营"头衔的人，其工作内容也完全不一样。

因此，这一节我们就来聊一下所谓的"用户运营"是什么，它为什么会存在，以及关于它的一些相关的常见工作方法。

3.6.1　为什么会有"用户运营"这个职能存在

我的好朋友张亮在他的《从零开始做运营》中曾经提到过：用户运营的核心就是开源（拉新）、节流（减少流失）、维持（提高用户活跃和留存）以及转付费。

在某种意义上，这个定义是没错的，但仍然存在问题——如果这么来定义"用户运营"，你会发现，这个定义基本已经囊括了一切运营手段，既然如此，那其他的运营职能又都是干什么的呢？

在我看来，其实是存在宏观的"用户运营"和微观的"用户运营"之分的。宏观的"用户运营"，基本等同于张亮给出的定义，既以用户为中心来思考和界定所有运营工作的规划，最终将其有机地组合为一个整体，从而源源不断地创造价值。

而张亮所给出的这个定义，在我看来也是每一个运营从业者心中都要时刻谨记的——无论你负责一款什么样的产品，甚至是在经营着一些小店铺做些小生意，为了最终让你的产品或生意变得更好，你要考虑的始终都会是这四个东西：开源、节流、维持和转付费。

而微观的"用户运营"，则是由于互联网产品的一些特性，导致了在很多互联网公司内部进行具体工作的划分时，可能有一部分工作是独立于"推广营销"、"活动策划"、"写文章"等常见工作内容，需要以用户为中心来开展的。

而"用户运营"这个概念之所以很多人难以理解，在一定程度上，也是因为我们在运营工作中所做的几乎所有工作，都是面向用户的。小到写一篇文案做一个客服，大到投放个几百万的广告或做一个大型系列活动，都是为了获取用户和赢得用户的认可。

所以，这里我们有必要花一点篇幅来介绍一下，在具体的微观操作上，为何还需要出现一个名为"用户运营"的职能。

这里存在几方面原因。

其一，我们先明确一个核心要点：任意一项业务，发展到一定阶段之后，一定都需要对于其用户进行更加精细化的管理和维护，以便实现用户价值的最大化。

举个例子，对于很多传统的消费品或传统商家来说，比如一家火锅店，往往发展到一定阶段，如果只能看天吃饭、每天来多少人吃火锅完全听天由命只看自然客流的话，是件很可怕的事。尤其是，对于某一些地理位置可能不是那么好的火锅店，要是只能看天吃饭，他们八成就没活路了。

于是，这时候他们往往都会通过会员、CRM 等手段来建立与用户之间更紧密的联系，并对用户进行更精细的管理和营销，从而促成一部分用户更为频繁地消费，从用户身上获得更多收益。

而套用到互联网产品中，其实也存在类似的逻辑——当一款产品的用户规模发展到了一定阶段时，一定也需要想方设法通过各种手段实现其用户价值的最大化。

其二，对于一款互联网产品来说，我们往往需要对于其用户行为进行更精细的引导和管理。

在传统商家的业务中，因为"成交"才是业务的核心点，所以除考虑如何通过各种诱因促进用户的"购买"和"下单"之外，是无须考虑对于用户的其他行为进行引导和管理的。

而在一款互联网产品中，"用户的持续使用"才是给产品带来价值提升的核心要点，而用户对于产品的使用方式，往往又非常多样，甚至很多时候，如果用户使用产品不当，不仅无法令用户获得价值，还会给产品本身带来伤害（比如你跑到知乎这样的严肃社区去发了一堆小黄图），因此，我们必须对于用户的行为进行更好的管理和引导。

其三，因为在互联网的世界中，用户与用户之间往往是可以相互影响的，因而我们常常会采用"通过一部分用户来帮助我们影响更多用户"的方式来开展我们的运营工作。

在传统业务中，用户与用户之间往往是孤立的，你的 A 用户很难能够持续与 B 用户接触并产生联系。而在一款互联网产品中，这样的事成为了可能，比如在一个社区或论坛中，我是否能够获得价值，在很大程度上往往是由我是否能够在这个社区中认识更多的朋友、看到他人发布更多有趣的内容而决定的。

因而，在类似上面提到的场景中，为了让一个论坛或社区更加活跃，我们就可以采用"优先维系好一群核心内容生产者，让他们在社区中创造更多价值"的方式来拉动社区中更多用户的活跃。

第四，相比传统行业，互联网产品天然拥有更加丰富的用户行为数据，这让我们在考虑如何更好地面向用户去做好管理、引导和维系的时候天然就有更多的参考判断依据和决策支持，从而可以把这件事做得玩法更多样、效果更好。

同时，在一款互联网产品中我们也可以通过更多的产品功能、机制和策略来引导和管理用户的行为（最简单的比如每日签到），这也是传统行业所做不到的。

以上四点，导致了"对于用户的维系和管理"在一家互联网公司中必定是一个有诸多工作内容需要关注、同时相比传统行业的"会员管理"、CRM 等也有更大技术含量的职能和工作，也就慢慢催生了"用户运营"这样一个职能。

3.6.2 面向较大规模用户的整体运营

上面我们基本解释清楚了许多互联网公司内部"用户运营"这项职能的由来，那么，在此基础上，"微观"的用户运营，也就是我们最常看到的在一家互联网公司内部顶着"用户运营"头衔的人，他们到底都在做些什么呢？

最常见来讲，是两类工作：

- 批量对于较大规模（如数十万量级）的用户通过策略、机制等设计和优化进行整体运营，最终实现某个特定用户数据（通常都是活跃用户数）的上升；
- 面向较小规模（通常从几十到几百人不等）的某一类特定用户进行运营，通过该类用户在产品生态中的贡献值，从而提高产品价值。

接下来我们就来具体说一下在这两类工作中的一些常见工作方法和思路。这里要额外说明一句，在这一节包括下一节里提到的很多通过数据来找出用户路径或者建立用户分类分级的一些核心思路和核心方法，事实上我们在"3.2 一个运营必须具备的数据分析方法和意识"一节里基本都已经提到了，有困惑的朋友，建议可以考虑反复把这几部分内容多读几遍。

我们先说第一类工作——批量对于较大规模的用户进行整体运营从而提升整体的活跃用户数，在这个方向，通常的工作方法和思路又有如下几种。

1. 针对用户建立优质成长路径

我们要提到的第一种常见工作方法，是针对用户建立优质成长路径。

简单来说，一款互联网产品往往功能众多，用户在每一个使用环节可能都会面临诸多选择，于是用户特别容易"晕菜"。所以这个时候最好的做法，就是要找出一条效率更高、更有助于一个普通用户成长为一个优质的活跃用户的典型用户使用路径，然后努力把用户往这条路上赶，从而带来整体活跃用户数的上升。

所以，这部分工作，必定是跟产品密切相关的。

这个工作方法最常被用到的场景，就是解决新用户的留存率问题，尤其是对于很多产品功能已经非常丰富的产品。在新用户初次使用的场景下，找到一条最能有助于用户留存率提升的用户路径，往往意义重大。

举例来说，对于微博（此处以 2017 年 2 月发布的微博 V7.1.0 为例）来说，仅仅只是"发现"这个功能，用户面临的选择就非常多，可以找人、可以玩游戏、可以看视频、可以逛各种榜单……如图 3-43 所示。

图 3-43

假使是一个新注册微博的用户上来就看到这个界面，面临如此多的选择，我猜他八成会懵的。

而在当今用户时间越来越稀缺的大环境下，一个用户一旦懵了，最有可能做出的选择就是走人。

我们或许需要思考：微博这个产品提供给用户的核心价值和体验可能是什么？答案或许是没事时刷一刷，可以看到一些自己感兴趣的内容。

所以，为了让新用户们更顺畅地得到这个价值，微博这款产品面向新用户们最理想的用户路径也许如图 3-44 所示。

图 3-44

于是，你就会看到作为一个微博新用户，在首次注册和登录微博的时候，你会受到这样的引导，如图 3-45 所示。

以及，要是你没有从以上这些推荐的微博中选择几个进行关注的话，微博还会引导你去关注那些你通讯录中的好友。要是你真的一个人也没关注的话，微博可能还会基于你当前所处的地理位置来优先为你推荐一些地理属性较强的微博账号内容，让你不至于没有内容可以看，如图 3-46 所示。

图 3-45

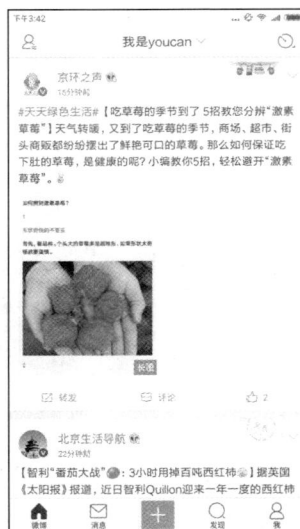

图 3-46

有了这个路径和"对应的引导+产品机制"以后，很显然，微博这款产品的新用户使用留存率肯定会有所提升。

这就是"建立优质用户路径"的意义所在。

上面提到的"优质用户成长路径"的工作思路，其实也大同小异，比如，微博上的一名用户从最初刚刚注册还什么也不懂的新用户成长为一个活跃优质用户的路径大体划分为如图 3-47 所示。

图 3-47

然后，我们就可以以图 3-47 为一根主线条，尽可能引导用户去沿着这条路径成长。比如说，我们是不是可以筛选出来一批"使用微博 3 个月以上、目前每天都会刷上 2 ~ 3 小时微博、但很少自己发布内容"的用户，来鼓励和引导他们去试着自己发布一些微博内容，鼓励他们往优质用户的路上再迈进一步呢？

同理，我们是不是也可以此后再从中挑选出来一部分已经被证明有能力产出优质内容的用户，去给予他们更多的推荐和曝光，让他们也可以积累粉丝，得到被关注的满足感呢？

所以，运营工作的另一个着力点，就是这种润物细无声地通过做好大量机制、规则和引导，来让用户们更好地在你的站内成长。这样的工作要是完成得好，能够让你拥有一种"操盘手"式的感觉。

当你的站内有越来越多的用户可以自然成长为忠实、优质用户的时候，你的产品也就有了更坚实的发展保障。

2. 针对现有用户进行用户分级，把运营变得更为精细化

面向较大规模用户进行整体运营的第二种常见工作方法和思路，就是用户分级，或称用户分类。

简单来说，当你的用户体量运到一定规模（例如数百万）之后，你的站内用户依据其年龄、地区、用户行为习惯等各类条件，一定是可以把用户分为几类的，这其中，每一类用户的需求、习惯往往都会有所不同，比如说，以淘宝用户为例，同样在秋天，北方用户和南方用户之间，北京用户和广州、深圳用户之间，在这个季节的购物需求和习惯，肯定是不同的。

这个时候，一旦你能够完成合理的用户分类，你就可以开始针对每一类用户去通

过一些差异化的运营手段（例如推送不同的内容、推送不同的商品、策划不同的活动等）来更好地服务他们了。想象一下，针对一亿用户你用同一种服务方式，和把一亿用户分成十类，分别通过十种不同的服务方式来服务好他们，一定是后者能创造的用户价值更大。

比如说，我们此前在《运营之光》第 2 章里提到的"美丽说"站内早期把用户分为"时尚达人、超级达人、活跃用户、需求大众"四类，并针对每类用户均给予不同引导和服务的做法，就是一个典型的用户分类运营案例。

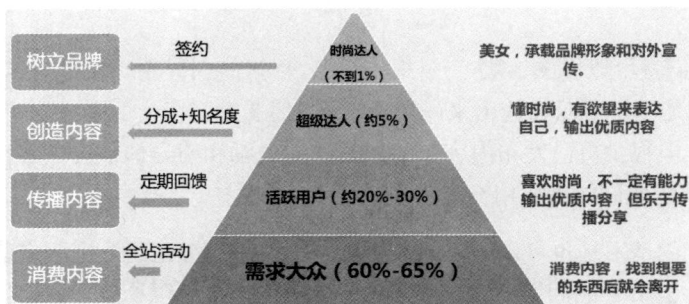

图 3-48

而关于如何更好地进行用户分类，需要先引入两个名词：用户属性和用户关键行为。

所谓用户属性，就是一个用户身上具备的某些与你的产品无关的自然特征，这些特征应当是可以通过标识来进行辨别的。比如说年龄、职业、性别、所在地区、来自于哪个渠道等这些都属于用户属性。

而用户关键行为，则是一个用户在你的产品站内可能会产生的一些与主要产品功能相关的使用行为，例如购物、浏览、发布等。

界定清楚这两个概念之后，假如你现在的产品已经至少有了小一百万甚至上千万的用户，需要考虑对用户进行分类管理了，那么最常见的方法是这样的：

（1）先界定出你在站内用户身上有哪些关键属性和站内的关键行为，把对应的数据提取出来。

（2）对数据进行分析和比对，主要是在"用户属性"和"用户关键行为"之间找相关性。以三节课为例，我们可能就会去重点看一下"大学生"这个用户群体和"工作 1～3 年经验"的用户和"工作 5 年以上的用户"这三个群体之间，在学习行为特征方面有些什么差异，比如更喜欢看哪一类课程，是否会认真完成作业，对于价格的敏感度和接受度如何，等等。

（3）一旦在"用户属性"和"用户关键行为"之间找到某种明确的相关性，比如说，通过数据分析发现工作 1～3 年左右经验的用户都明显更喜欢带有实操练习和老师点评的课程，这时就可以把这类用户单拎出来作为一类，针对性地给他们推送这样的课程了，这会带来更好的付费转化率。

所以，要做好用户分类运营的一大前提，就是你首先得有足够丰富的用户数据积累和一定规模的用户量，因为在数据规模不够大的情况下，分析出来的结论，很可能是不具备代表性的。

其实用户分类运营的思路也可以跟前面的"设计更优的用户路径"结合起来进行使用——当然，前提仍然是资源和规模足够。

举例，对于获取用户来说，我们是否有可能出现如下的情况。

- 对于 A 渠道的用户来说，他们的典型诉求其实是玩游戏，所以我们更应该引导这部分用户一进来就去玩游戏。

- 而对于 B 渠道的用户来说，他们其实更希望看美女和得到美女的互动，于是我们更应该让他们第一时间去参与美女们的直播互动等。

有了如上的结论，理论上我们的运营甚至可以精细到针对每一个不同渠道来的用户都给予其不同的服务和引导，以此在面向每一类不同用户时都能实现留存率的最大提升。

3．针对用户设计面向用户行为的激励体系

所谓用户激励体系，其实就是通过一系列的激励或约束导向的产品机制，更好地鼓励或引导用户在你的产品站内发生特定的行为。

比如说，我们经常看到游戏中的等级、积分等，就是最常见的用户激励体系。而用户激励体系应用最普遍也最有效的地方，其实是游戏，在一款游戏中，其实它是通过等级、任务、装备、新技能等各种激励因素在刺激着一个用户在其中投入更多的时间。

关于用户激励体系到底该如何做，我这里给一些指导性原则吧。

首先，是关于什么时候该做用户激励。

用户激励体系的最直接作用，就是刺激用户活跃度或引导用户完成某些特定行为。因此，关于什么时候做用户激励，最直接的答案，就是在你需要提升用户活跃度或需要引导用户完成某些特定行为的时候做。

如果再聊得细一点，这里又会有这么几个典型场景：

（1）用户已经有了一定量级，但整体活跃情况未达预期，需要通过激励体系拉升活跃。

（2）激励体系或成长体系本身就是产品中必不可少的一部分，缺失了它之后产品就没法顺畅跑下去，典型如游戏。

（3）你的业务要求+需要用户完成某些特定行为，但发现用户对于完成这个行为动机有限，需要通过激励体系来刺激他们。典型如在线教育课程中的某些学习环节。

但需要注意的是，激励体系（最常见的形式就是积分）本身属于一种外部激励，而从游戏心理学上来说，外部刺激对于内部刺激是有挤出效应的（即因为某个状态 B 的出现，导致了一个人原有的状态 A 消失了）。因此，假如你发现你的用户现在本身就发自内心地挺喜欢你的某些产品功能且非常活跃死忠的话，你没有必要非得再硬生生在其上加上一套激励体系，这可能会让他们现有的乐趣被冲淡掉。

其次，是关于激励体系如何做和应该注意什么。

激励体系通常可能会有这么几个组成部分，几方面都应该考虑到，并且有具体可落地的方案：

（1）要明确用户的哪些行为需要激励，并围绕着他们结合前面提到的方法梳理出来一条用户成长路径，结合这个路径搭建出来一套用户等级及对应的任务等。

（2）搭建一套虚拟物品或虚拟货币体系（积分也算是某种虚拟货币）。大原则一定是用户级别越高，完成了更多你希望他们完成的行为，则用户获得的虚拟物品和货币就会越多，越稀有和越酷、越炫。

（3）在此基础上，要注意用户 PK 或竞争氛围的营造，外加各种荣誉的刺激和展示。常见的表现形态是各种排行榜。

（4）最后，是在激励体系搭建起来后，要注意加强每一个环节上的用户引导，这个前面已有案例提到，这里不多说了。

而设计好一个激励体系，应当注意的原则包括：

（1）一开始尽可能简单，能做到可以刺激到现有用户即可。等到发现已经有一部分用户快要走到激励体系的顶端和尽头之后，再增加激励体系的级别、复杂度和内容。不要试图一次性完成一个完美的激励体系。

（2）要尽量让用户有清晰的目标感和对目标的可掌控感。试着考虑你现在看到一个提示说"您的下一个级别是 15 级，请加油"，和你看到一个提示说"您只需要再发帖 243 个就能进阶到 15 级啦"的区别。

（3）如果是做了积分或虚拟货币，一定要注意整体系统积分发放和用户积分消费之间的平衡。假如发现用户账户中已经有了很多积分无处消化，则一定要尽快做一些虚拟物品之类的让用户把积分消费出去。否则，如果用户发现自己拿了一大堆积分却没什么用，他们会对积分感到麻木，而这套激励机制也将不再对他们生效。

关于激励体系，我们就先聊这么多。

4．将沉默用户转化为活跃用户

这部分工作，基本就是我们通常说的"用户召回"了。所谓"沉默用户"，也就是虽然注册了你的产品，但已经有一段较长的时间没有再使用过你产品的用户，又称为"流失用户"。

而用户召回，简单来说，就是在你的一部分站内用户由于各种各样的原因已经不再登录访问你的产品的时候，通过某种方式去触达和影响到他们，从而再一次把他们拉回到站内，让他们重新成为有效的活跃用户。

做好用户召回，基本是一个很考验执行和细节的活，一般来讲，我的建议是通过如下三个步骤来开展对应工作。

（1）分析流失用户。你需要对于流失用户进行分析，判断一下他们的用户特性，比如说，年龄多大，在流失以前更喜欢在站内做些什么，当时可能是因为什么而流失的，等等。如果你的流失用户中有一大半都是同一类用户，毋庸置疑，这批人肯定是我们的优先重点召回对象。

（2）制定召回策略。所谓召回策略，就是"针对一群什么用户的什么需求，在什么场景下，我通过何种方式去触达和把信息传达给他们，从而能够令其再次回来使用我的产品"。比如说，滴滴出行这样的产品想要做用户召回，类似"职场上班族下班后一身疲惫打不到车"这样的场景，多半会是其主抓的场景；而知乎这样的产品要抓的场景则可能主要包括了"职场知识青年上班间隙闲逛或晚上回到家上网时想看看最近又出现了哪些新知识或见解"等。

一旦明确了场景，我们就可以确定通过何种方式把召回信息推送给用户可能会更有效，目前常见的召回方式包括邮件、短信、客户端 Push、微博或微信公众号几种。其中每种渠道的优劣大体如图 3-49 所示，可以根据用户的分布、使用习惯、场景等决定使用何种方式实现召回更为合理。

	邮件	短信	客户端Push	微博或微信等自媒体
到达率	可能高也可能低，需要通过技术手段保证高到达率	高	高	中，无法保证一定触达
打开率	低	低	中	低
成本	低，每万封邮件从5元到100元不等（视服务商不同）	较高，平均从0.05-0.1元/条不等（视服务商不同）	无	无
内容限制	适合较长、较丰富的内容展示	有严格字数限制	有严格字数限制	内容长短相对适中
潜在负面影响	无	容易被很多手机屏蔽	推送内容不当可能会导致用户卸载APP	推送不当很快引发负面传播

图 3-49

（3）根据策略确定你的召回内容。这个部分会更考验你的文案功底，关于怎么写好转化型文案，我们此前已经提到过，所以在此不过多描述。在这里分享一个我看到过的比较好的用户召回案例——下面是一封 Any.do（Any.do 是一个个人事务管理 APP，主要功能就是帮助用户应用时间管理的一些方法和理念更好地记录和管理自己的事务）发给用户的召回邮件，你可以好好感觉一下其中的一些细节。

邮件内容如下：

From：omer@e-mail.any.do

To: xxxxxxx@qq.com

邮件主题：qxg_zx（这是我的 id）

您好，qxg_zx：

别来无恙？

我会尽量简明扼要地说明这封邮件的目的，不会占用您太多时间。

今天，我整理了一下曾经下载过 Any.do 应用却很久没有登录过的用户名单。

我苦苦思索了一下如何才能让您再给 Any.do 一次机会，而我能想到的最好方法就是坦诚地询问您的意见。

我们小小的团队夜以继日地努力，只为不断改进 Any.do，为您带来比旧版本好上十倍的用户体验。尽管有些麻烦，但如果您升级当前的 Any.do 版本，或是在苹果应用商店下载最新版本，您就会发现新版应用和旧版完全不一样了。

如果您手头上的工作堆积如山，需要一个简单的应用来管理这些事务，我相信您一定会非常喜欢新版 Any.do 应用。

新版中没有广告，没有赞助商名单，也没有讨厌的促销广告，只会给您带来乐趣，帮您轻松规划生活的方方面面。

如果您有任何问题，请访问我们的帮助中心来了解该应用的新特性，或向我们的客服团队提交问题。

您可以点击以下链接来下载全新的 Any.do 应用，或更新您的旧版本。

http://www.any.do/open-todo?

非常感谢您对我们的兴趣！

Omer

品牌创始人

我们来具体分析一下这封召回邮件的好和不好。

优点：

（1）发件人看起来是真实的人，而不是那种 no-reply@****.com 这样一看就是机器人的邮件地址。

（2）邮件正文中，首先映入眼帘的是一张照片，如图 3-50 所示大概是 Any.do 的团队。照片中每个人都是一副不开心的样子，包括那只神情落寞的狗，然后中间一块写字板上面写着 Please Come Back，让你感到团队的满满诚意。

图 3-50

（3）照片以下前三段，毫无拖泥带水，直接说明了邮件本意，让用户没有任何疑惑——很多用户召回邮件和短信其实用户看完后还是不知道它想要干什么，这是很可怕的事情。而其中类似"苦苦思索了一下如何才能让您再给 Any.do 一次机会"这样的表达，足以打动一大部分用户让他们愿意继续看下去。

（4）此后开始表达：我们夜以继日的工作，同时放出悬念：新版本比旧版本好上十倍，完全不一样了！有助于激发用户的好奇心。同时也表达清楚了我们的产品可以做什么，优点是什么（零广告），非常重视你的意见等，并直接放上下载链接，方便用户直接跳转下载。

（5）最后是署名：Omer 品牌创始人，仍然满满诚意。

至于不足，如果说这个用户召回有什么缺点的话，最大的缺点就是邮件标题了。类似"qxg_zx"这样只用一个用户 ID 的邮件标题，很容易让用户完全不知道你想干什么，也完全没有打开的动机。

关于用户的召回，我们就先聊这么多。

5. 通过部分用户带动全体用户

最后一种也很常见的拉升较大规模用户整体活跃度的策略或者思路，就是通过部分活跃用户来带动不活跃用户。简单来说，就是通过对一部分高贡献值型用户进行更有针对性和倾向性的运营，让他们可以持续活跃和创造价值，此后再通过他们的活跃或他们贡献的内容来吸引或拉动更多其他用户活跃起来。

这样的策略和工作方法，在很多社交、社区、平台等用户之间较为容易发生关系的产品内部更为常见。

至于如何做好针对特定用户群体的运营，这部分就基本跟我们前面提到的"微观"的用户运营最常见的第二类工作——面向较小规模（通常从几十到几百人不等）的某一类特定用户进行运营基本是一回事了，我们放到 3.6.3 节一起讲。

3.6.3 面向较小规模特定用户的针对性运营

接下来我们就正式一起来聊聊用户运营的第二类常见工作内容——如何做好某一类较小规模特定用户的针对性运营。

通常来讲，需要针对一群较小规模的特定用户进行针对性运营的情况，可能有以下几种：

（1）某些 UGC 型的产品，需要针对内容贡献型的用户进行运营，以促使其能够持续生产优质内容，保证产品生态的完整，典型如知乎、微博、脉脉等产品，一定都会针对大 V 们进行针对性的运营。另外，像高德地图、百度地图这样的产品，早前在地图数据不够全面完善的时候，也曾经专门面向一群乐于给地图产品提供基础数据的用户做过运营，通过他们来更好地积累自己的基础数据。

（2）某些平台型产品，分别面向供给端和消费端的部分用户，往往都需要通过一些运营手段来调动他们在站内生态中的积极性和提升其示范效应。典型比如招聘网站肯定会面向一部分企业提供更多的展示推广机会以换取他们上传更多有吸引力的职位；美团外卖这样的产品肯定会定期面向一部分商家一起来开展一些活动，又或者攒动一些超级吃货型用户去线下吃"霸王餐"之类的。

（3）某些产品刚刚上线之初，往往会面临"冷启动"的问题（上面提到的社区类、平台类产品都最容易遇到这个问题）。这个时候可能需要先找到一群种子用户，面向这一群人进行一些针对性的运营，以帮助产品建立起较好的冷启动条件，比如令产品内部氛围更好、可消费内容更多、用户口碑更佳等，以更好地实现后续的发展和增长。

而以上这几种情况下，通常来说我们的运营思路可能会略有不同。

针对（1）和（2），典型比较科学的思路可能是这样的：

（1）首先明确你需要重点抓取的用户是谁，一般来说，这样的用户往往是有能力提供高质量内容和高质量服务的用户，并且他们提供的服务往往更容易受到用户喜欢和肯定。而为了找到这样的用户，你往往需要从站内看数据去找（比如去看什么样的内容或什么样的商家大家更喜欢、反馈更强烈），又或者从整体上判断一下，哪些资源可能会更稀缺，就优先把他们维系住（例如在互联网招聘这个领域内，在 2015 年创业潮最火的时候，当时一度整个市场上最稀缺的资源就是前端工程师）。

（2）再明确一下你可能需要这些用户们持续在你的站内发生一些什么样的行为来作为标杆或示范，例如：某内容型网站希望其重点拓展的一批作者可以长期保持每周一篇的产量来生产某些内容；某外卖产品希望店家可以确保用户下单后 2 分钟内响应，10 分钟内完成配餐，15 分钟内送出；某招聘网站希望企业方面可以做到面向用户的投递简历 2 天内必须给予响应和反馈，面试过后 3 天内必须给予用户结果反馈和评价，等等。

（3）然后，明确一下你能够给予用户的维系和激励手段，通常维系手段主要包括人际关系维系（如通过大量日常沟通变成好朋友、举办定期线下活动等）、情感维系（如定期赠送暖心小礼品）、价值提供（如招聘网站定期组织 HR 间的课程和分享会）三方面。而激励手段，则类似"你只要满足 XX 条件，我就提供给你 XX 回报或价值"这样的逻辑，比如外卖平台面向部分商家承诺，只要上架餐品不低于 15 个，且至少单个商品日销量不少于 100 个，就给予首页专题展示+补贴计划之类的。

（4）结合上面 2 和 3 的思考和结论开始试运营，如果跑得比较顺，则将其常态化。

比如说，我们以前在做招聘网站时，就曾经面向一部分较为优质的企业长期实施过类似的运营方案，并取得了不错的效果，如图 3-51 所示。

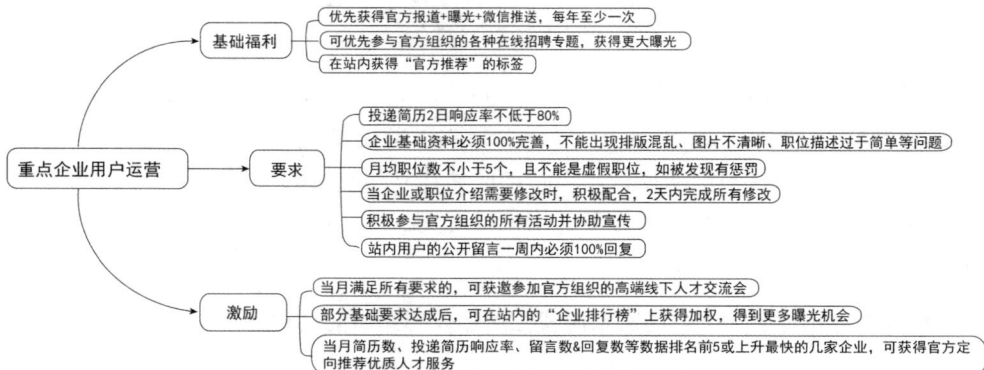

图 3-51

至于面向新产品冷启动的种子用户运营，则略微有所不同。这里的要点包括两方面。

首先，你需要定位清楚你的产品适合的种子用户，并想办法找到他们。

对于一款早期产品来说，最理想的种子用户特征，大面上来说无非两方面，一是容错性高，二是最好他们能够自带"拉新传输属性"。简单说，很多产品在冷启动阶段都会遇到用户获取困难的问题。这个时候，如果你早期获取得到的用户本身就是自带传播拉新能力的（即：这些用户的存在往往会很容易帮助你去更轻松地获取到其他用户），会对于产品的发展和后续的用户增长大有裨益。

其次，则是要做好对于这群用户们的维系，建立起他们之间的强关系。

我们一定要清醒地知道，在一款产品的早期，体验不完善，Bug 一大堆等都是很正常的现象，而且我们本身就是在寄希望于可以通过种子用户来帮助我们把产品的体验变得更好。所以这个时候，一定要跟早期的种子用户们把关系搞好，这样一来，即便你的产品在一个时期内还不是那么好，很可能这群种子用户出于对于你这个人或者对你们这个产品理念的认可，也会愿意留下来持续使用你的产品。

这个时候，上面提到的人际关系维系、情感维系等一个也不能少，如果能做到没事就能跟种子用户们在一起喝个酒吃个火锅，再聊聊人生理想之类的，那就最完美了。

为了让你对于"如何做好种子用户的定位、拓展和维系"有更直观的了解，下面总结了几类典型具备这种传播拉新能力的用户，以及对应每类用户比较常见的"能够搞定他们"的一些思路，供你参考。

1. 类 Geek、发烧友人群

这群人典型就是各类垂直领域内的重度发烧友，在各种硬件、实物商品领域都广泛存在，例如摄影发烧友、手机发烧友、学习方法发烧友、明信片发烧友等。

这类人群的典型特征是：好奇心重，喜欢尝鲜和发表意见，往往乐于做第一个吃螃蟹的人。通常来说，很多硬件、实物类产品在早期都特别需要有一群这样的用户来帮助他们持续迭代和改进产品。而对于发烧友们来说，一旦你的产品真的能给他们带来惊喜，他们也会非常有意愿去帮助你宣传和推荐产品。

而这群人也是比较自我的一群人。通常，你需要充分"懂"他们和尊重他们，他们才更愿意搭理你。所以，搞定他们的最好办法，往往就是把自己先变成一个类发烧友（我就曾经为了搞定一群学习控型用户，去特意花了 2 个月去研究包括时间管理、知识管理等在内的 N 多专业知识），然后再各个击破。包括，小米当年的第一批 100 个用户，其实就是从各大手机论坛上一个一个去聊然后"勾搭"过来的发烧友。

而且，在沟通过程中最好要拿着一些更具体、更特别的话题去找到这些用户，才会更容易打开局面。

相较于你对他们的爱好一无所知而言，这里的区别可能是会很大的，试参考以下两种交谈方式。

方式 A：

你："您好，我们新做了一个针对时间管理爱好者的小工具，在知乎发现您是一位时间管理的达人，想邀请您来试用体验我们的产品，并且给出建议。"

对方：……（可能再也没有然后了）

方式 B：

你："Hi，我在知乎看到了你关于时间管理的回答 XXXX，非常受益，尤其是其中的 XXX，我也深有体会，特别赞同。但我同时有一个疑惑想要请教，具体是这样的 XXXX"

对方："感谢来信。这个问题我的看法是这样的：XXXXX"

你："明白了，特别受益。其实我发现关于时间管理中的 GTD 这样的东西，很多人一直都有很大的困惑，这方面我的理解是这样的——XXXXX。结合类似的理解，我们也做了一个小工具，如果有可能的话，你不妨来试用一下，给我们提些建议？"

以上两种交谈方式，哪一种搞定对方的概率更高，相信不言自明。

2. 目标领域中的顶尖公司、单位、组织等成员

举个例子，三节课声称是"一所互联网人的在线大学"，而互联网行业中的标杆企业显然是 BAT 这样的公司，那么假如三节课拥有一群阿里、腾讯、百度的学员，且这些学员都对于三节课交口称赞的话，这件事会不会对于三节课的用户增长构成助力？

毫无疑问，一定会。

所以，这就是找到"标杆"的力量。在很多行业和领域中都存在着类似的标杆公司或标杆组织，一旦你能优先让这群人成为你的用户并为你背书，对你的助力将会是

大大的。

而假如想要搞定类似这样的"标杆"用户，你也许可以考虑分别从 C 端和 B 端去入手两种思路。如果是从 C 端入手，典型的方法例如在对应的企业内部找到一两个充分认可你产品和价值的"托"，然后给到他们一些限额的邀请码，让他们去企业内部邀请用户（更适用于个人型的产品）。而如果是从 B 端入手，往往就只能以类销售和 BD 的方法去以低姿态、充分做好服务的方式来搞定这家企业了（更适用于企业型的产品）。

3．学生党

学生党有几个核心特征，导致了这类用户很容易成为优质的自带"传播拉新"能力的用户：

（1）时间充裕，有足够时间去玩耍和尝试各种东西（尤其是大学生）；

（2）经济未必充裕，习惯贪图小便宜，特别容易被各类"小恩小惠"打动；

（3）人群高度集中，好比一个班级中要是有 3～5 个人开始同时使用你的产品并且反馈不错，很容易就会导致这个班级中一半以上的人很快知道你的产品，甚至开始使用。

所以，常见的搞定学生党的方法，往往就是找到某些学生群体们的"普适性刚需"来做文章，包括美食、话费、流量、弖影票等都很容易成为被利用的对象。

这方面，较为经典的案例，是人人网当年依靠"送鸡腿"获取了大量校园用户，以及某作业答题类 K12 产品依靠"每天刷题送 Q 币"这样简单粗暴的方式收获了超高的用户活跃度。

4．美女

美女这个不用多介绍了。几乎所有的社交类产品，包括一大部分社区类产品和直播类产品都深知"美女"用户的重要性，甚至对于这样的产品来说，很可能是"得美女者得天下"。

而搞定美女们，让她们愿意长期留下来的最常见方式，则是要充分满足她们的优越感和存在感。

据我个人所知，曾经有过一个社区产品，为了留住他们早期的一些美女用户，一度采用的办法是每次这些用户一发言，团队内所有人就都逐次围上去点赞、评论、与之交流，甚至还要不时更换一些马甲弖与女神们互动。

221

包括陌陌、探探上的很多女用户，虽然一边吐槽这个产品多么无聊，但一边还是会不时登录上去看看自己当天又受到了多少次搭讪和关注，甚至在小圈子里晒一晒之类的，也正是这个道理。

当然，随着美女们被消费得越来越多，以及有一部分美女开始职业化，转变成了"网红"，现在要维护住美女们的成本也越来越高了，甚至很多时候需要付出赤裸裸的金钱代价了。

5. 在某方面的需求强烈程度异于常人的人

还是说一个我常提到的例子，滴滴打车当年在北京刚刚上线的时候，他们的最早一批核心用户中一大部分是西二旗中关村软件园的一些程序员们——这群人经常加班到深夜，但当时的中关村软件园一方面非常大，另一方面附近很荒凉，远不像今天这般云集了中国互联网半壁江山的模样。

所以对于他们来说，晚上加完班后如何打车回家是个极痛的痛点，在滴滴出现之前，他们唯一的解决方案就是以 2～3 倍的价格打黑车。

因此，滴滴的出现对这群人简直就是莫大的福音。也因此，他们可以充分容忍产品上线之初种种功能、体验上的不完善，也会非常乐于在自己的超级痛点得到解决后把相关的经历和体验分享给自己身边的几乎所有人。

假如你的产品也能定位到一群类似这样"痛点和需求极度强烈"的用户，不用废话，赶紧把你的产品和解决方案介绍给他们就好了。

6. 中小 V

提起产品的冷启动，很多人可能都会习惯性地冒出一个想法——找行业大 V 们背书。

然而，事实上，对于我见过的绝大多数产品，在冷启动阶段直接去找大 V 往往并不是最明智的选择。

原因很简单，大 V 们已经有了足够的名气和关注度，时间也更稀缺，所以他们在与你的对话中往往也是更强势的。具体到合作来看，除非你一开始就能够持续为大 V 带来有吸引力的现实收益（比如像"得到"这种），否则几乎不会有大 V 愿意持续搭理你。

所以，其实对很多产品的冷启动来说，垂直领域内的"中小 V"反而更适合成为种子用户。一方面，他们也有不弱的专业知识和输出能力，另一方面，他们当前的知名度和地位没那么高，也往往会让他们有更强的配合度，以及更愿意共同投入时间，跟你一起成长。

所以，你会看到，微博上最先火起来的，并不是当时知名度最高的一线明星，而是姚晨这样原本还算不上准一线甚至二线的女星。

也所以，你会看到，虽然知乎上线之后李开复、雷军等人都跑来捧了个场，但最后在知乎站内真正火起来的，反而是原本没什么名气的采铜、张亮 Leo、Warfalcon 等。

而围绕着搞定这些中小 V 们，比较适合"感情和收益两手同时抓"的路数，即一方面要做好与他们之间的情感维系，不时要送些关怀、组织聚会之类的；另一方面也要持续提供给他们更多的关注、声望、收益等来刺激他们。可以不一定大额，但一定要持续有，也一定要越来越多，能让人看到希望。

最后，围绕着以上这些各类型的用户群体，如果你已经精准定义好了你想要的用户应该是其中的某一类人，你也可以通过一些特定的、有稀缺感或使命感、能够激发出他们竞争比拼意识的活动来挖掘和找到他们。一旦你能策划出某个对他们有吸引力的活动，这些用户是会主动跑来找你的。

比如，假如三节课想要找到一群对学习感兴趣的产品和运营深度发烧友来成为我们的早期用户的话，试考虑下，我们是否有可能借由以下这样的一些活动来实现：

（1）首届黑客马拉松在线大战！

（2）寻找 20 名产品&运营草根小牛，我们愿意背书把你推荐给 BAT。

（3）我们想找 20 名产品&运营发烧友来一起做一场前所未有的试验，你愿意一起来试试吗？

总之，关于用户的运营，要能够想清楚逻辑，要懂得借力打力，以及要学会通过一些策略和机制去更好地影响到用户们的行为，这些都是非常重要的。

3.7 关于用户的增长与推广

这一节，我们再略微聊两句用户增长和推广的事情吧。

首先明确一下，基本上一款产品的用户增长，主要可能有这样几种来源：

- 依靠内容铺设带来的用户增长；

- 第三方渠道推广&广告投放带来的用户增长；

- 通过活动、事件等营销传播带来的用户增长；

- 依靠 PR、品牌传播等带来的用户增长。

我们来依次普及说明一下每一类增长来源背后的逻辑和操作要点。不过这部分，鉴于很多执行面的东西实在太过细碎，我就点到为止，讲清楚逻辑就好，很多操作细节大家要是有兴趣再进一步百度去了解和研究吧。

1. 依靠内容铺设带来的用户增长

所谓依靠内容铺设带来的用户增长，其背后的逻辑是这样的：很多人在突然产生了某个问题时，通常都会通过搜索引擎、知乎、百度文库、其他垂直社区等渠道来进行搜索查找。

这个时候，要是对方查找到的大量信息都与你有关，那对方天然就会对你产生更强的信赖感，从而有更高的几率转化成为你的用户。

比如说，在 2015 年的时候你可能还从来没听说过三节课，但到了 2017 年年初，你上知乎很多跟产品和运营有关的问题下面去一看，或者是通过搜索引擎一搜跟产品和运营相关的很多话题，都能看到三节课的相关文章或回答，而且质量都还不差，这个时候你是不是更有可能直接就被转化成为三节课的用户了？

所以，这差不多就是内容铺设的意义，要做好内容铺设，你需要定位好精准的内容渠道，通过发帖、发稿等形式来让你的相关内容出现在对应渠道上，并能够在搜索查找时占据更高的权重（比如在知乎获得更多的赞）。

基本上，这是一个细水长流的活，短期不见得能带来多大立竿见影的效果，但长期来说，可能会给你带来巨大的回报。

2. 依靠第三方渠道推广&广告投放带来的用户增长

所谓第三方渠道，最简单的解释，就是指除了你自有的渠道之外的其他所有渠道。比如说你要找个微博大号、微信大号发个推广文，你要在百度投关键词广告，你要投放腾讯广点通或朋友圈广告等，这些都可以被叫作"第三方渠道推广"。

要做好第三方渠道的推广，需要想清楚这样几个事情——

（1）第三方渠道上的信息展示规则是怎样的，如何能够让你的推广信息被展示到这个渠道中。比如说，你要是在论坛做推广，自己去发帖就可以了，但你要是想在某个应用商店能让人找到、看到你的 APP，可能就需要去提交应用的上架申请并通过审核了。

（2）是否能够利用规则本身，通过你自己的某些行动来加强你的信息在该渠道中的曝光量，或者让你的信息展示变得更精准。简单说，每个渠道都会有自己的信息展示规则，一定存在一个"符合 XX 条件即可在该渠道下获得更多展示曝光量"的逻辑。

比如豆瓣小组和论坛这样的地方，肯定是有人顶你的帖子越多，或者你的帖子被管理员置顶加精了，这个内容的曝光量就会更大；而在百度这样的地方，有可能是你花钱买了更多的关键词，关键词排名更高，你获得的曝光量会更大，包括，你选择购买什么样的关键词，选择什么时段、哪些地区来完成你的投放，也会影响到你的投放精准度。

这里可以针对付费推广的两类常见方式做一下简单介绍，供大家参考和有个简单的认知。

- 媒介购买式推广。基本逻辑是依购买某个渠道的某个媒介资源，比如说一个广告展示位多长时间、一份报纸的头条广告、一篇微博推文、一篇微信推文等这些都算媒介资源，买完后怎么用基本是你说了算（某些渠道对于广告内容可能也会有些要求，比如部分微信微博大 V），但渠道方本身不会对效果负责。

- 效果类广告。这类广告的基本逻辑是——广告主按照效果付费，不过付费标准也有很多，比如有 CPM（按照每千次广告展示付费）、CPC/CPA（按照点击/用户特定用户行为如安装等来付费）、CPS（按照成功完成购买次数来付费）等各种方式。效果类广告，典型在广点通这样的平台或其他线上广告联盟中比较常见，对于很多需要较大规模用户增长的产品来说，这样的广告推广方式是比较值得考虑的。

（3）如何加强用户看到推广信息后的转化率。这个部分，跟文案和流程有关，如果你还有印象的话，我们在"转化型文案的常见写作方法"和"我眼中的 4 个关键性运营思维"当中都各自有提及到对应的工作方法，我也就不展开讲了。

关于用户增长和推广，我们就讲这么多了。

3.8 关于撬动用户互动参与意愿的 8 个指导原则

讲完了"内容"这个运营中的大分支后，本节，我们来聊聊关于如何激发用户参与、调动用户互动积极性的一些方法。

接下来要讲的这 8 个方法，可能很干。它们广泛适用于活动策划、产品设计、围绕着拉升某个具体数据的运营策略等。我觉得，这几个原则性的东西你要是吃透了，至少各种运营的思路是不会发愁了。

其实，本节的内容，在"关于运营，我的 3 个底层工作方法"里已经铺垫过了。如果你还有印象，应该记得我们提到过：

一个优秀的运营，应该是可以熟练掌握很多"杠杆点"，以便更好地给用户创造短期价值，借此撬动更多长期价值确立的。

这些杠杆点，一部分偏内在的修为和工作习惯，而另一部分，则偏外在的技巧和方法。

本节要讲的这 8 个常见方法，就是所谓"外在的技巧和方法"。

好了，让我们来一个个说吧。

3.8.1　8 个指导原则详述

方法 1：物质激励

第一个方法最为简单粗暴——以直接物质奖励刺激用户参与某个行动的意愿。

举例，某社区产品刚刚上线，现在明确告诉你，你只要认真发一条自己此刻当前的心情或是最近读的一本书的感受，就能获得某价值 20 元的复仇者联盟英雄精致玩偶。

再例，三节课某课程页面下，现在明确告诉你只要认真听课并上传笔记，即可获赠老黄本人即将上市的新书《运营之光》一本。

试想，如上两种情况下，你完成和参与相应行动的动机会不会更强一点？

方法 2：概率性事件

人似乎天然喜欢相信命运的裁决。然而人也总是憧憬自己会有不错的好运气。

二者累加在一起，决定了大部分人在面临一个"抽奖"这样结果不太确定的概率性事件时，总是愿意去尝试一下的——毕竟，要是结果不佳，自己损失不大；要是结果良好，那必然是赚了啊（这个时候几乎不会有人去考虑自己中奖的几率有多大）。

所以，这样基于概率性事件而设计的机制，往往也很容易引发用户的参与，也往往会有人用这种形式来做一个诱饵。

例如，如图 3-52 所示是苏宁去年 8.18 大促的一个首页活动，就是个老虎机，用户可以点一下按钮立即参与，摇摇老虎机看自己能得到什么——这样的活动形式，我相信有大量用户都是愿意尝试一下的，毕竟自己又没什么损失。

但是，其实尝试过后会发生什么就不太好说了，比如想象一下，如果你"很幸运"地中了一个 200 块的手机代金券，你会不会真的就考虑赶紧下单买个手机？

方法 3：营造稀缺感

用户对于充裕的东西天然无感，但具备稀缺感的东西却往往能带给用户更强烈的刺激。

所以，假如你发现一个东西对于用户的吸引力有限，潜在的一个思路是：你可以试着给它添加一些边界，通过让它变得更加稀缺来带给用户更强的行动动机。

举例，试考虑感受一下以下几种情况，哪一种会让你的行动欲望更强：

（1）老黄新书《运营之光》正式上市了，快来买吧！

（2）老黄新书《运营之光》正式上市，限时两天抢购八折，两天后立即恢复原价！

（3）老黄新书《运营之光》首批精装版抢先上市，仅 300 本！参与 XX 活动立即获得，错过本次，再等 3 个月！

方法 4：激发竞争意识

弗洛伊德有过一句精辟之论：'一个人有三大硬性需求——求生本能、性冲动和渴望伟大。"可谓至理。

因此，假如你想让用户参与某件事的动机更加强烈，不妨在其本身的基础之上为它赋予一点点"竞争"的意味。有很多产品功能都是如此，仅仅只是因为加入了对比和竞争，用户就开始疯狂了起来。

比如说，我们很熟悉的"微信运动"排行榜，如图 3-53 所示。

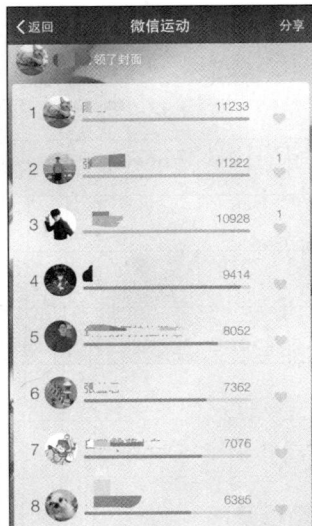

图 3-52　　　　　　　　　　　图 3-53

我身边曾经有过大量那种为了要在这个排行榜上排得靠前，每天掏出手机来反复看上五六遍，甚至一旦发现自己排名低了，真的会跑到外面去走上个两万步的人。

甚至是，这样的背景居然催生出了"摇步机"这种"保证每天能帮你摇出 9 万步"的奇葩产品……

我们还做过一个面向 CEO 们的一个排名投票，最初我们以为这些 CEO 们都很忙，估计是没什么时间来参加投票的，但结果大大出乎意料——有大量 CEO 为了在排行榜上排名靠前而疯狂地传播自己的投票页，求人来给他们投票。

包括，一个 CEO 一旦在排行榜上发现了某个大佬比如冯鑫、雷军、李彦宏等人排名在他之前而又相差不远，他此时一定会更加卖力地找来一群人为他投票，超过这些大佬，并且超过之后往往一定会再截图发一个朋友圈出来……

这是某种很微妙的心理：我要超过这个看起来比我牛的人。

所以，竞争和比拼，永远是人的天性。你只要为它创造一个空间，这种天性就会被激发出来。

方法 5：赋予用户某种炫耀、猎奇的可能性

说个真实的例子，三节课在 2016 年愚人节时曾经做过一个刷屏级的 H5——"一

秒帮你入职 Facebook"，单日传播量在 50 万以上，如图 3-54 所示。

其实，从产品功能、机制等各方面来说，这个 H5 都并不复杂。它的核心只有两点：

- 这个东西能给用户一个"炫耀、秀自己"的理由，让用户愿意把它分享到自己的社交媒体；

- 这个东西发到朋友圈这样的地方，能够让看到它的人产生好奇，进而与发布者产生互动，为双方都带来社交价值，进而带来新一波传播。

如果你去分析那些曾经刷爆过朋友圈的 H5，你会发现它们大都也带有这两个属性。

想要让用户基于自己的社交媒体形成传播，"炫耀+猎奇"，永远是不变真理。

方法 6：营造强烈情绪&认同感

比如说，对比以下两种表述：

- 三节课提供产品经理和产品运营的课程，业内最牛，特别牛，快来报名上课吧！

- 我们是几名互联网行业的产品经理和运营，从业十年，从不知名小公司一路成为 BAT 等一线互联网公司总监。这十年生涯，我们全靠自己摸爬滚打走过。其中尤其记得，在我们入行的前 3 年里，从没有人跟你系统讲过，到底什么是产品，什么是运营，产品和运营该怎么做？这个只能靠自己摸索来得到成长过程，痛苦低效且漫长无助。经历了这些的我们，太知道对于新人来说，拥有一套成体系，能把产品和运营讲清楚，且还富有一定实践指导性的学习内容，是多么迫切，多么需要。这成为了我们想要做好这套课程的初心。如今，历时 3 年，线下授课累计超过 1000 小时后，我们终于把它变成了一套在线课程。希望它能够帮到你一点点。

你会觉得哪一种表述能使你行动的动机可以变得强一点？

所以，激发用户参与动机的另一个思路，就是可以依靠细节的刻画和理念的传递等，赢得用户的认可，或是激发他们的某种强烈情绪。

方法 7：赋予尊崇感&被重视感

再举两个例子。

例 1：去年年底，某组织在上海举办一个大会，邀请我去参加，专门私下给我发了个高逼格的邀请函，我收到后受宠若惊，虽然无法分身前往，但还是发了个朋友圈表示感谢+帮助扩散，如图 3-55 所示。

图 3-54   图 3-55

换了是你，你是不是也可能会因为这种被重视的"尊崇感"而更有意愿与对方进行一些互动？

例 2：小米早期的米粉之狂热和给力，人所周知。但很多人不太清楚的是，小米为这群米粉们做了些什么。

如图 3-56 所示是小米论坛的两张截图，你可以看到，两个截图都是小米用户们在论坛中提出的反馈建议。而针对这些建议，小米早期会保证在 24 小时内几乎一定会给出反馈，1 周内确认解决，且每一个问题当前的进展，都会实时更新。

请问，假如你作为一个小米用户，看到自己不经意间可能最早只是出于吐槽动机提出的问题居然受到如此重视、如此认真的对待，你对这个品牌会不会更忠诚一点？会不会有更强意愿与这个品牌进行互动？

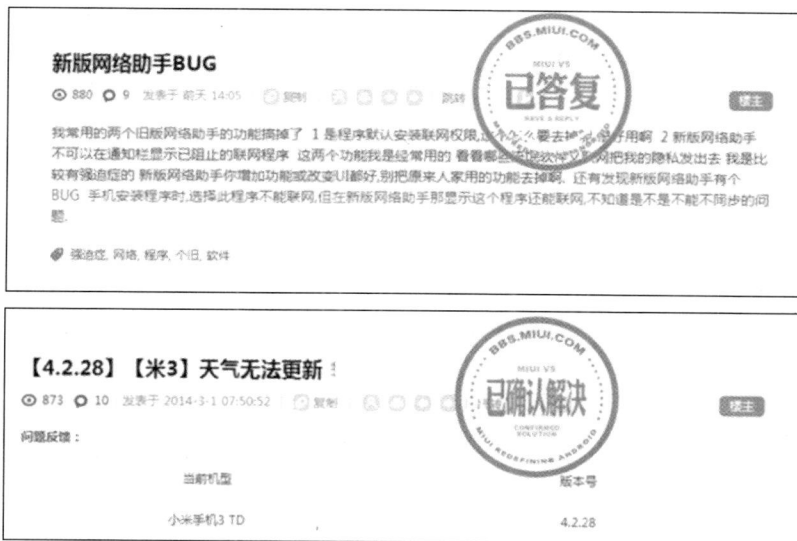

新版网络助手BUG

⊙ 880 ○ 9 发表于 前天 14:05 [复制] ... ... [已答复] [楼主]

我常用的两个旧版网络助手的功能搞掉了 1 是程序默认安装联网权限，这个为什么要去掉啊，怎么用啊 2 新版网络助手不可以在通知栏显示已阻止的联网程序 这两个功能我是经常用的 看着哪些程序在联网把我的隐私发出去 我是比较有强迫症的 新版网络助手你看加功能或改变UI都没好，别把原来人家用的功能去掉啊，还有发现新版网络助手有个BUG 手机安装程序时，选择此程序不能联网，但在新版网络助手那显示这个程序还能联网，不知道是不是不能不同步的问题

● 强迫症, 网络, 程序, 个旧, 软件

【4.2.28】【米3】天气无法更新

⊙ 873 ○ 10 发表于 2014-3-1 07:50:52 [复制] ... ... [已确认解决] [楼主]

问题反馈：

当前机型   版本号

小米手机3 TD   4.2.28

图 3-56

如上两例，就是我们提到的方法 7——赋予用户尊崇感&被重视感。

方法 8：通过对比营造超值感

这一方法的核心逻辑在于：通过一系列对比，突出某个产品或某项服务的超值感，进而给予你一个进行决策的理由。

比如说，图 3-57 所示是 LinkedIn 站内的增值服务套餐，共有 3 类。

方案比较 »	免费 目前方案	求职标准版	求职版	求职增强版
费用：年费|月费		US$19.95/月 立即购买	US$29.95/月 立即购买	US$49.95/月 立即购买
时刻与人脉保持联系				
InMall 向招聘人员直接发送站内信，保证回复			每月5封	每月10封
谁看过您的档案 获取档案访客完整名单	受限	✔	✔	✔
获得更多关注				
精选应聘者 职位申请置顶显示		✔	✔	✔
高级账户徽章 显示高级账户徽章，提升档案在搜索结果中的关注度		✔	✔	✔
获取详细统计数据				
应聘者信息统计 了解您与其他应聘者在领英申请职位时的竞争力		✔	✔	✔
薪酬数据 查看每个职位的详细薪酬信息		✔	✔	✔
求职者群地网络讲座 求职达人教您如何获得理想职位		✔	✔	✔
		立即购买	立即购买	立即购买

图 3-57

试问，假如你是一个用户，有意愿购买相应套餐，你会优先考虑哪一个？

我猜，大部分人会考虑第二类，也就是"求职版"的套餐。原因也很简单——看起来它的性价比最优啊！

然而，假如我们没有"求职标准版"和"求职增强版"这两个套餐放在旁边，只有一个"求职版"套餐放在你面前，你还能判断出这个套餐好吗？

所以，好东西往往都是通过比较而产生的。有一些商品放到线上，目的可能不是售卖，而是为了突出另一些商品的超值，进而帮助用户更快速有效地做出决策。

到此为止，我们的 8 个方法就讲完了。需要说明的是，这 8 个方法往往需要叠加组合起来使用，才能实现其威力最大化。

例如，我们曾经请到了还不错的名师，通过对他的经历和理念的刻画面向用户制造了某种认同感，然后又运用"稀缺"的方法，告诉大家他只限量收徒 20 名，最后再通过激发大家的"竞争"和"炫耀"意识，让很多人可以争相参与到海选中来，并在此过程中不断把一些可以更好展现自己的东西传播到社会化媒体中去，借由这一系列设计和运作，最终我们在一个产品上线初期，通过不到 2000 元的预算，实现了注册用户 1 万多的一次成功拉新。

另外，掌握了这 8 个方法，再配合"我眼中的 4 个关键性'运营思维'"里提到的流程化思维，你就可以先梳理出某件事情的流程，再去在每一个节点上都通过一些手段方法去刺激到用户，最终带来整体数据和转化率的提升。

例如，一款网页游戏的用户从访问到付费的大概流程可能是这样的，如图 3-58 所示。

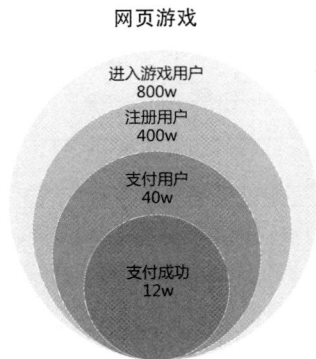

网页游戏

进入游戏用户
800w

注册用户
400w

支付用户
40w

支付成功
12w

图 3-58

那么，我们是不是可以在进入、注册、支付等每一个环节都运用如上方法加入一些运营手段，以提升最终的整体付费转化率？

随便拍脑袋想想的话，比如：

- 注册即送 50 元充值券！

- 每日一次抽奖可获极品装备使用机会，完成注册后即刻拥有！

- 最超值的装备套餐，限量抢购，仅限 100 套，不买后悔！（各种对比）

- 今日您的战绩点数在 XX 区已接近前 100，1 小时内进入前 100 可获 XX 特权，全区玩家都将仰视您的名字！即刻购买装备，加速您的冲刺之路！

- ……

好了，到此为止，"运营的核心技能&工作方法"就全部讲完了，下面我再分享两个真实的经典运营案例，对照一下它们，你或许会对于上述这 8 个方法有更深的感受和理解。

3.8.2 懂球帝的教科书级运营案例

懂球帝是一款足球类的 APP，目前已有数千万用户。

2016 年 3 月 29 日，对球迷们来说是个重要的日子，在这一天，中国国家男足居然奇迹般地从世界杯亚洲区预选赛中出线了（赛前几乎没有人相信这会发生）。

但，我们要聊的不是国足的出线，我们要聊的是，从 2016 年 3 月 29 日 7 点多开始，一直到 30 日上午，这一夜时间，懂球帝的运营团队集中火力打了一场漂亮的仗，做出了教科书般的经典运营案例。

据说 3 月 29 日当晚，他们一夜间服务器因为不堪重负都已经挂了好几次。

下面正经入题。

从 2016 年 3 月 29 日晚 7 点多一直到 30 日早 8 点，我的手机前后一共收到了近 10 条来自于"懂球帝"APP 的 Push 消息。但凡是做互联网的都知道，给用户推 Push，是个需要极其慎重的事情，因为，稍做不好，Push 对用户构成打扰，很可能导致用户纷纷卸载你的 APP。

所以，推 Push，什么时候推，怎么推，其实是个很考究的事情，尤其需要你对于用户心理和场景有极好的把握。

回到 3 月 29 日晚间的场景：

国足世预赛小组赛最后一场，首先自己必须获胜，其次必须余下 5 场比赛中至少有 3 场出现符合我们预期的结果，国足才能出线进入 12 强赛，局面颇为复杂。

这个背景，决定了很多球迷在 3 月 29 日当晚，其实一定会有资讯的需求，而这个需求，最重要的是"及时、快速"。

其次，5 场比赛中，澳大利亚与约旦的比赛率先进行，澳大利亚 5-1 获胜，率先拿到了一个符合我们预期的结果，这助推了球迷们的预期，会使更多人愿意关注接下来的比赛。

而菲律宾-朝鲜的比赛早于国足的比赛 20 分钟开球，这会导致更多人在观看国足比赛的同时，会有很强需求要去关注菲律宾的比赛进展和比分变化。

以上，是背景。

所以，首先，懂球帝昨晚从开赛前开始到比赛结束后，推给我的 6 条 Push，大概是这样的（抱歉，这几条信息我没有截屏，部分内容可能有出入，但大意不变）：

"距中卡战 15 分钟，一起来关注国足最后一战！"

"快讯：菲律宾 1-0 领先朝鲜！"

"上半场结束：菲律宾 1-2 暂时落后朝鲜"

"黄博文进球！中国 1-0 卡塔尔！"

"全场结束，菲律宾 3-2 逆转朝鲜！"

"武磊再进球！中国 2-0 卡塔尔！"

但凡懂点球的都可以感觉得到，这几条 Push，任何一条，都是有很大几率可以把用户拉回到 APP 内部的，不但不会形成打扰，反而还是在为用户提供一种有价值的消息。

但这只是最基础的运营基本功而已，真正精彩的事情，还在后面。

中卡之战比赛结束后不到 1 小时，我收到了如图 3-59 所示这样一条 Push。

图 3-59

点击打开这条 Push 后，里面如图 3-60 所示。

图 3-60

图 3-60（续）

这些海报，配合刚刚这场难得痛快一次的国足比赛，以及西安现场 5 万球迷从始至终的大鼓、呐喊、高歌，还有比赛结束后很自然会想到的高洪波的不易，黄博文的泪目，被吐槽了太久的武磊发泄式的"闭嘴"手势……怎能让你会没有一点点转发的冲动？

另外，如大部分人所知，懂球帝是一款内容和社区属性较强的产品，其核心功能是：内容、资讯等的展现和用户针对特定话题的讨论、主题群组互动等。

所以，基于懂球帝的内容和社区属性，他们是可以由运营端驱动，结合某个足球方面的事件，去营造出一种极度热烈的氛围和立场的。

也所以，当 29 日晚 11 点多我打开懂球帝的 APP 时，他们的首页已经变成了如图 3-61 所示这样。

而，打开其中的某条信息，你可以看到球迷用户们对这一事件和官方态度的回应之热烈，如图 3-62 所示。

这还没有完，大概从 29 日夜间 12 点左右开始，懂球帝的 APP 启动页，正式全部换成了如图 3-63 所示这样。

看着这张图，想想两年前高指导在带队成绩亮人的情况下被毫不留情地扫地出门，想想接替高指导的卡马乔和佩兰这两年来的碌碌无为，想想高指导和这支球队两年来的坎坷，再结合眼前这场几乎可以说是荡气回肠的比赛和绝境逢生的不可思议，怎能不让人有一种几乎泪目的冲动？

又过了半小时，我又收到了一条 Push，如图 3-64 所示。

图 3-61

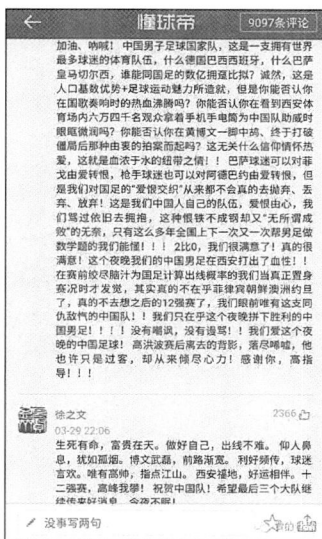

图 3-62

图 3-63

图 3-64

打开这条 Push，内容是一条 10 年前由网友制作的恶搞视频：《中国队勇夺世界杯》，但在恶搞内容之外，却加上了懂球帝自身的官方立场（图 3-65）——

人要是没有梦想，和咸鱼有什么区别？

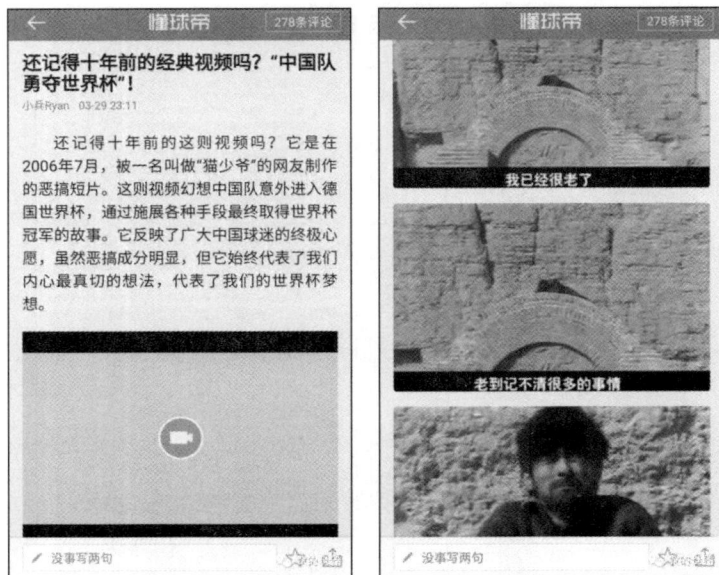

图 3-65

这样的立场，放在那夜的场景下，实在太容易激起共鸣。

可以想见，这条内容在昨晚的转发，一定也不会差。

注意：这里的重点是，可以在比赛结束后 2 小时内（这是最黄金的时间段）迅速行动完成这一系列动作，这说明懂球帝对于这一晚，必然是有备而来的。现在你所看到的所有方案，他们一定早已都提前准备好了。且，他们肯定连国足失败后的方案也都已经准备好了。

然后，29 日晚 12 点左右，伊朗-阿曼的比赛结束，伊朗 2-0 获胜。此时，国足已确定获得了 12 强赛的出线权。

于是，在 30 日早 7 点起床后，我发现我又收到了这么两条 Push，如图 3-66 所示。

前一条 Push 是快讯，无甚特别，如图 3-67 所示。

而后一条信息，就有意思得多，如图 3-68 所示。

图 3-66

图 3-67

图 3-68

　　100 万，借一个几乎所有目标用户心中的热点再造一个事件，既表达情怀，又具备独特的社区调性，还再次带动了一波传播。并且，100 万这个数字可能也很讲究，它可能正好是一个不多不少的数字——既能刺激到大部分人的神经，让大部分人暗呼一声"卧槽",又不会过于哗众取宠,或是给公司的运营带来过于沉重的负担——基本上,懂球帝这种千万用户体量的产品,一个季度做一次大点儿的事件活动的费用也得 100 万吧?

这一手借力打力,作为一个运营,我必须要叫声好。

不信,可以看看分享了这个活动的人——33015 人(图 3-69),这是个多么震撼的数字!

而且,最为重要的是,懂球帝从 29 日晚到 30 日早,在短短不到 12 小时的时间里,每一步动作,从内容制作到 Push 推送,从活动到传播再到氛围塑造和烘托,都做得无比扎实,且层次感非常分明——要知道,假如不能先把社区氛围和用户热情点燃,哪怕你再多砸 500 万做个活动,可能也起不到理想中的效果。

这也是我为什么说,懂球帝的这一系列运营,是教科书级的经典案例——无论对于新用户的拉动、老用户的召回和促活、用户情感和用户忠诚度的培养,甚至是自己品牌形象的传递和传播,相信懂球帝在这一夜,都有极大的收获。

看看懂球帝的服务器据说那一夜已经崩溃了 N 多次,你就可以知道他们的数据暴涨可能会有多么出乎意料了。

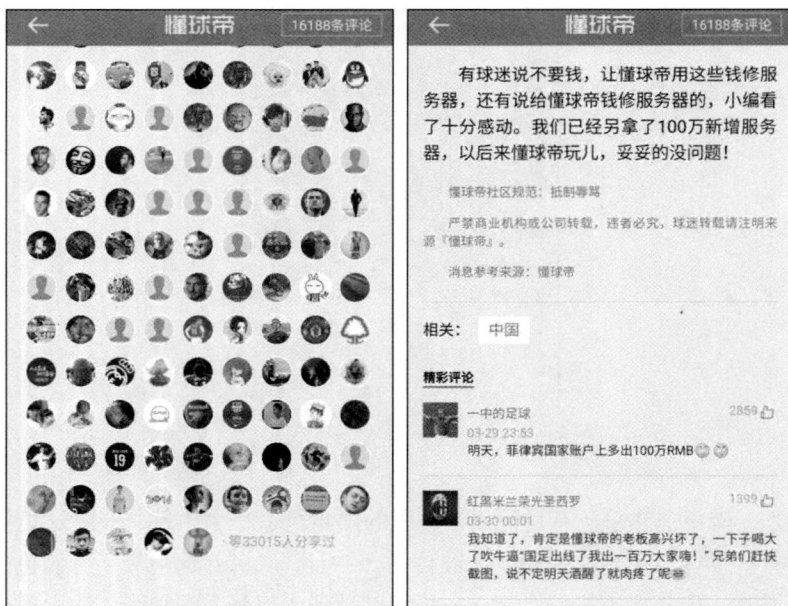

图 3-69

而对于任何一家互联网公司的运营而言，这都会是一个近在手边，特别值得参考借鉴的案例。

也让我再一次感叹，有时候，在运营上，除了把事情想明白，其实更多时候，拼的就是执行力，这种执行力，精准到每一分钟的消息推送，每一张图片的设计，每一条文案的雕琢。

3.8.3 简书的"神转折大赛"活动案例

2016 年 5 月，机缘巧合下我看到了一个我认为还比较性感的活动——简书神转折大赛。

简单点讲，其实它是一个由魅族赞助，简书负责发起和落地执行的征文大赛，但要求提交的征文中必须巧妙地植入魅族手机广告。

这个活动，2016 年 5 月 6 日起在简书站内发布（需要注意的是简书应该还算不上是一款用户体量很大的主流产品）。但在短短 2 周内，仅该活动页就收获了 30 万次访问，接收到 4893 篇投稿，其中 300 余篇被简书官方收录，预计总投稿字数可能接近 1000 万字，如图 3-70 所示。简书官方称："仅以字数算，这可能是中文世界里最大的一次 UGC。"

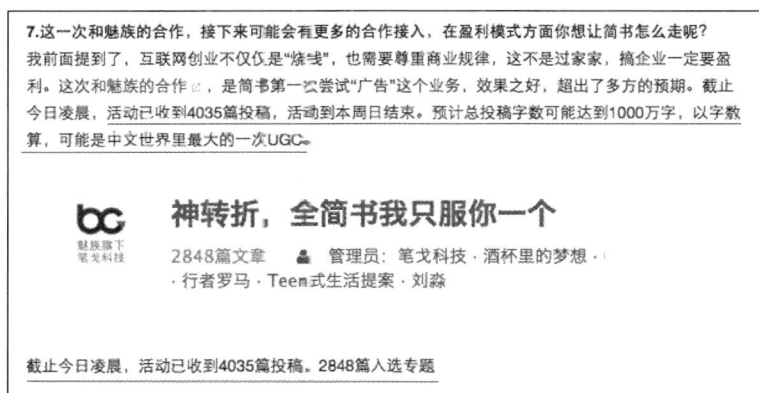

图 3-70

此外，据简书官方称，截止到 5 月 24 日，仅在简书平台内，投稿文章就收获了近 100 万的阅读量。此外，每篇二等奖入围文章，魅族和简书都会用资源加推，进行全网扩散。在魅族社区、微信、微博、贴吧、QQ 部落等渠道，获奖文章获得了近 100

万的阅读量。

且，从知乎相关问题下的一些回答来看，简书这次征文活动中的一些代表性作品，确实已经在网上形成了一些较强的传播，如图 3-71 所示。

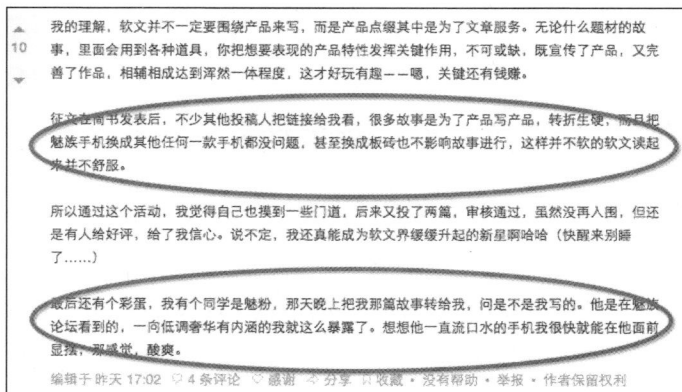

图 3-71

对简书这样一款绝对用户量和绝对活跃用户数都不算特别高的内容型产品来说，这样的成果，无疑算得上是很成功了。

身为一名运营，且三节课也一直致力于通过对各种案例、工作方法的解读和分享，来帮助到更多的互联网人，所以我们对于类似成功、经典的案例总是特别敏感和感兴趣的。

以此为引子，事后我从一个旁观者的立场去简单回顾分析了一下这场活动。从运营视角出发，我会先对于我眼中这个活动的亮点和成功之处做出一些解读，供大家参考。

这里先要给一个前提：

简书一直以来都是一款长内容、注重阅读体验的阅读社区类 APP，所以其站内用户天然由于优质内容的生产和消费都是敏感的，换句话说，简书本身就有良好的内容土壤，这是这个活动可以成功的先决条件。

下面，我们依次来关注一下这个活动从引起用户关注到激发用户的参与兴趣，到刺激用户提升内容贡献效率，再到活动价值的放大和传播，每一个环节上它的亮点。

我第一眼看到这个活动，是在知乎。而当时的第一反应是——"神转折大赛"？

这是什么鬼，听起来很有意思啊。

以此为引子，我才开始了对这个活动的进一步关注。

这是这个活动的第一个成功点——它拥有一个很容易激起人好奇心、也很容易引发传播的活动名。

千万不要小看这个东西。同样的活动，哪怕你内容形式都完全相同，只是活动名上有所差异，用户对它的关注度以及活动本身的传播性是会差出去 10 倍之多的。

比如说，假设活动内容都完全相同，我们可以对照下面两组活动名和文案。

A：

果壳线下达人分享沙龙 45 期南京场开启报名。

三节课产品运营特训班开始招募。

简书&魅族联合品牌征文活动启动。

B：

强行科普！"万有青年烩"第 45 期南京场的一切！

3 年培养 300 位顶尖互联网人！三节课 "3.3 计划"第 0 期低调启动！

我就是要送你一万块！简书神转折大赛！

你可以明显感受得到，B 组当中的活动名和文案，更加有调性，更能让人产生一些想象空间，让人更有欲望去了解，也会更容易引发用户传播。

关注了这个活动后，我做的第二件事是：了解它的活动规则。

然后，我花了 3 分钟左右的时间，迅速浏览了一下简书的活动说明页，明白了整个活动形式和规则，整个过程非常顺畅（活动核心要点如图 3-72 所示）。

这是该活动的第二个成功点：简洁、清晰。可以让用户迅速理解到活动规则、活动说明。

千万不要以为这是件很简单的事，事实上，我见过太多的活动文案，讲了一大堆，最后让用户看得云里雾里，完全不知道你要干啥。又或者是，你的规则实在太复杂，让用户看到就快要崩溃了。

由简书举办，魅族科技赞助的「我就要送你一万块！」简书神转折大赛今天开始。向活动专题「神转折，全简书我只服你一个」投稿，不仅有机会「特批」上简书首页，还有实在奖励：

一等奖： 1万元现金+魅族PRO6手机（32g），共计3名。

二等奖： 1千元现金+魅蓝note3手机（16g），共计20名。

三等奖： 200元现金，共计50名。此奖项属于人气奖，简书将根据文章阅读量、评论、喜欢数等指标综合评定，作弊无效。

（上述三个奖项不可重复获得）

图 3-72

典型的负面例子，比如图 3-73 所示这个奇葩的活动，你觉得你能在 2 分钟内搞明白它到底想让你去干什么？

活动1：关注转发赢现金红包
1：关注公众帐号【你搬吗】，并转发此文到朋友圈送7.7元；
2：转发朋友圈后获得点赞最多的前10名每人送77元；
3：转发朋友圈后评论、点赞总和最多的送777元现金红包。
将关注公众号和转发朋友圈的截图发送到我的微信号：wangyuxi2323
活动时间：2015年8月20日12:00点-2015年8月21日12:00点

活动2：看图答题送现金红包
1：猜对其中一个场景的准确工作时间。（全部图）
2：给白色透明打包箱子一个准确估价。（全部图）
3：猜电视旁的帅哥在干嘛？（图2）
4：电视旁的帅哥身边有两个大黑盒子分别装了什么？（图2）
5：所有图中一共出现了几个家？（全部图）
6：电视上有个蓝色的东东是什么？（图2）
7：猜猜右下方的袋子里装的是什么？（图3）
8：找到关于安全保护的特别之处，并说出它的专业名称（图5）
9：在所有图中找出两种以上食品（全部图）
10：在所有图中找出四种以上动物（全部图）

奖励规则：
1．答对一题奖励7元
2．答对二题奖励14元
3．答对三题奖励28元

图 3-73

了解了规则后，第三个最为关键的节点来了——它是否能让我有想要参加的意愿？

就个人而言，这个活动是很快刺激到了我的，刺激源有 3 点。

第一，这个活动拥有颇具吸引力的奖品和让我觉得更触手可及的中奖可能。3 名一等奖，1 万元现金+一部可以抢先体验、品牌认可度还不错的手机。这个奖励对于很多文案段子人，尤其是大学生群体或二三线城市用户而言，吸引力还是很大的。另外，征文这种形式，相比单纯的抽奖，对于一个还算优秀的文案段子人来说，肯定会觉得更靠谱一点，起码你主观肯定不会认为你写出来的东西会比其他人差很远。

第二，它有一个既有趣又有挑战的活动玩法。"写好一个神转折"，这对于每一个文案段子人来说，无疑都是让人兴奋且具有一定挑战的事。每一个完成度良好的"神转折"故事，本身就可以带给人欢乐与价值，更何况是与 N 多人一起比赛，有望在过程中收获看到 N 多个有趣的"神转折故事"？如果你也是一个经常在编故事写东西的文案人，你会懂这种感受。

第三，活动对于征文所需要的内容，其实给出了明确的引导——他们在活动发起之初就直接提供了两篇脑洞大开的范文，如图 3-74 所示。这是一个特别值得称道的细节。

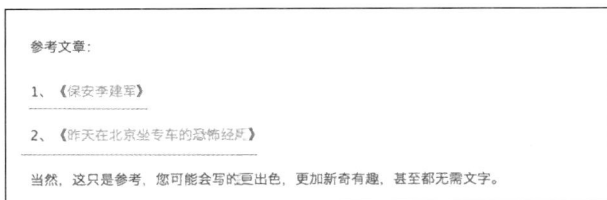

参考文章：

1、《保安李建军》

2、《昨天在北京坐专车的恐怖经历》

当然，这只是参考，您可能会写的更出色，更加新奇有趣，甚至都无需文字。

图 3-74

之所以说这个细节值得称道，是因为这两篇已经是神转折的范文作为标杆而存在，既增加了整个活动有趣好玩的属性（读完范文内容，你就会更加坚定地相信这是个好玩的活动了），又能给到一些像我这样的意愿参与者一些思路上的启发，某种意义上已经最大程度为意向参与者们降低了门槛。

如果我一个人的感受还不太有说服力的话，当我把这个活动发给我们的内容实习生的时候，她的第一反应居然也是：哇，这么有意思的活动，我居然错过了，好可惜啊！

但，即便用户已经热情澎湃了，对于像征文这样的活动类型而言，做过的人都知道，它还是会很容易出现这么一个问题的——大量用户是特别容易拖稿的。

而假如用户纷纷拖稿，容易造成的一个恶果就是：活动失去热度。最后只能在临近结束的那几天才收到一部分稿子。而活动中段，你根本拿不出有说服力的产出和成果去面向用户进行二次宣传。

我们来看看"神转折大赛"是如何解决这一问题的。

第一，我发现，神转折大赛的活动规则设计，非常考究。如果说上面的万元现金+手机的奖项设立重点要刺激用户的参与动机和内容质量，下面这两个规则，则是很有针对性地通过一些激励手段刺激用户们尽早提交参赛作品。

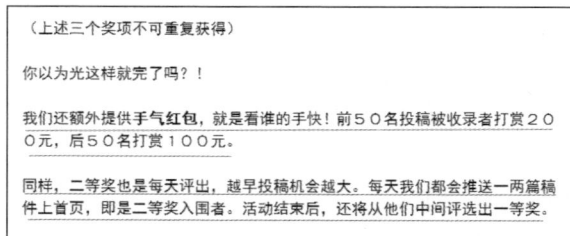

（上述三个奖项不可重复获得）

你以为光这样就完了吗？！

我们还额外提供手气红包，就是看谁的手快！前５０名投稿被收录者打赏２００元，后５０名打赏１００元。

同样，二等奖也是每天评出，越早投稿机会越大。每天我们都会推送一两篇稿件上首页，即是二等奖入围者。活动结束后，还将从他们中间评选出一等奖。

图 3-75

第二，简书官方会实时在每天投稿产生的内容中评选出优秀作品，并及时把这些作品更新到活动说明帖，以及推送到首页推荐位、相应专栏中，借由优秀作品本身的持续曝光和传播来带动活动的宣传和热度，如图 3-76 所示。

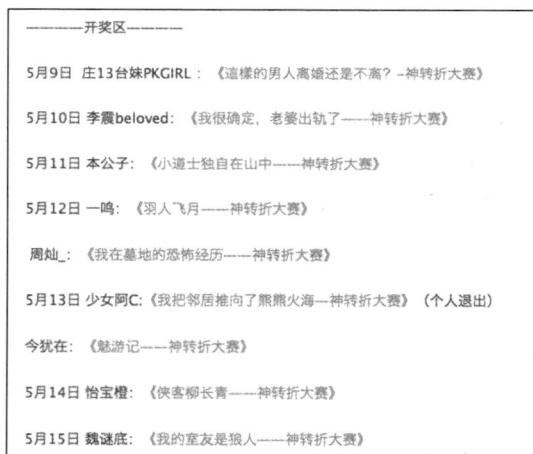

------- 开奖区 -------

5月9日 庄13台妹PKGIRL：《這樣的男人离婚还是不离？-神转折大赛》

5月10日 李震beloved：《我很确定，老婆出轨了——神转折大赛》

5月11日 本公子：《小道士独在山中——神转折大赛》

5月12日 一鸣：《羽人飞月——神转折大赛》

周灿_：《我在墓地的恐怖经历——神转折大赛》

5月13日 少女阿C：《我把邻居推向了熊熊火海—神转折大赛》（个人退出）

今犹在：《魅游记——神转折大赛》

5月14日 怡宝橙：《侠客柳长青——神转折大赛》

5月15日 魏谜底：《我的室友是狼人——神转折大赛》

图 3-76

从实际成果来看，在活动期间，确实每天都有不错的作品产生，甚至很多作品光看标题就让人有点击阅读的欲望。以上两点应对，都收到了很好的效果。

沿着整个活动的轨迹再往下走一步。假如你办了一个征文大赛，现在已经面向一群质量不错的用户，得到了很多不错的内容，那接下来，成本最低、最有效、也最为取巧的，可以帮助你进一步提升活动影响力的办法，一定是：想方设法让优质的内容能够形成更好的传播。

这个部分，直观上我看不到太多的相关信息，但我随意挑了几篇整个神转折大赛中入围了二等奖的内容，用百度搜索了一下，结果是如图 3-77 所示。

图 3-77

可以看到，无论是出于有意还是无心，无论是基于用户自发还是简书官方按部就班的计划，整个征文当中的众多优秀内容，确实是在网上形成了一定传播的。

当然，理想情况下，这时候其实简书还应该再找点媒体发布一些内容，或者是加入一些跟近期热门事件有关的创作内容引发话题，进一步烘托起整个活动的价值和声音。并且，如果想要把传播影响力最大化，简书和魅族后续可能还会做一系列事情，比如，评选出了 3 位一等奖后，再围绕着他们的作品去做更大范围的传播，乃至于可能会拍成微电影、宣传片、搞笑视频等。

上述这一小部分纯属小开的脑洞，如有雷同，实属巧合。

以上，是我以旁观者的身份所观察到的一些关于这次活动的出彩之处以及思考。其中有很多细节，确实是值得借鉴和学习的。

而最为重要的是，借由本次活动，简书获得了流量、用户关注和一堆优质好内容，魅族既得到了一批很优质的软文（正常找个大神写个软文也得好几万呢），也借由各种内容的传播提升了自己的品牌影响力，获得了直接的营销价值。至于用户们，则在其中玩得不亦乐乎，也消费了很多具备可读性的好玩的内容，对所有人来说，这都是一个"共赢"的局面。

任何一个好的营销或好的活动策划，一定是要能够帮助活动的各参与方之间，互相缔结和创造出价值关联的。

此外，在了解到这个活动后，我也联系到了简书此次活动的负责人，下面是我（以下简称"老黄"）关于本次活动提出的几个问题和她（以下简称"简"）给出的回答，在此也一并分享给大家，以让你可以更清晰地看到这个活动的全貌。

老黄：整个活动从有想法到落地，时间线是怎样的？

简：大体如下——

2016-04-09 建立联系；

2016-04-21 拉群讨论；

2016-04-23 定方案；

2016-04-26 定合同；

2016-05-09 早 10 点半上线活动，到晚上吃饭时间，我们手机的投稿通知已经爆了。那个时候，我们双方确认，这个活动搞成功的可能性至少有 50% 了；

2016-05-11 魅族在自家 social 渠道开始推活动。投稿量一直十分稳定地在 300 之上，除了第二天为接近 600 的投稿量，直到活动截止时间，投稿量也都保持十分稳定的姿势；

2016-05-12 魅族引入一位新编辑看稿。

老黄：活动的背景是？

简：简书想尝试与品牌进行合作，也是一种商业化的尝试。魅族有品宣的需求，且大家一致认为以内容作为载体是一种很适合传播和大众消费的形式，所以基本上大家一拍即合。

老黄：从活动的策划宣传到引爆，中间经历了哪几个关键节点？每个节点上发生了什么？

简：这点可能需要解释下，这次的活动没有预热一说，从活动开始的第一天到最后一天，都很热烈。说实话，这与我们最初的构想不符合。我们意识到为期两周的时间，对征文可能过长，所以已经准备好"活动第四天开始投稿量衰减"以及"活动到第九天的时候投稿量衰减"这两个状态。但是都没有发生，我去拉出投稿量的数据，就很清楚地知道，大家的热情一直在。里面的关键原因，可能有好几个，但也只是个人猜测。

- 二等奖开奖的设定：每天开，越晚投稿，名额越少。

- 奖项的设置：一等奖 10000 元+手机，共三位；二等奖是 1000 元+手机，共二十位。简书里，这样大的奖项，以前没见过。以前都是送笔记本（简书）或者别的商品（From 赞助商）。大家对第一次总是会更有期待的。

- 简书的社区互动性很好：简书用户是有交流习惯的，不管是通过文章下的留言，或者是简信来往。在这个社区，写稿写文字表达自己的意见，一直都被大家鼓励。

- 这点是我觉得笔戈团队做得很好的地方，他家的编辑会在看完稿子之后，给作者留一小段言，表示：你写的稿子，我看到了。这点比我做得好，我只喜欢给我偏爱的稿子留言，只讲好听的，一些写得不太好的稿子，我就不去留言了。想来有点惭愧，但也真是没那么多时间。

老黄：你自己感觉，除了活动规则的设计和建立外，这个活动成功的关键是什么？

简：现在回头去看，其实大框架上没有做什么太多的事情，但是细节上却有很多。如：

- 活动文案怎么写，能表达出"虽然我是广告主，但我的目的其实是想请大家玩一场"这样的概念。虽然只是文案，但是广告主对待平台用户的态度，会决定正常活动的走向。我们很高兴魅族是一个"希望和用户一起玩得开心"的广告主。

- 文章案例给得准。给大家的两篇范例文章都是魅族之前做的广告，大家看了之后，会比较有概念——大概魅族想要的是什么。这就比单纯的征文要好。最好的商业联想力，其实都是把自己框在更多细节里去寻找突破的，而不是满世界去找 Idea。

- 反应速度快。活动进程大的问题没有，小细节每天都有。两边的团队反应速度都很迅猛，我一开始也担心简书的运营团队能否跟上，毕竟以前没有按照商业化活动的速度去"打仗"，比较习惯按照自己的速度来。但现在的结果表明，简书运营团队的执行力是强的。虽然也很想夸笔戈团队的各位，但他们都是广告战里身经百战的，哈哈，我们学到很多是真的。

老黄：整个活动中，有没有比较大的坑？比如审稿很崩溃，或评奖缺乏标准，怎么评都会引来非议或用户不满之类的？

简：审稿很崩溃，这个有，但不是大坑。因为越是很多稿件，越代表活动的成功。整整14天，都是痛并快乐着。值得简书总结的是，下次再做这样的活动，一定会多加人手进行审稿，这样可以缓解大家等待的焦急心态——毕竟，这个和二等奖每天开出都很有关联。

也的确有人在询问更详细的评价标准。你会发现，活动引来了一些批评者，一些热心投稿者，投了七八篇的作者，因爱生恨。还有些因为口味差异的批评者，这个在任何一个成功活动中都很常见，需要单独分出一些精力去应对。

但总体上编辑组对公平性是高度重视的。这是双方都重视的一场活动。用价值观的反向推导，就是"操作不公平这件事情，对我们做好活动没有任何的帮助"。没有帮助的事情，我们不会去做。

编辑组无法保证获奖作品是最佳作品，但"程序公平"是可以做到的。我们确保我们的获奖作品都是经过公平程序产生、水平不错的作品。所以，谁能获得一等奖，编辑组真的不在乎，大家选就好。目前来看，这方面还没有特别大的坑。

老黄：就这次活动，还有没有什么想要分享的？

简：个人的活动总结如下。

（1）发掘新平台、前瞻性、小平台的大价值。以写作类UGC来说，简书超过了目前的大平台。

（2）内容时代，好的营销不是单向的宣传，而是提供用户消费的内容。内容消费是关键词，正是这一点，很多平台愿意帮推。

最后，借由对这个活动的复盘和分析，再一次把那句我很喜欢的话分享给你：运营，就是通过很多看似琐碎无趣的事情，最终赋予了一个产品闪耀的光芒。

第4章 运营的一些宏观规律和逻辑

一个初中级运营和一个高级运营最常见的分水岭，也在于前者只能关注执行，后者则具备能力去完成策略制定、更长线的运营方案规划，以及运营操盘。这往往也是一个所谓"运营经理"和"运营总监"之间的区别。

运营体系和产品发展间的关系，就好比前者是在打地基，后者则是往上盖高楼，地基打得有多扎实决定了往上这房子能盖多高。

4.1 运营背后的客观规律：从"层次感"到"非线性"

对于任何一个运营人而言，在职业生涯早期，最需要的，一定是一些具体的工作方法和技能，具体到文案怎么写、图表怎么画、如何推进一个项目、如何策划一个活动等。

逻辑很简单，运营本身就关乎大量的执行工作，要是你连基础的工作方法与技能都不具备，那几乎可以肯定，你根本没有能力去谈论其他更加深入的事情。又或者是，即便你谈论其他事情，基本也是很不接地气、空中楼阁式的。

但，假如你只有执行方法和技能，而不具备更高层面的思考判断能力，几乎可以肯定，你最多在大概有了 2~3 年左右的经验后，必然会遇到瓶颈。

要破此结，需要能够跳出运营的"执行"本身，去思考运营工作的"规划"。那么，运营本身是否也存在一些"规律"呢？

所以，在本章中，我们要跳出运营的"执行"和"方法"，就运营本身的"规律"和其背后的一些核心逻辑做一些更高层面的思考。

我猜，如果你正好是一个总是感觉自己在做一大堆杂乱执行，但总也没什么价值产出的运营，又或者你已经搞死了好几款产品却还是找不到任何头绪，本章也许对你会挺有价值的。

我先分享 3 个或许可以称之为"规律"的东西。

规律一：带着短视的线性思维投入运营工作中，往往很难做好运营。

什么是线性思维？

即：只考虑单一结果导向的思维。

比如说，销售类的工作，无论老板还是员工，都只看销售订单数和销售额。

再比如，推广类工作，我们也只会看你投放了多少钱，拉到了多少个用户。

这也恰恰是传统行业与互联网世界的鸿沟所在：传统行业讲简单粗暴、讲成本收入比，他们更习惯的逻辑是——我在谁面前做了哪些事，他就会愿意给我付钱。这个时候，只要他付给我的钱大于我所付出的成本，我持续找到这样的人以可控的成本让他们愿意给我付钱，商业逻辑即可成立。

这样的逻辑，我称为一维、线性的逻辑。在这样的逻辑下，我做的所有事情，必然需要给我带来某些实际、具体的回报。假如我做了 A，却不能确保给我带来 B 的回报，这样的事我不会考虑。

然而，在互联网世界中，逻辑很可能远非如此简单，需要考虑的结果维度会更多。

比如说，一个互联网产品的商业逻辑很可能是这样的：

- 我先做了一件事，让 A 愿意持续使用我；（例如，新浪微博最早通过强行指派员工邀请等方式，引入了一部分不大不小的名人使用。）

- 因为 A 的使用，引来了 B 的关注；（因为名人们的使用，他们的粉丝以及更多的名人开始关注到这个产品，也纷纷开始使用。）

- 我要做更多的事情把 A 和 B 都持续留在我这里；（通过不断的创造话题、制造互动、事件等手段，用户开始在微博上越来越活跃。）

- 因为我这里有大量的 A 和 B，此时 C 突然跑了出来，说愿意给我付钱，目的是让 A 和 B 都能够关注他，认识他。（开始出现广告主愿意购买广告，只为了获得在用户面前更多的展示机会。）

所谓"羊毛出在猪身上，狗买单"的逻辑，差不多就是这个意思。

我们之前一再提到，"运营"的层次感要更加丰富，它绝不等同于"推广"，也是这个道理。

在"推广"的思维驱动下，你必然是以相同的成本拉到越多的用户，你越牛。"用户数"会是你矢志不渝的追求。

然而，传统产品销量固然是越多越好，但对一个互联网产品而言，"用户数"真的是应该矢志不渝地去追求的东西吗？

这就引出了下面我将要分享的第二个规律。

规律二：一款产品在其早期过于关注用户增长，甚至出现"爆红"等现象，往往反而会加速其死亡。

我曾经在一家大型的互联网公司内部负责过一款产品，因为公司内部全力支持，各种给资源，所以该产品从早期开始，从来都不缺流量和用户。

并且，老板给大家的 KPI，很长一段时间都是"用户增长"。

然后，这款产品迅速死掉了。

其实，很多产品身上都发生过这样的故事——在产品早期，我们为了加速产品的生长，试着给产品打一针鸡血，注入一剂强心针，然而，如果这一针的时间、力度没有找对，很可能反而是用力过猛，加速了产品的死亡。

就像我们说过的，一直以来，总有一类产品的死亡方式叫作"生于拉新，死于留存"。

在过去几年里，发生过类似故事的最典型的产品，莫过于足记。

图 4-1 和图 4-2 是两张"足记"这款产品的百度指数图，虽然百度指数不能完全代表该产品的用户活跃度等情况，但大体上相关性还是有一些的，可以权作参考。

这是第一张，足记这款产品在 2015 年 3 ~ 4 月之间的百度指数变化图。

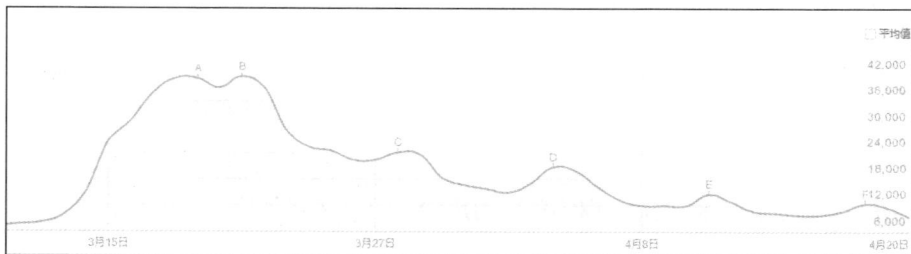

图 4-1

而如果我们把时间周期拉得更长一点，你会发现这张图其实是这样的。

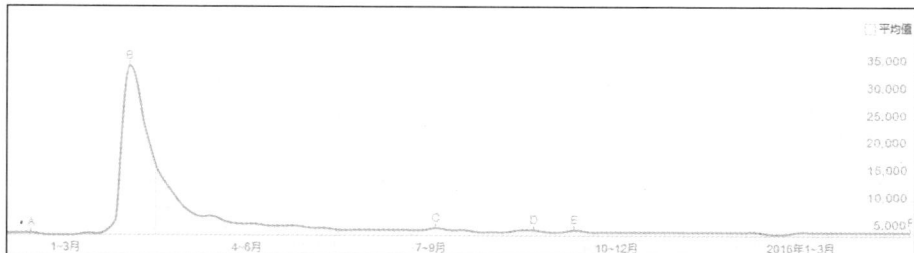

图 4-2

仅以上述两张图来看，你会发现，足记的关注度在经历了 2015 年 3 月的爆红之后，几乎呈现一条"死亡曲线"的态势——不可逆转地一路走低，迄今未能翻身，且站在 2016 年看，它能否再次翻身也很难讲。

再来看另一款在 2016 年 2 月爆红过的产品——FaceU，你会发现，它的百度指数曲线，也有类似趋势，从爆红以后，在持续走低，如图 4-3 所示。

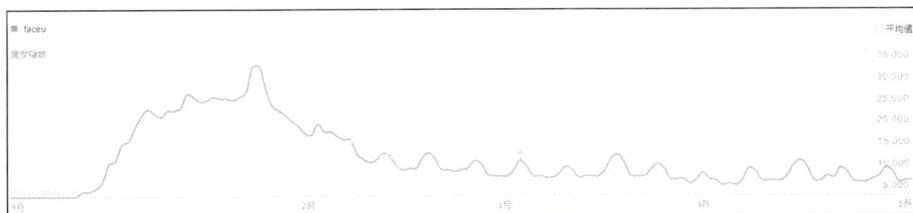

图 4-3

如果我们把"足记"和"FaceU"的百度指数变化对比一下"知乎"这样比较成熟、比较成功的产品以及"懂球帝"这样快速发展中的产品在 2015～2016 年间的百度指数变化，我们会发现，这个差异要比想象的还要更明显，如图 4-4 所示。

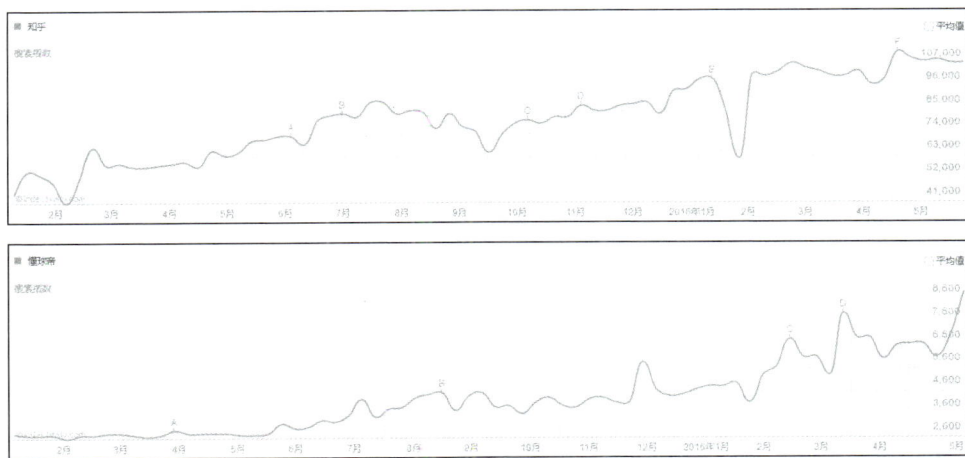

图 4-4

所以，有了上面的几个案例对比，你还会在产品早期如此关注用户增长吗？

请注意，我们并不是说用户增长不重要，而是一款产品，如果在它自身的核心用户价值点还未明确、产品体验也还不够完善的时候，就要贸然去追求大量的用户增长，这对产品往往是一剂毒药。

那么早期如果不应关注用户增长，应该关注什么呢？我们下面来讲。

规律三：早期产品的运营，一定要围绕着"口碑"来进行。

这个部分我们要聊的东西，其实侧面解答了上面提到的"规律二"为何是成立的。

一款刚刚上线的早期产品，可能会面临什么情况？

产品体验很烂，产品功能不完善，甚至产品的主要操作都保证不了，这些都是再常见不过的事情。

比如说，百度外卖这样的产品，在其刚刚上线的时候，你觉得你有多大几率每次都能用它订到餐？

假如产品处在这样的背景下，运营要去大量拉入新用户，会出现什么后果？

答案是：找死。

因为，一大群用户进来后，纷纷得不到良好体验，然后他们对你又没什么感情、没什么牵挂，他们一定迅速跑掉，而且跑掉还不算结束，他们很可能还会跑掉后满世界去骂，从而带动其他人对你的产品也形成负面认知。

一旦用户变成了这种状态，你几乎再也没有机会把他们拉回到你的产品中来了。

所以，一款产品的早期，核心目的一定不应该是增长和用户规模，而是口碑。

有了口碑，表示现有用户已经充分认可了你，表示你的产品基本体验已经足够完善，也表示你已经拥有了更好的服务能力去服务更大体量的用户了。

最为重要的是，有了口碑，你的新用户获取成本会大大降低。

那么，早期产品的体验如果很糟糕，口碑应该从哪里来？

答案是：运营对于用户的感染力、服务态度、你的产品理念、你的产品迅速改进优化的速度和能力，你在其他方面给这群用户创造的价值（例如总是送给用户一些意外之喜）等，是这一系列事情支撑起了早期产品的口碑。

比如，大部分人可能都能感觉到，哪怕三节课的线上产品体验在早期并不是很好，我们仍然可以有还不错的口碑。

而这些口碑，其实来自于：

- 三节课早期的前 1000 多名用户，我们几乎无一例外，都跟他们见过面，有过一对一的交流；

- 我们几乎每天都会在三节课的全体学员群内与大家进行互动和答疑；

- 我们早期的网站和产品虽然很烂，但确实每一周都能让用户们看到优化和改进。

只有在你的产品已经拥有了很扎实的口碑后，你才能把"增长"作为你的目标来看待。就像我现在打算开个餐厅，并邀请了一些朋友先来试吃，但假如我做的吃的都还不能赢得我身边朋友们的认可和信赖，我就要开始大规模去对外宣传推广，这时我不仅伤害了那些一直在给我提各种建议的朋友们，同时也会在宣传推广的过程中遇到更大的障碍和问题。

要把你的早期用户当作你最好的朋友来看待，这其实是个常识。

只是，人们往往都太容易忘记常识。希望你可以更尊重这些平实无华的常识一点。

4.2　4 种不同阶段的产品及其运营侧重点的差异

就像之前说过的，在第 4 章的内容中，我们想要重点思考的，是围绕着一款产品的生与死，运营工作该如何规划，以及背后是否存在一些规律可以遵循。

关于这个话题，其实存在两条主要的线索可以进行探讨：

第一，依据不同的产品发展阶段或当前占据市场份额的大小来判定运营策略和运营规划如何制定；

第二，依据不同的产品形态和业务类型，来判定运营策略和运营规划如何制定。

本节我们先来聊聊上面的"第一"，至于"第二"，我们留给下一节。

其实，从产品自身所处的发展阶段来说，我们是可以把产品分为下述 4 种类型的。

- 探索期产品

特征：上线时间不长，产品还在打磨，需求尚待验证，占据的市场份额很小，基本可以忽略，还无法被大多数人所接受。

典型代表：2011—2012 年间的知乎、2010 年的新浪微博，包括绝大多数上线时间在 8 个月以内的产品。

- 快速增长期产品

特征：需求已得到验证，初步拥有了一定市场份额，市场上同类竞争对手大量出现，需要依靠快速增长迅速占领市场，冲出重围。

典型代表：2016 年上半年的映客、2014 年的滴滴出行、2013 年的陌陌。

- 成熟稳定期产品

特征：市场接近饱和，产品本身已经占据了很稳固的一块市场份额，增长空间已经很小。

典型代表：2016 年的微信、百度地图、美柚、大姨吗等。

- 衰退期产品

特征：替代产品出现，用户开始批量流失，转移到替代产品。

典型代表：2016 年的豆瓣、天涯社区、猫扑等。

正常而言，一个产品从诞生到死亡，会逐次经历如上 4 个阶段，且每个阶段中的关注点会有所不同。

下面我们再逐次来看下，不同阶段的产品，其运营上的表象和关注点，会有哪些不同。

（一）探索期产品

我们先明确一个基本论点：探索期产品的运营目的不是为了获取大量用户，而是为将来有一天自己能够服务好大量用户做好一切必要的准备。包括：产品功能上的、产品使用体验上的、产品风格和氛围上的、服务能力上的。

此外，我们也可以借 2011 ~ 2012 年间的知乎与 2010 年前后的新浪微博，来看看探索期产品的运营方面有何相似之处。

- 它们都选择了较为封闭、有限制条件的运营方式。无论是知乎还是微博，早期都采用了"邀请码"的机制，以邀请码来控制用户绝对数量的增长。而知乎更是一直在长达 2 年的时间内都保持着邀请码注册的机制。因为邀请码的存在，它们最大限度地保证了早期产品氛围的纯度及可控性。

- 除了凭借"邀请码"来的用户外，它们在早期都通过运营邀请了一群有知名度、有影响力的"大 V"加入进来使用产品，如知乎上的李开复、雷军，微博上的黄健翔、郑渊洁等，这群大 V 既成为了早期产品的忠实用户，又凭借自身的影响力持续在给产品带来新的关注。

- 它们对于早期种子用户都给予了各种"无与伦比"的关怀。如知乎的@张亮（就是创新工场那哥们儿）、@张亮 Leo（是的，就是我的好基友，写了《从零开始做运营》的那个胖子）、微博上的郑渊洁等，都在知乎和微博发展早期借由自己的积极活跃获得了大量的粉丝关注，放大了自身价值。此外，很多早期知乎和微博的核心用户们与知乎、微博官方间的关系一直都保持着一种很紧密的状态，他们认识众多的知乎、微博官方员工，甚至迄今仍然会经常受邀到知乎办公室做客，参加各种知乎组织的活动等。

至此，我们或许可以总结一下，关于一款探索期的产品而言，常见的运营要点有如下几个。

- 挑用户。尽力通过各种方式把可能会对你的产品带来伤害的用户（比如那种典型的走到哪儿骂到哪儿的"喷子"型用户），或是你暂不具备能力服务好的用户（典型的如知乎在早期只关注创业、互联网相关话题），在早期拒之门外。

- 尽可能通过邀请、BD 等各种手段找到一部分"活跃"、在小圈子内"有影响力"的名人领袖型用户成为你的早期种子用户，然后通过服务好他们，让他们愿意自发为你背书，传播你的产品。他们的信任和背书，对于一款早期产品的价值是巨大的。并且，对于这样的用户，如果你能服务好一个，很容易就能影响到一群人。

- 对你的种子用户一定要给予各种额外关注，让他们感受到，在这里做一个用户与在别的地方做一个用户的感受是显著不一样的。这个逻辑其实也很浅显：既然我们已经说了早期产品的体验可能会很烂、很不确定，自然需要运营端投入更多的精力去给用户一个愿意留下来的理由。

通常，如果你发现你的产品用户认可度和种子用户活跃度已经很高，用户的增长速度开始显著加速的时候，你可能就已经渡过了探索期。

（二）快速增长期产品

2016 年上半年的映客、2014 年的滴滴出行、2012 年下半年到 2013 年的陌陌，它们的共同特点就是：开始动用自己可见的一切手段、资源等，尽一切可能迅速占领市场。

至于为什么要开始加速占领市场：一是产品已经准备好了，部分用户对于产品已有认知和接纳，用户教育成本变低；二是，因为你已经验证完了可行性，这个阶段往往竞品也会大量出现，所以如果你跑得不够快，就很容易被别人干死了。

从它们自身所处的阶段来看，我们也可以看到一些共性：

- 关于推广层面。各种渠道的铺设，从应用商店推广到效果类广告（如广点通等），往往从这一阶段开始上量。

- 围绕着产品的各种事件、话题往往在这一阶段层出不穷。如映客现在动辄两三周就会有明星名人直播，陌陌 2012 年下半年开始给自己贴上的"约炮神器"的标签并围绕着这一标签延伸出来的各种话题和传播，再如滴滴出行在 2014 年开始积极联合各大品牌策划跨界营销、事件营销等（如韩红的红包广告）。

- 往往在这一阶段会通过大规模的补贴等行为迅速拉动用户增长速度，培养用户使用习惯，典型的如滴滴出行在 2014 年几乎持续了整整一年的红包。

- 这一阶段，面向用户的运营，开始由粗放转为逐渐精细。例如，2014 年的滴滴出行，开始根据地区、时间段等的不同面向不同用户实施不同的补贴策略；再例如，映客上的主播们，到了 2016 年上半年这个阶段，已经开始被分类进行维护和管理了。

总结一下：

对于一款已经渡过探索期，进入快速增长期的产品而言，核心目标就是能够快速获得用户增长，为了尽可能快速地占领市场，在各种推广渠道、方式上，这一阶段产品往往会全面出击，甚至是实施大量补贴等方式，力求尽快占领市场。

另外，这一阶段的运营，会逐渐精细起来，会开始面向不同的用户提供不同的服务，或实施不同的运营手段。

（三）成熟稳定期产品

所谓"成熟稳定期"的产品，必备前提就是其在相应领域中的用户数增长空间已经很小，产品已经拥有了较为稳定的地位。

对照一下，2016 年上半年的微信、大众点评、美柚、大姨吗等这样的产品，都属于已经进入了"成熟稳定期"的产品。

这个阶段的产品，共同特点在于：高度关注用户活跃度，高度关注商业变现路径，同时，面向用户的运营也开始全面精细化。

举例：

这个阶段的微信，你会开始看到更多的朋友圈广告，你会看到微信开始大量接入更多的服务。

这个阶段的大众点评，你会更加频繁地在手机端收到大量 Push，定期收到各种优惠券和官方活动信息。

这个阶段的美柚和大姨吗，你会看到它们的积分体系、活动等开始在产品内部变得越来越强，也会发现它们已经纷纷开始尝试通过电商来开启自己的变现。

上述这些产品，在当下一定也已经开启了对用户的全面精细化运营，比如说，这个时候不同用户登录后在产品中看到、接收到的信息，会是完全不一样的。

总结：

一款成熟稳定期的产品，理论上会进入一个全面的精细运营期——针对不同的产品模块，不同类型的用户，都应该会有专门的运营人员去负责，给用户提供相应服务和信息。

同时，这一阶段的运营工作，总体上会以品牌形象的树立、用户活跃度和商业变现三大方向为导向。因而运营端的具体工作内容往往包括了：大量品牌传播活动与事件、大量面向特定用户且周期相对固定的活动、各种潜在的商业变现方式尝试及围绕着增加收入的运营。

（四）衰退期产品

衰退期产品，通常是上一个时代的一方霸主，但很显然，未来已经不是它的了，它以往的用户开始大量流失，并转移到各类替代产品上。

所以，这类产品的运营重点，往往是老用户的维系和生命周期管理。通过各种手段尽可能减缓老用户流失的速度，同时持续探索新的产品方向，争取能在潜在替代产品发展起来之前，自己先能做出一款良好的替代产品。

但，假如一款产品真的来到了这个阶段，正常而言起死回生的可能性是比较小的。

举例：

豆瓣从 2014 年以来就一直没有停止过自己的焦虑，在不断尝试发布着各种新产品，但其庞大的产品线也一直显得很纠结。

当年 BBS 时代的两大霸主——"号称北猫扑，南天涯"的猫扑和天涯，自 2011 年微博等各类新兴社区逐渐兴起以来，用户也大量流失，至今已淡出主流互联网世界。

总结：

一款衰退期的产品，运营基本只能维持和强化此前的各种常规运营手段以延长自己的生命周期，同时，面向流失用户的召回、承接等可能会成为这个阶段中一块比较重要的运营工作，只是，这样的工作往往成效不会太大。

假如你所负责的不幸正好是这样的产品，我最大的建议就是，能找到空间自己做点儿有产出的事就赶紧做点儿吧，至少将来履历上会好看很多。

好了，到此为止，我们已经通过一些案例，为你展示了不同的产品在其所处的不同阶段，运营工作上的侧重点。对于那些工作年限不长、可能只待过一两家公司、长期关注执行但对于运营工作的规划缺乏认知与思考的同学们，这里的内容应该是可以给你很多启发的。

下一节，我们会再从产品形态和业务类型出发，来具体聊聊各种不同类型的产品形态和业务类型中，运营的具体工作内容和关注点，甚至包括运营策略上又会存在哪些差异。

4.3 如何结合产品业务类型规划运营路径

正如我在本书的开篇部分所提到的，很多人眼中，运营就是打杂跑腿，琐事缠身，各种出卖体力。

这其实没错，因为至少超过 80% 的运营，其工作状态确实如此。

然而，在很多过来人的眼中，以及很多 CEO、创始人们的眼中，运营的真正价值所在，却绝不是"可以管理好各种琐事，具备强大的执行力"这么简单。

我在本书开篇的"为什么我觉得互联网的下一个时代将是运营驱动的"一节中，已经提到过，运营是一件复杂度远超局外人想象的事情。

具体来说，这种复杂度体现在如下几方面：

- 一款产品，因其业务类型的差异，其运营过程中核心关注点是不一样的（如，高频使用型产品和低频使用型产品、消费型产品和非消费型产品就完全不同）；

- 一款产品，因其产品形态的差异，其运营体系的搭建以及其运营通路也是完全不同的（如，工具类产品与社交类产品、内容型产品与平台型产品）；

- 一款产品，依其发展所处的不同阶段，每一阶段的运营侧重点也千差万别（如，一款成熟型的产品和一款刚上线的早期产品，运营要解决的问题基本也完全不一样）；

- 即便目标和运营侧重点完全一致，为了实现同一个目的，运营上具体可以采用的手段也是多种多样的（如，为了搞定 10 万新增用户，我可以策划个事件，可以做效果广告投放，也可以发一堆软文……）。

以上几点，基本决定了运营很可能是一个没有标准答案的事情。相反，每一款产品在每一个时间节点上的运营策略如何制定以及工作内容如何规划，都是需要结合很多具体问题来进行思考的。

而在这样没有标准答案的前提下，还要能够给出行之有效的策略，并通过一系列动作和具体手段令其生效，这恰恰是运营所需要面临的最大挑战。

当然，它也往往是"运营"这项工作的有趣之处。正因为这些无处不在的变量，运营才会是个"看似琐碎缺乏技术含量，实则深不见底"的事情。

基本上，一个初中级运营和一个高级运营间最常见的分水岭，也在于前者只能关注执行，后者则具备能力去完成策略制定、更长线的运营方案规划，以及运营操盘。这基本也往往是一个所谓"运营经理"和"运营总监"之间的区别了。

那么，如果要让自己具备类似的策略制定和操盘能力，需要满足哪些前提条件呢？我认为可能有以下几点：

- 对各类运营手段非常熟悉。从写文案到做传播，从活动策划执行到广告投放，从运营群到管理一个社区，从线下地推到线上的用户维系，它们当中的大部分你都需要能够搞清楚背后的逻辑，以及具备落地执行的能力。

- 有过一些复杂度较高的运营项目操盘经验。比如说，曾经依靠一个投入了十几个人资源，涉及开发、产品设计、渠道推广、整体传播等各环节的中大型运营活动达成了用户新增几十万的目标。

- 能够理解一款产品在其不同发展阶段的运营侧重点会有何不同。

- 能够站在商业模式和业务逻辑的层面上，理解不同业务类型、不同商业模式的产品，其运营上最大的核心突破口和核心要点可能是什么。

- 能够结合产品形态及产品的核心业务逻辑完成和搭建起来一个足以支撑该业务顺畅运转起来的运营体系。

上述 5 点中，第 1 点和第 2 点需要你自己通过时间去慢慢实践、积累、沉淀和给自己争取创造机会。

第 3 点我们在上一节中已有提到。

这里，我们来重点聊聊第 4 点，即，根据产品不同的业务类型和商业模式，寻找运营上的核心突破口和核心要点。

第 5 点，则且待我们放到 4.4 节来讲。

纵览整个互联网世界，我觉得，绝大部分产品的运营工作如何规划，都可以从三个维度分别来评估，最后再把三个维度下分别评估得出的结论汇总到一起，得出一个指导性的方向。

这三个维度：一是商业逻辑，二是典型用户行为频次，三是用户与其他用户间是否会通过你的产品而形成某种关系。

下面我一个一个说。

（一）商业逻辑

普遍来看，各类互联网产品大体存在以下 3 种商业逻辑，而每种商业逻辑反向回来对于运营端的要求又会有所不同。

商业逻辑 1：直接面向用户售卖某种商品或服务获得赢利

这样的产品商业逻辑最为直接，它们存在的目的就是为了把某些商品或服务直接销售给用户，并从中获利。

它们当中的典型例如品牌电商网站、各种 O2O 上门服务等。

所以，它的核心在于：是否能找到足够好、足够多的商品，以足够低的成本、足够顺畅地将其售卖出去，并确保整体售卖流程的顺畅程度。

所以按照这个逻辑，为了实现利益最大化，逆推回来，该类产品需要运营端具备的核心能力就是：

- 商品和货源的选择和拓展能力（即，要有能力找到更优、更多的可售卖商品）；

- 商品包装和营销能力（即，能否以尽可能低的成本把商品卖出去）；

- 供应链全程服务能力（即，从用户产生下单行为到最后完成消费的全过程服务能力，其中有可能包括了仓储、配送、服务人员管理等环节）。

例如，唯品会、聚美优品、当当网等自营电商，运营端往往会被划分成几个子团队：

- 品类运营。该团队决定网站内会上线哪些商品分类以及每一阶段主推哪些商品分类，偏策略。

- 商品运营。该团队主要负责商品的定价、定量、上下架（即决定某段时间内库存中该商品的储备数量，备货太多占据仓储成本，备货太少可能影响销售收入）。

- 供应链团队。该团队主要负责涉及供应商对接、仓储、进出库、物流、配送等相关的所有环节管理。

- 营销团队。该团队主要负责定期策划各种大型促销活动和制定相应促销策略，周期性拉动站内销售额上升。每逢类似双十一、6·18 前后，这个团队是最忙的。

商业逻辑 2：免费+增值服务

该类产品的商业逻辑是：我为用户免费提供一部分产品或服务，在此基础上通过一部分付费增值服务获得赢利。

这样的产品在互联网世界里是颇为常见的，尤其常见于各类工具类产品（比如我现在用的印象笔记）。它们往往通过免费提供某种服务从而赢得大量用户，之后再通过提供付费增值服务的方式实现赢利。

所以，其核心在于：是否能获取到足够多的用户，是否能够让用户对产品形成依赖，以及是否可以更顺利地撬动用户为增值服务买单。

同样逆推一下，该类产品需要运营端具备的核心能力是：

- 免费试用用户的获取能力；

265

- 用户的使用习惯和依赖性培养；

- 用户日常使用行为到付费服务之间的路径搭建；

- 最终的增值服务或第三方付费服务的售卖。

用户和流量获取涉及的面太多太广，这里先不重点讲，主要讲后面几件事。

关于用户的使用习惯和依赖性培养，又有两种常见方法。一是慢慢引导用户把更多的社交关系、个人记录、数据等逐步沉淀到产品中；二则是通过理念输出、标杆树立等各种方式循循善诱式地完成对用户的教育。

关于用户日常使用行为到付费服务间的路径搭建，重在巧妙的设计和前后关联性。

关于售卖，这个就是各种促销运营手段了，没什么可说的。

这里举一个典型例子，印象笔记这款产品，从 2012 年进入国内开始一直到 2014 年成功成为最大的笔记类应用期间，前后重点做了这么几件事：

- 初期，不断通过广告片、软文、演讲分享等形式对外传递类似信息："你需要有一个第二大脑去帮助你把那些需要记忆的东西储存起来，然后把你的大脑主要用于思考，这样你的个人价值才能最大化。"

- 然后，慢慢找到一群"知识界大 V"成为其典型标杆用户，然后不断对外开始传递类似信息——"你看，古典、战隼以及其他 N 多知识界大 V 们都是这样使用印象笔记的"；"原来屌丝和知识界大 V 们的核心差别就在于能否善于利用印象笔记这样的知识管理工具为自己服务啊！"

- 通过官方组织或鼓励民间等各种方式先后发起和组织了 N 多活动，类似"一起记晨间日记"、"月度目标大挑战"等之类的。

- 当越来越多的人开始参照大 V 们把自己的各种资料往印象笔记上放时，大家开始发现了一个问题：一个月几十 MB 的免费存储空间可能不够用啊！此时印象笔记推出了"印象笔记高级账户"，只需每年支付 200 多元，即可享有每月 10GB 的上传存储空间……

- 围绕着高级账户的售卖，印象笔记前后也做了很多次有助于形成病毒传播的促销活动，例如两人同时购买一人免单、3 人同时完成某个任务可获折扣码之类的。

商业逻辑 3：免费+流量 or 数据变现

逻辑 3 与逻辑 2 略有相似，在互联网世界中也是非常常见的。

该类产品的商业逻辑是：通过为用户提供产品或服务，慢慢积累起海量访问流量或数据，然后再基于已有的流量和数据通过引入有付费意愿的第三方实现变现（即售卖流量、售卖数据等）。

与逻辑 2 相比，逻辑 3 的主要区别或许在于：最后买单者不是用户，而是第三方。这类产品的典型是社区。

而这一逻辑的核心往往在于：是否能获取到足够多的用户，用户忠诚度是否足够，是否能积累下来可以持续带来新流量的数据或内容，是否可以积累下来付费方愿意为之付费的内容、数据或特定氛围。

继续逆推，则该类产品需要运营端具备的核心能力是：

- 引导用户发生特定行为、搭建特定氛围的能力；

- 持续维系住用户形成用户活跃度的能力；

- 对于内容、数据和现有重点用户资源等的整合能力。

例如，知乎作为一个社区的代表，从 2011 年上线以来，其站内的运营始终是围绕着以下几个点来做的：

- 如何搭建好一个特定的氛围。在这点上，知乎自己也多次表示过，早期引入的数百位核心用户认真、理性的回答风格奠定了知乎的文化基因。此外，知乎也一直在对外以各种方式输出传递着自己的一些理念。

- 优质内容、数据等的积淀。这个不多说。

- 核心用户的维系。知乎站内的一些核心大 V，至今都跟知乎官方保持着密切的关系，会有人定期与他们进行沟通，并邀请他们参加各类活动。

- 变现尝试。知乎积累下来的最有价值的东西就是"人"和"内容"，所以知乎的变现也一直在围绕着这两者在进行，包括但不限于出版、最近刚刚上线的"值乎"、"知乎 Live"、知乎产品的品牌广告展示（但品牌会经过挑选，且广告内容必须是与"知识"相关的内容）等。

（二）典型用户行为频次

所谓典型用户行为频次，就是假如用户接受和认可了你，他使用你最核心的产品功能或服务的频次可能是怎样的。基本上这里也有几种可能：

- 用户基本使用你的产品功能或核心服务是一次性的；

- 用户使用你的产品功能或核心服务频次中低，比如数月一次，甚至 1～2 年一次；

- 用户使用你的产品功能或核心服务频次较高，比如至少每周一次。

这个频次不一样，尤其会导致我们在关于用户获取方面要关注的重点会发生一些变化。我们也来依次简单分析一下。

1. 用户一次性使用

这种类型的典型产品比如某些培训课程（如托福雅思），或婚庆服务、殡葬服务等。且毫无疑问，该类产品肯定是收费型的产品（用户一次性使用，还免费，那还做什么）。

因为用户接受并使用该服务的机会基本只有一次，所以该类产品基本不用考虑花太多精力在用户维系方面。相反，该类产品更应该关注的事情，一定是：

- 获客渠道的铺设和广告投放；

- 销售转化的有效性；

- 客单价（就一次挣钱的机会，当然要挣足点儿啊）。

总之，推广上要舍得花钱，只要最终的 ROI 能算平，怎么花都行。

举例，很多托福雅思培训在运营方面会做的事基本是这样的：

- 在所有顾客会出没的典型场景下投放广告（比如高校、搜索引擎关键字、英语学习论坛等），吸引用户了解自己的培训课程。

- 精细化运作销售流程，比如用户访问后会有在线人员接受咨询，或者会让用户留下电话，销售人员电话跟进，甚至是引导用户来参加线下公开课，在课后再有一个课程顾问跟进忽悠之类的，为的只是提高销售成单率。因为，来都来了，你要是不在他们这掏钱，必然就到其他地方掏钱去了，且以后就再也不可能回来了。

- 用尽各种方法（比如打包各种服务，包装得很高端，提升上课环境上课体验，跟其他课程进行对比，甚至连带一部分忽悠）把客单价做高。

2．用户中低频次使用（如数月一次，甚至 1～2 年一次）

这种类型的典型产品比如汽车保养类产品、求职类产品等。

该类产品的特点是：不管用户多喜欢你多认可你，他每次使用完你，基本就走掉了，且距离下次他再使用你时间周期会比较漫长。

所以，该类产品在用户获取方面如果都依靠花钱投放和推广，一定亏死了。

相对而言，更需要的，是能够让用户每次产生相关需求时，都能够最快捷、最有效地找到你。

那么，类似求职找工作这样的事，用户在每次产生相关需求时，关于到底使用什么产品是如何决策的呢？

基本上有很大可能取决于如下几点：

- 我脑海中第一时间出现的在这个领域内的品牌是哪家？

- 我最近是否听到过身边有人提起或推荐过某款相关产品？

- 我通过搜索引擎、应用商店等渠道搜索"招聘运营总监"等相关关键字，看看会出来哪些结果？

于是，对于该类型的产品在用户获取方面更应该关注些什么，看起来也就很清晰了吧？

基本上，无外乎：

- 渠道铺设，占据入口。如搜索引擎、应用商店等地方，该占据的位置一定要占据，且能排得越靠前越好。

- 品牌传播，占据认知。不断通过活动、事件、媒体报道、PR 软文等各种方式面向行业和用户去传播你的品牌，提升大家对于品牌的认知。

3．用户高频次使用（至少每周一次）

这类产品就很多了，比如阅读类产品、社交类产品等，都算。

该类产品的特点往往是：用户从了解你到接受你再到认可你，可能需要一点周期，但一旦他真的接受了你，他就会变得很难再离开你。

另外，该类产品因为用户使用的频次比较高，所以理论上产生口碑效应和病毒营销的概率也最大。

所以，毋庸置疑，这类产品需要关注的重点往往是以下两个：

- 通过补贴、活动、运营机制、用户引导等各种方式培养用户的使用习惯（如上面提到的印象笔记案例，再如滴滴和各种外卖类应用早期不断给用户发红包，都是为了培养使用习惯）。

- 在用户获取方面，更应该思考如何通过运营机制或运营手段撬动现有用户的力量，打通几个"分享"的场景，形成病毒传播和增长（如滴滴和外卖类应用的"红包"，如各种美图类应用的"变妆"H5 小游戏、美妆比赛等）。

（三）用户间是否通过产品结成某种关系

在互联网世界里，有一部分产品是那种单向服务式的产品，即用户单向接受该产品的服务，典型的比如各类日历、便签、航班查询这样的工具。

但还有一类产品，扮演的是一个"连接器"的角色，其最终实现的状态，是很多不同类型的用户之间，最终通过它建立了某种关系。

这样的产品，包括淘宝这样的电商平台，包括知乎这样的社区，包括探探这样的社交软件，都算。

然而，一旦你的产品是这种"让用户间建立关系"型的产品，就意味着一点，即产品中的相关用户体验你可能是无法完全掌控的，因为它们在很大程度上取决于用户会在上面遇到什么样的人，经历什么样的事。

因而，假如你是这种类型的产品，则你的运营工作规划中又需要包含必不可少的两块：

其一，这样的产品往往会特别注重氛围的打造，发展也会比较慢。且早期的用户会极度重要，你需要与早期用户间保持极其密切的关系，且需要让他们极度认可你的理念。这方面，知乎是典型，不细说了。

其二，这样的产品，你一定需要花费很大的精力来逐渐建立和完善起来一些规则、边界和约束条件。最终，你通过这样的一些规则来最大程度保障用户的体验，并且给用户在站内的行为规范指明了方向。

这些规则，典型的比如发黄图必删号，接到投诉三次踢走，不得辱骂、诋毁他人等。

并且，每一个相关规则的建立，最好都建立在一些真实发生的事件、案例上，并最好在公布前广泛寻求用户的意见，这样会让这个过程变得更加顺畅。

到此为止，本节讲完。

我感觉，这可能是本书中最具有技术含量的一节了。当然了，要消化起来应该也是需要点基础的，如果你是一个新人，感觉有地方看不懂比较难理解，我觉得这是正常的，不用太纠结，好好修炼外功内力就好。

4.4 如何搭建一款成熟产品的运营体系

这一节，我们来聊聊如何基于产品逻辑来搭建一个靠谱、稳定的运营体系。

我们说过了，运营工作有两个导向，一是拉新，二是用户维系。

理论上讲，一款产品在其诞生之初的最早一个阶段，是需要进行大量探索的，这时候的运营工作可能会没那么有序，分工也没那么明确，更多的是杂乱和见机行事。

但渡过了最初没那么有序的探索阶段后，你需要关注和完成的运营工作就会开始越来越多起来。这时候，你往往就慢慢需要把自己的运营工作变得更加有序、有条理。包括，拉新和用户维系上到底该怎么做，都需要界定得更加精细。

这个时候，你就开始需要一个"运营体系"，把你和你的团队需要在运营端做的事情梳理得更加清晰明确，以此来确保你的产品可以健康地发展。尤其是你的产品已经有了几十万甚至上百万以上量级的月户以后。

类比一下，运营体系和产品发展间的关系，就好比前者是在打地基，后者则是往上盖高楼，地基打得有多扎实决定了往上这房子能盖多高。

而对于一款互联网产品，其运营体系的搭建可能会围绕着如下几个维度来进行思考，并完成具体运营工作的规划：

- 需要有一些基础动作可以保证产品主要业务的顺畅运转；

- 在上一点的基础上，重点关注开源、节流，围绕着开源和节流要形成一些固定动作；

- 界定清楚产品内部是否存在某些关键性的用户行为，通过梳理用户引导流程、运营机制等确保这一用户行为的发生几率；

- 核心用户的界定和维系机制建立；

- 阶段性通过活动、事件、营销等手段扩大产品知名度、实现用户增长。

是不是感觉有点听不懂？莫急，我们来一个个讲。

（一）保证基础业务的顺畅运转

任何一款产品，其核心业务逻辑和流程一定是特定的，而在其核心业务流程中的某些环节，往往是需要运营介入才能保证产品运转的。比如说，某门户网站，若无编辑每天更新维护，则它将成为一个"死"的网站。

所以在运营端而言，排在第一位的工作，就是要通过一系列运营工作保证该产品可以顺畅地运行起来，变成一款"活"的产品。

为了找出这部分工作内容都有哪些，你需要：

- 梳理出一款产品的主业务流程；

- 结合该流程进行思考——为了保证该核心业务流程能够运转起来（即起码用户过来可以顺畅体验完你的服务全过程），需要运营端至少完成哪些工作？

举例，如图 4-5 所示是我们梳理出来的"懂球帝"APP 的产品主业务流程图。

基于图 4-5 所示的业务流程，如果要确保"懂球帝"APP 的顺畅运转，需要运营端做好的主要基础工作可能包括：

- 保质保量地按时上传发布各类内容资讯、更新各类数据、榜单等；

- 做好用户 UGC 内容的审核、筛选、组织和处理；

- 按时发布各类足球装备并做好营销、客服等方面的相关工作，确保用户可以在线顺畅地完成购买。

核心业务逻辑

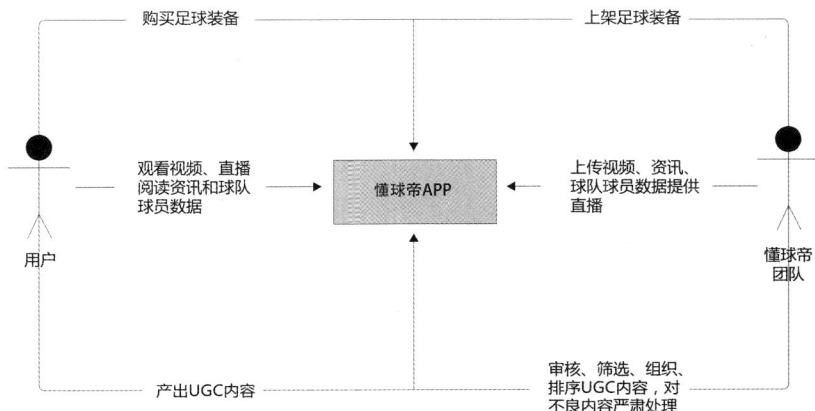

图 4-5

而这些基础工作可能还需要考虑一下用户的使用习惯和期望。比如说，对于新闻、资讯类的内容，用户可能会每天都看，且总是希望可以看到最新的内容，那你的相应发布更新频次就需要尽可能高一些，更新时间更紧凑一些。

基本上，这一部分的工作内容是属于那种"有了它你不一定会变得更牛，但如果连它都没有，那你一定会死"性质的。

（二）尽量把产品的"开源"和"节流"变成一些固定动作

一款渡过了探索期的产品，在保障好上面所说第一点的基础上，总是需要考虑搭建起稳定的用户增长来源和可控的用户留存策略的。

一旦这两根支柱可以相对稳固下来，可以保证你站内的有效用户和有价值的用户一定会变得越来越多。

关于用户增长，很多人脑子里都会第一时间冒出来"狠狠砸钱做广告买用户"或者"策划个超级牛的活动来带动用户暴增"之类的，但要知道，钱不是时时都可以砸的，超级牛的活动点子往往也是可遇而不可求的，所以相对寄希望于这种"一波流"式的手段保证你的用户增长，不如先好好考虑如何能构建起来一些稳定的用户增长路径。

举例，如懂球帝这样的 APP，在没有额外重大事件发生的前提下，其稳定的用户增长可能来源于：

- 其优质内容的用户自发对外分享、传播所带来。

- 其优质内容的有意识对外传播所带来。例如，专门有两个小编把懂球帝发布的某些深度技术文或懂球帝社区内的趣事定期发布到其他相关论坛、社区等。

- 搜索引擎、应用商店等入口带来的自然增长。

- 保证每次发生足球类新闻（如各种重大赛事，这类事情在足球世界里是"常规性"的），懂球帝的报道速度和解读角度总是可以做到与其他人不同，从而每次都能带来一波稳定增长。

因而，为了让懂球帝的"开源"变得相对稳定和持续，我们应该先围绕着以上几点确保一些常规性运营工作的执行。比如：

- 结合用户场景，设计合理的分享流程，尽一切可能优化你的文案。

- 可能需要专门有一个人负责优质内容的外推，包括寻找优质渠道、建立合作关系、常规性的内容外发和外部渠道维护等。

- 专门花工夫做好 SEO、应用商店 ASO 等工作，并在此后不断优化。

- 组建专门的新闻资讯更新报道团队，建立报道机制。定期策划深度解读类内容，确保资讯报道速度和解读角度的独特性。

以上，是关于"开源"。

而除了开源之外，同样需要思考的，则是"节流"。

所谓"节流"，就是尽量降低用户流失的可能性，确保尽可能多的用户都能够体验到你产品的核心功能，并愿意留下来。这里可能涉及要做的事如下。

1. 梳理出流失行为比较高发的节点。

比如，你发现 30% 的用户可能都是注册过后基本就再也没有访问过了，发现 20% 左右的用户大约在第一次使用过后半年前后的时间内出现流失，以及发现又有 15% 左右的用户都是在使用过某功能后就再也没有访问过你的产品了，则"注册过后"、"注册后半年前后"以及"使用某个功能过后"都是你的流失高发节点。

围绕着找到的相应的流失节点，你可能需要先把所有流失用户的数据拉出来，再从他们身上去寻找一些共性行为特征，这里可能需要用到一些数据分析方法和思路，有兴趣的话可参考一下此前的运营与数据的相关内容。

2. 结合用户访谈、用户行为数据分析等各种手段定义出用户流失的原因。

比如，注册后即流失很可能是因为用户没看懂产品是干什么的，也没有引导，不知道怎么用。

3. 针对每个节点下用户流失的原因，定义出一系列手段用于降低流失的可能性，包括但不限于特殊福利折扣，优化流程、引导文案，设置用户流失预警机制，等等。

例如，滴滴出行在 2014 年下半年疯狂增长的时候，我印象中就有采用过新用户首次打车免单的手段来降低注册过后的用户流失。

再例如，如果你发现 80%以上的已流失用户在流失前都会发生某种特定行为（如访问频次从每 2 天一次下降到每周一次），那么你就可以设立相应的流失预警机制了，让系统在有人出现类似情况时提醒你，又或者是依靠机制给予该用户特别关照（例如此时推送两个萌妹纸或帅欧巴让其认识之类的），以此降低用户流失的可能性。

以上，是关于一款产品的"开源"和"节流"方面，如何通过一些可以固定下来的手段和机制确保其稳定性的思考思路。

需要明确的是，上述这部分工作，只有渡过了探索期、方向相对明确且已有一定用户体量的产品才需要思考。

如果你还处于探索期，一切都不确定，方向随时可能改变，唯有尽快完成产品的探索和种子用户的积累才是正道，反而没什么必要去思考这种一板一眼的事。

（三）确保"最关键用户行为"的发生几率

任何一款产品，都存在一个"最为关键的用户行为"，它往往是围绕着产品的核心功能和服务的，这个行为的发生频率可能直接决定了你的产品价值，也可能直接决定了用户对你的认可程度。甚至是，一个新用户，只有发生了这一行为，才更有可能深度体验到你的产品价值。

比如说，滴滴出行的"关键用户行为"就是打车；百度外卖的关键用户行为是下单订外卖；新浪微博的关键用户行为是关注他人（因为不先关注点人，就意味着你在微博上什么也看不到）和发微博；等等。

一旦界定出来了这样的关键行为，你必须通过梳理用户引导流程、梳理运营机制、新手任务等各种手段确保这一行为的发生几率。

当然，可能在产品的不同阶段，你需要去引导用户发生和学会的行为是不一样的，例如知乎，早期一定需要先尽量引导用户去关注其他优质回答者（只有这样你才能在自己的首页中看到高质量的内容）和去进行回答，而后期站内内容充足后，则可能需要引导用户更好地去消费内容。

如图 4-6 所示是知乎在 2016 年年初上线的某版本附带的用户引导，可以参考。

再例如，百度百科曾经有一段时间的新手任务和新手成长体系大体是这样的，如图 4-7 所示。

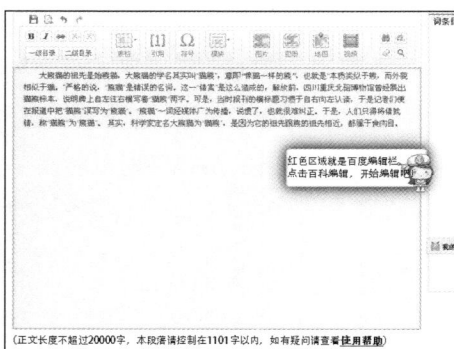

图 4-6   图 4-7

（四）核心用户的界定和维系机制的建立

就像我们提到的，对于大部分产品，一定都存在着"20%的用户创造了 80%价值"的情况。

所以，如果需要确保你的产品可以持续良性运转，一定还存在必不可少的一环，就是找到你的核心用户，并维系好他们。

这里又包含两个分支：

- 满足了什么条件的用户就可以被界定为核心用户？

- 我们如何对一个核心用户进行更好的维系？

以知乎为例，假定关注粉丝数超过 2000，在 3 个月内回答问题数量超过 20 个，且其中超过 500 个赞以上的回答不少于 3 个，即可被界定为核心用户，那首先你需要先设定一个机制，让但凡站内出现这样的人，你就必须第一时间知晓，并与之取得联系。

然后，假如知乎对于核心用户的维系包括了如下几点：

- 拉入"知乎大 V"群，帮助结识更多知乎名人；

- 定期邮寄各类大小礼品；

- 邀请参加各类知乎官方线下活动，与知乎团队深度交流；

- 获得各类知乎新产品的优先体验资格（如值乎、专栏等）；

- 优先获得协助出书、专栏建设辅导等服务；

- 邀请参与知乎社区建设讨论；

- 获得知乎官方的站内内容优先推荐权。

那么，你需要做的就是确保这些事情当中的每一件都可以顺畅发生，并与之保持密切互动和交流。

（五）阶段性通过活动、事件、营销等实现用户增长

如果说，上面提到的"开源"部分的思考是属于确保产品稳定的自增长能力，那么对于一款已经渡过了探索期的产品而言，你也一定还需要一些手段，来为你阶段性地提升产品的知名度，批量获取到新用户。

这一部分常见的运营手段可能包括活动、推广投放和事件策划等（尤其是与自己产品特征和目标用户相契合的事件节点，一定要好好抓住）。

前面已经讲过的懂球帝教科书般的案例就是一个很典型的例子，这部分就不展开细讲了。

4.5 理解社区/社群的典型运营路径和逻辑

这一节，我们准备把社区/社群类产品的运营单独拿出来聊聊。

之所以要把社区和社群的运营单独拿出来说，是因为在所有的运营分支中，社区或社群的运营是比较独特的，它们的运营都需要同时考虑"关系"和"内容"，其生长和壮大也存在一套自己较为独特的逻辑。

由于在线上用来承载社区或社群的产品形态要么就是论坛或问答式的社区产品，要么就是如微信、QQ 等通信应用中的群组，为了便于理解，我会以假想自己创建一个简单的社区或群组为例来进行说明。

一个社区/社群从无到有到成熟起来，我认为其成长路径里有这么几个关键节点：1）创建和初始化；2）信任感与价值确立；3）去中心化，社区成员之间关系网的构建；4）社区的"自生长"。

下面容我依照如上的 4 个关键节点，分别逐一来讲。

第一，创建和初始化。

对于一个社区/社群的初始化而言，最为重要的事，就是找到一个主题。对于一个社区或社群而言，它一定是基于某个特定主题而存在的，而成员间的交流和互动往往也会围绕着这个主题展开。

对于社区/社群而言，一个好的主题要么可以带来某种特别的感觉（比如有趣和共鸣），要么可以带来明确的价值认知，即让用户知道他在这里可以得到什么和应该怎么参与。

我们以创建一个群组为例，体会一下你看到一个叫作"勒布朗詹姆斯"的群和一个叫作"每天一张 LBJ 高清酷图"的群时的区别。再体会一下一个叫作"新浪员工交流"的群和一个叫作"一入新浪深似海，从此节操是路人"的群的区别。

另一点需要强调的是，任何一个好的社区，一定都有某种普世的价值观，这种价值观普遍是利他性且能得到广泛认同的，最终会体现在一些规则上。例如，很多活跃数十年而不衰的网站论坛，都会通过规则要求用户们认真回帖感谢他人。在初始阶段，社区的创建者和管理员们必须要以身作则地去普及和传递这样的价值观。

初始用户的获取常见的是拉身边的熟人，或者基于社区的定位做一些较精准渠道上的推广宣传，这一部分就不展开太多了。

第二，信任感与价值确立。

这是几乎所有社区/社群运营者都需要去突破的一环。

在最初加入一个群组时，除非群主自身有极大影响力（如某些大 V 名人），否则，几乎所有用户在加入伊始的心态都会是"先看看这里有什么再说"，能否打破这种观望心态，在社区与用户间建立起信任感，让用户对社区产生明确价值诉求和依赖，决定了这个社区能否走向活跃。

信任感通常产生于社区提供了超出用户期待的服务和回报之时。例如某明星的粉丝们本来只是想加入一个粉丝社区进来看看，结果真的见到了明星本人过来跟他们互动；例如加入某个运营学习群的朋友们本来只是想看看，结果发现群主每天在群里发的各种干货真的让他们很受用，甚至有一天真的自己通过应用群主分享的干货完成了某个超牛的小项目；再例如加入了一个行业交流群本来只是不明觉历，结果发现这个群里真的每天都有很多牛人大神在群内各种喷，让自己眼花缭乱，大开眼界。

直白点讲，这一过程就是从"不确定在这里可以得到什么"到明确知道"这里可以给我提供什么价值"的过程。这一步产生后，那些原本只是观望的用户会开始愿意在社区内去更多产生行为，例如发言提问和吐槽。

当然，任何事情都有正反两面，有了信任感和价值后，用户也会开始对社区有期望，正所谓"爱之深、恨之切"，假设他们的期望持续得不到满足，这些用户们是可能会愤怒甚至倒戈的。

第三，社区的去中心化。

截止到第二步，这个社区/社群的人际关系网络都仍应该是一个高度以社区创办者、管理员或明星用户为中心的状态，它意味着较大的风险——社区的存活与发展，将取决于少数的几个人。一旦这几个人不堪重负又或者明星用户离开，社区很可能将毁于一旦，事实上，这样的场景在很多社区的发展史上曾反复出现过。

要解此结，需要去中心化，把一个高度中心化的网络变成一个几乎无中心化的网络。

二者的区别，我通过图 4-8 来说明。

在图 4-8 中可以一目了然地看到，图 a 中的网络完全依赖于节点 A，如果节点 A 消失或崩溃，整个网络将会完全消失。而在图 b 中，A 即便仍然是一个重要的中心节点，但由其他节点之间的联系已被充分建立起来，即便把 A 从网络中拿走，整个网络也仍然可以保持较高的紧密度，继续存在下去。甚至，即便出现多个节点崩溃，这个网络也仍然还可以存在。

基本上，这也就是社区到了这个时候要进行"去中心化"的原因所在。

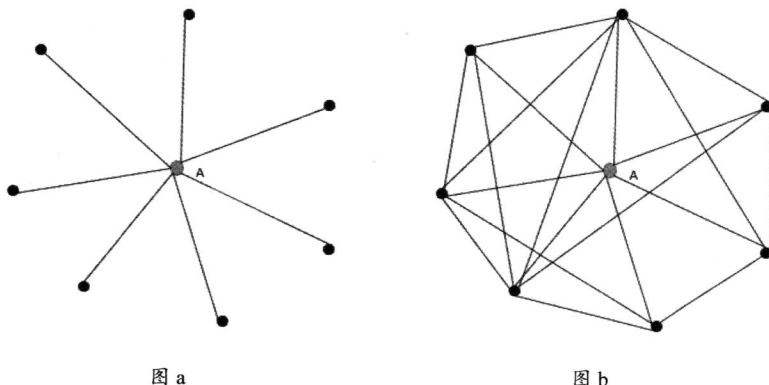

图 a   图 b

图 4-8

去中心化的常见套路又有两种。

一是培养和发掘追随者。假设你的社区是拥有一个能够被大家所认可的普世价值观的，并且已经与用户群体间建立起信任感，通常这个时期会逐渐冒出来一些认可你价值观和理念的积极分子，他们对于社区存有较强的热情和投入感。你需要去观察、鼓励和发掘他们来帮你在社区中去做更多事，甚至，过往本来是创建者们扮演的一些重要角色（如精神领袖、话题发起者等），需要大胆地由这些追随者们来完成替代，当原本的一个中心变成了多个中心时，社区的生命力和可持续性都会同时得到加强。

二则是通过引导，帮助社区内的用户间建立起关系。社区的本质是由众多个体构成的一个信息关系网络，而 QQ 群、豆瓣小组、论坛等都只是这个网络的载体而已，就像上面的图 a 和图 b 所展示的，只有组织中的众多个体彼此间产生连接时，一个社区才能真正成型。如果你去观察，你会发现所有活跃的 QQ 群或微信群里，用户间的关系都会是很多元化的，并且，这种关系会随着时间的推移沉淀到具体的产品形态中。

促成用户建立关系的方式，大体上主要有依靠讨论互动和依靠共同行为两种，此处也不再展开做过多叙述。

第四，社区的"自生长"。

当社区中的多元化关系链被建立起来后，一个社区就具备了"自生长"的能力，这个时候你会发现自己对社区已无法完全掌控，会有很多事件、话题和关系在社区内自然发生，这也是作为社区运营人员最希望看到社区内出现和发生的状态。

到了这个阶段，运营人员最应该做的，就是基于社区的共同价值观为社区的行为言论划出一条边界，又或者制定出某些游戏规则，在规则内，大家可以完全自由地讨论和互动，但一旦触碰到规则，则应该坚决封杀。

进入这个阶段的社区，基本已进入成熟状态，此后，考验运营的，一是可以将社区的成熟和活跃状态维持多久，这里需要考虑的基本是：

- 当大量 UGC 产生后，如何筛选出优质的内容进行二次传播和更精准的推送；

- 如何梳理出一套基于 UGC 的内容框架和体系，帮助和引导那些零散产生的 UGC 内容可以更整体、更结构化、也更具有黏性一些；

- 如何做好一些社区内的活动运营，甚至把一些活动变得常规化、事件化。

另一方面要考验运营的，就是如何拓展社区可以承载的话题，通过话题的延展来扩大自己的潜在用户数量。在这方面，知乎的发展是一个典型，最早只聚焦于互联网创业话题的知乎，现在已经接近五花八门、无所不包。

相比前三个阶段而言，社区成长的这最后一个阶段对于运营人员而言相对会好一些，因为可玩的更多，也不像前三个阶段那样需要背负那种"不成功就要成仁"的压力。

但需要正视的现实是，所有社区和产品一定都有自己的生命周期，这是不可改变的。人们使用社区的需求永远存在，但对于某种产品形态的热情却可能会是周期性的，并且也会随着互联网的发展产生很多新的使用习惯（如 Web 2.0 时代诞生了社会化问答网站），所以我们会反复看到很多不同类型的社区型产品在不断出现，甚至，这种产品形态上的迭代还可能会是循环的。

4.6 2B 类（面向企业提供服务型）产品的运营逻辑与案例

4.6.1 2B 类产品的运营逻辑

写了 N 多与运营有关的东西后，我发现也经常会有一些做企业服务产品（即是面向企业而非个人用户提供服务的产品，典型如 Teambition、快法务、51 社保这一类）的朋友跑来问我：老黄，你说像我们这样的产品，运营应该怎么搞啊？我们这吭哧吭哧搞了半天，总觉得发不上力啊……

的确，本质上企业服务类产品（又名 2B 类产品）和用户类产品（又名 2C 类产品）之间的运营逻辑，可能是完全不同的。但长时间以来，我们总是更多地在谈论 2C 类产品，而对于 2B 类产品的关注则比较少，这也导致了很多人的疑惑。如果回想起来，仅在 2016 年下半年我就至少已经数十次被人问到过或看到其他人在讨论类似的问题——企业服务这种 2B 类的产品，运营该怎么做？

所以在这一节里，我也想借此来分享一些我自己的理解，一并聊一下企业服务类产品和用户类产品之间的区别，以及 2B 类产品的运营到底该怎么做。

（一）

首先，我们要来界定清楚，2B 类产品和 2C 类产品的运营之间，存在着什么本质区别。

我们不妨先思考下：运营要解决什么问题？

就像之前我们在第 1 章里已经提到过的，大体上来讲，无非有二：

（1）产品的用户增长（俗称拉新）；

（2）产品的用户维系。

那在 2C 类产品中，围绕着这两点，运营通常是如何做的呢？我们以"拉新"这件事为例来进行一下简单说明。

在 2C 类产品的运营中，用户从不知晓一款产品到决定去使用一款产品，大体会经历产生兴趣、进行关注、受到进一步刺激、决定行动、开始使用产品 5 个步骤。

而在每一个环节中，运营要做的事就是通过自己的一系列工作去影响用户，尽可能在每个环节中都获得用户的认可和关注，比如说，同样在一个论坛发帖子做推广，你要想获得更多用户的关注，必定需要绞尽脑汁想个标题，如图 4-9 所示。

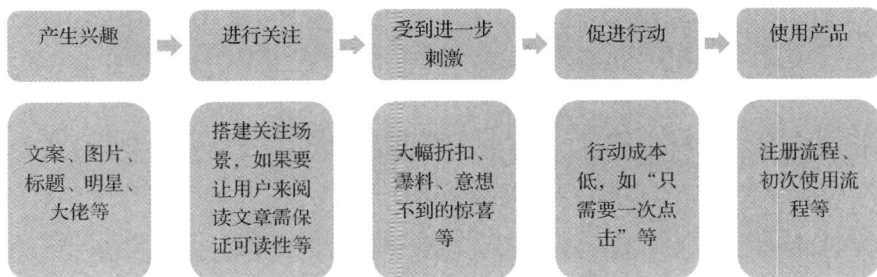

图 4-9

然而，要是到了 2B 类产品中呢？

你会发现，一家企业是否会使用一款产品，其决策流程可能如图 4-10 所示。

图 4-10

还可能如图 4-11 所示。

年度经营计划，预算制定流程图

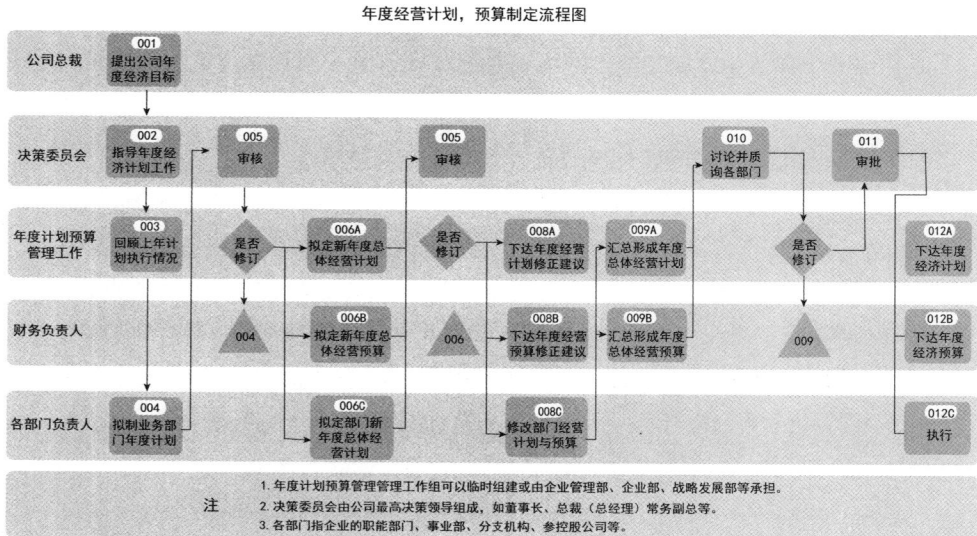

图 4-11

所以，你面临的第一个问题就是：你的用户决策流程更加复杂，且极度不标准。每一家公司，其内部的决策流程可能会是千差万别的。

但这还不是最关键的。

最关键的是，你要面向的用户，很可能不是同一个人。

比如说，同样一款产品，在企业内部，HR 说好，业务部门说不好，老板态度不置可否，这时候你该怎么办？很多人往往到此已经一脸茫然。

于是，如何能够更好地影响到这个复杂且往往还是 N 多个决策对象共存的决策链条，就成了 2B 类产品最大的考验，这与 2C 类产品是完全不同的。

（二）

其次，我想明确这样一个观点：一个在 2C 类产品中如鱼得水的运营，可能倒不一定适合去做 2B 类产品的运营。反之，对于一个 2B 类产品来说，也绝对不是你随便上哪去挖来一个运营大牛就能解决问题的。

我们可以思考一下，一个 2C 产品的运营大牛，如果去做 2B 产品的运营，他能做些什么呢？

我们来看个例子吧，比如一个社区产品的运营负责人，他需要做好的事都有哪些呢？

首先，他需要找到并维系好社区内的核心用户，比如版主们、意见领袖等；

其次，他需要在社区内做好各种内容的筛选过滤和推荐；

第三，他需要定期在社区内发起各种话题讨论，组织各种线上活动，带动社区的活跃；

第四，可能还有一部分社区内的优质内容他需要想方设法组织起来传播到外部去，带动社区品牌知名度的增加和新用户的增加。

那么，以上这些工作中，哪些是可以复用到 2B 类产品中的呢？

答案似乎是没有。或者说，以上这些工作，感觉上都不应该是 2B 类产品的重点。

这样的一个运营人，在社区类产品中，他的存在感本来是可以很强的，但如果到了 2B 类产品中，他会发现他顿时失去了存在感。所以说，一个在 2C 类产品中如鱼得水的所谓"运营大牛"，如果去了 2B 类的产品中，很可能是两眼一抹黑，既发不上力又使不上劲。

再往深一点看，在产品方面，2C 类产品和 2B 类产品的做法可能也存在着很大差异。

在 2C 类产品中，产品的使用者就是你要满足的对象，而用户使用过程中的任何不快都会造成口碑的下降和用户的流失，所以我们会高度关注用户体验。但是，在 2B 类产品中，产品的使用者已经未必是你要优先满足的对象了。

这个时候，对于企业经营的业务，对于不同行业、不同领域的公司在业务流程和逻辑上的差异和共性是否拥有更深入的理解和洞察，要远远大于你的产品使用体验是否良好。

换句话说，企业用户不会因为"这个产品使用体验好"而决定去使用或购买一款产品，但他们会因为"这个东西能帮我提升业务效率或能帮我省钱"而决定购买一款产品，哪怕这款产品的使用体验并不好。

我个人觉得，对于一个 2B 类产品的运营人员来说，在个人能力上可能要么需要偏重于线上的传播和品牌多一点，要么偏重于线下的活动和销售转化多一点，这两头如果不能至少占一头，要做好 2B 类产品的运营是有困难的。原因我下面会讲。

（三）

接下来，我们具体谈谈到底该怎么做好 2B 类产品的运营。

结合上面提到的一些逻辑，对于能否影响到一家企业最终愿意购买和持续使用你的 2B 类产品，我认为核心要点可能包括了几方面。

第一，企业是否认可和接受企业自身存在着某些问题，且你的产品有可能帮助他们。

这里的关键是，企业的问题有两类，一类是"容易被感知到的"，比如说，我的销售订单近两个月下滑了，这个事对老板来说一目了然。但还有一类问题则是"不容易被感知到的"，就好比 Teambition 这样的团队协作工具，有的团队在用，有的团队没在用，你说没用的那些团队比用的那些团队差多少，有什么非要解决不可的问题？不好意思，人家很可能感受不到。

于是，假如你要帮企业解决的问题是后一种，你可能需要大量对用户的教育和市场的培育。

第二，你能否击破企业购买决策链当中的关键环节。
这个部分，可能比较复杂，一般又有几种情况需要区分看待。

（1）企业开始使用的成本比较低，比如说不用掏钱或者掏非常少的钱就可以开始使用（典型比如我们提到的 Teambiton，差不多就是这类）。这类产品基本靠 PR 和用户口碑来驱动新用户能够先开始使用自己的产品，同时也会比较注重用户体验，然后随着用户慢慢对产品养成了依赖和使用习惯后，再有后续的付费服务等着你。

比如说 Teambiton，10 人以内的小团队使用是免费的，但人要是多了，就需要付费。这时候，假如我已经经过一段时间的试用后充分相信产品了，我会有更强的意愿要从企业内部去推动企业购买。

（2）企业开始使用的成本较高（就是需要掏不少钱），但采购决策权高度集中在一个人手里。这样的产品，基本在运营上的核心重点就是如何能够批量找到精准的目标用户，然后通过种种手段说服他，搞定他就好了。

比如说，云服务这样的产品，其实核心可能就是搞定 CTO 就行了，所以你会看到各种云服务产品经常会组织各种 CTO 沙龙、线下活动……

（3）企业开始使用的成本很高，但采购决策流程比较复杂，有 N 多个人会对决策产生影响。这样的产品，可能就需要靠销售人员出面，去一个个搞定企业的相关决策人员了。

比如说，要卖给某个企业一套在线学习的东西，可能需要依次去搞定 HR，搞定业务部门老大，搞定具体员工等，而且每个企业的决策权重可能都不一样，所以能否搞定重点就看销售给不给力了。

第三，用户在使用过程中能否真实感受到价值和效率的提升。

如果说之前的两个环节决定的是用户是否会开始使用该款产品，那么这个环节所决定的就是用户是否会持续使用产品。

比如说，我要是用了两个月 Teambiton，结果发现我自己根本不会用，或者不习惯用，完全感受不到它帮我提升了哪些工作效率，我是不是就不会用了？对于企业服务类产品，这种情况其实特别常见。

所以，这个时候，为了让用户能够持续使用，产品的运营团队可能还需要在用户使用过程中持续对用户进行引导和教育，不断告诉用户，这个东西可以怎么用，哪个团队是怎么使用这个东西的，给他们带来了什么价值等，总之，你得想尽办法让用户正确地把你的产品用起来。所以，通常在企业服务类产品的团队中，都会有一个"用户成功"部门，他们基本做的就是这个事。

第四，用户是否对于你的品牌有更强的信任度，从而在整个决策流程中可以变得更加顺畅？

这个部分的工作，重点是品牌的建设和传播，是一个隐性的部分。这里我们还是可以来看一张图。如图 4-12 所示，"品牌建设"和"传播"其实承载着两方面的作用，一是帮助用户建立认知，二是建立行业和用户对于品牌的信任程度。其中后者将会在整个用户决策和使用的过程中发挥重要助推作用。

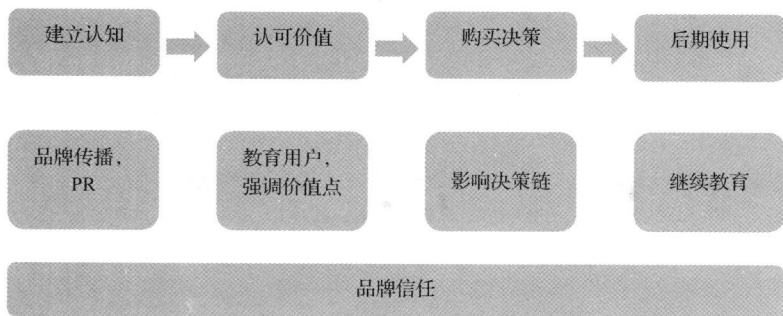

图 4-12

具体举个例子：假如 3 节课现在已经明确要考虑全员上一款团队协作工具，方便我们内部一些工作的协同，这时候，我们面前有两款产品可选，一款产品是 Teambition，另一款产品则叫作 X 协作，其中我们天天在各种行业媒体、各种行业大会中都能看到 Teambition 的身影，经常也会看到 Teambition 官方分享的一些用户成功案例，而相反，X 协作可能只是一个新兴团队所开发设计的产品，知名度还没有那么强。

你觉得我们更可能选择哪一款产品？

对绝大部分人来说，答案毫无疑问是前者。这个，基本就是品牌和传播的作用。

而关于如何做好品牌和传播，用我的朋友青山资本副总裁李倩的话来说，就是要考虑如何在正确的时间，让正确的内容出现在正确的渠道上。换句话讲，你需要考虑的是如何通过持续向大众和行业传递某些信息，一步步让大家建立对品牌的认知和信任度。

所以这里涉及的工作，既包括了一些观点、案例的输出，又包括公司的 CEO、相关负责人参加各种行业大会刷脸，还可能包括了一部分的广告投放和做个以品牌传播为导向的活动和 H5 小游戏等。

到这里，你应该能够理解为什么我们会说"对于一个 2B 类产品的运营人员来说，在个人能力上可能要么需要偏重于线上的传播和品牌多一点，要么偏重于线下的活动和销售转化多一点"了。

基本上，我认为一个 2B 类的产品运营要想做好，需要考虑的重要节点基本上不会偏离以上 4 点。

如上，算是我个人对于 2B 类产品运营难题的一些思考，仅为个人的理解和看法，不代表绝对正确，欢迎批评交流。

当然，以上都是一些方法论，但毕竟我们最后是要落实到具体工作当中的，所以，为了佐证和了解我自己的这些思考是否靠谱，我也专门与 Teambition 的 CEO 齐俊元有过一次交谈，内容基本是关于 Teambition 从 2013 年正式发布至 2016 年年底这 3 年内，究竟是如何实现了良好的用户增长和商业收入，成为在线协作软件中的佼佼者的。

其中，齐俊元透露的很多信息，对于"2B 类产品的运营"这个话题都是很有参考价值的。如果你真的想要深度了解 2B 类产品的运营该如何做好，4.6.1 节你应该认真看一下。

4.6.2　跟齐俊元聊 Teambition 的用户增长和运营底层逻辑

注：本文源于 2016 年 9 月与 Teambition 创始人齐俊元的一次采访，所有相关数据、观点也均基于当时的背景而来。

在互联网圈内，企业服务（又称 2B 类产品）这个市场，一向是个迷局。

一方面，总有人在鼓吹企业服务和 SaaS 是个大市场，有无数机会。另一方面，无数人扎到其中之后，真正有所成就的项目和产品却很少，甚至是，很多产品和运营在其中也都做得很纠结。

两相比较起来，Teambition 似乎是个异数。

2011 年，时年 21 岁的齐俊元创办了团队协作工具 Teambition。到现在，已经过去 5 年时间了。

这 5 年间，Teambition 稳扎稳打，迄今已拥有超过百万用户，从国内一众在线协同办公软件的红海中生生杀了出来，目前已经成为了"企业团队协作软件"这一领域中的佼佼者。

而 2015 年，在国内一众企业服务产品都陷入茫然和迷局的时候，Teambition 又走上相反的道路——他们开始了商业化，在一年时间内，已经有了数千家付费企业。其中有小企业，也不乏包括 TCL、锤子科技、华为、奥美、新东方教育、顺丰速运和上证所等在内的一些行业龙头大企业。

应该说，在"企业服务"这个领域内，Teambition 是一款很有代表性的产品。

为了了解如 Teambition 这样的产品究竟是如何来思考和规划自身的运营策略的，2016 年 9 月，我与齐俊元围绕着"Teambition 是怎样在做运营，以及如何实现自己一路以来稳健的用户增长的"这个话题展开了一场对话。

以下，就把这次对话的内容分享给你。需要说的是，与齐俊元一起回看 Teambition 这样一款代表性产品的发展，是件有趣的事。

老黄（以下简称"黄"）：我先好奇一下，TB（Teambition 简称）现在的用户体量和付费用户规模能到什么量级了？

齐俊元（以下简称"齐"）：我们现在有 100 多万用户，外加几千家付费企业。付费企业中有小企业，也有一些行业龙头的大企业。

比如说，现在包括 TCL、锤子科技、华为、奥美、新东方教育、顺丰速运和上证所等这些都是 TB 的付费企业用户。

这里要强调下，提到的 100 多万用户是不包括企业用户的。

黄：聊一款产品的运营都得从整体来看，基本上可以说一个公司的组织架构某种意义上已经代表了它的整体运营策略。

所以我想知道，就当前来说，TB 的团队有多少人，是如何分工的？

齐：我们目前 130 人左右，主要有 6 个部门：

（1）大产品部，包括了产品设计和研发；

（2）Growth，也就是用户增长部门；

（3）市场部，主要负责流量的获取和品牌；

（4）销售部，主要关注收入和大客户销售；

（5）用户成功部，主要帮助用户解决各种使用过程中的问题，以及帮助用户更好地使用 TB 提升协作效率带来企业价值；

（6）运营部，不过这个运营更多的是公司的运营而非产品的运营了，不太算是一线具体业务部门。

黄：那再具体一点，现在你们这几个团队之间如何配合？

齐：如果面向用户来说的话，开头的部门肯定是市场，市场负责用户的获取，对获客数量和获客成本负责，比如通过渠道或者通过活动把用户吸引来。用户过来后会开始用产品，这个时候是我们的产品开始承接了用户的体验，产品对于用户使用的时长、持续使用时间等是要负责的。用户使用一段时间后，会有试用企业版，这个时候伴随着用户的试用，会有销售开始跟进了，销售只关注成交。一旦用户购买动作完成后，用户成功部门开始跟进，接管了后续用户的体验，用户成功部门应该是对于用户的美誉度和续费率等指标负责的。当然，免费的用户也会由用户成功部门来进行服务，但相对关注和跟进的力度肯定会小一些。

相对来说，我们的用户增长，也就是 Growth 团队会独立一些，他们主要是监测我们的各种数据，然后依据数据来制定很多策略和机制，包括他们自己也会来做一些产品功能或者反向给各个环节来提出各种需求。

黄：所以 Growth 这个团队基本是反推其他部门的？

齐：对。

黄：可以介绍一个 Growth 团队曾经做过的一些成功案例吗？比如曾经做了哪些看似不起眼但上线后带来了巨大增益的功能？

齐：其实这样的事非常多，Growth 这个团队出的很多策略都曾经让我们在单一环节的效率有 20%～30% 左右的提升。

举个例子，我们在看用户数据的时候发现了一个非常有意思的问题，你在访问 Teambition 官网的时候，会直接到一个特定的页面，然后才会到项目。但是在某一个小时访问流量的统计中，我们发现有很大的一个比例的用户会直接蹦到项目页面去，并且这些用户停留的时间都相对更长。后来我们发现这些用户都直接把常用页面收藏到浏览器，然后点开书签就直接进入项目页面了。他们的使用时间相对很长，活跃度也相对较高。因此，现在我们提供了收藏项目的功能，也会提醒大家有时可以收藏到浏览器，而这个做法，让我们一部分用户的活跃程度有了大幅提升。

再比如说，在注册环节我们曾经有一个小调整就让我们的注册成功率上升了 30% 以上。

现在在 TB 内部，应该说我们有一半以上的产品项目都来源于数据方面的洞察，都是围绕着具体环节的效率提升来做产品设计的。

黄：很多人都在说精细化运营，按照刚才所说的，我觉得你们应该是一个挺典型的精细化运营的团队了。

齐：是的。我感觉企业服务这个行业都必须这样来做才行。我觉得企业和个人是不一样的，对个人型的产品，可能遵循的是"长板效应"，你一个功能做得特别好、特别有意思就有望能火，但对企业型产品生效的则是"短板效应"，基本上一家公司如果在某个业务环节上效率过低的话，很可能会影响到整个企业的存亡。比如说，如果你的运营和销售很强，但市场很弱，这可能会导致你的整体用户获取成本都很高，会直接影响到你的商业逻辑和商业模型。

所以做面向企业的产品，你必须要能够先能解决企业某个业务环节的效率问题，有了明确的效率提升，你才有后续的用户活跃和用户付费，企业也才有生命力。否则，几乎不可能成功。

总体来说，这个跟在 2C 类产品那种我只要做出来一个什么东西很好玩，然后引来一堆人关注，之后再考虑流量变现的逻辑是完全不一样的。我们必须很精细、很认真地去看待整个业务流程中的每个环节。

黄：这个地方我感触很深。像 2C 型的产品如足记、脸萌等可能通过一两个功能就能变得很火，但对于 2B 型的产品这几乎是不可能的。所以我感觉对于 2B 型的产品在早期起步的时候能够拿到足够认可你的第一批用户我认为也至关重要，因为 B 端的决策链条往往很复杂。所以我想知道 TB 最早是如何获取到你们的第一批用户的，以及这第一批用户是一群怎么样的人呢？

齐：其实我们当时是比较简单的。最早 2011 年开始做 TB 的时候我们其实是把它当一个内部工具在做，当时的背景就是我们自己公司感觉效率偏低，几经讨论，大家界定这个问题应该是协作的问题，而不是管理或者其他结构配合的问题，又觉得市场上的协作工具都不够好，所以就想要做个协作工具，然后就有了 Teambition。

因为我们在一个创业园区里，东西做出来后，跟我们在一个园区的一群创业公司就纷纷成为了我们的用户，因为他们跟我们的状态和问题都很像，同时包括我当时大学里的一些学生社团也会面临很多协作问题，于是他们就成为了 TB 的第一批天使用户。再然后，像 36 氪等科技媒体和创投媒体，他们也会面临很多跟我们类似的协作问题，主要还是业务层面涉及的人和部门比较多，于是他们也开始使用 Teambition。

再往后，我们开始每年都会围绕着产品去定一些关键目标，我觉得从那之后每一轮用户的增长都是由这些特定的产品功能和机制带动的。

黄：比如说呢？

齐：比如说 2013 年时我们就说我们的产品一定要简易上手，结构一定要尽可能简单清晰。因此 TB 最早就跟很多其他协作软件不同——其他团队协作工具往往是以"团队"为核心单位的，但 TB 是以"项目"为单位的。

这个决定其实反而使得 TB 是更容易服务到更大体量的企业和用户的——你完全有可能先有项目 A 拉动了四五个人加入 TB，再由一个临时项目 B 拉动了三四个人加入 TB，这样慢慢下来，突然有一天你可能会发现，你公司里的大部分人都已经在用 TB 了。

相反，如果你直接做一个很庞大的东西要一口气把一个企业吃进来，但后面整个产品在企业内部的使用和普及就会变成很大的挑战。作为企业来讲，要做出来一个"使用你这个产品"的决策成本也会比较高。

到了 2015 年我们开始实现商业模式，这时候我们明确了"协作"的概念就是一群人共同完成一件事情，Teambition 的产品形态以项目为中心，每个项目都提供任务、日程、文件等各个应用，这些基础协作模块能满足执行层面互相配合，付费企业版则提供企业管理模块，例如过程管理、权限控制、组织结构等。

到 2016 年，我们上线了应用插件平台，可以支持独立接入多个第三方应用，这一次改动上线后的集中表现，就是 TB 用户当中的创投类公司占比从 2014 年开始就一直在下降，到现在已经不足 1/3 了。也就是说使得我们对于不同行业的服务支持能力得到了很大的提升。

黄：可以感觉得出来 TB 的发展其实还是比较有层次感和节奏感的，所以如果要给 TB 的这 3 年发展划分几个阶段的话，你觉得你会怎么去划分？以及，你觉得每个阶段你们面临的最重要的问题是什么？你们又是如何解决和应对的？

齐：我觉得其实从 2013 年正式发布开始，基本就是 1 年一个阶段。

像 2013 年我们刚发布产品那一年，我们其实是在定产品的基本形态，包括定产品底层的一些核心逻辑结构，并且全面开发移动端；然后 2014 年的话我们其实重点是做了一个平台；然后 2015 年的话我们其实是在原有基础上补充了更多的应用，从而可以延展到更多的行业，同时也开启了正式的商业化，专注打造产品的同时我们核心关注我们的每一位用户，早期我们几乎每天晚上都会做线下工作坊，与大约 15-20 个真正的粉丝在一起互动和交流，同时线上打通和用户的反馈及互动机制；2016 年的话其实就是推了一些项目模板和插件平台，使得我们开始能够服务更大体量的企业，基本是这么一个状态。

这个过程其实也会伴随着整个公司的变化。比如说做了商业化，我们就有了销售团队和用户成功团队。有了插件平台，对于我们给予大客户们的服务能力和服务质量也会提出更高的要求。包括我们的增长团队也是 2015 年才建立的，因为我们突然发现如果做了商业化，我们就特别迫切地想要知道我们的整个用户使用链条上的数据表现是怎么样的。

黄：那如果从用户增长角度看，你觉得过去 4 年里，每一年 TB 的核心用户增长引擎会有些什么不同呢？

齐：其实我感觉可能都还好，整体上不会有大的变化，可能普遍来说最核心的还是用户的口碑和使用体验，就是我们是否真的在团队协作上帮助大家提升了某些效率。

现在，我们其实在不同行业、不同领域中都积累了一些标杆企业和标杆的案例，这些东西可能会成为我们新一轮的增长助推力。所以接下来你可能会看到我们的市场部门会有更多的动作和发力，会进入一个市场驱动的状态。但在这之前应该说我们的增长都是产品驱动的。

黄：这里其实会有个有趣的问题。大量 2B 类产品的早期都会面临到这样的状况：我如果要发展，必须积累成功用户案例，但在早期的时候，用户对于一款新的 2B 类产品又往往是没有使用习惯的，所以他们既需要去教育用户，另一方面又需要去影响到企业内部的决策链条，应该讲两件事都很重要，所以当两件事都围绕在一起的时候，就会显得首尾难顾，特别痛苦。TB 发展的早期，你们遇到过这样的问题吗？

齐：TB 本身是一个协作型产品，协作类产品从形态上来说是比较通用的，基本的产品形态用户也比较容易接受，所以在教育用户这个部分应该说我们遇到的困难还没有那么大，但肯定也会有，这个对我们就是靠循循善诱了。

至于决策链条这边的问题，我记得最早做 TB 的时候我们有一个理念：我们做产品要做给用的人去看，所以我们从来不关心决策链条，只关心使用链条，只有在 2015 年之后我们做了商业化之后，才开始真正关心决策链条。但 TB 内部的很多职能，比如设计、服务、运营等都只关注使用者的逻辑，所以这一点上 TB 还是比较统一的，不太容易遇到你说的首尾难顾的不一致问题。

第 4 章
运营的一些宏观规律和逻辑

黄：所以能感到你们还是有一套自己的逻辑的。在早期我理解你们其实就重点服务好一群已有使用习惯的互联网中小公司和创业者，然后通过他们再去影响到更多的人？

齐：对。其实我们在做商业之前都从来不觉得 Teambition 是要面向管理者、需要帮助管理者解决任何问题的。这个部分只有到了商业化之后才加以考虑。我们一直关注的都是协作层面、员工层面的问题。

我倒是有另一种不同的感觉——恰恰是因为我们先充分赢得了使用者的认可，到了要去做商业化的时候，就可以基于已有的一些使用者价值点再去思考其中哪些部分是能够满足管理者需求的，以及如何面向管理者传递一些信息，这样反而会让我们在商业化的道路上做得更顺畅。这是我今天站在已经把这件事做了三四年的一个"过来人"的立场上所得出的结论。

黄：基本上一款产品在早期的增长很大程度上取决于产品自身的内驱力，但也有一部分来源于外部的动作。所以在 TB 早期的头一两年，也就是 2013、2014 这两年的时候，你们除了产品方面以外，在外部做过哪些有助于你们的品牌曝光和用户增长的动作？

齐：对的，确实有。其实我们一直都在关注我们品牌的维护，从第一天有这家公司之后我们就一直在通过各种方式在对外去传递 Teambition 到底是一家怎样的公司，是想要做一些什么样的事等，应该讲当时最早做这个事也不是有很强的目的性，但就是觉得应该要去做类似的跟品牌维护相关的事。

然后另外一点，因为我们本身做协作，协作里有一点很重要的就是开放互助的感觉，所以 TB 上线没多久，我们的开放平台和所有的接口就全都发出去了，包括我们的开源也做得特别多，在早期一直都在做大量对接的事情，我觉得其实早期这些事情也或多或少给我们在用户增长上带来了一些帮助——大家会慢慢开始认同你，说 TB 就是一个很开放、很 Geek、很认真在做事的团队，他们的产品靠谱。

黄：所以你们有一个开放平台，背后还有一个社区？

齐：对，这种社区式的存在其实在线上、线下都有，包括官方社区、各个区域的微信群等我们都有在维护。我觉得这种社区氛围的塑造对我们这样一款产品来说也是很重要的，在每一个产品核心功能上线时它对于该产品的普及和增长都起到了非常重要的作用。

黄：之前也有了解过，你们整个公司运营逻辑的构建都是围绕着 AARRR 模型在构建。所以你们内部具体是怎么做的？能不能举两个例子？

齐：其实 AARRR 不算是什么方法论，而只是一个逻辑，很多公司都在使用它。

我们的坚持就是一定要把整个链条都处理好、关注好，这样我们才知道什么地方好什么、地方不好。另外一个就是我们公司有很强的目标驱动能力，所以基本上我们每一个环节，比如说用户的获取、用户的付费转化等这些环节，都会有一个团队或一个负责人，他会对具体的指标负责，并围绕着这个指标的提升持续努力。

黄：所以要是以 AARRR 模型来看的话，你们内部会梳理出来多条用户使用的关键路径？还是这种核心的用户使用路径只会有一条？

齐：我们对于稍微上一点量的用户使用路径都全部会梳理出来，然后就会按照 AARRR 这个模型去建立起来我们的数据监测节点和工作流程，去持续寻找我们优化的机会在哪里，以及某一个环节这个阶段是否值得优化，这些都会持续去思考。总的来说，我们这方面的工作会比较有目标性。

我们在团队里做了大量的漏斗分析，每当发现用户产生了某个行为后会更容易认同这件事的价值，我们就会把它纳入漏斗分析模型中，去看漏斗各个环节的效率和产出。

黄：刚才也有提到 TB 的 Growth 这个团队是 2015 年才建立的。那我想知道在我们开始做这么精细化的运营之前，比如说在 2014 年年底的时候，当时 TB 的用户体量能达到一个什么样的规模？

齐：我有点记不清楚了，但有一点是无疑的，我们的增长肯定是越到后面的时候越快。如果你要问的是我们在数据化之前是怎么做 Growth 这件事的，当时我们的做法基本就是一样的逻辑，但主要靠人来实现。

黄：所以可以理解为数据化之前路径还是这些路径，只不过当时的很多数据的监测和处理是靠人来做的，所以相对精细化程度不是那么高。

齐：对，没错。

黄：还有一个问题，在 TB 刚刚面世的时候，其实国内的一些协作软件已经不少了，甚至有一些产品当时在行业知名度和用户体量上是要绝对领先于 TB 的。但是 TB 后续的发展却一路高歌猛进，慢慢超越了这些竞品。可以说你们是在很不被看好的情况下实现了一次"破局"。

所以你觉得你们在这个部分相比起有更多先发优势的竞争对手们来说是因为做对了一些什么样的事才得到了这样的结果?

齐:我觉得是这样,第一是大家的出发点不一样,我觉得当时很多公司做协作软件的出发点都是因为觉得协作软件比较火,比如说很多人当时做协作软件都是因为发现 Yammer 被微软收购了,所以很多人做这件事都是被资本驱动或者被市场所驱动的,但我们的出发点从来不是这个,我们的出发点是为了解决我们自身的问题,所以我们是真的在乎"协作"这个事情本身。

第二是因为我们是带着一个做企业的心态在做这件事,所以我们总是希望我们每一个环节都做得很好,其实这个跟前面提到的"短板效应"的逻辑是相同的。结果行业内大家慢慢就发现 Teambition 似乎没有明显的短板,于是我们的增长就很好。

第三,就是 TB 原创程度还算高,我觉得这和我们当初的出发点也有相关性,我们专注打造产品的形态一定是解决本土化实际需求的,是真的为自己做出来一点东西的。而相比起来,很多当时的协作产品都是在单纯地复制其他国外同类的获得资本关注的产品形态。到今天,应该说 Teambition 的海外用户都还是国内同类产品中最高的,这个应该说跟我们的原创度关系也比较大,也进一步给我们带来了很多的口碑。

以上就是我在 2016 年 9 月与齐俊元交流的全部内容,你可以看到,Teambition 的运营,与我在上面提到的方法论在很多地方都是比较契合的。

最后也可以总结一下,我个人认为 TB 现在的成功与以下几点都有着至关重要的关系:

(1)"团队协作"这个事是一个在"企业服务"这个领域下还算是挺"个人"的事。简单地讲,它是一个即便你所在的公司没有诉求要使用这样一款产品,你个人也完全可以先带着几个人用起来。这决定了它是一个使用灵活性较高的产品。

(2)因为 TB 有较强的使用灵活性,TB 可以借由先影响到一批个人用户,赢得他们的信任后,再借由他们去影响企业的使用和付费决策。

(3)因为有了 1 和 2 的前提,TB 才可以在其早期通过专注做好产品体验就能够顺利实现增长,甚至后面顺利地实现商业化。假想是一款企业决策优先的产品,比如 ERP,会很难做到这一点。

(4)TB 的精细化运营程度做得很高,从组织架构到具体做法上都有学习借鉴意义。

（5）齐俊元想得也很清楚，从关注产品体验到深耕数据做精细化运营再到商业化，基本上他们都在正确的节点上做了正确的判断。另外，他对于企业用户与个人用户之间"长板驱动"与"短板驱动"的理解也很有意思。

我认为 TB 在 2017 年之后能否取得更大的突破，其市场部、品牌传播和大客户销售将会成为其关键驱动力。

到此为止，我在第 4 章想要分享的全部内容也就告一段落了，这一章的内容深度和厚度应该比其他几章更强一些，所以阅读起来，不妨多一些思考和沉淀，尤其可以结合你自己的产品再多有一些思考，可能效果更佳。

第 5 章 一个运营的职业发展与成长

如果你想要转行或入行成为一名运营，你至少需要拥有一项可以带来具体产出的技能——无论是活动执行、文案撰写还是"搞定人"。如果你还只是一名新人，几乎没有人会因为你说你多么热爱互联网，就要你。

如果你已经成为了一个中等以上段位的选手，请一定尽可能让你自己成为一个圈子里的价值传递者或贡献者，而不是单一的观望者或是价值消耗者。

5.1 顶尖运营和普通初级运营的区别到底在哪里

在整个互联网行业,"运营"一向都很容易被视作一个没有太大前途+苦哈哈的打杂型职能岗位。作为一个做运营的,我对此深有体会。

自从我先后做了周伯通招聘和三节课两个项目之后,差不多每周都会有人跑来问我这样的问题:

"有璨老师,我干了两三年运营了,但现在觉得自己在做的事既没有什么技术含量也没什么前途,自身的成长也很慢,你觉得我该怎么办?运营这个岗位的出路到底又在哪里?"

但,作为一个已经干了七八年运营的运营老人,我特别想站出来为"运营"讲两句——苦哈哈是真的,但要说运营是个没意思和没前途的职能岗位,我倒是难以苟同。至少,就我个人当下的切身体会而言,运营是一件入门容易但深不见底、需要做很多打杂体力活、实际上极度有趣也极有技术含量的事儿。

至少,这么多年下来,我自己还挺喜欢运营的,也真心觉得运营是个特别有意思的事儿。

所以,这里,我想试图尽量用通俗易懂一点的语言来描述一下运营的"深不见底"、"有趣"和"技术含量"究竟体现在哪里,以及一个牛哄哄的顶尖运营和一个整天觉得自己的工作枯燥无趣的普通运营之间的区别在什么地方。

要谈论清楚运营的有趣和深不见底,我们必须再一次回到那个老生常谈的问题上:到底运营是做什么的?

关于这个问题,无数人已经给出过了无数种千奇百怪的回答,包括我自己也曾经以"运营核心要做好的事就是拉新、留存和促活"来给出过答案,但这个答案太过于简单和一维,或许远不足以呈现运营的复杂性。所以这一次,我想换一种方式来进行解读,以更好地铺垫出"顶尖运营和普通运营之间的区别"这个问题的答案。

我想给出的回答是这样的:

在第 1 章中,我们已经提到了,任何一项业务,都有其必备的三要素——用户、产品和运营。而运营,则是为了帮助产品和用户之间建立和维护好关系,你可能会使用的一切相关手段和方法，其最终目的是使产品价值和用户价值可以相对最大化。这其中，产品价值和用户价值的体现主要会外化在用户数量、用户活跃度、用户使用时长和商业收入等指标上。

所以，围绕着怎样才可以把"帮助产品和用户间建立和维护好关系"这一件事做得更好，运营需要具备的能力和需要搞清楚的问题可能包括如下这些：

- 对于各种常规运营手段的认知、熟悉和运用（如文案、内容运营、创意策划、活动、渠道推广）。运营最常需要做的，就是通过以上这些手段中的一种或多种去直接拉升某个具体指标。

- 对于各种非常规运营手段的认知、熟悉和运用（如传播、品宣、PR 公关战），之所以是"非常规"，是因为这些手段对于数据指标和产品价值的拉动往往是间接的，中间有更多复杂的变量和逻辑需要去判断和评估。

- 对于各种不同产品形态以及它们所对应更适合的运营侧重点要有所认知。

- 对于"连接产品和用户"这件事的整体节奏感的感觉和把握（例如何时该快，何时该慢，如何衔接）。

- 构建生态的能力。高阶运营一定要干的事之一，就是通过把产品、用户以及具体运营手段之间一些原本看似不相关的零散细碎的节点串联起来，最终围绕着产品价值和用户价值的提升建立起一个可良性循环的生态闭环。

- 建立起运营方对于用户群体的相对影响力和控制力。

而，普通运营和好运营之间的差距，往往也就出现在以上这几点上。我们可以逐个来简单聊聊。

其一，一个顶尖的运营一定是有能力至少通过对于内容的运营（对于内容的选题、策划、聚合和创造等）、创意策划、活动、渠道推广等手段中的一种或多种来获得具体产出的（如显著拉升了某个具体指标），他们知道满足了一些什么条件会更容易受到用户喜爱，也知道主要抓住哪些点能迅速调动起用户的参与意愿和积极性。相反，一个很普通很一般的运营则无法为结果负责，也不知道如何才能更好地调动起用户的参与意愿和积极性，他们往往只能在其中做一些偏纯粹执行的体力活。

其二，一个顶尖的运营对于公关、PR、传播等相对务虚的东西一定是有所理解并具备一定运用能力的，他可以在传播和 PR 上没那么专业，但一定要知道传播、品宣这样的手段大体该如何操作，及其背后的一些用户认知逻辑。这里往往有几个逐次深入的问题需要去考虑清楚——一次传播如何才能做成功做火起来？在火的基础上，怎样才能让一次成功的传播跟你的产品价值和运营之间发生直接的关联，而不是虽然很火，但火完以后什么也没留下。以及最后如果上述两个问题都解决好了，运营端该做些什么来与你这个成功的传播形成配合和联动。

在我看来，一个有高度的牛运营对于上述这些问题应该是有认知和操作推动能力的，但一个很普通很一般的运营则会对上面这些问题完全没什么概念。

其三，产品有各种不同的形态，而每一种形态的产品，其运营逻辑和侧重点很可能会是有着巨大差异的。好比工具型产品、媒体型产品和社区社交类产品，其初始阶段的运营方法和运营侧重点很可能会是截然不同的。

作为一个优秀的牛运营，对于这个问题也应该心中有数，对于各类不同产品的运营侧重点也应该具有更为深入的认知。相反，一个很普通的运营可能对于这个问题会知之甚少，很容易拿着一个自己认为比较有效的运营手段就要往产品上去套。

其四，关于节奏感。做任何事情都是需要有节奏的，经营企业和做产品是这样，做运营也是如此。运营服务于产品和用户，而一个产品的用户增长，背后是有一套相对的逻辑和客观规律的。一个顶尖运营应该能够对这样的问题有深刻的理解和认知，反推到自己的产品上时，他应该知道何时该快，何时该慢，什么阶段要主抓什么数据获得什么产出才更合理、更有价值。

而一个比较普通的段位不够的运营，则对于这些东西很模糊，他们的脑海里往往会有类似的简单和一维的认知——"用户数量这种东西，一定是越多越好。"事实上，如果失去了节奏感，无视各种内外部条件因素而一味只寻求用户数量的增加，很可能会是灾难。

其五，就像之前说的，运营往往是由一些零散和支离破碎的事情和节点来构成的。作为一个有大局观的高级运营，应该有能力去梳理出一个框架或体系，把所有这些支离破碎的点逐渐串联起来，最后让这些节点聚合在一起，形成一个可良性循环的生态。好比你觉得要做好一个产品的运营，似乎建几个用户群，做一些精彩的专题，以及定期搞一搞活动给大家派发一些福利，又或者做点传播和事件营销等都是看似可以去做的事，但最终，很可能如何让这些看起来孤立的各个事件能够产生关联，形成一个整体的联动才是关键，一个优秀的运营，是要能够做好这一点的。

而视野不够的普通初阶运营，则只会专注在某一个零散细碎的点上去孤立地做事和开展工作。

其六，在带动用户与产品之间形成紧密的关联之后，作为一个好的运营，你还要能够建立和保持好你作为官方对于用户群体的影响力和控制力。假如这一点没有做好，你往往可能会渐渐被用户无视，变得很没有存在感且可替代性极强，甚至到了极端时，用户们可能会把你一脚踢开，选择自己去玩。

而为了建立和维持好对用户的影响力和控制力，你往往需要多管齐下，例如，在确保产品价值足以吸引住用户的前提下，你可能需要在价值观层面上让用户建立起高度认同感，也需要与用户间能建立起深厚和多元化的情感联系，甚至还可能需要在用户之间构建起一套可持续生效+可调控的利益分配机制。

优秀的运营能够意识到这一点并试着把它做好，而普通的运营则往往不会有意识地去关注它。

说到这里，你可能会发现，上面提到的这六点，无论哪一点，想要搞明白和能够做精做深，都是一件有趣、复杂和很有挑战的事。如果是要把以上这些都能结合到自己身上融会贯通，则没有个十年八年基本不可能。

所以才会说，运营，是一件入门容易但事实上深不见底、需要做很多打杂体力活而又极度有趣也极有技术含量的事儿。

但，运营虽然复杂和不容易讲清楚，现在的我却认为它是有方法论的。在这本书中你应该已经能够粗粗窥见一些端倪了。

5.2 工作三五年后，一个互联网人的未来该在哪里

本书，我们来聊一点互联网人最容易面临的困惑——个人发展与职业规划。

但凡在运营这个行业混了三五年的人都知道，互联网是一个发展快、变化也快的行业。混在这个行业，总是让人感觉既兴奋又不安。

兴奋的是你总能看到无数新奇的事物，甚至亲身参与到一场变革中去；而不安的则是，任凭你如何牛，你也无法保证是不是哪一天，你就会被无情地抛在时代的身后，成了那个被替代的家伙又或是一场新变革的牺牲品。

我曾经很多次讲过一个故事，我认识一个做了十几年手机芯片级解决方案的硬件工程师 L，他曾经呆过索爱、诺基亚和黑莓，算得上是专家级的研发人才，但现在他

却失业了，且处于极度焦虑之中。

L 失业的原因说来令人无奈——曾经在手机行业里，每个手机品牌的芯片方案都需要自行设计，所以 L 这样的人才至关重要。但时过境迁，如今手机底层的硬件解决方案，已经不再需要由品牌厂商来去关注，而是会由芯片厂商如高通、Intel 等少数几家巨头级芯片商根据需求统一设计好几套可通用的解决方案提供给品牌商，品牌商们则只需要做好外观、界面等设计即可。

这意味着，像 L 这样的芯片级硬件工程师，现在的求职方向只能是高通、Intel 等芯片厂商，品牌厂商已经不再需要他们了。而高通和 Intel 的相关员工，基本都在美国。

L 曾经跟我说，他的感觉是：自己被这个时代抛弃了。

在某种意义上，L 的经历，只是这个行业和这个时代的一个缩影。整个互联网圈里，类似这样的故事并不在少数。例如，有多少人在今天还能想得起来王志东和方兴东这样曾经互联网圈里如雷贯耳的名字？又有多少人在今天还记得起来开心网、街旁和百团大战时的那些团购网站？就更不用说，如今整个互联网，几乎都已经是年轻人的天下，在整个行业里，你能数得出来有几个 40 岁以上还忙碌在一线的从业者？

当你已经身在局中，这样的现状和事实无情地摆在你的面前，你难免会思考自己究竟该何去何从。尤其是，如果你已经工作了至少三五年，正处在不进则退的档口，你就会对这个问题更为敏感和焦虑。

围绕着这样的焦虑，我想聊点具备普遍可操作性和参考价值的建议。我想分三部分来讲——关于如何让自己拥有更多机会和选择，关于如何持续获得个人的提升和进阶，以及在面临各种不同选择的时候该如何考虑。

下面我们依次来聊。

建议一：关于如何让自己拥有更多机会和选择

身为著名的创业者+投资人，LinkedIn 和 Paypal 的联合创始人 Reid Hoffman 有一个令我印象深刻的 ABZ 理论，他认为，你在任何时刻，手中都需要有三个计划：A 计划、B 计划和 Z 计划。

A 计划，是一个当下你觉得值得你去持续投入，并获得部分产出和安全感的计划，好比一份你现在正在投入和从事着，且还算满意的工作。

B 计划，则是一个 A 计划以外，你给自己培育的某些机会。简单地说，因为无所不在的变化，你虽然有了 A 计划，但却绝不能仅满足于此，只考虑 A 计划一件事，否则很可能有一天你会被其他人或机器所替代。因而在 A 计划之外，你还需要广泛给自己培育某些 B 计划。B 计划是那些当下看起来还不足以成为你的职业，但你对其存有兴趣或长远看好，值得去长期投入和关注的事情。它们在经过你长期的沉淀和积累后，很可能会在某一天让你以之为生。

培育 B 计划的方式有很多，例如用业余时间做一些自己喜欢和感兴趣的事，去学习和尝试实践一些自己感兴趣的技能，甚至是去主动参与到一些朋友的创业项目中免费为其做义工等。

以我为例，在一年前，我全职在一家招聘网站工作，但我仍然在用业余时间跟几个朋友一起在做一个叫作三节课的公益产品经理+产品运营人员学习社区，当时三节课这件事对我没有任何物质收益，只是一个兴趣爱好。

但到了今天，就像很多人看到的，三节课已经变成了一个值得我全力投入其中的事业了。这个机会，对我而言，就是被培育出来的。

如果有一天你的 B 机会被培育成熟，甚至已经胜过了 A 时，你可以随时把你的 B 转换为 A，然后再另外去培育新的 B 机会。

最后是 Z 计划。Z 计划是一个用来应对最糟糕状况的备用计划，即：假如有一天，你倒霉透顶，你的 A 计划和 B 计划都失败或失效了，你应该有一个可以保证自己生存底线的计划。Z 计划的意义就是用来应对你的职业生涯中的各种不确定性和风险。对我而言，假如我当前的 A 计划和 B 计划都失效，我也失业了，那么靠着银行账户上之前储备过的少量积蓄在家先捱上个半年八个月的就是我的 Z 计划。

在你的生涯里，你也需要不断去储备和巩固你的 Z 计划，在危急时刻，它能帮助你顺利重启，重装上阵。

无论你是在打工还是在创业，Hoffman 的 ABZ 理论对你都会极其有价值，我认为这是一个值得所有互联网人参考和深思的东西。如果你真的能够长久去实践它，你的职业生涯一定会更游刃有余，至少你手中一定不会缺少机会和选择的余地。

沿着 ABZ 打开的这个话题，还可以往下多说两句——如果你已经成为了一个中等以上段位的选手，请一定尽可能让你自己成为一个圈子里的价值传递者或贡献者，而不是单一的观望者或是价值消耗者。比如，要更多地跟人分享一些你的思考，要更多地为你认识的朋友们去制造有价值的连接，要更多地去做一些外化的产出，如多写些文章，多在时间精力允许的情况下去进行一些公开分享，等等。

请相信我，更多传递或贡献价值，一定会为你带来更多潜在的机会和资源。譬如，我跟新东方前执行总裁、也是曾经有一阵在在线教育圈子里火爆至极的"跟谁学"创始人陈向东的认识，就源于我主动给他分享了一些我关于教育 O2O 平台的看法。我跟前罗辑思维联合创始人、现"怪杰"创始人申音之间的相识相交，则起源于我主动拜访他，结合一些以前我做过的事与之讨论怪杰这个项目可能会遇到的一些问题。而我跟现在的创业伙伴、三节课另外两位发起人 Luke 和布棉之间的认识，则是源于我写的一篇文章被 Luke 看到，以及我们都同时经常在外面讲课分享，由此开始，才有了后来一起做事的缘分。

建议二：关于如何完成个人能力的提升和进阶

我认为，身为一个互联网人，你有两条需要去提升的能力曲线，第一条曲线向外，可以称之为行业技能曲线。但凡新人入行，总得需要在第一条曲线上获得持续提升，好比做产品，你要熟知各种产品形态、各种常见的交互方式以及各种产品架构与底层逻辑；做运营，你则需要熟知各种常见的推广手段、渠道和用户维护方式，需要熟知内容、用户、活动等各个运营模块，诸如此类。

在第一条曲线上持续提升的常见有效方式，无非就是持续实践+总结+找人讨教交流：从实践中持续寻求反馈，并提炼出遇到的核心问题和疑惑，去找有经验的过来人进行讨教，再持续在新的实践中进行优化改进。围绕着这点你需要做的，就是不断找到那些在职业技能上对自己略有点挑战的事情去投入，以及为自己找到几个可以让你在遇到问题时去求助或讨论的行业高手。

用互联网的话说，这也是一种迭代思维。

但，行业技能的提升是有上限的，第一条曲线也总会走到尽头。当第一条曲线接近尾端，也往往正是第二条曲线的开始。第二条曲线向内，可称之为思维/认知模式曲线。

行业里有句话似乎是这么讲的：一个人，30 岁以前往往跟其他人拼能力，而 30 岁以后则更应该跟其他人拼思维。假如说行业技能这样的东西就是硬碰硬的个体战斗力，这里的"思维"就更应该是战术甚至战略层面的东西。

在第一条曲线上，你的个体提升只是"点"或"线"的提升，而当你进入第二条曲线的区域时，你的提升，必须要转为"面"的提升。当进入第二条曲线的提升区间时，你需要做的第一件事，就是要从过往的具体职能中跳出来，试着结合整个业务流程来考虑问题。换个更通俗点的说法，到了这里，你需要提升的，是大局观。

一个具备大局观的互联网人考虑问题，往往更注重全局性。好比，有的运营在做执行做方案时只会考虑运营的核心指标，譬如流量、用户数等，但一个具备大局观的运营在考虑问题时则会充分考虑这个方案投入执行后对于产品甚至整体业务的真正价值和意义，甚至还会考虑通过在运营端做一些事情去促进产品端和整体业务流程更为良性的运转。

一个具备了大局观、且行业技能还过硬的互联网人，无论是产品、运营还是研发，在整个行业里都是价值极高的，不夸张地讲，这类人正是那种传说中"可以顶 10 个普通员工"的人。好比百度的技术研发人才在整个互联网行业里之所以如此有口皆碑广受欢迎，在很大程度上，就在于 N 多百度的研发兄弟们，确实可以基于技术的立场来跟你探讨很多业务层面的问题，甚至是"技术到底在整个业务流程中可以扮演何种角色，起到何种作用"，而不是如大部分技术一样，一心只钻到代码里，只管这个技术够不够牛以及我能不能实现。

第二条曲线的提升走到一定程度，就会遇到另一个关键节点：对于商业和行业的理解。某种意义上，是否能够突破这一重认知上的障碍，将会直接决定一个互联网人的天花板在哪里，假如过不了这一关，你最多在一家公司里可以做到一个类似部门总监这样的位置，而一旦可以突破这一关，则你的可能性将更为开放，无论是成为一家公司的核心高管，还是自己创业，又或是转行去做创投，对你而言都将成为可触及的可能性中的一种。

所谓对商业和行业的理解，基本就是需要能够彻底搞清楚如下这些问题：这个行业内有哪几类典型角色？它们之间的关系是怎样的？整个行业的核心利益点和矛盾点在哪里？你的业务在整个行业内所处的位置是什么？行业内有哪些玩家跟你之间存在着关联？又有哪些人在从事着跟你类似的业务？整个行业的市场划分和商业价值链条目前是怎样的？整个行业在资本市场得到的反馈有哪些？你预判整个行业的发展又会有哪些趋势？等等。

唯有在第二条曲线上走通到了这一步，既清晰认知了自身的业务流程和逻辑，又清晰认知了整个行业的状况，你才有能力对整个局面抽丝剥茧，找到一个最利于自己发挥的发力点去做大做强。无论对于整体战略还是一次局部战役，皆是如此。

关于第二条曲线的提升如何可以变得更顺畅，我觉得核心有二。

- 一方面是要给自己创造机会尽力多跟行业高手们混在一起，无论是行业大牛、创业者还是投资人，只要他们的段位够高，你跟他们厮混在一起的时间够长，你自然会在耳濡目染之下得到提升。且，很多时候，你会发现，你的行业人脉、资源等的积累跟你第二条曲线的提升，是相辅相成的。

- 另一方面，则是找到一个合适的事情和环境牵引着你往前提升，这方面在 5.5 节聊我个人的职业经历时会提到。

建议三：面临各种不同选择时该如何选择

通常而言，容易让互联网人犯难纠结的选择，常见的无非以下几种。

（1）该选小公司还是大公司？

正如上面所提到的，我一贯认为，一个人的进步和提升往往是受到环境牵引的，你在合适的时候被放到一个合适的环境或事件中去，自然会获得巨大的提升和进步。

譬如我自己，我觉得我个人进步和提升最快的那两年，基本就是第一次创业的那两年。那时我差不多就处于卡在第一条曲线的尾端，还没能够真正进入第二条曲线里的阶段，期望有一个机会可以帮我打破自己遇到的某些瓶颈。而那两年时间里的我，完全就处于被一个事情在带着自己往前走的状态，置身于那种环境下，你的提升是一种不由分说式的。

而一个人，需要在合适的时候被放置到合适的环境下。所以，在小公司还是大公司的选择，事实上跟你所处的阶段有关。假如你还处在第一条曲线的提升早中期阶段，你的最佳选择可能有两种：去一个体系流程都相对健全的大公司耐心接受打磨，又或是在一个方向相对清晰的小公司找到一个靠谱、且愿意带你的老板。

而假如你已经接近处于第一条曲线的尾端，且还想继续获得进阶和提升，则你一定需要想方设法给自己找到那种可以独立牵头去负责一个业务模块或一条产品线的机会，无论是在大公司还是小公司。相对来说，这里可能各有优劣，独立负责一个业务，在小公司你会获得更大的实战锻炼价值——大公司内部出来的产品相对无压力，往往是不会经历真正的最艰苦的从 0 到 1 这一步的，甚至有的从 0 到 100 都不会有，直接起步就是 100 往上。但大公司，则会给你一个在更大的场面和环境下去审视、争取和调配各种资源的机会，让你可以获得更好的宏观视野。

假如你上述两种局面都经历过，则最为理想。

（2）该更看重现实收益还是看重未来？

假如你当前正卡在第一条曲线的某处，或是没有机会进入第二条曲线的提升轨迹中，而自己又渴望能在职业生涯上取得更大的突破，那么一定是有一个可以给你空间去尝试、折腾的机会更加重要。为此付出一些眼前收益的代价我觉得也是完全值得的。

相反，如果你并不期望在个人职业发展上取得更大突破，又或者认为自己的能力晋升已经相对进入了一个个体的成熟期，不再需要持续往上攀升，那么，你更应该认真评估考虑你可能会得到的现实收益。

至于创业团队的股份期权这样的东西，见仁见智，很多时候，这个东西都是信则有，不信则无，全看你自己对人对事的判断。

（3）要不要自己创业？

在创业大潮越来越热的今天，不夸张地讲，整个互联网行业都弥漫着创业的气息。正应了那个段子，现在混在互联网圈里，如果你不是个创始人 CEO 或者是心怀创业梦想的人，你都不好意思抬起头来跟人打招呼。

身为一个互联网人，假如你第一条曲线已经走完或接近走完，正处在第二条曲线中，而大公司内部的高管职位距你又尚为时遥远难以触及，你就难免会面临这个问题的拷问，不管是受到别人怂恿还是自己心里有点念想。这个问题，我想如下作答。

首先，假如你是以下几类人，我会重点建议考虑自己创业：

- 有巨大野心和执著想要获得创业成功的；

- 创业就是一心为了寻求些新体验，将之视为另一种成长路径，完全可以坦然接受失败的（尤其是那些二十六七岁上下的年轻人）；

- 对于某件事有极强的信念和执著，觉得这件事自己非做不可，即便为此付出一切也值得的；

- 自己多年隐忍积累攒了一手好牌，自觉已经有了充裕的资源、人脉和能力储备的，做好准备要大干一场的。

但，假如你暂时不属于以上任意一种，却又是一个对创业有点想法、自身能力也可以的人，我倒是觉得换一种方式去体验和参与创业会是更好的选择，譬如以合伙人或类似身份加入一个靠谱的创业团队中去。

要知道，一方面，创始人要承受的压力和要付出的代价都很巨大，不是每一个人都能承受连续 N 年时间的漫长煎熬、折磨和等待的。如滴滴打车，滴滴做到现在，已算得上是非常成功，但据称滴滴 CEO 程维过去几年里天天累死累活不说，绝大部分时间里他自己拿的薪水甚至还不及公司内部的一个中层员工。就更不用说类似要搞定钱和搞定人这样的事，对很多人而言本身就是巨大和难以逾越的挑战。

另一方面，当下整个互联网都在缺人，这事众所周知。本来行业内部都还缺人缺得不行，结果现在资本一助推，行业里那批本来就不多的人靠谱能力强敢折腾的还居然都纷纷跑去要创业，好嘛，创业不要紧，但这样一来就一下带来了至少好几个人才缺口——他原先离职的岗位需要人顶，他的创业项目也还需要招人……

当然了，任何时候，不管是自己创业还是加入一个团队，选择一件自己感兴趣和看好、有充足的发挥空间的事，以及选择一群靠谱、对得上眼和彼此互补的兄弟们一起前行，都是必需的。创业，毕竟还是一件需要很大勇气和背负很多东西的事情，若能找到靠谱的兄弟们一起分担和同行，必是幸福的。

最后，真心希望互联网这个行业可以越来越好，越来越性感，也真心希望每一个心有坚守信仰的互联网人，不管是创业还是在大公司，都能找到自己的方向。

5.3 运营人的"择业"

聊完了职业发展和困惑，我们再来关注"择业"。

许久以来，运营同学们的"择业"问题往往也是一个老大难，基本上去了创业公司容易被坑，去了大公司又怕变成一个纯螺丝钉，没什么存在感。一个擅长逻辑和策略的同学去干了用户互动和维系的事情，可能容易手忙脚乱，惹得用户一阵不爽。而一个天生喜欢跟用户打交道的同学要是不慎去做了 B 端用户的运营，可能又会憋屈压抑，难受得要死。

这一节，我想聊一聊作为一个运营，在不同阶段，到底该选择什么类型的公司，负责什么类型的工作，才会更适合自己，更有助于自己的成长。

我想分别从三个方面来依次聊一聊：

- 从个人特质和工作方向来说，存在哪些具体的运营择业方向（比如偏内容的运营和偏 BD 拓展的运营其实差得还挺远的）？不同方向下的运营往往需要具备哪些能力和特质？这一部分，我希望回答一下大量同学会问到我的"运营好像方向也很多，我到底适合选择哪一个"的问题。

- 不同类型的产品，需要运营重点做好的具体工作都有哪些？这一部分我希望回答的是"假如我具备 XX 能力，选择去什么样的公司更适合"的问题。

- 最后一部分，我想聊聊一个运营人在求职过程中有哪些常见的坑。

（一）我适合哪类运营岗位？

我认为，如果按照所从事负责的工作内容性质来划分，互联网行业的运营从业者基本可以被分成以下这么几类。

1．内容生产、维护型的运营

这类岗位，主要的工作内容可能是某个内容板块的维护或特定内容的生产，基本上现在大量的新媒体运营都可以归到比类中去。

这类岗位的核心能力是要对内容敏感，对于什么样的内容容易引发点击、什么样的内容容易带来传播拥有八九不离十的判断，熟悉各种内容发布&内容传播渠道，并且自己至少具备可以做出 70 分以上内容的能力。

倒推回来，如果我要招一个好的内容型运营，我觉得理想中他应该具备这样一些特征：喜欢看书，喜欢混迹各类内容社区，喜欢在各种社区上发表言论和内容，并能够通过内容引发与其他用户间的较强互动，文字功底比较扎实，喜欢各种思考琢磨，且一定要想得深，诸如人生人性这类问题最好没少琢磨过，琢磨过后还能把自己的思考清晰表达出来则最佳。

2．创意策划、创意营销型的运营

这类岗位，主要会涉及的工作内容可能是策划一些活动、事件、小游戏或 H5 的策划执行等，但策划的同时不仅要考虑需要让用户喜欢玩，往往还要能够拉动实际的运营指标增长。

这类岗位的核心能力基本就是创意策划能力，同时要懂传播，熟悉传统媒体的传播逻辑&传播路径，以及社会化媒体中的传播逻辑&传播路径，同时还要熟悉各种常见的线上线下活动形式以及载体（比如同一个活动，在 PC 端实现和在 H5 端实现，展现形式可能差很远）。

倒推回来，如果我要招一个好的创意营销型运营，我希望他能够具备如下特征：爱玩，脑洞大，对于新鲜事物敏感，熟悉各种热点事件，往往属于那种有啥新东西出现一定不会错过的人，大量混迹各种线上社区，组织张罗能力比较强，至少张罗过一两次有点意思的活动，至少有一两项发烧级、能玩出点名堂来的兴趣爱好，对于各种经典的文案、营销案例会下意识地去观察和学习分析。

3. 渠道推广型的运营

这类岗位，主要涉及的工作内容就是推广，可能会花钱也可能没钱，但无论如何，最后的结果是唯一评价标准。

该类岗位的核心能力是对于各种推广渠道、推广手段的熟悉度和关系亲近程度，以及极强的执行力。

举例，同样做应用商店推广，别人手里只有30%的应用商店渠道，但你可以对于80%以上的渠道了如指掌，且你清晰地知道每个渠道下有哪些推广资源可以用，成本大概是多少，来的用户大体都是什么类型的，等等，这就是差距所在。

说到特质，一个好的渠道推广型运营往往是强结果导向型的，拥有极强的执行力，能够一个人泰然自若地应对 N 多琐碎的事情，他也应该对于各类渠道推广方式都有所了解和熟悉，即便不太了解的推广方式，也应该基本可以在 2 ~ 3 小时内完全搞清楚其逻辑。另外这类运营也往往需要擅长与人打交道，能够短时间内混入一类渠道的推广圈中，当自己缺乏资源时，能够通过主动寻找、求人介绍推荐等各种方式找到匹配的资源。

4. 用户互动&维系型的运营

这类岗位，往往涉及的工作是面向某一类或某几类用户的维护。往往关注的是对应类型用户的活跃度。（我个人最早基本就是这一类型的运营。）

该类岗位的基础能力是比较优秀的沟通能力，善于在线上把事情讲清楚，能说服别人及赢得别人的信任，而核心能力则可能是一种"能够很快在线上让别人喜欢你"的能力，再外加上一些比较强的组织张罗能力。

一个优秀的用户互动&维系型的运营，往往自己泡网的时间很长，熟悉各种线上社区和最新热点事件，且在各种群组、社区、论坛中的存在感往往不弱，具备能够成为一个小圈子中心人物的特质。此外，这类运营往往不能太死板，应该是很擅长"调戏"与"被调戏"的。

5. 销售型的运营

这类运营，往往涉及的工作就是某些特定用户与合作方的拓展了（典型的如各类

O2O 公司的线下商家拓展）。

因而，该岗位的核心能力可能就是销售能力。

优秀的销售型运营，毫无疑问也是强结果导向的，擅长迅速建立关系并取得信任，并熟悉各种商务合作谈判要点和流程。到了后期，这种核心能力可能还会进一步演变发展为资源整合（俗称"做局"）的能力，即是否可以通过一系列设计卷入更多的优质合作资源一起完成某个事件或项目，并最终令所有人受益。

6. 强执行、项目推动型的运营

这类运营，往往涉及的工作内容可能是一些常规性、推动执行类的工作（比如站内内容的审核、打标签，站内课程文案的批量更新，某个产品模块如问答的上线推动等）。

该类运营往往涉及的工作是比较杂的，所以其核心能力很可能是执行力以及事务管理、项目管理的能力。

优秀的执行类运营一定是执行力超强、且工作非常有条理的人，他们往往有着雷厉风行的行动力，同时也往往善于使用各类表格、工具等来辅助管理自己的各项事务，你可能经常会在他们的机器上看到各种精细超牛的工作表格。

7. 策略型的运营

策略型运营的主要工作往往是根据产品当前所处的阶段和面临的问题，去有针对性地制定某些策略（比如滴滴出行在某个地理区域内的派单策略），并推动落地后持续监测数据，实现用户价值最大化。

该类运营的核心能力，基本就是数据分析&挖掘能力，以及超强的逻辑思维+大局观。

优秀的策略型运营一定有着清晰、强大的逻辑，说话和表达都有十分清晰的条理，并且他们也往往对数据非常敏感，你可能经常会在他们的电脑上看到各类数据分析与比对。

当然，行业里有大量的运营，往往所重点负责的工作，是以上这些分支中的多个，以我为例，我认为我现在就主要是 1、2、3、6、7 这 5 种类型的运营。

但，就像上一节里提到的一样，在职业生涯早期的时候，你更需要做的，一定是在上述这些方向分支上找准一个，先好好修炼到自己可以在该领域出类拔萃才是正道。

（二）我适合哪类产品？

其次，我们来聊一下，不同类型的产品，需要运营重点做好的工作可能会有哪些差异。我们来一个个说。

1．工具类产品

工具类产品的运营可能更重推广渠道铺设、营销事件策划等，基本以增长和对外清晰传递产品价值为主。

- 例：朝夕日历的增长有很长一段时间都是靠他们那个"早期打卡"的活动拉动的；

- 再例：快手早期作为一款 Gif 图工具的增长，运营除了做好推广渠道的铺设以外，基本也没做什么事。

2．内容类产品

内容类产品的运营可能更重内容生态的构建、内容质量的提升和内容的持续对外传播，核心逻辑是如何让内容质量更高，以及如何让我的高质量内容得到更多传播，依靠内容的积累和传播形成拉新。

- 例：Mono、好奇心日报、罗辑思维、一条这样的产品，从诞生到现在基本核心都只干了一件事——找到一个独特的内容调性和风格，让自己能够稳定地创造提供这样的内容，并用尽 PR、渠道分发、活动等各种各样的手段，尽一切可能让自己的内容可以被传播得满世界都是。

3．社交类产品

社交类产品的运营可能更重用户的分级运营、相应规则、玩法的制定以及营销事件策划，以玩法驱动用户参与，重点抓住核心用户形成标杆效应，然后再通过海量用户对于某些玩法的参与形成话题、事件，借此拉动产品增长。

- 例：微信早期的运营，其实重点就是摇一摇、漂流瓶、附近的人这么几个玩法；

- 再例：对陌陌、探探这样的 APP 来说，很长时间内运营的重点一定都是围绕着那些美女们来展开的，且它们也曾阶段性通过"真心话大冒险"等玩法来促进用户间的互动。

4．社区类产品

社区类产品的运营其实要求最高，需要同时关注用户分级运营、核心用户拓展&维系、社区氛围&文化的构建、社区规则的制定&事件话题等的策划等一系列各种各样的工作。做好一个社区的运营，完全是在构建一个小生态了，生态的成长前期靠种子用户和氛围，后期可能靠持续不断的话题、事件、用户关系等。

- 例：三节课作为一个自认为是社区基因较强的产品，在早期通过"做任务拿邀请码"这样的形式很好地保证了第一批用户的质量和整体的站内氛围；

- 再例：懂球帝的社区板块，需要做好各核心版主们的维系，需要官方自己运营一个板块来作为标杆，需要定期面向全体用户策划一些活动以维系用户的积极性，需要做好社区内内容的审核、过滤和推荐，需要阶段性结合热点事件（如欧洲杯）在社区内不断营造出一些话题事件或话题人物等。

5．平台类产品

平台类产品的运营要求也不低，往往更需要关注重点用户的拓展和运营、运营策略的不断调整与落实。平台类产品的增长前期靠人肉+种子用户运营，中后期靠策略+业务匹配效率。

- 例：在行的运营，最早一批行家全部是自己重点拓展过来的，且通过官方帮拍照、修饰文案等各种方式完成了冷启动；

- 再例：滴滴出行作为一款出行平台类产品，其站内的运营策略始终是在不断调整的，先是重点亲近司机和补贴司机，然后重点补贴用户，再然后又补贴司机，到了现在，因为大量司机的加入，司机端的供给已经不那么紧张，于是滴滴现在整体的运营策略又开始转变为对司机的制约更强的方式，例如乘客投诉立即扣钱，评价低于某标准扣钱，降低补贴奖励额度，等等。

6．电商类产品

电商类产品的运营其实更加注重流量建设、老用户维系、品牌建设和营销。

- 例：京东、淘宝、苏宁等，无一例外，都会持续通过各种"XX 节"作为一种集中营销手段来拉动自身站内的用户购买；

- 再例：韩都衣舍、麦包包这样的独立品牌电商，也基本无一例外，前期都会通过爆款打造+各平台流量吸入（如参加聚划算的活动）的策略来为自己的店铺带来大量流量，此后通过老用户维系慢慢建立用户忠诚度，在此过程中再不断通过 PR、产品包装、活动等各种形式强化自身的品牌形象，直到最后自己可以发展成为一家独立品牌电商。

以上讲完，也许你可以结合自己擅长的技能来评估感受一下，到底什么类型的公司更适合自己。

（三）我要避开哪些坑？

最后，我们再来聊聊在运营人求职择业的过程中，最常见的几类大坑。

坑 1：新人小白没人带

早期完全无甚积累的新人小白，如果去了一个老板完全不懂也不重视运营、甚至还没人带你的地方，可能还挺坑的。

早期还无甚积累的运营新人，最需要的东西，往往是有一块特别具体的事让自己能够积累起来某些技能，且在这个过程中特别需要某些具体的指导。而如果不幸去了一个老板完全不重视运营也不怎么懂运营的地方，很可能会变成一个纯粹打杂的体力活劳动者（当然了，小白们也需要努力为自己创造空间，具体可参考我前面的"为什么 80% 的运营注定了只能打杂"），又或者老板成天劈头盖脸就丢过来一堆不靠谱的 KPI，而你在 KPI 面前只能迷失。

基本上，这种状态要是持续 2～3 年，你很容易就荒废掉了。

坑 2："一味追求"大公司"的光环而沦为一颗螺丝钉

第二个常见的坑，就是一个已经有了至少 2～3 年工作经验或者有某项特定技能、正在谋求高速发展的运营，去了一个条条框框一大堆、只能让你扮演一颗螺丝钉、给不了你太多发挥空间的地方。

假如你已经是一个有了一些经验、在某方面已经特别擅长的运营，这时候你需要的可能是更大的空间让你能够去负责更重要的项目，让你能够接触到更多的东西，能让你放开手脚去试错去大干一场，等等。

此时，如果一味看重所谓"大公司"的光环和背景，不幸去了 BAT，但却只能按部就班地做个螺丝钉，基本也是一个挺耽误自己时间的事。

坑 3：团队不靠谱

另一种比较惨的情况，就是去了一个方向还极度不确定，你也没什么认同感，1 个月一小变、3 个月一大变的地方。

运营很害怕的另一种状况，就是产品方向一直在变，然后你就一直在做方案，再然后……就没有然后了。所以，基本上跟了一个团队或一家公司，半年内要是产品还上不了线，又或者连续更换了三四个方向发现还是没什么希望，可以考虑换地方了。

坑 4：靠谱的运营无法扮演重要角色

最后一类关于求职择业常见的坑，就是一个已经至少有 3~5 年工作经验的运营，期望能够持续提升自己，但却去了一个运营扮演的角色和话语权天然都不会很强的地方。虽然 5.2 节已经讲过工作三五年后运营的未来在哪里，这里再强调一下。

如果你已经是一个至少有 3~5 年工作经验、已经能够独立负责起来一摊事的运营，这时候你的职业生涯再往上走，就一定需要能够在一个团队或一家公司内部扮演更加重要的角色了，如果此时你所在的团队是一个天然运营就无法扮演更重要角色的团队，那么这个团队天然就会成为你的发展瓶颈。

所以，如果你正处在这个阶段，你可能需要思考判断一下了。基本上互联网产品可以粗暴地分成两种类型：弱运营参与型和强运营参与型。

前一类产品指的是产品价值的成立或放大无须依赖于运营发挥价值，典型的如一些工具类或技术驱动类的产品（如地图导航类产品、百度、今日头条）等，这类产品的特征是，只要产品解决方案或产品机制设计得足够好，运营只需要管推广就行了，甚至有时候，推广都不一定需要管。

而后一类产品，则是其产品价值的成立或放大必须依赖于运营在其中扮演关键角色。比如说，懂球帝这样的足球资讯社区，要是没有内容运营天天做内容、上专题、做更新，基本就废了；美团外卖这样的产品，要是没有运营把商家搞进来，把配送订餐响应等一系列流程搞顺畅起来，基本就废了；探探这样的社交产品，要是最开始找不到一群漂亮妹子先进来玩起来，也基本就废了。

毋庸置疑，上面两类产品，前一类产品身边，运营的戏份天然是弱的，往往只能扮演一些从属性的角色（即产品让干嘛就干嘛）；而后一类产品身边，运营的戏份和重要性则大有不同，他们往往需要深度参与到产品需求的讨论当中去，甚至是，可能会有很多产品机制，就是要为了运营来做的（比如，美团外卖这样的产品面对不同地区的商家，需要调整不同的展示推荐策略和补贴策略）。

所以，如果你已经是一个有 3~5 年以上工作经验的运营，希望获得更大的发展和成长空间，我强烈建议你重点考虑去后一类公司，在那里你会有更大的机会和空间成为一名真正可以贯穿各个运营模块、既懂产品又能对运营结果负责的优秀运营。

5.4 一个运营的"不可替代性"和"核心竞争力"应该在哪里

（一）

这一节，我们再换个角度来聊下"运营"这个职业的前途。

我曾经遇到过我们公司的运营妹子专程跑来问我：老黄老黄，你觉得一个运营的"不可替代性"在哪里？为什么我觉得这个问题有点让我答不上来呢？

此时，她旁边马上有另一位运营同事秒速接茬：是啊是啊，我也有类似的困惑，有时候觉得运营的工作内容其实是最容易被替代的了，你说运营的核心竞争力到底应该是什么呢？

回想起来，"运营的核心竞争力是什么"这个问题，其实并非我第一次接触到。如果你去知乎或百度一下，你会发现类似的问题在网上被问得还挺多的，如图 5-1 所示。

图 5-1

所以，他们的疑虑并非个例，而是在运营从业者中间大量存在着——人人都说术业有专攻，做研发的写代码厉害就是核心竞争力，做数据的能轻松搞定一大堆数据图表就是核心竞争力，那么对于"运营"这种干的活往往既多且杂，今天要跟用户聊天、明天要搞个活动、后天又要花钱做推广的职业来说，到底什么才是自己的"不可替代性"和"核心竞争力"呢？

他们的问题也引发了我对这个问题新一轮的思考。所以我想基于我的感受和理解来回答一下这个问题。

我觉得，这个困惑往往更容易出现在 1～4 年从业经验的运营人身上（4 年以上经验的，要么就憋着熬成高手了，要么都该转转行了……），所以我想分两个角度来聊：

- 第一，对一个运营从业者来说，身在 1～4 年这个阶段，哪些东西更有可能成为你与其他运营相比的独特竞争力？

- 第二，对于一个运营工作者来说，有哪些你借由"运营"这项工作本身积累起来的能力会容易成为你身上独一无二、不可替代的，保证你能够凭借着它永远不愁没饭吃的东西？

（二）

先说其一。

这部分，我就直接来聊儿个我见过的身在 1～4 年经验这个阶段，同时在我看来也拥有自身独特竞争力的运营人吧。

在本书的 2.6 节中，我已经提到过，我在 2012 年前后曾经有过一个负责微博运营的同事 G（就是那个有一堆超牛工作表格的家伙），他在团队中被我们奉为"神人"。

G 是做微博营销起家的，他熟悉各种微博玩法和渠道推广，当时在他手下，我们的一个从 0 起步的微博号迅速在两三个月内就吭哧吭哧奔着 10 万粉丝去了。

并且，当要推广我们的产品时，G 也特别擅长通过微博上的大号转发等各种方式来搞定，他总是能拿到最多的渠道资源和最优惠的价格。

并且，G 的最牛逼之处，在于他超强的目标分解、事务管理和执行能力。他总是能把一件事情拆解成各种明确的行动步骤，再通过 N 多一看就高大上的表格和工具来把这些事务都管理起来，最终成为一个 SOP。这让他有了异于常人的能力——比如说，像我这样的正常人，负责微博营销的极限是可以一周内搞定 3 个项目的推广的话，G

通过他的工具和能力，将有可能同时做好七八个项目的推广落地，且保证干净利落。

毫无疑问，对 G 来说，他身上那种"超强的目标分解、事务管理和执行能力"，就是当时他身上的核心竞争力。

我以前有过另一个同事 D，他为人闷骚，少言寡语，不善沟通，但却是个段子手——那是真段子手，我从来没见过每天能在朋友圈发 8 条消息不重样，还每条都是原创、大多数都能让你觉得好笑的人，比如说这样的：

"岳母在岳飞背上刻下'精忠报国'4 个大字，充分说明了一句话——喜欢就是放肆，但爱就是刻字。"

"三叶的母亲叫二叶，三叶的祖母叫一叶，那么问题来了：三叶祖母的母亲叫什么？噢耶！！"

我有次好奇，问他是怎么练就如此强大的段子创作能力的，他说：

"其实就是看微博段子看多了觉得好玩，就开始想自己学着写，然后大量模仿借鉴，反复练习，最终自己总结出来一套自己的方法，练成了强大的段子能力。"

我问他，这个过程花了多久，他说大概 1 年多。

据我所知，D 在工作之余，同时还给至少四五个微博大号供稿，内容当然是段子，按字数收费。

对 D 而言，这就是他的核心竞争力——别人创作的内容用户都不爱看，但他写的段子总是能把用户的目光牢牢黏住，甚至还能博得用户一笑，这就已经具备了独特价值。更何况，他还保持着惊人的高产！

我还认识一个朋友 L，她之前在一家公司负责社群的运营，简单来讲，就是同时要负责少则几十多则上百个微信群的运营，并在其中维系用户的活跃度。

毋庸置疑，"管群"可能是很多人看起来很基础、很没技术含量的事情之一了，但在她手上，她却似乎可以把这件事玩出"花"来。她知道如何迅速在一个群里建立自己的存在感，知道如何发展更多的管理员来帮助自己一起管理和维系群的氛围，知道如何激励和维系住管理员们的积极性，甚至她还总结出来自己的"几个要点"。按她的说法，她的任何一个群里，只要有这几件事持续在发生，这个群内的氛围就差不了。

所以，别人要是管几十上百个群，可能群里就只剩广告了，但她的群里，却大都能够做到井然有序——这也让她成为了香饽饽，有一阵，凭借着自己的亮眼产出，她同时收到了十几家公司的邀约和 Offer。

其实类似 G、D 和 L 这样的人，我见过的还有很多。我猜，你一定不会觉得他们是"没有核心竞争力"的人。

如果要结合他们几个人总结提炼一下的话，我个人的感觉是：运营在 1~4 年经验这个阶段，可能是一件既要看短板，也要看长板的事。即：你既不能让你的短板太短，又要找到一个长板，让它足够长。

具体来讲，在运营工作中，我认为存在一部分技能，可能是比较"普世"和"通用"的，即：无论你在任何一家公司的任何产品线中，只要你干的是运营，你的核心工作内容肯定离不开它。

这部分技能，典型比如说：写文案、数据分析、简单的推广投放、跟用户愉快的沟通和互动、写一份逻辑清晰能看懂的方案和文档，等等。

为了建立自己的"核心竞争力"，对于这部分技能，你需要做的是最好别让自己在其中有过短的短板。转换成人话讲，就是起码这些事你都得能干到个 60 分以上吧？

对于我来说，数据肯定不是我专长的事情，你要是跟我叨咕点数据模型啥的我估计我也会很快晕菜，但我至少得懂得一些常见的数据概念，以及如果我要做一次推广的话，我知道我该看哪些数据，以及该怎么去分析数据。

除此之外，我认为，你还一定需要找到某个单点，在这个地方做到"能够超过 80% 以上的人"。

我举个例子，对于做 APP 应用商店推广，60 分的状态可能就是知道 APP 应用商店是怎么回事，有哪些常见做法，操作流程大体是怎样的就够了。

但我认识一个做 APP 应用商店推广的家伙，他能够做到的状态是：他手里有市面上 85% 以上应用商店负责人的联系方式，且基本都跟他们见过面，建立了一定的私人关系，进而总是能够第一时间拿到各家应用商店的各种"限免"、专题活动等推广资源位。他自己还有一个极其精细的数据统计表，里面详细记录着针对"大学生"这个用户群体，各个应用商店渠道精细到每一周、每一个月、每一个资源位的数据变化……

这，差不多就是我指的"在一个单点上超过了 80% 以上的人"。

我要给出的第一个答案，就是针对 1~4 年从业经验的运营，你的核心竞争力往往往需要在于：既让自己在大多数运营方面的通用技能能够达到 60 分以上，又能给自己找到至少一件与运营有关的事，不管是写文案、还是跟用户聊天、还是地推、还是什么别的，把它完成得比 80%以上的人都要好。

（三）

我们再来说其二：对于一个运营工作者来说，有哪些你借由"运营"这项工作本身积累起来的能力会成为你身上独一无二、不可替代的，保证你能够凭借着它永远不愁没饭吃的东西？

这部分，我想基于我自己的经历和感受聊一些主观的东西。

我在看到这个问题后，第一时间问了我自己一个问题：我干了快 10 年运营，那么我自己是有核心竞争力的吗？

我觉得答案是肯定的。最起码，我现在要是说自己想看机会的话，估计愿意跑来"勾搭"我的公司应该不低于 100 家。

于是我继续问自己：在这将近 10 年的时间里，有什么核心的不可替代的能力我觉得是运营这项工作带给了我的吗？

我想了想，我的答案应该有这么几个。

其一，是一种"能够搭建起来一个生态"的能力。这个东西，说起来有点抽象，但它是确确实实存在的。

举个例子，一个微信群，从成立到发展壮大和持续活跃，直到最后哪怕你不怎么管它它也能持续产出价值，这件事站在运营的层面上，其实需要你去做好一些特定的事情，通过一些你的言行举止以及规则等来鼓励和限制大家在一个群里应该做些什么和不应该做些什么，并经过长时间的习惯培养，才能渐渐实现。

但如果你没有完整亲历过这个过程，你可能很难去体会和理解这里面竟然还存在着一些复杂的逻辑，也就更难以把这么抽象的事具化为一系列具体的行动。

但恰恰是这些逻辑，一旦你熟悉并理解了它，你会发现它是能够触类旁通复用到很多其他地方去的，比如说一个社区的管理，比如说如何驱动一个产品进入一种"自运营"的状态，再比如一家公司如何保持良好的团队氛围。

至少就个人而言，我觉得我很多组建和管理团队的能力，都是"运营"这项工作带给我的。

其二，是一种"懂得如何影响用户"的能力。

同样举个例子，现在在三节课，一篇文章出来，我大体一看，基本都可以判断出来用户的主要阅读障碍点在哪里，以及大体怎么调整一些语言的组织和表达效果会更好。

包括，看一个标题，我大体也能判断出来它的打开率会是多少，准确率基本在80%以上，并且在标题不好的时候，我还能想到一些其他的思路去给出不同的标题选择。

同理，一堂课程看起来没有吸引力，我会知道假如把它跟其他的课程来进行对比可能会更容易促成用户决策，以及如果加上某些"早鸟票"、"团购折扣"之类的东西，就会让它的报名数在一段时间内显著提升。

以及，我也知道，怎么做能够增进用户对你的好感，怎么做能够跟用户之间建立一种真正朋友般的信任关系。

类似这样的一些能力，我觉得也都是在长期的运营工作中积累起来的，且是极度宝贵无可替代的。

且最为关键的是，现在早已过了红利期的互联网，早已不是当初那个只要占据和搞定渠道就万事大吉的时代。相反，在这个时代下，懂得"如何黏住用户"和"能够真正做出用户感兴趣的内容"才是更为重要的事。因而，这样的能力就会显得更加可贵。

其三，是一种"操盘"感，它可能同时包括了对于各行各业的业务逻辑的理解，乃至对于商业的理解。

互联网发展到今天，越来越像一个"底层建筑"，而不是一个独立的"行业"。换句话说，"在线教育"、"互联网金融"、"互联网医疗"、"知识社区"这样的描述才是行业。

但另一层面上，所有的行业一旦与互联网关联上之后，又一定会出现一些需要重点关注的共通的东西，比如流量，比如用户访问时间，比如 ARPU 值，比如 GMV，等等。

在互联网圈做运营，你总会在各种合作、营销乃至换工作的过程中接触到各行各业的各种产品，一开始的时候，你一定是会对于这些产品和业务之间的异同感到一片模糊的，但我觉得一旦假以时日，你一定会开始试着去思考一些背后的本质问题——为什么这些产品看似都要关注用户量和用户活跃度，但运营上面的打法和逻辑如此不同？

包括，运营最终是对业务负责的，你做流量也好，做用户活跃度也好，甚至对销量负责也好，最终都是要实现你的商业目的的，同理，假如商业逻辑不是那么顺畅，运营工作八成也会做得比较别扭。

所以，在运营岗上呆得久了之后，你也一定会去开始思考更多有关于"商业"的问题。

对我个人来说，我正是在前后经历了七八款完全不同、形色各异的产品，包括自己也有过一次创业之后，开始发现自己慢慢能够理解各行各业的逻辑，能够看到更多宏观的东西。

这也让我自己慢慢得到了一种"操盘"的能力——我开始能够知道，什么样的产品在什么阶段适合做些什么和不适合做些什么，以及后续最好又衔接上哪些具体行动才会使得其成果产出最大化。

毋庸置疑，这样的能力，我认为也是"运营"这项工作带给我的，且我很不确定，假如我做的是其他职业，我能否还能养成这样的能力？

关于"运营是否有不可替代性和核心竞争力"，我的回答和思考就是这些了。假如你也是苦逼的正在为类似问题困惑着的运营人，希望本节能够多少带给你一些启发。

5.5　我的 8 年运营生涯

前面从不同角度讲了很多运营人的职业发展相关的东西，这一节，我想详细聊一点我自己的运营职业生涯和背后的一些思考，希望这个来自于我本人的真实故事可以佐证一下我们前面提到的一些观点，也能给你一些不同的启发。

我曾经是一名传统行业的销售，也是一名最高学历仅为初中的屌丝。从 2008 年开始，我进入互联网行业做运营至今。近几年，因为我自己操盘做过一些还不错的项目和运营案例，加上平常也比较喜欢分享，在运营圈子里也慢慢有了点儿知名度。由此，很多运营新人会跑来向我问一些问题。

这当中，我被人问到过最多的问题之一，是这样的：

"老黄老黄，我现在还是一个小白，还啥啥也不懂，但我想要成为一个像您这样看上去还比较牛的运营，我该怎么做？"

这个问题，总是会让我不自觉地回想起我 2008 年前后进入互联网行业开始工作至今的整个职业生涯。

8 年前，我从传统行业选择转岗进入互联网行业，两眼一抹黑地往火坑里一跳，成为了一名运营。当时，不要说'运营'，我对整个互联网行业也基本没多大概念。

从那时开始，我花了 3 年时间让自己在互联网行业里拥有了点儿一技之长，算是基本在行业里站稳了脚跟。但即便到了这个时候，我其实还搞不懂到底什么才是"运营"。

到了 2012 年，我第一次创业，跟几个朋友一起创办了当时国内首家 O2O 技能交易平台（可简单视作一个"一对多"版的在行），在团队内我先是成了运营总监，后来又成为了这个项目的 COO。因为身份的转变，我开始思考更多此前不曾思考过的问题，也开始面对更多的困难。直到这时，我才算慢慢开始对于"什么是运营"这个问题有了点儿感觉。

此后几年里，我又陆续成为了几个团队的运营总监、COO 助理以及运营合伙人，后来又跟朋友们一起发起了三节课（www.sanjieke.cn）。在我经历过的公司中，有小公司也有大公司，做的产品类型都不太一样。随着经历过的项目、看过的产品越来越多，才差不多慢慢对"运营"开始得心应手起来。

然而，在以上这个过程的起点，也就是 2008 年前后，我与现在这些经常跑来问我"运营是什么"、"运营该怎么做"的小朋友们是一样困惑的。关于运营，我当时完全不知其所以然。

且在我刚刚开始从事运营工作的头两三年时间里，我也同样只是一个干着一堆杂事的跑腿打杂工，还是完全不知道"如何才能把运营做好"。

换句话讲，其实每一个运营新人现在正在经历着的困惑和迷茫，我都曾经历过。

所以这一节，我想与你一起来简要回顾一下我的运营生涯。我觉得，我的经历应该还算有些代表性。借由我这 8 年来在各个阶段所经历过的事情和发生过的变化，希望也能给你一些启发。

关于我与运营的缘分，可以分成 3 个阶段来讲。

第一个阶段基本是 2008 年以前。这个阶段的我，还没有进入互联网行业开始工作，只是单纯地对于这个行业好奇+感兴趣而已，但却也在不知不觉中已经做过了一些跟运营有关的事情。

第二个阶段，是从 2008 年以后一直到 2012 年初。这个阶段，我正式进入互联网行业成为了一名运营，从对"运营"完全没有任何概念到慢慢成为了一个有了点儿安身立命之本、基础技能还算扎实的运营。

而第三个阶段，则从 2012 年我第一次创业开始一直持续至今。这个阶段的我，进入了一个高速成长期，也开始能够站到更高的层面上去审视"运营"这件事，基本上在这个阶段中，我身上每一年都会发生巨大飞跃式的蜕变。

接下来，我会分别告诉你，在这三个阶段中，我都经历了些什么，以及这当中我的一些思考。

（一）我的前互联网时代（1999—2008 年）

回顾我在 2008 年前后进入互联网行业工作的经历，既有偶然，也有必然。

偶然的是，当时我确实稀里糊涂，既搞不懂互联网是个啥，更讲不清楚什么是"运营"，甚至连自己到底是因为什么面试通过的都不知道。

而必然的则是，我虽然讲不清楚什么是"运营"，但其实早已做过了很多与运营密切相关的事情，先天已经具备了一些运营的"基因"。

站在现在回过头去看，我在进入互联网行业之前，至少有几件事是至关重要的：

- 我混过社区，玩过 QQ 群，泡过聊天室，我会花费大量的时间泡在网上。且我在漫长的泡网经历中渐渐磨炼出来一项技能——任意丢给我一个陌生的线上环境，无论是 QQ 群、论坛，还是聊天室、网游公会，只要我愿意，我可以在两天内让自己成为这个环境中存在感很强的一个主要角色，甚至是中心人物。所以，我拥有还不错的网感和线上存在感。这两点，在后来看起来，是一个优秀运营身上必不可少的特质。

- 我自己管过一个 500 人规模、基于兴趣的 QQ 群，并通过自己的组织让那个群持续活跃了两年之久，且大家在其中都玩儿得很开心。以至于，后来这个群里的人来到北京，都指名道姓地说要来见一下老黄。所以，我也拥有在线上比较强的组织号召能力，且已经可以把一个线上组织维系打理得比较好。最重要的是，我本身也很享受那种在线上带着一群人一起玩得不亦乐乎的感觉。

- 我爱写作。中间虽然经历过一些断断续续，但我一直都还保留着写作的习惯，这让我对内容还算敏感，且有时偶尔也能写出来点儿富有打动力的东西。虽然当时并不觉得这是件多么了不得的事情，但事后看起来，对于"内容"的敏感和执著，其实贯穿了我的运营生涯始终。

所以，虽然看起来在 2008 年以前我确实不具备任何实际的互联网工作经验，但我却并不是全无积累，且我也真的很享受我在互联网世界中的那种存在感。

倒推过来，如果现在你也是一个想要转行进入互联网行业的新人，不妨先问问自己：你到底喜欢它多少，又有过哪些相关的积累和储备？

以及，你可能需要回答清楚，你到底是因为互联网的什么而想要进入这个行业工作？是因为听别人说这个行业挣得多？还是因为真的喜欢甚至热爱互联网世界里的某些东西？对于这个问题，我认为你最好能给自己一个清晰答案。

插句题外话，从我自身的经历和接触过的朋友们来看，无论是产品还是运营，我身边大多数最后在互联网行业里混得还算不错的人，绝大多数都是那种对于互联网有着某些与生俱来的热爱的人，且他们在线上世界里，往往都可以轻易找到一种如鱼得水的感觉。

（二）我的第一份互联网工作（2008—2011 年）

2008 年后，我正式进入互联网行业工作，成为了一名运营。

在转行之前的 3 年，我的工作是在一家仪器行业的日企做销售，客户主要是科研机构、高校实验室、环保局等各类单位。

在这 3 年销售经验中，我又让自己磨炼出了一项新技能：我开始能够在面对一个陌生客户时，通过我的所言所行获取到对方的信任，俗称"搞定人"。（但我不属于那种路子很野、为达目的不择手段的销售。）

而我进入互联网的契机，恰恰与这项技能有直接关系。

我供职的第一家互联网公司是一个叫作 About.com 的网站，这家公司虽然在国内名不见经传，但在当时，它还一度是美国国内访问量排名前 15 的网站。其业务模式是发现并邀请各类生活领域的达人（例如，收集玩具的，喜好美食的，热爱到处旅行的，等等）来撰写专栏，并支付报酬与之分成。

当时，它的中文站点——阿邦网刚刚成立时间不长，正好是需要批量拓展这些专栏作家们的时候。

因为我能够"搞定人"的能力，加上还不错的线上存在感以及对互联网世界还算熟悉（这是我后来进去以后才知道的），我成为了这家公司的一名运营——负责拓展各类专栏作家并做好这群人的管理和用户关系维系。

所以，这是一个很重要的启示：如果你想要转行或入行成为一名运营，你至少需要拥有一项可以带来具体产出的技能——无论是活动执行、文案撰写还是"搞定人"。如果你还只是一名新人，几乎没有人会因为你说你多么热爱互联网，或者是对于"用户运营"、"内容运营"等你自己其实都还一知半解的概念夸夸其谈，就会要你。

在进入这家公司后，有一段时间，我的主要工作内容就是各种打电话、各种线上（包括 QQ 群、论坛、博客、微博等）找人勾搭聊天，然后就一通介绍忽悠，告诉他们我是哪个网站的，是做什么的，想要找他们来写专栏，能提供给他们什么回报等，直到最后可以跟他们把合同签回来。

就这部分内容而言，听起来我干的事与销售并没有什么太大区别。

但，真正有区别的地方在于：现在我可能不仅仅要考虑把合同签下来，我还需要考虑后续如何去管理这群达人们，并最大限度地调动他们的积极性，让他们愿意持续稳定地生产出优质内容。比如要与他们保持良好的私人关系，比如要树立一些标杆榜样级的达人并邀请他们来给其他达人分享，再比如积极拓展各种可以给达人的福利（比如上电视节目）并反过来要求他们必须达到 XX 条件才能得到福利，等等。

所以，虽然当时我也还一直被"运营是什么"、"运营是不是就是打杂"这样的问题所困扰，但潜意识里，我似乎已经有了一点点感觉：如果销售、推广这样的职能更加关注的是单点上的产出，那么"运营"似乎更加关注的可能不是单点，而是有关于一系列单点的串联和组合。

另外一点很深的感受则是，在一个新的行业内获得一项扎实的新技能，很可能需要你满足两个条件：

- 你此前已经拥有了某项具体相关的技能，且对之还算熟悉；
- 你需要把自己置身于需要用到该项新技能的真实实践环境中，去大量进行实践练习，唯有这个过程才能让你把此前那项"相关的技能"转化成为一项全新的新技能。

好比，我此前拥有的相关技能是销售，但正是因为我有一个新的实践环境可以去大量实践和练习，我才慢慢扎实地掌握了"核心用户的拓展和运营"这项新的技能。

也好比，我此前虽然喜欢内容，对内容还算有点感觉，也经常自己能写点儿还不错的文章，但当真的要开始把这项技能应用到互联网公司内的具体工作场景下，比如为新上线的产品去写些文案，或者去写一些运营规则、用户指导这类的东西，感受和侧重点也会是非常不一样的。也正是在我投入了大量时间加以练习后，我才慢慢让"文案"、"运营文档撰写与制定"这些事情成为了我身上的一些新技能。

所以，新进入一个行业后，第一要紧的事情就是，你一定要尽快建立起来几项自己在这个行业内的核心技能。它们可以成为你在这个行业中成长和发展的基石，甚至是将来你在行业内的安身立命之本。

对我运营生涯的头两年来说，这个基石当时就是"核心用户的拓展、运营和维系"。有了它，才有了我此后运营生涯里的各种可能。

另外，我运营生涯的一个小转折点，出现在大约 2009 年年底的时候，当时我作为项目负责人整体负责了一场大规模线下活动（参与人数数百人）从策划到落地的全过程。

这是我运营生涯里，第一次独立负责一个涉及 N 多部门共同参与的复杂项目的推动和落地。并且，它最大的挑战在于：我需要调动超过跨越 5 个部门的数十个人跟我一起来做好整个活动从筹备到落地的全过程，而他们当中的每一个人在这个活动之外其实都有着自己的本职工作，且很多人的职级 Title 都比我要高。

最终，历时一个多月，活动很成功。

在这次项目的推进过程中，我得到了几个关键收获。

- 我收获了极强的自信心，也找到了那种强烈的"你一定要对产出负责"的感觉。这两者后来都始终在我的职业生涯中伴随着我成长，从这个项目起，我开始有了这样的信心：只要我认可且接到手里的事，不管面对的人是明星大腕，还是级别高我好几个台阶的老六，我都一定能想方设法搞出来点不错的产出。

- 除了自己一个人单打独斗，我对于如何组织和调动好一个团队面向一个相同的目标去共同努力有了更加实际的体验和感受。换句话讲，"团队的组织和管理"以及"复杂项目的推进和管理'成为了我的两项新技能。

- 在整个项目的推进中，我得以接触到很多此前我的本职工作中接触不到的工作内容和信息。比如说，我要跟 PR 部门一起去讨论面向媒体的传播策略，这个过程中我就得以对 PR 的具体工作有了更多具体的了解，这其实成为了我的另一种学习成长助推力。

上述几点中的第 3 点，又尤为重要。

此后我回想起来的感觉是：对于一个运营从业者而言，我认为，当你已经有了一两项足以安身立命的核心技能之后，为了去带动自己成长，最好的办法很可能就是去参与或负责一些复杂项目的推进落地。恰恰是在这些项目推进的过程中，你可以慢慢接触了解到诸多有价值的信息，并慢慢能够帮助你找到那种"连点成线"的感觉。

以我为例，我最早掌握的运营核心技能是"核心用户的拓展和运营"，且除此以外关于互联网仍然还是一无所知，但正是在此后几年内独立负责几个复杂型项目的过程中，我慢慢接触并知晓了推广怎么做、如何与其他品牌和公司去洽谈商务合作、事件传播如何设计和落地、产品架构是什么、研发的工作方法和流程、如何从内容出发做好品牌的 PR 等一系列事情。

人人都知道，一个优秀的运营，需要了解和掌握的各种信息、技能是非常多且琐碎的，但若没有这些参与和负责独立项目的机会让你去与你那些更加专业的同事、伙伴们一起讨论和碰撞，你几乎找不到任何机会可以让自己一点点把这些东西全部吃透。

所以，如果你已经是一个拥有了自己一技之长的运营，但却不知道如何更好地成长，我想我能给你的最好建议就是：尽一切可能在公司内部去为自己争取或创造这种"可以去独立负责一些项目的机会"。

此外，这次独自负责项目的经验，也让我对那句话有了更为强烈的认同感——运营，往往就是通过做好一系列事情，营造出来了一个最终大家喜笑颜开、光芒耀眼的成果。

从 2008 年一直到 2011 年前后的 3 年时间里，就是依靠着这些事，我从一个刚刚入行、对未来还一片迷茫的运营，慢慢成为了一个有自己一技之长、执行力和推动力还算出色，并开始慢慢能够接触到更多运营工作分支的运营。

（三）我的运营生涯转折（2012—现在）

如前面提到的，到了 2012 年，我差不多已经是一个执行力还比较出色、自己可以独立掌控住一小摊事的运营了。起码到了这个时候，去任何一家互联网公司，把核心用户运营的事儿丢给我，我觉得我差不多都是能掌控住的。但这时我的状态，充其量也就是一家公司内还不错的一颗螺丝钉而已，比起一个啥也不懂的小白，可能好得有限。

就在这种背景下，2012 年，我迎来了自己运营生涯中的一个更大的关键转折点——在这一年，我第一次全情投入地参与了一次创业。

以此为契机，我为自己开启了一段长达 4 年，一直延续至今的飞速成长。不夸张地讲，我这几年内的成长和变化，可以算得上是几何递增和爆炸式的。用一个朋友的话来说，这几年里，每隔一段时间见我，他都会觉得我身上发生了一些不同的变化，那感觉，像是我在速度飞快地自生长着。比如说：

- 在 2012 年年初，我可能还只是一个执行层的运营。

- 2012 年年底，我已经可以独自带着团队完成一些看起来很牛的运营项目和事件。

- 到了 2013 年年底，朋友们再跟我聊天时，发现我所关注的东西已经渐渐开始不再是"执行"和"手段"，而更多的是"策略"、"行业动态&格局"，还有"战术"。

- 再往后，2014 年年底的时候，我已经可以把"产品"和"运营"看作一件事来对待了，聊起来各种产品架构、产品机制、产品方案的时候，已经毫无障碍，并且也开始能够搞定一些更牛的项目和产出，比如一个项目搞定几十万用户，诸如此类。

于是，朋友们总会好奇：到底我身上发生了些什么？

我想我可以从 3 方面给出些回答。

1. 关于环境对我的牵引

我想要分享的第一点，也是尤其重要的一点，就是：

"一个人的进步和提升往往是受到环境牵引的，你在合适的时候被放到一个合适的环境或事件中去，自然会获得巨大的提升和进步。"

这个逻辑就像跑马拉松，你孤身一人去跑和身处在一群长期训练的跑步爱好者中间跟着他们跑，所获得的成绩和结果多半会是迥然相异的。假如你身处一个竞争激烈的大部队中，而身边又比比皆是各种能力强悍的高手，你自然会更容易受到他们的影响和驱动，从而得到更好的成绩。

对我而言，2012—2016 年的这 4 年时间里，正是如此。客观讲，这 4 年时间里我的飞速成长，与其说是我自己多么努力和多么牛，那些可以不断驱动和激励着我持续变化和成长的环境无疑更加具有决定性意义。

例如，2012 年第一次创业做第九课堂时，因为身处一个压力巨大、资源稀缺、还经常各种没人愿意搭理你的环境，反而激发出了我自己内在的很多潜力。比如，我们当时就曾经纯粹因为不敢花钱，也没有资源，被逼着不得不去绞尽脑汁地琢磨怎么可以不花钱还能做出一些不错的成果来，最后居然真的就只是依靠一些不太需要花钱的创意和策划在早期搞来了近万用户。

再比如，在我们真的需要考虑赚钱并为此而发愁的时候，我也不得不为之往返奔忙使出浑身解数，最后也还就真的找到了一条略显曲折的道路，创造了几十万的收入。而所有的这一切，放在做第九堂课之前，我从没想过我自己也是能做到的。

我有一个兄弟，曾经说过一句话，让我记忆犹新：

"一个人要想快速成长，不外乎两种方式，一是承受压力，二是背负风险，并能够试着在高风险或大压力的情况下去解决问题产出成果，除此之外无他。"

说点题外的，坦白说，对我而言，第九课堂那段经历是极度艰苦的，也是留下了很多遗憾的，但它也同时是我自身发生蜕变的一个核心转折点，因为这一段经历，我才会有之后的很多可能性。为此我发自内心地感谢它。

围绕着上面提到的这个逻辑，我把我在这几年里的一些主要履历与重大成长分享给你，它也许可以让你更加清晰地看到我的成长轨迹。

- 2012 年—2013 年年底，我担任第九课堂 COO

在此期间，因为身在一个创业团队，啥都得管，我开始接触并了解了推广营销，并开始能够以每用户不到 2 毛钱的成本来完成一些推广项目。

因为在第九课堂与我的合伙人，文案大神小马宋共事，受其熏陶和影响，我的文案和写作水平又提升了一个台阶，基本已经接近现在的水准。

我在第九课堂完整经历了一个产品的从 0 到 1，我们完全从 0 起步，把这个网站做到了 5 万付费用户，年销售额 400 多万，这个经历是异常宝贵的。

我在第九课堂第一次自己牵头推动了一个商业项目的落地，最终仅这一个项目就为公司带来了几十万的收入。

因为创业，也因为背上了一个 COO 的头衔，我不得不开始跳出"执行"的层面，被迫要开始去考虑更多战略、战术的问题，甚至行业、产业和商业层面的问题——虽然当时我确实对这些东西一无所知。

又因为我在第九堂课做出来的一些产出，以及我 COO 的头衔，我也开始在小圈子里有了点儿名气，同时也开始能够结识到更多各行各业的高手们。通过与他们交流和厮混，我的思维、眼界等各方面都提高了不止一个层次。

- 2014 年，我在新浪微米扮演一个 "COO 助理" 的角色

在此期间，我进入了一个大公司的体系内，开始能够去感受一家大公司内部的决策流程和工作机制，与普通中小公司之间会有何差异。

因为我的角色，需要参与到大量公司中高层的会议当中，我开始了解到，一些成熟的大公司高管和职业经理人都是如何工作和如何决策的。

又因为我要协助我的老板同时管理产品、运营和 UED 三个团队，我开始对于产品本身，对于产品与运营间的关系，包括对于在同时存在 N 多条产品线时，运营团队到底该如何开展工作等一系列问题都有了更深的思考和感受。

同时，我也经历了一些重大项目的落地，体会了一下在一家不缺资源、不缺流量的大公司内部，依靠一些项目和资源的对接迅速能够搞定几十万用户是一种什么样的感觉。

- 2014 年下半年—2015 年初，多个创业团队

此间我以顾问的身份先后参与了几款产品的运营体系建设和规划，其中有做社交的，有做工具的，也有做在线学习系统的。由此，我对于不同产品的运营侧重点和运营体系建设有了更深的理解，尤其是当我发现一些自己之前熟悉和屡试不爽的方法套用到另一款产品上居然难以奏效的时候。

- 2015 年初，发起三节课，同时以合伙人身份加入周伯通招聘负责运营

从 2015 年初起，我开始通过三节课定期对外讲授运营方面的课程，讲课成为了我对于自己不断进行梳理总结的最好方法。从那时到现在，我每个月至少会讲两次课，通过与更多人的交流以及三节课同学们的反馈，整个课程内容一直在不断迭代和调整，这个过程成为了我不断思考和完善自身方法论的过程。

同时，在周伯通招聘大半年的工作时间内，因为必须要与竞争对手正面交锋，我先后负责了多个活动的执行落地，它们每一个在线上都获得了少则几十万多则近千万的传播曝光。这些活动中，几乎每一个都需要去搞定一些高势能的资源并通过线上的传播进行引爆（例如要拉到某行业大佬参与站台等），借由负责这些活动的经历，我对于如何能够做出来一些"空手套白狼"式的运营案例也有了更实际的感受。

- 2015 年底，我们全职投入三节课，开启又一段创业经历

相比起之前在第九堂课时单凭一腔热情就投入创业中的茫然状态，这次创业是一次目标方向都更加明确、我们几位合伙人也都更加成熟的创业。这一次，我最大的收获有两点：一是如何更加清晰地操盘和规划一款新产品的成长；二则是关于如何从 0 开始组建和管理一个优秀的团队。

不夸张地讲，三节课现在的团队是我职业生涯迄今为止经历过的最好的团队，所有人都既优秀，又有热情，大家平常都非常忙碌，也时常加班，但大家也都很乐在其中，我们往往觉得，我们的工作状态其实很多时候都更像是"找点儿真正有意思的事来玩儿"的状态。我很享受这样的状态，也为能够参与创建这样一个团队而骄傲。

2. 关于与"高手"们的相识相交

我想要分享的第二点，是关于与"高手"们的关系。

我在这几年内的另一个重要成长助推力，就是我结识了一大群各领域内的高手们。俗话说：与聪明的人在一起能让你变得更聪明。在我身上，这个感受也是很明显的。这几年来，我一直在不断向身边的各类高手们学习，从思考逻辑到决策方式，从具体手段到行业格局，从商业策略到工作习惯。不得不说，我身边这些各行各业的高手们给予我的帮助和影响是十分巨大的。

然而，通过结识高手和向高手学习能让自己获得巨大成长，这貌似是一个人人皆知、也差不多人人都想去做的事。它真正的难点，在于"如何才能让自己认识高手"，

以及"如何才能让高手乐于接受自己的讨教，愿意跟自己交流"。

这里请记住：

- 高手的时间都是稀缺的，请尽量让对方与你之间的相处也变得有价值。

- 一个好的交谈，往往是两个头脑在同时思考和交换信息的过程。在一次好的交谈中，围绕着让问题得到解决，两个大脑所付出的努力应该是无限趋近于对等的。

关于第 2 点，我随意举个例子。假设你是一个运营高手，这时候有人向你提出了两个问题：

A：运营应该怎么做？

B：我们是一个面向大学生游戏爱好者的社区，目前已经有 10 万用户，为了进一步提升社区活跃度，我们想做一个用户激励体系，现在这个激励体系我们已经考虑了 A、B、C 三方面，不知道在这个基础上是否还有遗漏？

请思考，作为一个时间紧张的高手，上面两个问题，你会更喜欢回答哪一个？

我猜答案不言而喻。

所以，高手们总是喜欢跟那些有能力为他们提供某些价值的人在一起玩耍，且也总是更喜欢一种"价值交换"式的交谈，而不是"单一价值给予式"的交谈。

想要结识高手，就先试着把你与高手们之间的交流互动变成是一种"价值交换"式的。

譬如，我与前新东方集团执行总裁陈向东、与果壳网 CEO 姬十三、与罗辑思维 CEO 脱不花、与《从零开始做运营》的作者张亮等人的相识相交，基本都是源自于我关于在线教育、运营和学习有了一些思考后，主动把一些我的思考分享给他们，并寻求一些具体问题上的探讨，由此才有了后续很多碰撞交流，甚至大家成为朋友的机会。

3. 关于给自己搭建一个良性的成长循环

我还可以分享的一点则是：就个人的成长方面，除了依赖环境驱动，我也总是会试着找到空间，把各种对自己有价值的事情试着串联在一起，为自己构建起一个良性循环。

例如：

- 我会把我自己放入一个充满挑战的环境中（比如选择投身创业），这个环境本身会带给我很多待解决的问题。

- 当我面临那些我自己存有疑惑和不确定的问题时，我会千方百计地找到一些有相关经验的高手去进行交流讨教。

- 当我在讨教中得到一些新的思路或新的启发时，我会把它们记录下来，并尽可能转化为自己的理解和语言。

- 我最终会把得到的启发付诸实践，通过实践进行检验，并持续去调整和优化解决方案。

- 当实践有所成就和产出时，我往往会把自己在整个过程中得到的启发和收获写出来，这些写出来的文章我会分享给很多朋友，同时也会分享给那些我讨教过的高手们。一方面，写作过程中我往往也会得到很多新的启发，最终可以让我把很多东西融会贯通；另一方面，这个过程中也往往会让我认识更多的高手，以及会与那些之前我讨教过的高手们建立起更深入的关系。

- 当我的实践进展到一定程度，有了一些产出之后，此时新的问题往往又会出现，把我带入一个新的循环中。

你最终会发现，当你可以在自己身上构建起这样的循环时，"成长"对你而言，就已经成为了一个再自然不过、无须刻意为之的事。

一件事，当它成为某种自然，而又同时可以持续创造增益，便是一种神奇。而如果这种神奇是由你来创造的，你会感到很爽。

这里又可以说点题外话了——这件事跟运营的逻辑其实也是相通的。

我们之前就说过了，所谓运营，就是通过一系列穿针引线式的行为把很多琐碎零散的环节和事件组合关联起来，最终令之成为一个良性生态、可以持续运转的过程。

当生态循环尚未成型，你需要倾尽一切努力去逐个击破生态中的各个关键点，并试着连接它们。而当生态建成，你只需要维持住这个生态的平衡，并享受其中。

有时候说运营好玩，也正在于此。

而一个优秀的运营，最应该做好的，就是对于"自己"的运营。这背后，很大的一个核心要诀就是：你要不断地找到一些属于自己的牢固坚实的踏板，一点一点往更高的地方去走。

（四）总结

以我来说，如果要回顾一下我在这 8 年职业生涯中的成长和蜕变，背后的关键逻辑可能是这样的：

- 当你还不足以立足一个行业或领域，你应该先找到支点让自己可以立足下来。

- 当你已经实现了初步立足，你应该想方设法让自己在某一件事上能够超过 80% 的人，这样这件事将会成为你将来行走江湖的安身立命之本。

- 当你已经可以稳稳立足于一个领域或一个岗位上，你需要通过主动参与各类项目或是把自己投入到一个更加具有挑战的环境中，让环境来带动你的成长，也让自己可以慢慢看清"运营"的全貌，知晓其各个环节的操作逻辑。

- 当你对所负责的领域已经比较熟悉，开始可以独立对运营指标负责，成为了一个高级运营经理或是运营总监之后，你可能会面临两种选择：一是横向去了解多种不同类型的产品运营逻辑；二则是纵向往深了走，比如还是在同一个行业或领域内，去负责用户体量更大、业务线更加复杂的产品——这两条路上，我选的是一。

- 如果上面这些你已经都经历过了，则你更加需要提升的，可能已经是一些脱离了一线执行的东西了，比如对于行业和商业的理解，比如你的团队管理能力等，这些东西，一方面可能需要你有相应环境去实践和思考，另一方面也要为自己创造机会去接触更多的高手们，与之交流讨教。

- 再剩下的，则全看机缘和运气。

上面，差不多就是我这 8 年职业生涯的主要经历和我自身的一些思考。一个人的职业生涯中会经历的事情很多，会对自己产生影响的事情也很多，我已经尽力试着把那些我认为最重要的事情呈现给你了，它们或许琐碎啰唆，但应该还算诚恳。

我也相信，一个过来人的经历，就好像一面镜子，你对照着这些经历来审视自己，或许更容易看清很多东西。

假如你是一个运营，在你职业生涯的前几年，没有人告诉你方向在哪里，只能自己干大量琐碎的执行工作，不知道该怎么去学习和成长，运营对你来说，可能是苦恼烦闷的。

然而，如果你作为一名运营，已经有了可以安身立命的一技之长，开始可以慢慢接触到运营的方方面面，渐渐把它们串联起来形成一个整体的时候，运营又会成为一件神奇有趣的事。

最后，我有一句常挂在嘴边，足以成为我其中一个信仰的话，在此想要分享给你：

什么曾经拯救过你，你最好就试着用它来拯救这个世界。

围绕着这个逻辑，正是因为我曾经经历过一个运营小白和新人在职业生涯初期曾经面临过的所有无助和迷茫，曾经也因为完全搞不懂什么是运营以及运营到底该怎么做而感到焦虑，也曾经完全不知道自己的职业生涯未来在哪里，我才会有动力，在自己走出了这一系列困境后把这一路上所有的经历与思考写下来，分享出来，讲给更多从事运营的朋友们。

其实，无论是创办"三节课"，还是决定要写《运营之光》这本书，多少也都与这个逻辑有关。

我想讲的，差不多就是这些了。希望，啰唆了这么多，多少可以让你对于自己当下所处的位置和方向有所思考。也希望有更多运营从业者们可以跳出"苦恼烦闷"的怪圈，发现运营的有趣之处，让自己成为一名性感、优秀的运营。

5.6 互联网运营的能力模型与成长路径

前面讲了很多关于运营成长关注的问题，以及我自己的经验，这一节我们做一个总结，一是一个运营的能力构成和能力模型，二则是一个运营从入门小白到大神，依次在每个阶段你需要去突破的一些障碍。

如前所说，和产品一样，运营也往往需要成为一个杂家。相比起一维的销售和推广来说，运营要考虑和要处理的事往往要多多了，也复杂多了。

就我和我的朋友们的过往经验来看，一个运营新人从入门时完全搞不懂也讲不清楚什么是运营、该怎么做好运营，到差不多能够搞懂讲清楚运营，能够基本蜕变成一个骨干型的运营人才，平均需要经过 3 年左右的时间。而这中间，一个运营需要不断去提升的能力是非常多维度的。以至于会有很多运营经常特别困惑：我到底应该去学习些什么才能提升我的段位？

为了让大家对于这个问题可以更加清晰，我会试着给出一个运营从业者的能力构成。在我的理解里，一个运营的能力构成，满打满算，可能包括如图 5-2 所示这些分支。

能力划分		能力评估项
通用能力	基础能力	执行力
		信息采集整理能力
		办公软件使用
		学习能力
	关键能力	逻辑思考&分析能力
		情商&沟通
		综合管理能力（包括事务管理、项目管理、统筹规划能力等）
		逆商/抗挫能力
专业知识		对各类产品形态的认知和理解
		对运营模块&职能分工的认知
		内部工作流程+业务关系梳理
		行业认知&融入感
专业技能		文案
		内容提炼&整合
		策划能力
		数据分析&流程梳理
		产品方案+运营规则输出能力
		营销&推广
高阶软技能		用户理解（需求、场景、心理）
		领导力
		外部沟通谈判能力
		策略思考能力
		体系化思考&整合串联能力

图 5-2

而理想情况下，一个运营的成长路径，可能会有如下几个阶段。

P1：纯新人，刚刚入门，小白或半小白状态。

P2：有经验的入门型/成长型从业者，通常 1~3 年经验，已掌握部分专业技能，但对行业、对用户、对业务的理解还比较浅。

P3：业务骨干，通常 3~5 年经验，某方面专业技能突出，对行业、用户、业务的理解逐渐深入，开始从单一的执行者更多转换到策略&计划制定者。

P4：专家，通常 5 年以上经验，可能需要有一定天赋（如情商、逻辑、领导力等）才能到达这一层级，对于产品、业务、用户、行业等的理解都已经比较深入，善于制定策略和推动执行。

P5：高级专家，通常 5 ~ 8 年以上经验，综合能力出众。同时，会特别擅长连点成线，把各种细碎的运营事务串联为一个整体。

接下来，我们逐个来看这条路径中不同阶段时一个运营人员的典型能力模型（以最低标准来看），以及每个阶段可能会遇到的主要障碍。

P1：新人小白（如图 5-3 所示）

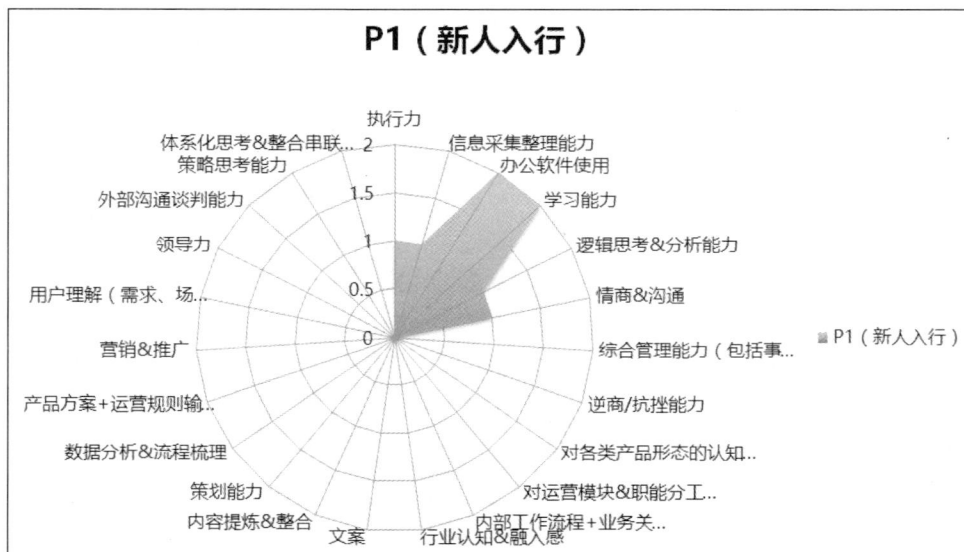

图 5-3

进入本阶段的标志：入行。

进入本阶段的主要障碍：

学习能力，执行力，逻辑分析能力。

对新事物不敏感，不具备快速学习能力的人；执行力和行动力差的人；逻辑分析能力很差的人，这三类人哪怕入行，也很难做得好运营。

如何提升：

（1）多学习接触新鲜事物，如试着用 1 ~ 2 周时间去学习一门自己之前从来没有概念的知识并试着加以应用；

（2）多发问多思考，多试着自己想清楚这样的一些逻辑题：今年中秋，我预计某学校周边的月饼销量如何？为什么？

（3）通过一切方法磨炼自己的行动力和执行力，例如给自己制定某个中短期目标（如看 10 本书，或认识 10 位 BAT 的牛人），然后通过目标拆解和想尽一切办法达成。

P2：入门型/成长型运营（如图 5-4 所示）

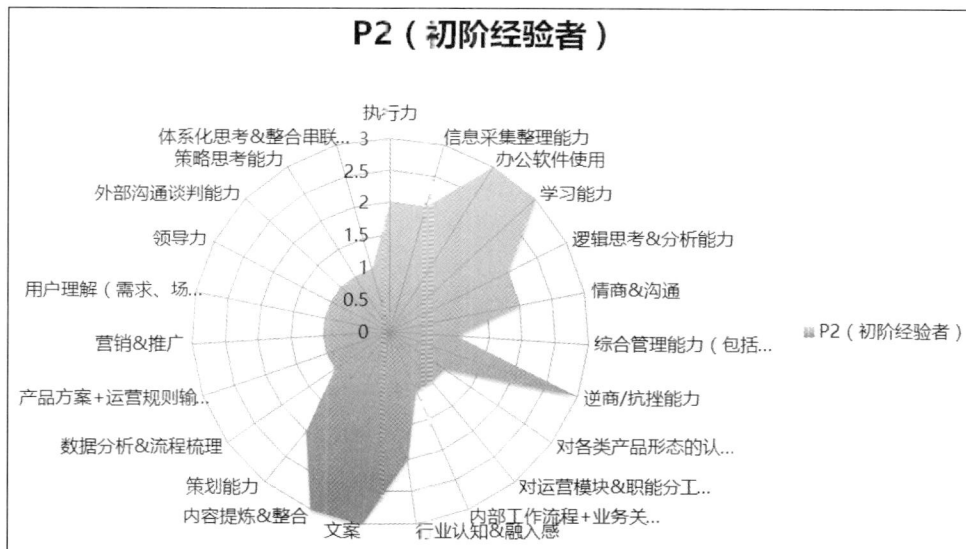

图 5-4

进入本阶段的标志：

对于某项需要专业技能完成的工作（例如文案，当然未必一定是文案）已经可以具备能力独立完成，对行业、业务、用户从完全无概念，到已经可以有点感觉，信息采集和分析能力有显著提升。

进入本阶段的主要障碍：

逆商，对业务、用户等的理解，对于某项专业技能的熟练掌握，对专业知识的积累。

如何提升：

（1）多受虐，还要在反复受虐后试着保持积极乐观（听起来好变态，但的确需要如此）。运营一定需要强大的逆商，尤其很多方案和测试，往往都是九败一胜的。

（2）多接触用户，通过观察、分析数据和用户访谈等方式深入分析和了解用户。

（3）积累专业知识，磨炼专业技能，该学习学习，该实践实践，该总结总结，该拜师拜师，该报班学习报班学习。（硬广乱入：三节课欢迎你。）

P3：骨干型运营（如图 5-5 所示）

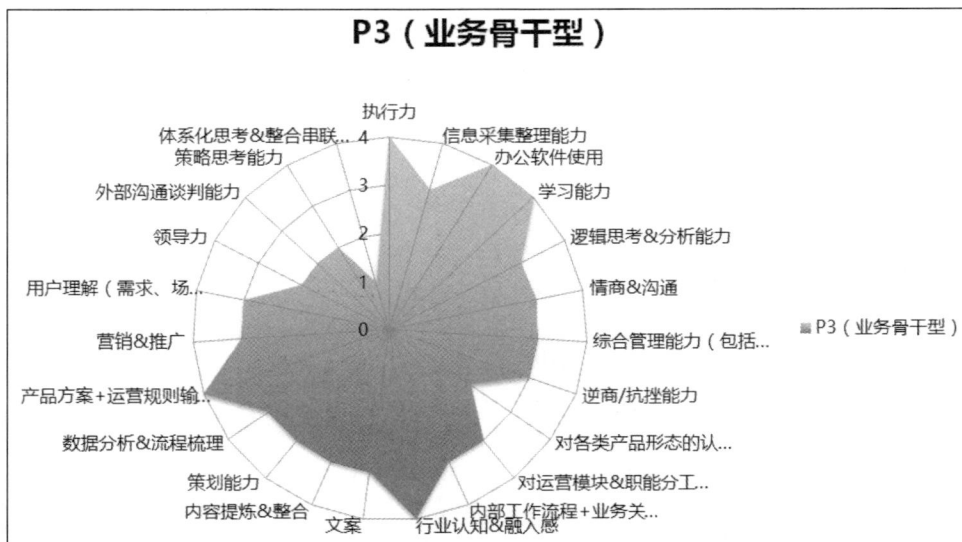

图 5-5

进入本阶段的标志：

对业务对产品开始有更深理解，可以顺畅与其他业务部门及产品对话无障碍，开始可以有效思考一些策略层面的事情。至少对于某项专业技能已经可以专精，同时执行力强大，可以在某一领域内带来别人无法做到的产出。开始有能力对关键数据指标负责，开始可以带领团队完成产出。

进入本阶段的主要障碍：

对"用户"群体的控制力和影响力，领导力，策略思考能力，某项硬技能上的出类拔萃，管理能力。

如何提升：

（1）不要局限于自己的工作，多体验多分析相似的甚至不同类型的产品，多接触不同类型的用户，尤其是很多小众的奇葩的用户，会让你对于用户有更深的理解；

（2）学会更多站在业务层面甚至行业层面去思考去分析判断，试着想清楚一个行业的逻辑、同一行业下不同业务的切入点有何差异，是什么带来了这种差异，在这个过程中培养策略意识；

（3）找到自己的特长点，聚焦去积累，直到你可以因为某一点或某些事而被大家刮目相看——比如说，你写出来的文案，转化率就是要比别人写的高 3~5 倍，或者同样做推广，你可以轻松搞定 80% 以上的同类型渠道。

P4：专家型运营（如图 5-6 所示）

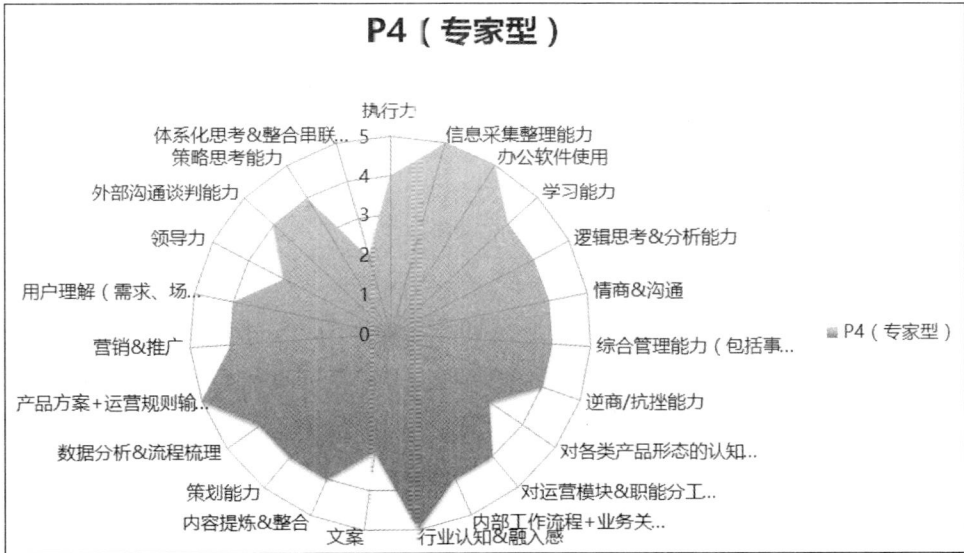

图 5-6

进入本阶段的标志：对于不同类型的用户和不同类型的产品理解越来越深。高度对数据负责，开始能够把更多精力放在策略制定、业务流程优化管理和业务串联整合上，而不是单纯的执行上。

进入本阶段的主要障碍：

体系化思考&串联能力，能否形成一套自己的方法论，管理能力，领导力。

如何提升：

（1）多与行业牛人高手交流，学习先进的管理手段和方法；

（2）多试着分解和分析成功的业务流程和体系；

（3）试着让自己完成从"业务精英"到"领导者"的转变；

（4）要学习更多的行业知识和产品运营方法；

（5）要有一套自己的逻辑和理解，能够讲清楚产品、运营、市场、PR、研发等职能之间的关系、差异，以及该如何配合。

P5：高级专家型运营，综合型人才（如图 5-7 所示）

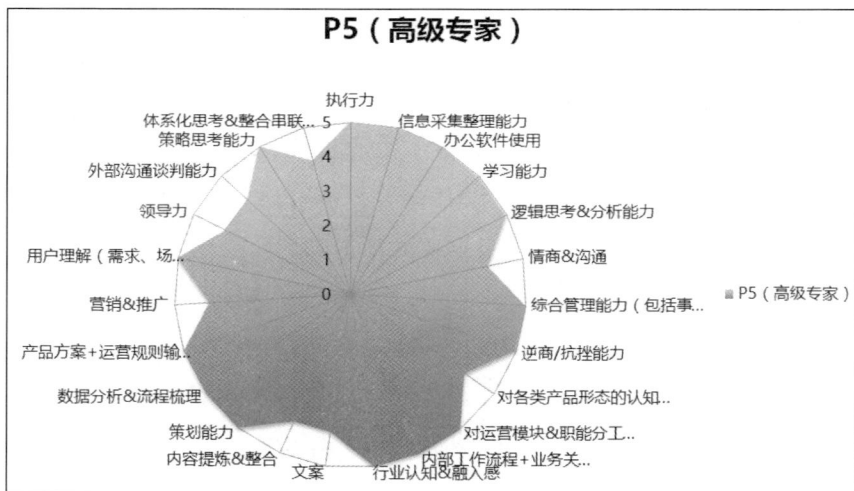

图 5-7

进入本阶段的标志：对于行业、产品、业务和用户都有很深的理解，有能力针对不同阶段、不同形态、不同用户类型的产品制定对应的策略，并持续跟进优化。

善于把 N 多细碎的运营工作串联在一起，形成合力。

进入本阶段的主要障碍：

大局观，对于行业、业务、用户等的全局性理解，策略制定能力。

如何提升：

（1）多跟顶尖高手们交流请教；

（2）多开拓视野，学会从大格局（如资本面、技术革新、市场动态）等层面去判断和理解事物；

（3）至少参与或负责过 2 ~ 3 款完全不同类型的产品的成长和运营规划。

以上，就是我所理解的运营从业者在不同阶段的典型能力模型，以及成长路径。其中能力模型的部分只是依照我个人的理解给出的一个大体参考，根据每个人或每个行业的不同难免会有差异，仅供参考，也欢迎探讨。

可以看得到，在每个关键的成长阶段，作为一个运营，总会有一些"破局点"。好比对于初级入门成长型的运营选手而言，不管是文案能力的强大，还是数据分析能力的出众，都可以成为你职业发展中的一个"破局点"，让你能够脱颖而出，在运营的职业发展道路上找到一个坚实的立足点。

第 6 章　一个运营人的自省与思考

只有懂行业，懂业务，你才能够结合你的产品特色和优势，为你的产品制定出更有效的策略，或者更有针对性地对现有关键业务流程进行优化和调整。

事实上，运营如做人。我一直觉得，围绕着做运营也好，做产品也好，甚至是做其他的事，这个世界上总存在两种逻辑：前一种逻辑是"推动"，后一种则是"触动"。

6.1 未来十年，互联网行业需要什么样的运营

就像我在本书的开篇所提到的，我有一个感觉——从 2016 年开始往后的十年，运营的价值和作用在整个互联网行业中，权重将会变得越来越大。

这个态势，现在已经有所体现——几乎每一周，我都会收到大量朋友给我发来消息，让我帮他们推荐靠谱的运营，都在抱怨好的运营找不到，甚至像滴滴（图 6-1）这样的一线互联网巨头公司也不例外。

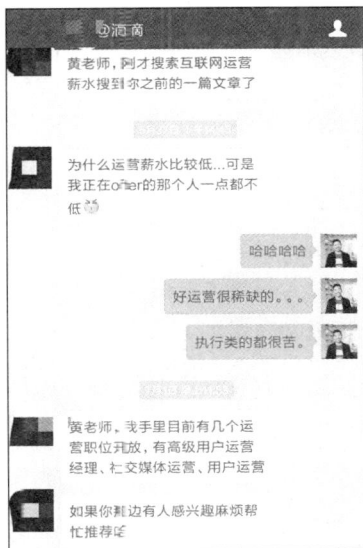

图 6-1

这个逻辑其实很简单——过去十年，大家都依靠产品体验和技术获胜，所以运营在很多公司内部往往只需做到执行就好。而之前一个时代的互联网公司，要么是没有运营（比如最早的门户网站就是没有"运营"这个概念的），要么就是虽然有运营但地位很低，基本主要是干点体力活（比如发帖、删帖、审核、推广执行等）。

而到了今天，各种新兴产品层出不穷，很多产品的玩法都开始发生翻天覆地的变化，同质化产品也越来越多，产品体验和技术不再那么绝对重要，"运营"的重要性突然开始凸显，CEO 们越来越需要有一个运营团队可以根据市场动态、产品属性和竞

争对手制定出不同的运营策略与手段，更好地与用户互动，让自己的产品得到增长与发展。

与此同时，行业内为这一变化做好了准备的运营，却还少之又少。就我们目前在三节课所接触到的同学的情况来看，客观讲，互联网行业内 85% 以上的运营，都还只停留在"单点执行"的阶段，尚无法满足要求。

在这样的背景下，一个可以预见的事情是，未来 2~3 年内，抛开偏执行的初级运营不谈，中高级运营岗的需求将会更大，且他们的薪资也会获得较大幅度的增长。

那么，接下来的一个无法回避的话题必然就是：未来十年的互联网，到底更需要什么样的运营？或者说，一个会在市场上被人疯抢的运营，到底应该具备哪些能力？

我觉得有 4 点，依次来说。

（一）未来十年的互联网更需要"能够懂业务"的运营

2014 年以前的互联网世界，更多是大量在线工具、在线社区、电商和内容资讯平台的世界。

而进入 2014 年的"互联网+"时代之后，互联网开始大量下沉到传统行业中，成为各类传统行业为用户提供服务的重要环节。

在此前的互联网世界里，运营大多只需要关注线上推广、内容维系、线上活动几个既定的板块就好。但此后，人们却渐渐发现，在很多传统行业领域内，在很多与传统行业结合的过程中，互联网并不是必须要扮演一个颠覆式的角色，而是要基于传统行业的业务逻辑，更好、更高效地提升整个行业的效率。

典型的，以金融和教育为首，我在与一些朋友们交流时都会发现，所谓的"互联网金融"和"互联网教育"，其本质并不是互联网，而仍然是金融和教育。以教育为例，这个时候的互联网，可能更需要做的事是踏踏实实在教研、教务管理、招生、学习素材组织与呈现、课后社交等一个或多个环节来提供服务，改善其效率，而绝对不是一下子基于线上做出来个什么东西就顿时把传统教育颠覆了。

此后十年的互联网，将会是跟更多类似"教育"这样的领域结合得更加深度紧密的互联网。在这样的领域内做运营，假如你不懂业务，几乎是不可想象的。

比如说，一个完全不懂教育、不懂教研、不懂传统教培机构和学校运营逻辑的人，基本不可能做好三节课的运营。而一个完全不懂搬家装修行业，不知道每一块的具体利润空间、无法梳理清楚其背后产业链的人，也基本很难负责好 58 到家这类产品的运营。

只有懂行业，懂业务，你才能够结合你的产品特色和优势，为你的产品制定出更有效的策略，或者更有针对性地对现有关键业务流程进行优化和调整。

（二）未来十年的互联网需要更多有宏观视角，能对产品的成长负责的运营

如果你从未独立负责过一款产品的生长，那基本上在运营岗位上，你的思考和眼光自然是会受到一些局限的，比如说，你可能还是会更多只会关注老板的 KPI 如何达成。

而一个能够真正"对产品负责"的运营，至少应该围绕着一款产品的生长完整经历过我们如图 6-2 所示的每一个环节，并持续通过自己对于具体运营策略和手段的优化、调整获得过不错的产出。哪怕你所负责的产品，事实上只是一个 QQ 群或一个豆瓣小组。

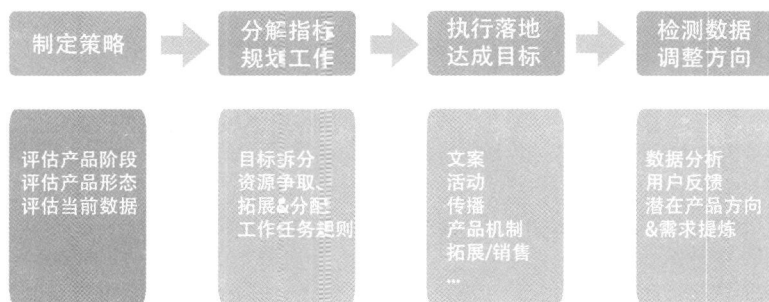

图 6-2

在这个层面上来讲，我建议每一个有心成为一个优秀运营的人，都一定要想方设法给自己创造或寻找到一些"对产品负责"的实践机会，可以是自己经营一个群或一个微信公众号，可以是义务地去帮一些社群来负责管理维护工作，可以是工作中寻找潜在的独立负责项目的机会，可以是业余时间参与到别人的项目中去，不一而足。

（三）未来十年的互联网需要更多"懂产品"的运营

这里说的懂产品，是指"能基于运营端的实际需要给产品提靠谱需求"且"能够参与到产品讨论中，从运营立场出发来修正产品"。

在一款产品设计和完善的过程中，有一些需求是从产品端出发的，例如产品核心功能模块的设计；而另外一些需求，则是从运营端出发的，目的则是为了更好地辅助产品成长，例如为了把一些专题和内容的制作标准化、模块化提升效率的 CMS 系统，例如用户激励体系和积分体系，或者一些运营端需要的数据埋点，等等。如果是为了把产品做好，这两类需求其实缺一不可。

但问题是，很多产品经理可能没有参与或负责过运营，所以他们在产品设计和研发的过程中可能不太会考虑运营端的需求，即便会想到，这些需求什么时候需要考虑、要做到什么程度等对他们而言也并不清晰。

这个时候，如果运营能够懂产品，能够无障碍地与产品同学进行沟通，从运营端出发来修正一些产品的需求，对产品的发展和成长将会非常有价值。

所以，一个优秀的运营绝对不是只要懂得怎么写软文、怎么搞活动就可以了，他还需要懂些产品，至少他要能够搞得懂"用户、需求、场景"，要能够从具体使用场景出发去与产品同学一起探讨很多需求的成立与否，要懂得一个产品功能从构思到上线的全流程都有哪些环节，要大体知道哪些功能和需求的实现成本是较高的，哪些需求实现起来又会比较方便，等等。

具备了这些，你在一家互联网公司内部的可能性才会变得更加开放，能够参与到更多的核心决策中去。

（四）未来十年的互联网，更需要能够赢得 C 端用户发自内心喜爱的运营

就像我提到过的，近些年来，随着社会化媒体的发展，互联网世界中的信息传播逻辑，正在发生着变化如图 6-3 和图 6-4 所示。

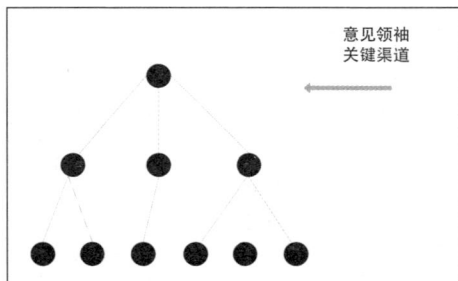

图 6-3

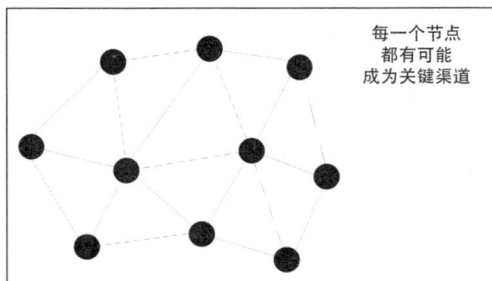

图 6-4

这一变化给运营人员带来的直接影响也是巨大的。在 1999 年到 2010 年前后，互联网运营的关注点可能都更加侧重在渠道建设和流量分发上。你做了一个网站，如果建立不起来足够多的友情链接，找不到足够多的网站跟你交换流量，在分类导航网站或上游网站上得不到足够的露出，SEO 做得也一般的话，这个网站估计要活下来还是有点悬的。

而从 2010 年开始至今，因为社交媒体的兴起，一款产品的生命力也越来越变成了：它到底是否能够赢得用户发自内心的认可、喜爱，以及是否能够让用户在社交媒体上愿意与之进行互动。

换句话说，"用户自发"的传播开始越来越取代了"渠道"的作用，成为了一款产品生命力的源泉。

而从现在到未来十年内，网络世界中"人"和"用户"的力量，还在持续回归和被放大，包括最近一年"直播"和"网红"们的兴起也是相应的产物。因此，我预计这一趋势还会继续维持。

也因此，未来十年的互联网，一个更有价值的运营，一定是更善于与用户进行互动，善于赢得用户认可的运营，比如说，你一定需要擅长通过写作文章赢得用户的青睐，你一定需要擅长能够通过策划制造有趣的活动和事件让用户愿意与你互动，你一定要擅长在社会化媒体中构建起你的影响力，等等。

与之相反，"渠道"的价值，则可能还会有所弱化。

至此，是我关于运营人未来的一些思考，希望它也可以多少引发一些你自己的思考。

另外坦白说，上面这 4 点，听起来都不太容易，如果你要问我，成长为这样的人难不难，答案是毫无疑问的：超级无敌难。这个过程，绝非一蹴而就。

但它也一定很有趣。这种有趣，我相信你在本书前面的内容中已经可以感受到了。

这条有趣而又漫长的道路，我曾经在毫无方向的情况下走了 8 年，才算小有所成。我相信未来十年，必定会有更多人能比我走得更快，更好。

希望，同为运营人的你我都可以不负未来这很可能属于运营的十年。

6.2 我的运营观和运营"伦理"

（一）

就在准备写这部分书稿的几天，我正好碰到一个三节课的同学跟我提了这么个问题：

有璨，有时候我真的感觉有点分不清三节课的帖子是套路还是真诚，你说你们做运营的是不是全都是套路？如果成天都生活在套路里，是不是很累？

这个问题，我觉得但凡对于有点儿追求念想的运营从业者而言，到了一定阶段，是一个基本都会面临到的拷问，它直接关系到你的职业信仰和职业价值来源。所以我想专门花一点篇幅对它来进行一些探讨。

（二）

众所周知，人人都不喜欢一种"被套路"的感觉。所以我们不妨先通过几个例子来看一下，常见的运营"套路"都有哪些。

1. 小 A 是某游戏公司的运营，在他的日常工作中，有很大一部分工作是这样的：他会严密监测一些有付费购买游戏道具习惯的用户动向，并在后台操作 N 多个马甲美女号去勾搭这些用户，最终目的只是为了让该用户付费掏钱多买几个道具而已。

2. 很多电商网站，为了促进一部分商品的销量，往往都会设计一些"托"型的产品。这些"托产品"的出现，只是为了衬托出该网站真正想推的那款产品是多么超值。

例如，可参考图 6-5 的某网站增值服务套餐展示页。

3. 某些产品的销售，往往会通过一系列层层嵌套的机制设计和手段带你越走越深，最后乖乖掏钱。比如，某在线课程销售网站，会让你先在网上跟客服人员咨询两句，聊完两句之后让你去做个评估，然后再出现一个美女咨询顾问给你打电话，再然后可能会再让你到线下去听公开课，再然后美女咨询顾问亲自出现在你面前，此时可能还有几个托在旁边争先恐后地交钱，从而通过一系列影响让你最后也乖乖掏钱了。

方案比较 »	免费 目前方案	求职标准版	求职版	求职增强版
费用：年费|月费		US$19.95/月 立即购买	US$29.95/月 立即购买	US$49.95/月 立即购买
时刻与人脉保持联系				
InMail 向招聘人员直接发送站内信，保证回复			每月5封	每月10封
谁看过您的档案 获取档案访客完整名单	受限	✔	✔	✔
获得更多关注				
精选应聘者 职位申请置顶显示		✔	✔	✔
高级账户徽章 显示高级账户徽章，提升档案在搜索结果中的关注度		✔	✔	✔
获取详细统计数据				
应聘者信息统计 了解您与其他应聘者在领英申请职位时的竞争力		✔	✔	✔
薪酬数据 查看每个职位的详细薪酬信息		✔	✔	✔
求职者群组和网络讲座 求职达人教您如何获得理想职位		✔	✔	✔
		立即购买	立即购买	立即购买

图 6-5

4. 一些推广活动，往往会用很多莫糊、边界不清的文案引导来诱导用户产生点击和行为，然而最后的实际结果和用户的预期却大相径庭。例如某电商网站，打着大大的"满 100 送 200"来促使你下单消费，结果下了单之后你才发现，人家送的 200 可能是 10 张 20 块的代金券，且每购物满 200 块才能使用 1 张。

上面这些比较常见的各种"套路"，往往是运营比较容易遭到用户诟病的地方。也因此，互联网圈里常有人半开玩笑半认真地有如下论断：

运营说的话，最不能信了。

运营啊，就是个骗子！

（三）

然而，要想成为一个运营高手，难道我们就一定要成为一个套路无限的骗子吗？

我觉得未必。

事实上，运营如做人。我一直觉得，围绕着做运营也好，做产品也好，甚至是做其他的事也好，这个世界上总存在两种逻辑。前一种逻辑是"推动"，后一种则是"触动"。

你将我推向一个你已经准备好的地方，这就叫作推动。在这个过程中，只有在推动我时你保持不动，这个行动才是成功的。

比如说，我为了达成一个月销售额 100 万的目标，竭尽所能精心设计了一系列手段，最终目的就是让更多用户愿意给我掏钱，在此过程中，我把"用户掏钱"这个过程视为终点，只要有更多用户完成了掏钱这个动作，我就成功了。这样的基础立场就是一个"推动"的逻辑。

最常见的基于"推动"逻辑在发生的事，就是很多团队内部的"唯 KPI 是从"。

而"触动"，则是完全不同的。只有在双方同时都产生了某种发自内心的原创性回应时，触动才会发生。触动的最根本逻辑是：除非我以触动你作为回应，否则你无法触动我。换句话讲，当你触动了我，你很可能也同时在被我所触动。

比如说，三节课在 2016 年 6 月曾经小范围内测了一个收费的"在线专题课"的项目，我们一度认为这个项目我们给到的用户价值不够好、不够高，但当这个项目结束后我们跟大家说"不好意思我们可能很多地方做得不够好，如果大家觉得不爽，我们可以无条件全部退款"的时候，我们在群里发现大家的反馈是如图 6-6 所示这样的。

这个时候，我相信大部分运营都是会被用户们感动到的。用我们运营妹子的话来说，当时忙了一晚上，半夜 11 点站在家门口突然看到这些话，有种想要泪奔的冲动。而有了这样的经历之后，她开始有更强的意愿和立场一定要做一些对得起这群用户的事，一定尽我们所能给这群用户们提供有价值的学习内容和服务。

基于她这样的立场，反过来用户们又变得对我们更加认可与信任，与三节课之间建立起来了更强的情感关系。

所以，推动的最终目的可能仅仅只在于让对方进入你设计的逻辑和流程中，并最终得到你预期的结果，让你获胜。

而在一个成功的触动中，被触动者与触动者往往可能成为一个整体，他们因为彼此间的一些奇妙的互动而给彼此都创造和带来了很多新的可能性。

在前者的逻辑下，一切都只是达成某个你眼中既定目的的手段与工具。

而在后者的逻辑下，你则可能是要与用户们一起去创造出某个结果，且这个结果可能在开始时并不明确，只有当你与用户们产生了某些有趣的互动后才能慢慢让它清晰起来，直到最后得出答案。

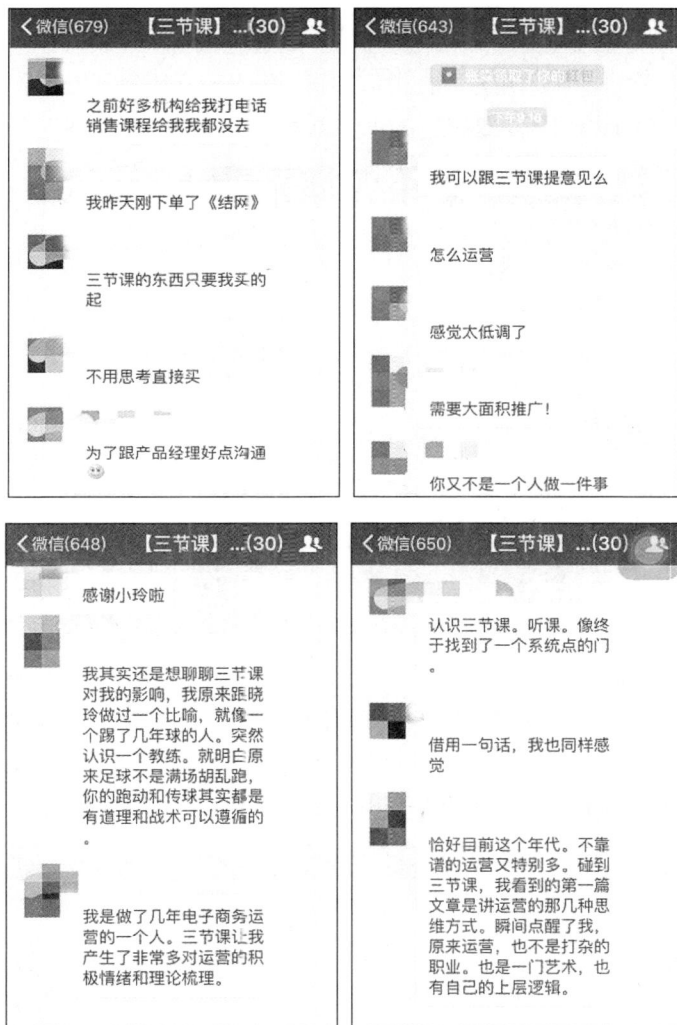

图 6-6

听起来虽然有点悬，但我眼中的好运营，一定是更加懂得基于后者的逻辑和立场来开展工作的。

为此，我又有几个建议。

第一，你最好能够在与用户的互动中找到一种"不卑不亢"的感觉，即：既不要把用户当上帝，也不要把用户当作傻子。

我举两个例子。

例 1，有一次，一个"用户"在微信加我，姿态较高地问了我几个问题，然后，我回应了他，并截图发了个朋友圈，一堆人过来给我点赞，如图 6-7 所示。

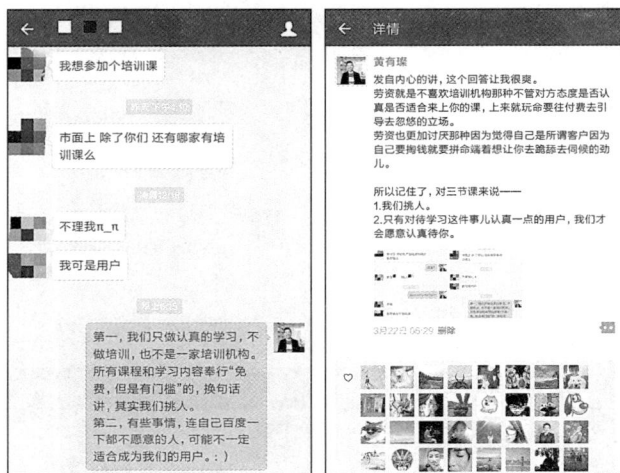

图 6-7

例 2，有一次，三节课的一个运营妹子跑到一个群去发了一个三节课的广告。然后，我看到以后觉得这个方式有点不太好，说了几句，最后那个群里反而有一大批人成为了我们的死忠支持者，如图 6-8 所示。

图 6-8

第二，你最好不要仅仅只是关注用户是否愿意与你发生关系，而要更关注用户从起初认识你到喜欢你再到最后与你发生关系再到整个过程中的感受与体验。

比如说，一个我们不太有谱的产品在推出去之前，我通常会习惯认真告诉用户，这个东西哪里可能有问题有风险，建议什么人考虑使用以及强烈不建议什么人使用，而不会一味去把它包装得高大上，吹得天花乱坠。

甚至是，我也喜欢主动与用户去沟通，我们为什么会推出这样一款产品，背后的想法、理念是什么，希望达成什么目的，等等。

我经常会发现，当一个用户完整地理解了这些东西后，他们是能够给你提出更多建设性意见和反馈的。

第三，我真心建议每一个运营，最好能够充分理解你的产品逻辑并能够认可它甚至喜欢它之后，再把这个东西去推荐给你的用户。甚至是，推荐之前，你自己已经亲自使用体验过。

就个人而言，我十分相信，一个东西，要是连你自己都说服不了，你在用户面前的说服力肯定也是很差的。

这跟做销售也类似，只有你在卖一个你自己真心认可的产品时，你才最有热情，最有能量，也最能把事情给用户讲清楚。

所以，如果你在负责的产品并不能让你感到一些发自内心的认可，且你的状态也更接近于只是找份工作混日子养家糊口，坦白讲，我绝不认为你在这样的状态下能够成为一个好运营。

（四）

所以，到最后，运营是否全都关乎于"套路"的问题，我的答案是这样的：

运营绝对不会全是套路，在我眼中，它是一种"如何与你的用户成为彼此可信赖可依靠的朋友"的艺术。

在这个维度上看，一个如果只懂得套路的运营，我不认为他能够赢得很多用户的信任，能够成为一名出类拔萃的运营。

当你能够遵循"触动"的逻辑在做事时，很多"套路"就像是我们某个活动上的一些娱乐桥段或是一些小玩笑，可能只是你与你的朋友间的一些调味剂，它们不但不会伤害用户，反而会给你与用户间的关系增添更多的趣味和欢乐。

而一旦你遵循"推动"的逻辑，那套路，就真的是套路了。

发自内心地讲，我希望更多的运营同学们可以找到这种基于"触动"的逻辑来做一名有趣的运营。

6.3 站在运营的立场上，我对互联网行业的一些建议和思考

互联网行业需要运营，更需要好运营，这毋庸置疑。

但与此相对的是，不仅仅是运营从业者们对"运营"的认知很模糊，整个互联网行业内，大家对运营的认识也都还处在一种特别不清晰的状态中。

这其实导致了很多问题。比如说，很多公司老板凭直觉觉得自己需要一个很牛的好运营，但到底需要这个人来解决什么问题，这个人应该具备什么样的能力，该在自己现有的团队中扮演何种角色……这样的一些问题，他们一概不清楚。

于是，他们开始满世界去找很牛的优秀运营。直到有一天，他们终于找到了一个感觉上"很牛"的运营，把他请到了公司内，最后却发现，这个人的核心能力跟自己公司的业务需要完全不匹配。（例如一个做 2B 业务、更重渠道的公司找了一个负责社区的运营）。

再比如，很多老板根本不理解运营，但在面对各种创业故事和竞争对手的时候又表现得很焦虑，于是，他们经常会把一些创业故事和文章发给自己团队的运营小朋友们，说你看人家这一个活动搞了好几十万粉丝呢，为什么我们不能搞一个？

但是，他们全然不会考虑用户需求和场景间的差异，就好比人家母婴社区或美颜软件做了一个萌娃美女的投票大赛顺理成章，但你一个做互联网金融或在线教育的非要模仿跟进，这事怎么听着怎么别扭。

这导致了，大量运营小朋友都活在焦虑中，每天为了 KPI 疲于奔命，但到头来，无论对于自身的成长还是对于用户所提供的价值，都很薄弱。

这样的事其实还挺多。比如很多人发现自己有钱也死活招不到合适的运营，比如

很多公司在自己还没想清楚的时候就快速招了一大批运营，然后过几个月发展受挫后又迅速干掉，等等。

我认为，所有这些事情，对于"运营"这个职业的发展、成熟和规范，都不是什么好事。对于互联网这个行业也一样。

而如果想要减少这些情形的出现，不仅需要运营人自身的努力，也需要整个行业能够对"运营"有一些更清晰客观的认知。

此前我书中所有的内容中，我都一直在以一个过来人的身份面对运营从业者们给予很多建议。

这一节，我想换个角度，站在一个运营人的立场上，给当下的互联网行业，以及很多正在为了"找不到好运营"而苦恼的创业者、老板们一点点诚恳的建议。

如果我有讲得不妥的地方，欢迎到我的个人公号"黄有璨"（ID：owen_hyc）留言一起交流。

第一，我真心希望"运营"会被越来越多的公司重视起来，而不再只被视作一个打杂支持的辅助职能。

在过去十年，我们见惯了太多互联网公司内部运营的地位是弱势的，他们被安排各种打杂，各种没有话语权，很多时候都是产品方向定完了，突然有人跑过来说运营的你们来出个方案吧。

总之，有那么一个阶段，运营真的很苦，也很不被重视。

好的地方是，我们都能显著感受到，形势是在发生着变化的。就像书中已经提到的，运营在企业竞争之间所占据的权重开始变得越来越大，一项业务中需要借助运营去贯穿的部分也开始越来越多，至少近几年内，在很多公司内部运营的地位已经有了显著提高。

但，仍然有很多公司内部，运营的存在是尴尬的，这既阻碍了公司的发展，也无助于运营人的成长。

我希望：可以有更多的公司能够意识到运营的重要性；能够意识到下一个十年内，没有运营能力的产品和互联网公司都是很危险的；能够意识到你需要创造机会让运营参与到更多核心决策中去；能够意识到你的产品很多时候都需要为运营而做；能够意识到只有你愿意开放空间让运营参与到更多核心业务环节和产品意见决策中来，他们才更有可能为你创造更多价值；也能够意识到，要是公司内部根本就不那么重视运营的话，基本上你是不可能拥有这项核心运营能力的。

当然，一定程度上，运营人自己也要争口气，证明你配得上更多的重视。

第二，我真心希望，很多公司可以想清楚自己现存的问题，以及想清楚自己到底需要"什么样"的运营后，再出来招人。包括 HR 和老板们，最好也可以先搞清楚到底"运营"是什么，明确岗位需求后再来招人，可能会更好。

我见过大量运营人的离职是出于这样的情况：公司还没想明白为什么自己需要这么个岗位，就把自己招过来了，结果却发现自己过来后其实没什么事可以干，然后只能等着被干掉或者自己申请离职。

一旦这样的情况出现，一方面伤害了这个人的职业生涯，另一方面对公司本身也浪费了时间和成本。

就像我们提到的，对运营来说，策略是大于手段的，一个运营的软文写得再牛，活动搞得再有创意，通常也架不住老板产品方向没想明白，或者产品架构、产品规划一团混乱。

所以不要指望你能够招到一个在"具体手段"上很牛的运营，能够帮你解决"思路策略不清"的问题。另外，人也都有自己擅长的事和不擅长的事，很难有一个运营是能够通吃所有行业、所有领域的。有些江湖疯传的运营"大神"，可能未必适合你的业务类型。

好比，如果一个当前核心问题是站内用户维系和管理一片混乱的社区类产品找来了一个擅长营销大神，或者一个当前主要问题是推广增长一定要跑得足够快的工具类产品找来了一个社区、社群运营的大牛，又或者一个天天泡豆瓣、知乎特别擅长内容的运营被拉去做 K12 产品的运营，基本上更大的可能都是这些大牛们会呆得很憋屈，且这个产品的状态估计也好不了。

第三，我真心希望，可以有更多的公司或团队管理者能够对运营新人们的"成长"更负责一点。

运营是个特殊的工种。它不像产品和研发那样入行天然有较高的门槛，也不像"销售"那样，是一个虽然入行门槛低，但你往下自己到底该怎么做才能混得更好都已经门儿清了的职业。

相比起来，运营基本上是这样一个职业——入行可以很容易（大不了搬搬砖），但要往上走，成长路径是极度复杂、极度个性化的，且还很可能深不见底。

在这种情况下，一个新近入行的运营小白要是缺乏指导和建议，确实太容易迷失方向，感到未来一片茫然，包括我自己，在职业生涯早期也是一样的，我知道那种状态有多痛苦，而这些新人们，如果能够得到更多明确的指引，也许他们的职业生涯是会大有不同的。

所以，我希望有更多的企业或团队管理者可以基于运营的职业生涯发展考虑，在工作中尽力给予他们更多的建议和努力方向。

比如说，以我为例，每一个我带过的新人，在一段时间内，我都会建议他们先专注积累起来一项自己的核心技能，以及如果他还不知道如何成长的话，我会给出他在相应方向下该如何练习和进步的具体建议。这些技能，可能是写文案，可能是线下活动的张罗和推进，可能是核心用户的互动和维系，也有可能是做内容。

再比如，我总是会跟我的每一个团队成员去花些时间聊一些如下的问题：

（1）你当前自己的能力范围和瓶颈，可能在哪里？哪些事你是有能力去完成的，哪些事又可能会超出你当前的能力范畴？

（2）你未来一段时间内，是否有清晰的目标或一些预期？（假如没有，我会为你去创造空间多做一些尝试，给你一点点时间去明确自己的方向。）

（3）围绕着你期望达成的那个预期（例如 2 年内要成为一个可以独立带领运营团队的人），你当前还能还缺少哪些核心能力（例如从来没有从 0 开始推动过一个传播量几十万以上的活动）？

（4）这些核心能力，我可以怎么帮你去积累和获得？

在他们这些问题的答案都相对清晰之后，我会知道，对每一个人，我该给予他们哪些挑战、帮助和指导会是更合适的。

我觉得，对每一个团队成员，既不应让他们长期待在舒适区，也不要直接大跃进式地一把就把他们拖进深水区——那会很容易让他们无助溺水。

诸如此类的做法，可能会更有助于运营人的成长，有助于让这个行业变得更好。

第四，我知道很多公司招不到运营，也知道很多公司都在挥舞着钞票，以"高薪"为诱饵试图能够迅速找到好的运营。但我对此是悲观的，我给老板们的建议是，不要指望因为"你有钱"就能轻松招到很多好运营，也不要指望单靠"给钱多"这种事情就能帮你吸引到真正的好运营。

我自己有这么一个理解：一个有能力的运营要想能够在工作中变得如鱼得水，能够面对用户散发出巨大能量和热情，可能需要有一个前提，那就是：

他必须对于他当下正在从事的工作充满热情和相信。

若不具备这个前提，哪怕一个运营再牛，他很可能也完全无法为你的公司创造足够的收益。

所以其实如果你真的想要找到一个好运营为你创造足够的价值，我的核心建议是：请先想清楚你在做的事情为何是有意义、有价值、值得人们投入热情和相信的，然后重点通过传递你的想法、产品理念等去赢得他的认可，最后再聊薪水。

一个真正优秀的运营往往骨子里就是一个有趣、有想法、有追求的人，他们自身也往往极度渴望去做一些有趣、性感的事情。

与此同时，假如你真的招了一堆运营却无法激发出他们发自内心的工作热情，这样的人其实即便招到了，对你的意义也有限。

我就曾经帮我一个做 K12 产品的朋友负责过一段时间的运营工作，但几个月下来，我们发现无论是我还是他，状态都很别扭，而背后核心的原因就是：我并不喜欢K12 这个领域，甚至内心会有些反感和抵触这个领域内的一些现状和做法。

所以，在这种状态下的我，一定无法做好对应的工作。

相反，从 2015 年下半年跟朋友们一起创办三节课以来，我的状态是如鱼得水的，不夸张地讲，创办三节课以来的这段日子，我进入了职业生涯迄今为止生产力最高的一段时间。

背后的核心原因也不复杂：因为我真心喜欢这件事，也相信它背后的价值，所以我可以有更高的热情以一种更加内外一致的状态投入其中，进而威力倍增。

最后，总结一下：

- 希望更多公司内部可以在实际的工作和管理过程中更加重视"运营"的作用，愿意把"运营"当作一个核心业务部门来看待；

- 希望公司的老板、高管和 HR 们可以更了解运营一些，尽量避免在招聘、岗位规划的时候就给大量运营从业者们埋下很多"坑"；

- 希望可以有更多的公司对于运营新人们的职业发展更关注一些，因为运营新人们实在太容易迷失，太容易蹉跎时光；

- 也希望有更多人可以理解真正优秀的运营，其实是特别渴望找到一款自己认可的产品去做点事情的。要想拉到好运营，可能钱并不是关键，关键在于你是否能够让你和你的项目在他们面前变得有趣、有意思、有说服力。

最后的最后，希望互联网这个行业越来越好，可以有越来越多有趣的人在其中做出来更多有趣、性感的事。

这是真心的。

一个运营人眼中的互联网及其未来

在本书此前的内容里，我碎碎叨叨地给大家分享了很多我自己的一些方法论、认知和理念，甚至是一些我个人的职业价值观。

但，身为一个自诩"天然流淌着互联网血液"的互联网人，我认为这个行业里关于你的职业信仰、关于你的处事原则、关于你的工作方法等，一切的源初，可能都需要回归到一个人关于"互联网"的认知上去。

本质上，你理解的互联网是什么，它在你心中代表着些什么，你就更可能会以此为中心去构建起来你的职业价值观与工作方法论。

在这一点上，我相信无论对于产品、运营还是研发，都是一样的。对于我，亦是如此，我正是因为对于互联网有了一些特定的认知，才慢慢能够基于此延伸和演化出来了一些自己的职业价值观与工作方法论。

在这本书的最后，我想把我自己对于互联网的一些认知与理解分享给你。

1999 年前后，我第一次接触互联网，那时 OICQ 还没有火起来，我和几个小伙伴只是在家中书房里，用那个拨号后极限连接速度只能达到 6k/s 的 Modem 晃荡着手打开了新浪和炎黄在线——那貌似是当时我们仅知道的两个网站——就顿时觉得自己高大上起来。

2001 年，我第一次在一个线上社团和 BBS 中成了较为知名的人物，用现在干了互联网运营之后的专业角度去看，就是一个社区中的明星用户。

2004 年，我在大学图书馆里借到了那本比尔·盖茨的《未来之路》，看得如痴如狂，为书中描述的那些已经发生和我认为即将要发生的场景感到热血澎湃，那种感觉，就像是你终生都在等待一个重要的事发生，而现在那个时刻终于到来。

2010 年，在传统行业工作了 3 年半，刚刚告别了职场小白的状态后，我终于正式投身于憧憬已久的互联网，此后再未远离它。

2014 年开始，"互联网思维'已然如火如荼。在真正投身于互联网 4 年、也经历了一次不算成功的创业之后，我开始自称为一个"互联网信徒"。

然后，我身边开始不断有朋友会问我：你眼中的互联网到底是个什么东西？你相信的是它是什么？有 N 多人都宣称自己信仰或向往互联网世界和互联网精神，它们到底又都是些什么？

我认为，互联网所带来的影响和改变，有一些是实实在在、几乎人人皆可感受到的，例如网上购物相比于逛商场跑商店的低成本和便捷性，而有一些，则是不那么明显、在潜移默化地发生着改变的。甚至还有一些更为深入的部分，也许是有关于人类存在的本原甚至触及到哲学层面的。

就"互联网是什么"这个问题，我想要由浅入深依次给出四种不同的回答。

第一种回答：互联网是一种降低成本、提升效率的工具

忘了之前在哪里看到过这样一句无比精辟的话——人类拥有三大硬性需求：求生本能、性冲动和渴望伟大。如果你愿意去回顾自己的人生，你会发现你的几乎所有行为都是围绕着这三种硬性需求来展开的。

互联网世界相比起传统世界，差异在于你可以以成本更低、效率更高的方式去实现自己的需求。如：以前只能通过职业介绍所去找工作，现在的招聘求职网站满世界都是；以前只能下青楼逛窑子，现在则有草榴、9158 等来帮你；以前只能看新闻联播和春晚，现在则可以几乎完全无视它们。

甚至，在互联网成为一种我们已经无法脱离开的工具时，它还极大地改变了我们的生活习惯、社会关系圈和人际交往模式。

这种回答，是一种几乎人人都能理解的回答。

第二种回答：互联网是一种新的充分拥抱变化的思考方式

有网以前，产品设计和制作也好，一种制度的建设、调整和完善也好，一个想法

的尝试也好，其成本都是极高的，因此，有网以前，人们普遍追求稳定，畏惧变化，又或者说，在面对改变和变化的时候，大家往往慎之又慎。

有网以前的成功者，往往是一种可以把一件事长期维持在一个良好状态的人。

但有网以后，试错成本被无限缩小，变化和改变开始成为常态，很多旧的思考方式几近被完全颠覆，成功则越来越属于变革者和拥抱变化者。在互联网范畴中，被普遍认同的一点是：真理并不存在，既定的回答也不存在，我们必须要在行动和尝试中去得出最接近于真理的答案。

这就是互联网带来的一种截然不同的思考模式，在互联网人和 Geek 们的圈子里，它被叫作"敏捷"和"迭代"，通俗地讲，它倡导的是一种"把变化视为常态"的思维模式。

在传统思维框架里，人们被鼓励要谨小慎微、三思而后行，一定要想得细、想得准、想得明白之后，才能动手去做，而在互联网的框架里，人们则更多地被鼓励"管它如何，先做做看再说"。

那些所有畏惧和抵触变化的人，很可能都终将被互联网抛在身后，例如很多已经被互联网彻底改变了的传统行业。

第三种回答：互联网是这样一种途径——它连接一切，赋予更多的人自由和平等

有史以来，"自由"时常都是一个充满着光辉的词汇。它意味着这样一种假设和观点：每一个人都是拥有自主意愿和独立思考决策能力的。古往今来，在任何一个国家的历史中，都不乏为了追逐自由而舍生取义的故事，因而，这种对于自由的追求和渴望，也被普遍视为人性的光辉面之一。

但与之相反的是，迄今为止，人类还从未成功找到一种机制是可以让大部分人拥有自由的。一个社会和组织中的绝大多数人，往往只能被禁锢在生存的枷锁和束缚中，无法挣脱——你知道，在过去的时代里，为了生存，有太多人的工作、生活方式等都是无从选择的，即使那些状态是完全违背他们本身意愿的，他们也只能无限隐忍下去。

中国有一句谚语描述的就是这样一种扭曲的反人性的状态——好死不如赖活着。

之所以如此，是因为在传统的旧世界和追求稳定的封闭式思维中，一个社会和体系的顺畅运转，是依靠一些信息数据量巨大的中心节点和中介机构来支撑的。例如，

商品价格的确定需要依赖于物价局，作家群体的生存和书籍出版需要依赖于作协，生产商品的厂商必须依靠强大的代理商或商场才能把产品卖给用户，甚至很多商户的销售和利润也必须要借助于把客户圈定到一个封闭的范围内才能实现，等等。

在旧的世界里，人们能连接到的范围以及可以管控到的连接数量都是有限的，所以必须依赖于这些信息转发和处理能力强大的中心节点，如果没有了这些中心节点，甚至整个社会的运转都可能会崩溃。用现在的话讲，这些中心节点和中介机构的存在，是为了解决信息流通和传播的问题，但由于很多信息必须通过中心节点的转发才能到达目的地，这导致了即便你是一个优秀的个体生产者，也将不得不接受中心节点的束缚和限制——因为在它面前你没有任何资格讨价还价。

同时，这也导致了有一大批离中心节点更近的人可以有机会赚取"信息不对称"的差价，甚至滋生了一种大家都在试图要拼命接近和靠近中心节点的扭曲，这与对"自由"的追求是背道而驰的。

而在互联网时代的场景下，一切都可能是彼此连接的，无论是人与人之间还是人与物之间，人们可以拥有以及能够管理的连接数量也将大大增加。当一个网络内的节点与节点间的连接足够多时，以往存在的中心节点将失去它信息中转站的意义，因为网络中的任何一个节点都将可能会拥有类似的能力。这就好比在 20 年前，远在贵州的我要了解北京发生了什么，唯一的常规性渠道几乎只有看新闻联播，但今天，同样在贵州的孩子若再面临同样的问题，已经可以有无数种选择。

而这种"一切都可能被连接起来"的现状，将会帮助更多人从长期被禁锢着的枷锁中解脱出来，触及到自由。

无论是过去还是现在，我们当中仍然有太多人的工作与生存之道是要依赖于某个组织或某家机构的。老师要依赖于学校或培训公司才能接触到学生，作家要依赖于出版社或媒体才能接触到读者，设计师和广告策划人也需要依赖广告公司才可以接触到客户。但无论你是否已经注意到，威客、自媒体、微博、MOOC 等都已经在开始慢慢地改变这一切。我相信，当一个行业因为互联网而开始衰落下去时，很可能对于这个行业内原本的优秀生产者们而言反而是一种潜在的机会。就像，传统媒体的衰落，反而成就了一批优秀的自媒体人。

我不敢说那些把单独的"信息分发和中转"作为生意来对待的企业、机构和行业到最后一定会因为互联网而全部消失，但我很肯定，一定会有比现在多得多的拥有一技之长的个人，将因为互联网而获得自由。

也不知道是谁创造了那个经典的解读——互联网将能够实现自由人的自由联合。然后，一个我很喜欢的作者——程苓峰将这个表述放大到了极致。

不管怎样，程苓峰的有一句话我倒是很认同的：

若想在互联网时代做点真正有意思的事，要么，你去带给一群人自由，要么，你就借助一个平台让自己自由起来。互联网，本来就是一群自由人的自由联盟。

我猜想，连接一切的互联网，最后可能会带来的一种状态是：每一个人都能够以一个生产者的角色存在和发展，并且只要你足够靠谱，每一个人都能够凭借自己所独有的一技之长获得尊重和认可，无论是做音乐的，讲课的，做设计的，写代码的，种地的，还有写字的，都将可以不必再依赖于某个机构或团体，而是仅仅依靠自己就能够满足自身生存与发展的需要。

而这，正是许多人所渴望的"自由"。

如果绝大多数人都能拥有个体的基础自由，由他们自由结合在一起的世界会变得如何？你可以试着展开些联想，总体而言，我认为那很酷。

第四种回答：互联网是一种相信这个世界会变得更好的信仰

如果要来探讨人性，我们总是会听到两种不同的回答与假设，一种回答相信人性本善，另一种则相信人性本恶。

在互联网时代以前，我们所看到的几乎所有的体系，都是基于后一种答案来进行设计的。它提出的是这样一种假设——人的本原是一种内在的自私动物。正是基于这样的假设，我们的社会设计思路往往是要创造一个制度和组织来管理和约束大家。这一假设断定了人只可能被两种东西所驱使和操控：自由市场博弈中有利于自己的结果，或是高压政府的铁拳。

而近代人类社会体制和秩序的演变，从君主独裁到工业革命，到法西斯，再到自由市场资本主义，也在完美地契合着这一假设。（尤查·本科勒的《企鹅与怪兽》一书对此有很详细的论述。）

再实际一点的话，基于这种假设下的体系，往往更可能是这样的：

- 你若想减少犯罪，就要加大惩罚力度；

- 你若想让员工更努力工作，就要将报酬与业绩挂钩，并且给予他们更强的约束和管控；

- 你想要避免被欺诈，就要先制定一系列复杂的流程和约束机制；

- 如果你想让医生更好地为患者服务，就要警告他们不好好工作会吃官司；

……

而互联网的出现，则第一次带来了一种完全相反的假设——人的天性或许并非是绝对自私的，在好的环境和引导下，人们可能会更倾向于利他、守信与合作。

再具体一点，互联网世界中对于人性的理解或许包括了以下 3 点：

- 人是具有普世道德感的，假设不是先受到伤害，我们都会倾向于在道德感所覆盖的范围内去遵守我们做出的承诺，履行我们应该承担的义务；

- 人是社会性动物，无法脱离于集体而存在，甚至，人极其需要一种群体认同感，来让自己体验到组织、社区或是国家的团结；

- 人并不总是理性的，很多时候，感动、喜悦、尊重等情绪和场景所带来的不可替代的体验与满足会超越一切理性思考范畴内可见的收益回报。

正是基于这样的假设，出现了无数个让人受益匪浅且留下了无数故事和留恋的网络社区与论坛；

正是基于这样的假设，曾经被质疑"一定会骗子漫天飞"、"无法保证真实和安全性"的电商现在已经如火如荼，甚至已经打下了传统实体购物的半壁江山；

正是基于这样的假设，你会看到 Wikipedia 和 Linux 这样不可思议的故事；

也正是基于这样的假设，如 Google 等以更加开放的立场鼓励和引领人们进行更多协作与分享的企业，才会赢得全世界的尊重。

我们都还记得那个经典的"囚徒困境"，若以传统的假设和理性思维，人是追求"个体利益最大化"的动物，那个游戏中的两位囚徒最好的归属和最佳的选择就是彼此都选择举报对方，最终双双被囚禁更长的时间。而在互联网的思考框架下，两个囚徒则更有可能也更应该选择去合作 换取一种"共同利益最大化"的结果。

从工业时代至今，这个世界在快速发生着各种巨大的改变，如果说过往的社会秩序是一种要求人们必须接受高强度的约束和限制的秩序，互联网时代则提出了这样一种可能性：如果你给予人们充分的自由、平等和开放的空间让他们自己去决定该做些什么，他们或许会有能力去创造出一种比原来美妙得多的秩序。

在某种意义上，这种基于互联网精神的信条或许也可以被总结如下：开放、平等、合作和分享有利于人性光辉面的呈现，而封闭、强权、束缚和高压则会促成人性阴暗面的被放大。

在某种意义上，我之所以自称为一个"互联网信徒"，正是因为互联网第一次让我感受到了可以触碰到一个更加开放和平等的世界的可能性。

我愿意略带一些理想主义地相信，那样的一个更多光辉压倒阴暗的世界，才是互联网的终极追求。（完）

以 "流量" 为中心的运营时代已经结束了

本文源自于三节课联合创始人、本书作者黄有璨在由运营直升机主办的 "2016NOMS 全国运营峰会" 上的演讲稿，内容有增补。

大家好，我是黄有璨。很感谢主办方的邀请。我今天不是来讲干货的，也不是来卖书的，今天我跟大家聊的就是这一年里面我自己的观察和思考。

（一）

其实对于整个互联网行业来说，2016 年都是一个很有趣的年份，这一年里面发生了很多事情，这一年，有很多人不断抛出来很多看起来很颠覆的言论。

比如说王兴和李丰这一年里先后公开表达过，说互联网的上半场已经结束了，下半场即将开启。

比如说李彦宏在前不久的世界互联网大会上也公开说：移动互联网时代已经结束了。

比如说罗振宇也曾经写了一篇文章，说对于整个互联网来说，所谓的用户数之类不再是我们的核心竞争维度，相反，用户的 "时间" 将成为最大的战场。

我的合伙人，三节课 CEO Luke 也在这一年里写了一篇文章，叫作 "互联网的黄金十年已经过去"，那篇文章被 36 氪、虎嗅等行业媒体大量转载，里面他跟上面几位大佬也做了观点相似的一个表达——他说对于整个互联网来讲到 2016 年这个年代，我们的产品还在不断泛滥增长，而用户数已经远远不够用，此外几乎也没有什么机会出现所谓的 "独角兽" 了，所以说互联网的黄金十年已经过去了。

当然，除此之外，还有一个人写了一本书，这个书的开篇引言他就提到，说"互联网的下一个时代将是运营驱动的"，背后的逻辑是说，我们现在的产品创新空间已经越来越少了，比如现在做一个社交 APP 或者 O2O 的产品，有很多东西比如登录流程、注册流程这些东西你基本不用创新也不用设计了，直接抄现有的成熟产品就可以，之前大量产品已经把这个东西摸索、探索、尝试得很成熟。所以类似在产品层面可以创新的东西事实上是越来越少的，于是，大家竞争的维度必然转向运营这个事情。

（二）

那么为什么会有这么多人在这一年里抛出了这么看起来都很令人震撼的观点？我相信这背后一定有很多问题是值得我们思考的。

这里我想先提出一个公理，就是：任何一个新行业或者领域，总是会经历从蛮荒到文明的一个发展过程。包括任何一个产品的发展，往往也一定是从"粗放"到"精细"的。

举个例子，在十几年前的 1998、1999 年，我还记得那个时代所有的网站非常粗糙，完全谈不上任何的美感，那时候的门户网站布满了各种飞来飞去的弹窗和小广告，用现在的话讲简直亮瞎双眼，但是到现在，我们从如何设计一个网站甚至一个页面、一个模块，都已经有了大量的设计规范，这就是行业的发展所推动的，也是所谓"蛮荒"到"文明"的表现。

再比如，像淘宝这样的网站，最早的时候，它用来服务所有用户的页面和逻辑都是一样的，换句话说，所有人在任何地方看到的淘宝都是同一个淘宝。但后来，随着淘宝用户量的发展包括市场竞争的加剧，淘宝的运营开始从"粗放"变得"精细"。具体来说，后来，你会发现北京登录和上海登录淘宝首页可能看到完全不同的界面，包括每个分类下面淘宝的算法推荐的东西也完全不一样。所以，这就是所谓从"粗放"到"精细"。

在我看来，进入 2016 年，互联网在国内生根落地已经 20 年。"运营"这样一个职能从最初开始出现到现在，也已经十几年了，我隐隐有感觉，到了现在，随着很多底层逻辑的变化，"运营"这样一个职能的发展也临近了一个关键的拐点，一个所谓从"蛮荒"到"文明"之间的拐点。

引用毛主席当年的话来说，就是"形势正在起变化"。

（三）

所以这里我要抛出我的核心观点了，这个观点由两句话组成。

第一句话叫作：以流量为中心的运营时代已经结束了。

怎么理解这句话呢？我认为其实在过去十多年的互联网行业中，对于"运营"这样一个工种和职能，在大部分公司内是以"流量"为导向的，我们会以流量为中心去审视很多事情。在这样的视角下，"运营"很多时候扮演的是一种推手的角色。

什么叫作推手呢？就是你来把流量或者用户随心所欲地推到各种地方去，比如说，我认识一个朋友，他们以前做一个很赚钱的生意叫流量分发，就是从 hao123 这样的渠道上面以较低的价格把流量买过来，然后再以较高的价格卖出去，说白了就是倒买倒卖，这就是典型的"推手"。

以及，大量围绕着以"占领渠道"、"成交"、"转化"为导向的运营，比如说广告投放、APP 推广等，都属于这一类。

你会发现，在这种以"流量"为中心的视角下，用户的存在感是缺乏的，他们更多时候被看作待宰的羔羊。比如，对于 hao123、百度等这样的流量入口来说，它们一定不会在意"用户"怎么样，它们更在意哪些关键词的流量更大，整个流量大盘的变化是怎样的。

在这样的逻辑下，运营往往更加关注流量流向，更加关注转化率，更加关注渠道和入口占领。但是，在我看来现在这样的时代已经结束了，我后面会具体讲为什么。

（四）

好，现在可以引出我的第二句话：我认为以"用户"为中心的运营时代正在全面到来。

什么叫作以用户为中心的运营呢？简单地说，你会发现，在现在的互联网世界里面用户的存在感和话语权越来越强。十年以前，用户在互联网世界没有话语权，你只要占住关键渠道和入口就可以有很漂亮的数据，你只要转化率和分发做得好一点，就有很漂亮的数据和很高的估值可以净钱。

但进入 2016 年以后，我开始越来越明显地感到，哪怕占据大量的关键渠道，哪怕在流量入口上面都有很好的曝光，但是如果没有用户的背书，如果没有大量人站台说这个产品是好的，你就会发现流量分发效率包括入口上面获取流量成本会越来越高，越来越可怕，以及对应的用户留存也越来越低——简单地说，粗放的"渠道"和"流量"主导的打法，不那么管用了。

比如说我们现在在应用商店上面做推广平均获取用户的成本已经至少要达到十几元钱，你想想在两三年前这个费用差不多也就是 3 元钱左右，这是很大的变化。

（五）

为什么有这样的现象出现呢？

这里我们必须提到一个东西，就是信息分发和传播的底层逻辑的变化。

我自己对于运营有一个偏宏观的定义——我认为运营的最终目的只有一个，就是去更好地连接你的产品和你的用户。这个连接里面可能包括两个层次，第一让用户愿意使用你的产品，第二你能够在他使用你的产品中维系住他，让你跟他的关系变得更好。如果这是我们的目的，那么我们该怎样连接用户呢？我们一定通过大量的信息分发和传播渠道去连接用户。

这个事情在没有互联网以前我们是怎么做的？你会发现在没有互联网以前我们整个信息传播和分发的模式，完全取决于我们的关键核心节点。比如互联网出现之前我们想触达我们的用户、影响我们的用户，最简单的方式就是上央视打广告、在地方权威媒体上面、报纸或者杂志上面投放广告等。

到后面有了短信，我们可以把用户信息存储起来做一个 CRM 系统，通过 CRM 和短信的方式触达和影响他，这是没有互联网以前我们影响用户的典型方式。

那么有互联网之后，有互联网的第一个十年或者十五年里面，这个事儿有什么变化呢？你会发现这个事情本质没有发生太大的变化，无非就是我们影响和触达的方式从传统的方式变成了线上的方式。

比如以前触达用户的最有效方式是我去央视投广告，而在互联网的第一个十年里，这个事不过就是变成了我要在百度搜索的第一页里面排名足够靠前，以及在门户网站上最显眼的位置上去投广告等，只要做到这一件事儿我就可以有大量的流量。

这个是在有互联网之后第一个十年里面，线上世界在发生的事情。即便一度出现了 BBS 论坛这样的地方，它的信息分发和传播逻辑也仍然还是偏重于中心化的，以版主和意见领袖等人为中心。你要是想做论坛推广，可能一个论坛里面有一个版主和意见领袖帮你背书，这个事情要胜过一切。

包括，不同论坛之间，比方说要是运营直升机和三节课都做了个论坛，这两个论坛之间的用户信息是很难流通的，所以整体来说，用户与用户之间很难做到互相影响，基本是一个隔离状态，也因此，"用户"是没有话语权的。

（六）

那么到了现在，信息传播和分发的逻辑有什么变化吗？其实有很大的变化，我们会发现，随着社会化媒体的崛起，信息分发和传播的逻辑已经越来越变得"分布化"、"去中心化"。

比如说，哪怕只是五年前，类似王宝强离婚这样的事情我们第一时间去哪里获取相应信息？相信大多数人的选择是会上百度搜，上搜狐娱乐、新浪娱乐看，这是五六年前我们做的事儿。

但是到了今天王宝强离婚这个事儿发生之后，我们从哪里获取信息？我们是从朋友圈、知乎这样的地方获取信息，越来越多的流量入口，开始变成了类似朋友圈这样的地方，大家也更加愿意相信这些地方获取到的信息，相反，门户网站等的信誉度，已经越来越低了。

换句话说，在现在这个时代要是不能做到让你自己的信息在朋友圈、在知乎这样的地方能够大量露出，通过在这些地方获取大量的流量和关注，那么你影响用户、你跟用户互动的效率一定是低的。好比说你今天可以找咪蒙投一个大广告，但是如果这个大广告内容本身是差的，很少有人转发，那么这个投放仍然很可能是失败的。这跟十年前完全不同——十年前，我们只要能出现在百度搜索结果的首页就很厉害了。

这是信息分发和传播逻辑的一个巨大改变。

（七）

而因为运营的目的是为了帮助产品和用户建立联系，所以当这样的信息分发和传播的逻辑出现改变的时候，那么运营的工作导向一定也会面临巨大的变化。

具体来说，因为有这样一个趋势的变化，所以我觉得有很多流量导向的运营工作和运营的岗位，在未来一到三年内在整个行业里面会越来越弱势，越来越难做。

比如说如果你的工作是包括我们讲的流量分发、简单的渠道推广、简单的内容搬运和维系，还有占据渠道类的工作，如包括大量的应用商店的推广、积分墙、广告联盟等，我觉得你在未来一到三年里是会越来越难熬、越来越弱势的。你会发现你获取用户的成本一定会越来越高，效果也会越来越差，包括你可能在行业里面受到重视的程度，其实也会越来越低。

那么对应的，就像我提到的，以用户为导向的运营，我觉得在整个行业里面会越来越吃香。什么叫作以用户为导向？最基本的就是你要有能力去面向你的用户跟他们建立起更强的情感连接、更强的关系以及跟他们完成频次更高的互动。

举个例子，以前有很多运营岗位比如管理 QQ 群之类的岗位在行业里往往会被视为是打杂的。但是现在，我认为一旦你很擅长与用户互动，能够做到在一个群里让自己存在感很强，让大家都很爱你、很喜欢你，能够把大家的积极性调动起来让整个群都很活跃、很欢乐的话，我认为像这样的运营人在行业内的地位是会越来越高、越来越吃香的。

（八）

在这样一个视角下面，我认为"运营"需要关注的事情也发生了一些变化。它可能不再是一维的渠道投放和转化，而是会变成这样三个东西：

一是管理用户的预期；

二是管理用户的构成；

三是管理用户的体验。

这三个东西要是展开讲其实很长，所以我可能没有办法展开聊。简单地讲，就是在一个产品发展的不同阶段，围绕着上面这三个方向，要考虑的东西应该是完全不一样的。

比如在产品刚刚上线的初期，这时你应该做什么事情？你应该降低用户对于产品的预期。为什么？因为在我们一个产品刚刚上线的时候，我们产品的用户体验、核心功能、核心价值等，很可能是不完善的，也很可能是有问题的。包括滴滴这样的产品，你要是去翻应用商店的早期评价，你会发现它们的早期评价基本都是这样的——这是什么烂 APP，我叫车四五个钟头车都没有来。

我觉得任何一个产品都是这样的，所以特别是早期一定要降低用户的预期，不要满世界对外去讲说类似我们做了一个产品特别牛这样的事情。

然后你管理用户构成，这个在特别早期的阶段，跟前面提到的管理用户预期是一脉相承的。你要知道，特别早期的时候一个产品需要什么用户？它需要一群容错性更高的用户，而不需要大众性的用户。简单地说，容错性高的用户能陪着你一起走，愿意忍受你的不完善和不足，而大众性的用户基本上但凡只要发现这个产品哪里不好了，我一定满世界骂死你。

那么第三就是管理用户体验。

（九）

这里我想先问一下，有多少人听说过三节课？挺好的，看起来有差不多一半人。

那我对剩下的一半朋友用两句话简单地介绍下三节课。

首先，我们定义三节课叫'一所互联网人的在线大学"，我们通过在线的方式给互联网人提供学习内容和课程，包括我们的微信公众号也在持续提供高质量的学习内容，目前我们只专注产品和运营这两个品类下。

其次，我们觉得我们在做的事是学习，而不是培训。具体讲，我们觉得学习这个事儿分三个层次：

第一叫作"开眼界，长见识"，比如参加各种行业沙龙和大会，基本能解决的都是这个问题；

第二是在具体领域里面，帮助你搭建起来一套完整的知识体系和知识框架，有了这个知识框架你才能更好地理解这个领域；

第三个阶段是能力的培养和提升，这个层次的话，可能不止是听课了，还要大量练习训练和反馈才能达成。

在我们的理解里，我们觉得大量做培训的机构做的是第一个层次的事，但是我们想做的是第二个和第三个层次的事情。

（十）

介绍完了三节课后，我们以三节课这一年里做的一些事为例，来说一下我们是怎么管理用户构成、管理用户预期和管理用户体验的。

先说第一个和第二个事情，你会发现，我们往往会用很"自黑"的方式去跟用户沟通。比如说我们曾经发过这么一篇文章，说在三节课报名一堂课程需要 18 步操作。比如说，我们曾经做过一些活动很伤用户体验，我们也会坦诚出来道歉，我们会公开出来说：这个活动我们觉得我们做的烂透了。

你可能从来没有看一个卖课程的机构会这样对外去宣传自己的课程——我们会跟大家讲三节课出品的全部课程均不包学会、不包就业、不包涨薪，不适合所有人参加，报名请谨慎。

其实类似这样的事情和表达，都是我们在控制用户的预期和用户的构成。你想想，我们话都说成这样了你还跑过来，那说明你一定很认可我们，或者在产品运营学习上面你的痛苦很深。因为你有这么深的痛苦，那哪怕我们这个阶段做得不太好，你也一定能忍，不会随便就满世界去骂我们，就是这样一个逻辑。

除此之外，我们在所有的课程的用户体验管理方面，也有自己的一套逻辑，我们会精细地到每一个用户体验环节里去看、去思考，我们可以在运营层面做哪些事，来提供给用户超出他们预期的体验。按照这个思考和方法跑了一年，我们现在可以做到一堂课程结束后，大约百分之六七十的用户都会自发去发朋友圈，且发的内容都是你看过后觉得很感动的内容。

（十一）

所以假如说过去十年的互联网运营，更多的是需要你扮演推动者的角色的话，那么现在这个时候做运营更需要你能扮演一个触动者的角色——即你需要在感动用户的同时还要被用户所感动。只有做到这一点，你运营的基石在这个时代才是扎实的。

这个时代一个产品运营的基石和根基，可能越来越变成有没有人在大量的社交媒体上、在朋友圈这种地方，愿意给你背书。这个东西是根基，有了这个根基再做推广和转化，效率是最高的。但是如果没有这个根基很多事都是白搭。

（十二）

最后说一下我关于运营的几个判断吧，分享给大家。

第一个判断是这样的，在过去五到十年当我们评估一个运营人是不是足够牛的时候我们更多怎么判断？我们更多会去看这个人是不是从 0 负责过一个产品把它搞到几千万用户，包括行业内的运营大咖们更多也会拿这样的履历向大家证明我是厉害的、我是权威的。

但是这个事儿在未来三到五年里会很难，这个时代基本上每个细分行业下面、细分领域下面、每个专业领域下面，其实已经有了这种很好的产品占据着坑位。我认为这种"从 0 做到千万用户"的机会可能很难存在了。

这不是能力高低问题，而是时代问题。所以，我的第一个判断是，未来三到五年评估一个运营能力是不是够强，它的能力不是搞来多少用户，而是越来越近似于讲，可能我只有 20 万用户，但是可以让 20 万用户超级喜欢我，他们为我疯狂。

我认为这是未来三到五年里评估一个运营是不是优秀、是不是厉害的关键标准，这也是一个转变。好比我们做三节课这个事儿，这个事儿天然不可能做到一千万用户，但是我们就是几十万户，我们让几十万用户喜欢我们。他们跟我们做朋友，跟我们玩大量的事情。这是不一样的导向，这是第一个判断。

第二个判断是什么？我认为，具备优质内容输出能力和懂得用户间制造良好互动的运营将会越来越值钱。这里其实承接的是上面我们说到的信息分发和传播的逻辑在改变的部分，简单说，具备了优质内容输出能力后，你可以做到让很多人愿意自发在朋友圈传播跟你的产品和品牌相关的内容，这件事在未来 3~5 年里，我觉得也许可以抵千军万马。

但是如果不具备这样的能力，你还是只能投广告、卖转化，那就很惨。

包括怎样和用户之间制造良好的互动，让用户因为喜欢你而可以在朋友圈、知乎、微博这样的地方去大量讨论跟你有关的事，说你的好话。这个事儿在未来是越来越关键的，所以这样的运营会越来越值钱。

第三个判断是什么？我认为，将会渐渐出现一套关于运营更完善、更严谨的知识体系和逻辑。在那之后运营这个事儿会更火。

这个判断是怎么来的呢？是因为前两天我在三节课做一个课程的研发而催生的思考，在这个过程中我几度跟自己较劲，纠结有没有必要重新给运营这个事儿下一个定义？

因为在传统说法里，关于互联网运营的定义，基本是三大模块，就是内容运营、用户运营、活动运营这么三个东西。但是你发现恰恰是这样一个定义，我觉得它其实阻碍了运营这个职能或者这件事的发展。

为什么？因为这个定义我觉得本身它就很模糊，很不具体，它很难让有 1~3 年从业经验的人很好地理解它。比如讲"用户运营"，其实是个很抽象的概念，很难让新人去理解。我遇到过这样的新人，他讲我不想做用户运营，因为我觉得做用户运营没有前途。我问他你觉得什么是用户运营？他说我之前在一个 APP 做用户运营，每天干什么呢？就是去后台处理用户留言，这个事儿他们老板说就是用户运营，所以我觉得这个事儿特别没有技术含量。

所以，我们现在对于运营的定义，是很难让大部分新人很好地理解它的，以及也很难让我们行外的人，包括我跟大量的人理解。比如说一个做金融的人或者做传统行业的人，你跟他讲内容运营、活动运营、用户运营这样的东西，我估计你讲半个小时都讲不清楚。

所以，我隐隐有感受，随着运营越来越被重视，也随着行业和时代的发展，应该会出现一套更严谨、更完善的知识体系和框架来定义运营。它也会在那之后更普及，更受到重视，越来越火，所以这是我的第三个判断。

从某种意义上说，我觉得运营这个事儿如果此前的十年处于一个蛮荒粗放的时代，那么从现在开始，尤其是从 2015、2016 年开始我认为它不仅仅会走进所谓的文明时代，它会更精细、更规范，更以用户为导向，不那么粗糙。

运营经历了蛮荒的尾声，会很快接近文明时代。我认为它的时代会很快到来，让我们一起拥抱它。感谢大家！

想写一本关于运营的书，对我而言，是从 2014 年下半年之后开始有的念想，原因恰如书中所说的：

"是什么曾经拯救过你，你就会想要用它来拯救这个世界。"

此后开始，先后有至少 6 家以上的出版社找过我，表达过想要一起合作来出版这样一本书的意思。

但，写书是一件耗时巨大，玩累又烦乱，对自身能力、知识水平和见解都挑战颇高，并且可能还需要看一点点缘分的事，它可能需要在对的时间，遇到对的人，身边拥有对的环境，才能够更好地发生。由于种种原因，这个念想虽然一直有，但始终未能落地。

一直到 2015 年下半年。

2015 年下半年，正好恰逢我先后已经经历了 4 家不同阶段、不同规模的互联网公司，并且自己已经经历了 2 次创业，也开始在行业里跟其他运营同仁们进行了很多交流。这些前提，让我对于"运营"开始有了很多更深的理解。这算是"对的时间"。

然后，2015 年下半年，电子工业出版社"博文视点"的首席策划编辑董英小姐通过我的公众号联系到我。与她的沟通非常顺畅，让我感受到了她极大的诚意和认真，也让我觉得她是真的可以在写书这件事上给予我很多帮助的。这就算是遇到了"对的人"。

再然后，2015 年下半年，正好家中的一些事告一段落，又恰逢我决定要与 Luke、布棉两位好友一起全职创办三节课，这些客观条件也让我可以有了一些时间和精力投入到写作上，甚至是，"写书"这件事可能还可以与我的职业和主要工作内容密切结合起来。这就算是"对的环境"。

正是在这样很多机缘巧合的背景下，才有了这本书的诞生。

这本书，可能不一定多么好，但就个人而言，我可以说，它是能让我满意的。至少，为了让更多运营人和互联网人可以切实地从中收获到一些价值和启发，我觉得我已经付出了我自身能够认可的努力。

当然，就像本书一再强调的，互联网是个千变万化的世界，运营也是一件极度复杂、极度不标准的事，这样一件事，很可能是没有标准答案的。本书中的绝大部分内容均来自我个人的经历、实践和思考，限于水平、阅历等，不足与偏颇之处都在所难免，还希望广大读者可以不吝指正。相关交流，欢迎通过"黄有璨"微信公众号给我留言，我的回复不一定及时，但我确保每一条留言都会认真阅读和思考。

最后，我也要对于诸多朋友、同仁和前辈们表示由衷的感谢。

感谢所有购买了《运营之光》第一版的朋友们，以及你们提出的所有反馈和建议，因为你们的建议与支持，才会有《运营之光 2.0》的诞生。

感谢我在进入互联网行业后的第一任老板李未，是你帮助我建立了最初的对于"运营"的认知，此外，你在 2008 年前后给予我的诸多建议和指导，让我一直受益至今。

感谢前第九课堂 CEO 马源和前联合创始人小马宋，前新浪微米 COO Kevin，周伯通招聘 CEO 冯涛，我个人的成长与关于运营的大量实践正是在与你们合作和共事的过程中积累起来的，在曾经的合作和共事中，你们当中的每一个人都曾经给了我巨大的帮助。没有这些经历，可能也不会有本书的诞生。

感谢我在三节课的合伙人 Luke 和布棉，在与你们共事的过程中，我得以从你们身上持续汲取营养，不断更新我对于产品和运营的认识与理解，也感谢你们给予的理解和支持让我能够在创业的同时抽空完成了本书的写作。在你们的关照和支持下，我可以说，从 2015 年 10 月至今一起在三节课共事的这接近 1 年时间里，也是我职业生涯中迄今为止最开心、效率最高、最有成就感的一年。

感谢张亮、韩叙、金璞、陈福云、胡亚东、韩利、刘锤等圈内好友或同仁，关于运营，不论是跟你们当面交流，或是阅读你们的大作，都让我受益匪浅，也让我得以不断去进行一些更深入的思考，完善和校正了此前很多自己认知有偏差的地方。可以说，我个人关于运营的很多工作方法和认知体系，都是从你们身上获益的。

感谢创业邦执行总裁方军、罗辑思维 CEO 脱不花、《人人都是产品经理》作者苏杰、"格知"CEO 叉小包、正阳公关 CEO 贾大宇、小饭桌运营 VP 杨志新、支付宝产品经理张月光、著名自媒体人阑夕、峰瑞资本合伙人陈鸣、银客集团产品合伙人于冬琪、知名天使投资人李笑来等好友和前辈们在本书出版前试读了本书，并对本书提出了很多中肯的建议。尤其是脱不花老师，在自己工作百忙中还特意抽出时间为本书写了序，真是由衷感谢！

感谢我三节课的郭佳佳、付晓莉和吴越三位同学在《运营之光》和《运营之光 2.0》先后出版的过程中不厌其烦地一次又一次完成了认真的校对，并对本书的改进提出了诸多宝贵的建议。

感谢我的前同事郭文龙和现同事崔晓玲、吴越，她们为本书贡献了很多鲜活生动的案例。

感谢电子工业出版社的工作人员，尤其是董英。没有你在适合的时间的出现和你所投入的认真，也就没有这本书的出版。包括，从书的命名到内容设计、内容编排等各方面，你们都给了我很多有价值的建议与帮助。

感谢在我的运营职业生涯中遇到过的诸多令我感动过和带来过深深启发的诸多朋友、用户们，原谅我无法一一写出你们的名字，是你们给我的职业从业生涯留下了诸多难以磨灭的回忆，也让我能够深深爱上"运营"这件事，并以之为荣。

也要感谢三节课和我的个人公众号"黄有璨"中的许多读者们（也请原谅我无法一一提及你们的名字），写书是一件痛苦而漫长的事情，尤其是在我补写《运营之光 2.0》书稿的过程中，恰逢工作压力巨大，整个人都变得很压抑，没有你们的支持，我难以想象我能够补写完后面这 7 万字的书稿并付诸出版。此外，在本书最早开始连载发布的过程中，你们的各类建议和反馈，也都在帮助我把这本书变得更好。

特别需要提到我的"价值观共振好友"，《好好学习》的作者成甲，作为"可能是最会学习的人"，自我们互相结识起，每隔一段时间见面，我都会觉得他身上又发生了某些巨大而有趣的变化，而他的这种变化往往又会反过来影响我，让我自己也不得不更加努力和专注。在我写作本书的过程中，他也作为第一手读者给了我许多支持、鼓励和宝贵建议。

尤其要感谢的是我的家人们，你们对我是最重要的。感谢老妈和老爹一直以来的各种默默关怀和支持，老爹虽然不善言辞和表达，但始终在以行动默默表达着他的支持和帮助，老妈更是为家庭付出了她的几乎全部。特别感谢我的妻子刘莉对于本书进行了极为认真的校对和试读，过去几年，我选的是一条不太容易走的路，是你的各种理解、支持和陪伴，才能让我以自己喜欢的方式工作和生活。

最后的最后，感谢黄佐琨小朋友，如全书开篇提到的，你的出现，让我对于生活、工作甚至生命都有了很多新的思考，也让我更加有动力要用自己的言行来为你树立一个好榜样。看着你一点点成长，是件很幸福的事。